PABLO ESCOBAR
MI PADRE

JUAN PABLO ESCOBAR

PABLO ESCOBAR
MI PADRE

LAS HISTORIAS QUE NO DEBERÍAMOS SABER

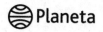 Planeta

Obra editada en colaboración con Editorial Planeta Colombiana – Colombia

Fotografías: Archivo particular propiedad familia Marroquín Santos
Diseño y armada electrónica de Editorial Planeta Colombiana, S.A.

© 2014, Juan Sebastián Marroquín Santos
© 2014, Editorial Planeta Colombiana, S.A. – Bogotá, Colombia

Derechos reservados

© 2014, Editorial Planeta Mexicana, S.A. de C.V.
Bajo el sello editorial PLANETA M.R.
Avenida Presidente Masarik núm. 111, Piso 2
Colonia Polanco V Sección
Deleg. Miguel Hidalgo
C.P. 11560, Ciudad de México
www.planetadelibros.com.mx

Primera edición publicada en Colombia: noviembre de 2014
ISBN: 978-958-42-4264-8

Primera edición impresa en México: noviembre de 2014
Séptima reimpresión: marzo de 2016
ISBN: 978-607-07-2496-1

Impreso en los talleres de Encuadernación Domínguez
Progreso núm. 10, colonia Centro Ixtapaluca, Estado de México
C.P. 56530, México
Impreso en México – *Printed in Mexico*

A mi hijo, que me da la fuerza y la energía para ser un hombre de bien.
A mi amada incondicional y compañera de aventuras.
A mi valiente madre.
A mi entrañable hermana.
A mi querida familia.
Y a los escasos amigos que trascendieron el miedo.

CONTENIDO

NOTA DEL EDITOR.. II

PRESENTACIÓN 13

CAPÍTULO 1. LA TRAICIÓN..17

CAPÍTULO 2. ¿DÓNDE QUEDÓ LA PLATA? 29

CAPÍTULO 3. LA PAZ CON LOS CARTELES............................. 43

CAPÍTULO 4. AMBICIÓN DESMEDIDA....................................83

CAPÍTULO 5. LOS ORÍGENES DE MI PADRE............................ 99

CAPÍTULO 6. NÁPOLES: SUEÑOS Y PESADILLAS 131

CAPÍTULO 7. LA COCA RENAULT 159

CAPÍTULO 8. EXCENTRICIDADES 169

CAPÍTULO 9. HACIENDO DE MAS POR LOS AMIGOS.............177

CAPÍTULO 10. papá narco 187

CAPÍTULO 11. política: su peor error 215

CAPÍTULO 12. preferimos una tumba en colombia 235

CAPÍTULO 13. barbarie 271

CAPÍTULO 14. cuentos desde la catedral 335

CAPÍTULO 15. preocúpense cuando

me amarre los tenis 375

EPÍLOGO. dos décadas de exilio 433

NOTA DEL EDITOR

Pablo Escobar, mi padre, es quizá uno de los proyectos editoriales más complejos en los que se haya embarcado el Grupo Planeta en los últimos años.

Hasta ahora creíamos que se había contado todo sobre el narco-traficante. De él han escrito las mejores plumas, los más reputados periodistas y hasta sus hermanos. La pantalla grande también ha recreado la vida del capo.

Han tenido que pasar más de dos décadas para que Juan Pablo Escobar, su hijo, hurgue en la vida que no eligió para descubrirnos las curiosas formas del amor paternal en un entorno lleno de exce-sos y de violencia. El sinnúmero de detalles inéditos que arroja esa aproximación revela un personaje aún más complejo.

Pero no solo eso. *Pablo Escobar, mi padre* también plantea una versión distinta sobre una gran cantidad de episodios ocurridos en aquella época en el país.

Durante más de un año, Juan Pablo Escobar —que cambió su identidad por Juan Sebastián Marroquín— y Planeta, se dieron a la tarea de desarrollar esta obra, que debió sobrepasar rigurosos filtros editoriales y de fuentes de información.

Por la trascendencia del tema, por las heridas aún abiertas, por las miles de víctimas que quedaron en el camino, por las investigaciones que han concluido o siguen en veremos, es inevitable que a partir de ahora *Pablo Escobar, mi padre* se convierta en referencia obligada en el país y en otras latitudes.

PRESENTACIÓN

Pasaron más de veinte años de silencio mientras recomponía mi vida en el exilio. Para cada cosa hay un tiempo y este libro, al igual que su autor, necesitaban un proceso de maduración, autocrítica y humildad. Solo así estaría listo para sentarme a escribir historias que aún hoy para la sociedad colombiana siguen siendo un interrogante.

Colombia también ha madurado para escuchar y por eso consideré que era hora de compartir con los lectores mi vida al lado del hombre que fue mi padre, a quien amé incondicionalmente y con quien por imperio del destino compartí momentos que marcaron una parte de la historia de Colombia.

Desde el día en que nací hasta el día de su muerte, mi padre fue mi amigo, guía, maestro y consejero de bien. En vida, alguna vez le pedí que escribiera su verdadera historia, pero no estuvo de acuerdo: "Grégory, la historia hay que terminar de hacerla para poder escribirla".

Juré vengar la muerte de mi padre, pero rompí la promesa diez minutos después. Todos tenemos derecho a cambiar y desde hace más de dos décadas vivo inmerso en reglas claras de tolerancia, convivencia pacífica, diálogo, perdón, justicia y reconciliación.

Este no es un libro de reproches; es un libro que plantea profundas reflexiones sobre cómo está diseñada nuestra patria y sus políticas, y por qué surgen de sus entrañas personajes como mi padre.

Soy respetuoso de la vida y desde ese lugar escribí este libro; desde una perspectiva diferente y única en la que no tengo agenda oculta, contrario a la mayoría de los textos que circulan sobre mi papá.

Este libro no es tampoco la verdad absoluta. Es un ejercicio de búsqueda y una aproximación a la vida de mi padre. Es una investigación personal e íntima. Es el redescubrimiento de un hombre con todas sus virtudes pero también con todos sus defectos. La mayor parte de estas anécdotas me las contó en las frías y largas noches del último año de su vida, alrededor de fogatas; otras me las dejó escritas cuando sus enemigos estaban muy cerca de aniquilarnos a todos.

Este acercamiento a la historia de mi padre me llevó a personajes ocultos por años, que solo ahora estuvieron dispuestos a contribuir con este libro, para que mi juicio y el de la editorial no estuvieran nublados. Pero sobre todo para que nadie, nunca más, herede estos odios.

No siempre estuve al lado de mi padre, no me sé todas sus historias. Miente quien diga que las conoce en su totalidad. Me enteré de todas las memorias que contiene este libro, mucho tiempo después de que sucedieron los hechos. Mi padre jamás consultó ninguna de sus decisiones conmigo, ni con nadie; era un hombre que sentenciaba por su propia cuenta.

Muchas 'verdades' de mi padre se saben a medias, o ni siquiera se conocen. Por eso contar su historia implicó muchos riesgos porque debía ser narrada con un enorme sentido de responsabilidad, porque lamentablemente mucho de lo que se ha dicho pareciera encajar a la perfección. Estoy seguro de que el filtro de acero que puso Planeta con el editor Edgar Téllez contribuyó al buen suceso de este proyecto.

Esta es una exploración personal y profunda de las entrañas de un ser humano que además de ser mi padre lideró una organización mafiosa como no la conocía la humanidad.

Pido perdón públicamente a todas las víctimas de mi padre, sin excepciones; me duele en el alma profundamente que hayan sufrido los embates de una violencia indiscriminada y sin par en la que cayeron muchos inocentes. A todas esas almas les digo que hoy busco honrar la memoria de cada una de ellas, desde el fondo de la mía. Este libro estará escrito con lágrimas, pero sin rencores. Sin ánimos de denuncia, ni revanchismos y sin excusas para promover la violencia ni mucho menos para hacer apología del delito.

El lector se sorprenderá con el contenido de los primeros capítulos del libro porque revelo por primera vez el profundo conflicto que hemos vivido con mis parientes paternos. Son veintiún años de desencuentros que me han llevado a concluir que en el desenlace final que condujo a la muerte de mi padre varios de ellos contribuyeron activamente.

No me equivoco si digo que la familia de mi padre nos ha perseguido más que sus peores enemigos. Mis actos hacia ellos tuvieron siempre su origen en el amor y en el respeto absoluto por los valores familiares, que no debieron perderse ni en la peor de las guerras y menos por dinero. Dios y mi padre saben, que yo más que nadie soñé y quise creer que esta dolorosa tragedia familiar, fuese solo una pesadilla y no una realidad a la que me tuviera que enfrentar.

A mi padre le agradezco su cruda sinceridad, aquella que por la fuerza del destino me tocó comprender pero sobre todo sin justificarlo en absoluto.

Ante mi pedido de perdón en el documental "Pecados de mi Padre", alguna vez los hijos de los líderes asesinados Luis Carlos Galán y Rodrigo Lara Bonilla me dijeron: "Usted también es una víctima" y mi respuesta sigue siendo la misma desde entonces: si acaso lo soy, seré el último en la larga lista de Colombianos.

Mi padre fue un hombre responsable por su destino, de sus actos, de sus elecciones de vida como papá, como individuo y —a su vez— como el bandido que le causó a Colombia y al mundo, unas heridas que no pierden vigencia. Sueño que algún día cicatricen y puedan transformarse para bien, para que nadie ose repetir esta historia, pero sí aprender de ella.

No soy un hijo que creció siendo ciegamente fiel a su padre, pues en vida le cuestioné duramente su violencia y sus métodos, y le pedí de todas las maneras posibles que abandonara sus odios, que depusiera sus armas, que encontrara soluciones no violentas a sus problemas.

En el universo de opiniones que hay en torno a la vida de mi padre, en una sola coincidimos todos: En su amor incondicional por esta, su única familia.

Soy un ser humano que espera ser recordado por sus actos y no por los de su padre. Invito al lector a que no me olvide durante el paso por mis relatos, ni me confunda con mi padre, porque esta es también mi historia.

Juan Pablo Escobar

CAPÍTULO 1
LA TRAICIÓN

El 19 de diciembre de 1994, dos semanas después de la muerte de mi padre, seguíamos recluidos y fuertemente custodiados en el piso veintinueve del aparta-hotel Residencias Tequendama en Bogotá. De repente recibimos una llamada desde Medellín en la que nos informaron sobre un atentado contra mi tío Roberto Escobar en la cárcel de Itagüí con una carta bomba.

Preocupados, intentamos saber qué había pasado pero nadie nos daba razón. Los noticieros de televisión reportaron que Roberto abrió un sobre de papel enviado desde la Procuraduría, pero este explotó y le produjo heridas graves en los ojos y el abdomen.

Al día siguiente llamaron mis tías y nos informaron que la Clínica Las Vegas, a donde fue trasladado de emergencia, no tenía los equipos de oftalmología que se requerían para operarlo. Y como si fuera poco, circulaba el rumor de que un comando armado se proponía rematarlo en su habitación.

Entonces mi familia decidió trasladar a Roberto al hospital Militar Central de Bogotá porque no solo estaba mejor dotado tecnológicamente, sino porque ofrecía condiciones adecuadas de seguridad. Así ocurrió y mi madre pagó los tres mil dólares que costó el alquiler de un avión ambulancia. Una vez confirmé que ya estaba hospitalizado, decidimos ir a visitarlo con mi tío Fernando, hermano de mi madre.

Cuando salíamos del hotel observamos extrañados que los agentes del CTI de la Fiscalía que nos protegían desde finales de noviembre habían sido reemplazados ese día y sin previo aviso por hombres de la Sijin, inteligencia de la Policía en Bogotá. No le dije nada a mi tío, pero tuve el presentimiento de que algo malo podía pasar. En otras áreas del edificio y cumpliendo diversas tareas relacionadas con nuestra seguridad también había agentes de la Dijin y el DAS. En la parte exterior la vigilancia estaba a cargo del Ejército.

Un par de horas después de llegar a las salas de cirugía del Hospital Militar salió un médico y nos dijo que necesitaban la autorización de algún pariente de Roberto porque era necesario extraerle los dos ojos, que habían resultado muy dañados tras la explosión.

Nos negamos a firmar y le pedimos al especialista que aunque las posibilidades fueran mínimas hiciera lo que estuviera a su alcance para que el paciente no quedara ciego, sin importar el costo. También le propusimos traer al mejor oftalmólogo, desde el lugar donde estuviera.

Horas después, todavía anestesiado, Roberto salió de cirugía y lo trasladaron a una habitación donde esperaba un guardia del Instituto Carcelario y Penitenciario, Inpec. Tenía vendas en la cara, el abdomen y la mano izquierda.

Aguardamos pacientemente hasta que empezó a despertar. Todavía embotado por la sedación nos dijo que veía algo de luz pero no identificaba ninguna figura.

Cuando vi que había recobrado algo de lucidez le dije que estaba desesperado porque si habían atentado contra él después de la muerte de mi padre, lo más seguro era que siguiéramos mi mamá, mi hermana y yo. Angustiado, le pregunté si mi papá tenía un helicóptero escondido para fugarnos.

En medio de la charla, interrumpida por el ingreso de enfermeras y médicos para atenderlo, le pregunté varias veces cómo podríamos sobrevivir ante la evidente amenaza de los enemigos de mi padre.

Roberto guardó silencio por unos segundos y luego me dijo que buscara papel y lápiz para apuntar un dato.

—Anote esto, Juan Pablo: 'AAA'; y váyase ya para la embajada de Estados Unidos. Pídales ayuda y dígales que va de parte mía.

Guardé el papel en el bolsillo del pantalón y le dije a Fernando que fuéramos a la embajada pero en ese momento entró el médico que había operado a Roberto y nos dijo que estaba optimista, que había hecho todo lo posible para salvarle los ojos.

Agradecimos la diligencia del médico y nos despedimos para regresar al hotel, pero me dijo tajante que yo no podía salir del hospital.

—¿Cómo así, doctor. ¿Por qué?

—Porque su escolta no ha venido —respondió.

Las palabras del médico aumentaron mi paranoia porque si había estado en cirugía no tenía por qué estar tan enterado de lo que sucedía con nuestro esquema de seguridad.

—Doctor, soy un hombre libre, o acláreme si estoy en calidad de detenido aquí, porque sea como sea me voy a ir. Creo que está en marcha un complot para matarme hoy. Ya cambiaron a los agentes del CTI que nos cuidaban —repliqué muy asustado.

—Protegido, no detenido. En este hospital militar somos responsables de su seguridad y solo podemos entregarlo a la seguridad del Estado.

—Los que tienen que responder por mi seguridad afuera, doctor, son justamente los que vienen a matarme —insistí—. Así que usted verá si me ayuda con la autorización para que pueda salir del hospital o si tengo que volarme de aquí. No voy a subir al carro de los que vienen a matarme.

El médico debió ver mi cara de terror y en voz baja dijo que no tenía objeción y que inmediatamente firmaba la orden para que mi tío Fernando y yo saliéramos. Con mucho sigilo regresamos a Residencias Tequendama y decidimos ir al día siguiente a la embajada.

Nos levantamos temprano y fui con mi tío Fernando a la habitación del piso 29 donde se alojaban los encargados de nuestra custodia. Saludé a 'A-1' y le dije que necesitábamos acompañamiento para ir a la embajada de Estados Unidos.

—¿A qué va a ir allá? —respondió de mala manera.

—No tengo por qué informarle a usted a qué voy. Dígame si nos va a dar protección o si tengo que llamar al fiscal general a decirle que usted no quiere protegernos.

—En este momento no hay suficientes hombres para llevarlo allá —respondió el funcionario de la Fiscalía, molesto.

—Cómo no va a haber gente, si aquí funciona un esquema permanente de seguridad de alrededor de cuarenta agentes de todo el Estado y vehículos asignados para nuestra protección.

—Pues si quiere ir vaya, pero yo no lo voy a cuidar. Y me hace el favor y firma un papel donde renuncia a la protección que le estamos brindando.

—Traiga el papel y lo firmo —respondí.

'A-1' fue a otra habitación a buscar en qué escribir y nosotros aprovechamos ese momento para salir del hotel. Bajamos corriendo y tomamos un taxi que tardó veinte minutos en llegar a la embajada estadounidense. A esa hora, ocho de la mañana, había una larga fila de personas esperando para ingresar al trámite de visas para viajar a ese país.

Estaba muy nervioso. Me abrí paso entre la gente diciendo que iba a realizar un trámite distinto. Al llegar a la caseta de entrada saqué el papel con el Triple A que me dictó Roberto y decidí ponerlo contra el cristal oscuro y blindado.

En un instante aparecieron cuatro hombres corpulentos y empezaron a fotografiarnos. Guardé silencio y un par de minutos después uno de los que tomaba fotos se acercó y me dijo que lo acompañara.

No me pidieron el nombre ni documentos ni me requisaron y tampoco pasé por el detector de metales. Era claro que 'Triple A' era una especie de salvoconducto y me lo había dado mi tío Roberto.

Estaba asustado. Tal vez por eso no se me ocurrió pensar qué tipo de contacto tenía el hermano de mi papá con los estadounidenses.

Estaba por sentarme en una sala de espera cuando apareció un hombre ya mayor, con el cabello casi blanco y serio.

—Soy Joe Toft, soy director de la DEA para América Latina. Acompáñeme.

Me llevó a una oficina contigua y sin mayor preámbulo preguntó a qué había ido a la embajada.

—Vengo a pedir ayuda porque están matando a toda mi familia… como usted sabe, vengo porque mi tío Roberto me dijo que contara que venía de parte de él.

—Mi gobierno no puede garantizarle ningún tipo de ayuda —dijo Toft en tono seco y distante—. Lo máximo que puedo hacer es recomendarle un juez de Estados Unidos para que evalúe la posibilidad de darles residencia en mi país en virtud de una colaboración que usted pudiera dar.

—¿Colaboración en qué? Yo todavía soy un menor de edad.

—Usted sí nos puede colaborar mucho… con información.

—¿Información? ¿De qué tipo?

—Sobre los archivos de su padre.

—Con su muerte ustedes mataron esos archivos.

—No le entiendo —dijo el funcionario.

—El día que ustedes colaboraron con la muerte de mi papá… Los archivos de él estaban en su cabeza y él está muerto. Él tenía todo en su memoria. Lo único que guardaba en archivos, en agendas, era información sobre números de placas de carros y direcciones de donde vivían sus enemigos del cartel de Cali, pero esa información hace rato la tiene la Policía colombiana.

—No, el juez es el que decide si lo aceptan o no allá.

—Entonces no tenemos más de qué hablar señor, me voy, muchas gracias —le dije al director de la DEA, que se despidió parco y me entregó una tarjeta personal.

—Si algún día recuerda algo no dude en llamarme.

Salí de la embajada estadounidense con muchos interrogantes. El inesperado y sorpresivo encuentro con el número uno de la DEA en Colombia y Latinoamérica no sirvió para mejorar nuestra difícil situación, pero sí dejó al descubierto algo que desconocíamos: los contactos de alto nivel de mi tío Roberto con los norteamericanos, los mismos que tres semanas antes ofrecían cinco millones de dólares por la captura de mi padre, los mismos que enviaron a Colombia todo su aparato de guerra para cazarlo.

Me parecía inconcebible pensar que el hermano de mi padre estuviera ligado de alguna manera a su enemigo número uno. Esa posibilidad planteaba otras inquietudes, por ejemplo que Roberto, Estados Unidos y los grupos que integraban los Pepes (Perseguidos por Pablo Escobar) se hubieran aliado para atrapar a mi padre.

La hipótesis no era descabellada. De hecho nos hizo pensar en un episodio sobre el que no reparamos en su momento y que se produjo cuando mi padre y nosotros estábamos escondidos en una casa campesina en el sector montañoso de Belén, la comuna 16 de Medellín. Fue cuando secuestraron a mi primo Nicolás Escobar Urquijo, hijo de Roberto, plagiado por dos hombres y una mujer en la tarde del 18 de mayo de 1993. Se lo llevaron del estadero Catíos, en la vía que comunica los municipios de Caldas y Amagá, en Antioquia.

Nos enteramos por las noticias estando escondidos en esa caleta tras recibir la llamada de un familiar. Pensamos lo peor porque ya en ese momento y en su afán por localizar a mi padre, los Pepes habían atacado a numerosos integrantes de las familias Escobar y Henao. Por fortuna, el susto no pasó a mayores porque cinco horas más tarde, hacia las diez de la noche, Nicolás fue dejado en libertad, sin un rasguño, cerca del hotel Intercontinental de Medellín.

Como cada día que pasaba estábamos más incomunicados, el secuestro de Nicolás pasó al olvido, aunque mi padre y yo nos preguntábamos cómo había hecho para salir con vida de un secuestro que en la dinámica de aquella guerra equivalía a una sentencia de muerte.

¿Cómo se salvó Nicolás? ¿A cambio de qué lo liberaron los Pepes horas después de secuestrarlo? Es probable que Roberto decidiera hacer un pacto con los enemigos de mi padre a cambio de la vida de su hijo.

La confirmación de esa alianza se produjo en agosto de 1994, ocho meses después de mi visita a la embajada de Estados Unidos.

Por aquellos días, mi madre, Manuela mi hermana, mi novia Andrea y yo, fuimos a recorrer las ruinas y lo poco que quedaba en pie de la hacienda Nápoles. Teníamos autorización de la Fiscalía para ir hasta allá pues mi madre debía reunirse con un poderoso capo de la región para entregarle algunas propiedades de mi padre.

Una de esas tardes, cuando recorríamos la vieja pista de aterrizaje de la hacienda, recibimos una llamada de mi tía Alba Marina Escobar en la que dijo que debía hablar con nosotros esa misma noche porque el asunto a tratar era muy urgente.

Dijimos que sí de inmediato porque utilizó la palabra 'urgente', que en los códigos de nuestra familia significa que alguien está en peligro de muerte. Esa misma noche llegó a la hacienda y sin equipaje. La esperábamos en la casa del administrador, la única construcción que había sobrevivido a los allanamientos y a la guerra.

Los agentes de la Fiscalía y la Sijin que nos cuidaban esperaron fuera de la casa y nosotros nos dirigimos al comedor, donde mi tía se comió un plato de sancocho. Luego, sugirió que solamente mi madre y yo escucháramos lo que iba a decir.

—Les traigo un mensaje de Roberto.

—¿Qué pasó, tía? —indagué, nervioso.

—Él está muy contento porque existe una posibilidad para que a ustedes les den la visa para Estados Unidos.

—Qué bueno, ¿y cómo consiguió eso? —preguntamos y se debió notar que nos cambió la expresión de la cara.

—No se las van a dar pasado mañana. Pero hay que hacer una cosa antes —dijo y su tono me produjo desconfianza.

—Es muy sencillo... Roberto estuvo hablando con la DEA y le pidieron un favor a cambio de visas para todos ustedes. Lo único que tienen que hacer es escribir un libro sobre el tema que quieran, siempre y cuando en ese libro se mencione a su papá y a Vladimiro Montesinos, el jefe de inteligencia de Fujimori en Perú. Además, en ese libro usted tiene que asegurar que lo vio aquí en Nápoles hablando con su papá y que Montesinos llegaba en avión. El resto del contenido del libro no importa.

—No son tan buenas noticias, tía —interrumpí.

—¿Cómo no, acaso no quieren las visas?

—Una cosa es que la DEA pida que digamos algo que sea cierto y que yo no tenga problemas en contarlo, pero otra cosa es que me pida que mienta con la intención de hacer un daño tan grande.

—Sí, Marina —intervino mi madre—, es muy delicado lo que nos están pidiendo, porque ¡cómo vamos a hacer nosotros para justificar unos dichos que no son ciertos!

—¿Y eso qué les importa? ¿Acaso no quieren las visas? Si no conocen a Montesinos y a Fujimori qué les importa decir eso... si lo que ustedes quieren es vivir tranquilos. Esta gente les manda a decir que la DEA quedaría muy agradecida con ustedes y que nadie los molestaría en Estados Unidos a partir de ese momento. También ofrecen la posibilidad de llevar dinero para allá y usarlo sin problema.

—Marina, no quiero meterme en problemas nuevos testificando cosas que no son ciertas.

—Pobrecito mi hermano Roberto, con los esfuerzos que está haciendo para ayudarles y a la primera ayuda que les consigue ustedes dicen que no.

Molesta, Alba Marina se fue esa misma noche de Nápoles.

Pocos días después de ese encuentro y ya de regreso en Bogotá, recibí una llamada. Era la abuela Hermilda desde Nueva York, donde estaba de paseo con Alba Marina. Luego de explicar que había viajado en plan de turista me preguntó si necesitaba que me trajera algo de allá. Ingenuo y aún sin entender el enorme significado de lo que representaba que mi abuela estuviera en ese país, le pedí que comprara varios frascos del perfume que no podía conseguir en Colombia.

Colgué desconcertado. ¿Cómo era posible que la abuela estuviera en Estados Unidos siete meses después de la muerte de mi papá, si hasta donde yo sabía a las familias Escobar y Henao les habían cancelado la visa?

Ya eran varios los eventos en los que mis parientes aparecían con vínculos no claros con los enemigos de mi padre. Sin embargo, en la lucha por conservar la vida dejamos que el tiempo pasara sin indagar más allá de las simples suspicacias.

Transcurrieron varios años y ya radicados en Argentina, donde habíamos ido a parar tras el exilio, no pudimos salir del asombro al ver en un noticiero de televisión la noticia de que el presidente de Perú, Alberto Fujimori, había escapado a Japón y notificado su renuncia vía fax.

La sorpresiva dimisión de Fujimori, tras diez años de Gobierno, se había producido una semana después de que la revista *Cambio* publicó una entrevista en la que Roberto afirmaba que mi padre había aportado un millón de dólares a la primera campaña presidencial de Fujimori en 1989.

También aseguraba que el dinero había sido enviado a través de Vladimiro Montesinos, que según él viajó varias veces a la hacienda Nápoles. Mi tío agregó a la revista que Fujimori se había comprometido a facilitar que mi padre traficara desde su país cuando asumiera la Presidencia. En la parte final de la entrevista aclaró que no tenía pruebas de lo que estaba afirmando porque según él la mafia no dejaba huella de sus acciones ilegales.

Semanas después salió al mercado el libro *Mi hermano Pablo*, de Roberto Escobar, con 186 páginas, de la editorial Quintero Editores, que 'recreó' la relación de mi padre con Montesinos y Fujimori.

En dos capítulos Roberto narró la visita de Montesinos a la hacienda Nápoles, la manera como traficaba cocaína con mi padre, la entrega de un millón de dólares para la campaña de Fujimori, las llamadas de agradecimiento del nuevo presidente a mi padre y el ofrecimiento de colaboración por la ayuda económica prestada. Al final, una frase me llamó la atención: "Montesinos sabe que yo lo sé. Y Fujimori sabe que yo lo sé. Por eso se cayeron los dos".

Roberto relató episodios en los que aseguró haber estado presente, pero que mi madre y yo jamás vimos ni escuchamos.

No sé si se trata del mismo libro que nos sugirieron escribir para obtener las visas a Estados Unidos. La única certeza sobre este asunto llegó de manera accidental en el invierno de 2013, con la llamada de un periodista extranjero a quien le había expresado mis sospechas en algunas ocasiones.

—Sebas, Sebas, ¡tengo que contarte algo que me acaba de ocurrir y no puedo aguantar hasta mañana!

—Cuéntame, ¿qué pasó?

—Recién acabo de cenar aquí en Washington con dos antiguos agentes de la DEA que participaron en la persecución a tu padre; Me reuní con ellos para hablar sobre la posibilidad de estar contigo y con ellos en una futura serie de televisión para Estados Unidos sobre la vida y muerte de Pablo.

—Bueno, ¿pero qué fue lo que sucedió? —insistí.

—Saben mucho del tema, y se dio la posibilidad de que yo les mencionara tu teoría sobre la traición de tu tío, de la que tanto hemos hablado. ¡Pues es cierto! Yo no lo podía creer cuando me confesaron la existencia de su colaboración directa en la muerte de tu viejo.

—¿Ves que yo tenía la razón? Si no, ¿cómo explicar que los únicos exiliados en la familia de Pablo Escobar somos nosotros? Roberto siempre ha vivido tranquilo en Colombia, lo mismo que mis tías, sin que nadie los toque ni los persiga.

CAPÍTULO 2
¿DÓNDE QUEDÓ LA PLATA?

De regreso a Residencias Tequendama el tres de diciembre de 1993, luego del doloroso y accidentado viaje para sepultar a mi padre en Medellín, nos hicimos el firme propósito de llevar una vida normal hasta donde las circunstancias lo permitieran.

Mi madre, Manuela y yo acabábamos de afrontar las veinticuatro horas más dramáticas de nuestras existencias porque no solo soportamos el dolor de perder de manera violenta a la cabeza de la familia, sino que el sepelio resultó aún más traumático.

Y lo fue porque horas después de que Ana Montes, la directora nacional de fiscalías, nos confirmó personalmente la muerte de mi padre, llamamos al cementerio Campos de Paz en Medellín y se negaron a realizar las exequias; algo similar habría ocurrido en Jardines de Montesacro si no es porque familiares de nuestro abogado de entonces, Francisco Fernández, eran propietarios del lugar.

En ese camposanto mi abuela Hermilda tenía dos lotes y en ellos decidimos sepultar a mi padre y a Álvaro de Jesús Agudelo, alias 'Limón', el último escolta que lo acompañaba.

Tras evaluar los riesgos de asistir al sepelio, por primera vez desacatamos una vieja orden de mi padre: "Cuando yo muera no vayan al cementerio, porque ahí les puede pasar algo". Y agregó que tampoco le lleváramos flores ni visitáramos su tumba.

No obstante, mi madre dijo que iría a Medellín "contra la voluntad de Pablo".

—Pues entonces vamos todos y si nos matan, que así sea —dije y alquilamos una avioneta para ir a Medellín con dos escoltas que asignó la Fiscalía.

Luego de aterrizar en el aeropuerto Olaya Herrera y de superar el asedio de decenas de periodistas, que llegaron al extremo peligroso de atravesarse en la pista antes de que se detuviera la aeronave, Manuela y mi madre fueron transportadas en un campero rojo y mi novia y yo en uno negro.

Cuando llegamos a Jardines de Montesacro me sorprendí gratamente por la multitud que había asistido. Fui testigo del amor que la gente humilde sentía por mi padre, y me llenó de emoción escuchar los mismos coros de cuando él inauguraba canchas deportivas o centros de salud en zonas marginales: "Pablo, Pablo, Pablo".

De un momento a otro decenas de personas rodearon el campero rojo y empezaron a golpearlo en forma violenta mientras se dirigía hacia el sitio donde sería sepultado mi papá. Preocupado, uno de los escoltas de la Fiscalía me preguntó si iba a bajar, pero intuí que algo malo podía pasar y respondí que nos retiráramos hacia la administración del cementerio para esperar a mi madre y a mi hermana. En ese momento recordé la advertencia de mi padre y decidí que lo más prudente era dar un paso atrás.

Entramos a una oficina y a los pocos minutos llegó una secretaria presa del pánico, llorando, y dijo que alguien acababa de llamar a anunciar un atentado. Salimos corriendo y subimos de nuevo al campero negro, donde permanecimos hasta cuando todo terminó. Estaba allí, a escasos treinta metros, pero no pude asistir al sepelio, no pude decirle adiós a mi padre.

Al rato llegaron mi mamá y Manuela y nos fuimos al aeropuerto para regresar a Bogotá. Me sentía derrotado, humillado. Recuerdo que unas cuadras antes de llegar al hotel nos detuvimos en un semáforo. Afuera, tras los vidrios blindados vi a un hombre que reía a carcajadas en la acera, pero luego observé que le faltaban las cuatro extremidades. Esa imagen tan dura me llevó a reflexionar en que si aquel desvalido no había perdido la capacidad de reir, qué excusa tenía yo para sentirme tan mal. El rostro de aquel desconocido me quedó grabado para siempre, como si Dios lo hubiera puesto allí para enviarme un mensaje de fortaleza.

Una vez regresamos a Residencias Tequendama, comprendimos que la tranquilidad que buscábamos tras la muerte de mi padre era efímera y que muy pronto aterrizaríamos en el borroso día a día que nos esperaba. No solo nos dolía profundamente lo que había sucedido con mi padre, sino que estar rodeados de agentes secretos y con decenas de periodistas al acecho, nos indicó que el encierro en aquel hotel del centro de Bogotá sería tormentoso.

Al mismo tiempo, el fantasma de la falta de dinero surgió casi de inmediato, como una pesadilla. Mi padre había muerto y no teníamos a quién acudir en busca de ayuda.

Estábamos hospedados en el costoso hotel bogotano desde el 29 de noviembre, cuando regresamos del fallido viaje a Alemania, y para reducir los riesgos a nuestro alrededor alquilamos todo el piso veintinueve, pero solo ocupamos cinco habitaciones. Nuestra situación económica se complicó a mediados de diciembre, cuando el hotel hizo llegar la primera cuenta de hospedaje y alimentación que, para nuestra sorpresa, incluía el consumo de todos los integrantes de los cuerpos de seguridad del Estado.

La suma era astronómica por los excesos de comidas y bebidas que pidieron quienes nos cuidaban. Consumían langostinos, langosta, cazuelas de mariscos y finas carnes, así como todo tipo de licores, especialmente whisky. Parecían elegir los platos y las marcas más costosas.

Pagamos la cuenta, pero la preocupación por la falta de dinero crecía a cada momento y no aparecía una solución a la vista. Hasta que uno de esos días llegaron al hotel mis tías Alba Marina, Luz María, su esposo Leonardo y sus tres hijos Leonardo, Mary Luz y Sara, y aunque hacía varios meses no nos veíamos y la relación familiar era distante, la visita cayó muy bien.

A mi hermanita le llegó por fin alguien con quien jugar con sus muñecas, pues llevaba prácticamente un año encerrada sin mirar por una ventana, sin saber dónde se encontraba y sin una explicación de por qué a su alrededor siempre había más de veinte hombres con fusiles, como esperando la guerra.

Nos sentamos en la mesa del comedor y luego de comentar lo que había pasado en las últimas semanas mi madre sacó a relucir su intranquilidad por la falta de dinero. Comentamos el asunto durante un buen rato y por la actitud comprensiva y generosa que mostró la familia de mi padre se me ocurrió que Alba Marina sería la persona adecuada para recuperar una cantidad indeterminada de dinero en dólares que mi papá había ocultado en dos caletas en la casa azul. Me pareció que había llegado el momento de recuperarlos para tener un respiro económico.

Me senté en la silla de al lado y antes de hacerle la propuesta recordé que el apartamento donde estábamos hospedados seguía monitoreado por las autoridades, que no solamente controlaban los teléfonos sino que, con seguridad, habían sembrado micrófonos en todos los rincones. Yo había buscado esos aparatos hasta el cansancio: desarmé lámparas, teléfonos, muebles y todo tipo de objetos, hurgué hasta en los enchufes, pero generé un corto circuito que apagó las luces de todo el piso.

Opté por susurrarle al oído mi secreto pero antes encendí el televisor, puse alto el volumen y le conté que en medio del asfixiante encierro que vivíamos en la casa azul, una noche mi papá optó por hacer un balance de su situación económica. Cuando todos dormían me llevó a dos sitios de la vivienda, uno en la sala cerca de la chimenea y otro en el patio de ropas detrás de una gruesa pared, donde había ordenado construir las caletas. Me mostró las cajas donde estaba oculto el dinero en efectivo y dijo que aparte de él y de mí ahora, el único que conocía ese lugar era 'el Gordo'. Luego agregó que ni mi mamá ni mi hermana y mucho menos sus hermanos debían saber ese secreto.

Según dijo mi padre —continué el relato mientras mi tía escuchaba atenta— las dos caletas guardaban una cantidad de dinero suficiente para ganar la guerra y recuperarse financieramente. Por eso, advirtió, debíamos administrarlos bien. También me dijo que algún tiempo atrás le hizo llegar seis millones de dólares a su hermano Roberto, tres para sus gastos en la cárcel y los tres restantes para que los guardara como un ahorro para nosotros. Finalizó la charla diciéndome que si algo le pasaba, Roberto tenía la orden específica de entregarnos el dinero.

Terminé el recuento y fui al grano:

—Tía, ¿vos te atreverías a ir a Medellín en medio de esta guerra a recuperar el dinero oculto en las dos caletas? No tenemos a nadie más a quién pedirle el favor y a nosotros nos resulta imposible ir.

Ella, que siempre tuvo fama de echada para adelante, enseguida dijo que sí. Así, le revelé los lugares exactos donde estaban los dos escondites en la casa azul y le sugerí no decirle nada a nadie, ir sola, de noche, preferiblemente en un vehículo distinto al suyo, dar muchas vueltas antes de llegar a la caleta y estar pendiente de los espejos retrovisores del carro para evitar seguimientos. Finalmente, escribí una carta en la que le dije al 'Gordo' que mi tía estaba autorizada a sacar las cajas con el dinero.

Después de dar por terminadas las instrucciones le pregunté si no le daba miedo ir a buscar la plata.

—A mí no me importa… yo voy por la plata donde sea que esté —respondió tajante.

Mi tía regresó tres días después y cuando entró a la habitación del hotel su semblante no era el mejor. Saludó mirando hacia abajo y de inmediato pensé que algo había pasado con el dinero. Entonces pedí las llaves de uno de los cuartos vacíos del piso veintinueve y me reuní a solas con ella.

—Juan Pablo, en la casa donde está 'el Gordo' solo había unos pocos dólares, no más —dijo ella como una ráfaga.

Quedé en silencio por varios minutos, mascullando mi desconcierto. De entrada no dudé de su versión y enfoqué mi ira contra 'el Gordo', el caletero, que seguramente había buscado y buscado hasta encontrar las cajas con el dinero.

Un mar de dudas nos quedó tras la desaparición del dinero, pero debimos quedarnos callados porque no teníamos cómo confrontar la versión que nos había dado mi tía. Hasta entonces no me atrevía a desconfiar de ella y no tenía nada que decir, pues en ocasiones había percibido que era leal a mi padre.

Con todo, los asuntos relacionados con el dinero estaban lejos de quedar resueltos con mis tíos paternos.

A mediados de marzo de 2004, tres meses después de haber llegado a Residencias Tequendama, alquilamos un apartamento grande de dos niveles en el barrio Santa Ana con el propósito de reducir los costos mientras resolvíamos nuestra situación, que seguía en el aire.

Por aquellos días no solo escaseaba aún más el dinero, sino que nuestras vidas seguían en peligro y por eso se mantenía alrededor de nosotros el cordón de vigilancia de la Dijin, la Sijin, el DAS y la Fiscalía.

Ante el apremio, pues prácticamente dábamos por perdido el contenido de las dos caletas de Medellín, optamos por preguntarles a mis tíos por los tres millones de dólares que mi papá le había entregado a Roberto para nosotros.

En ese momento ya imaginábamos que habían gastado buena parte del dinero. Por exigencia nuestra, la explicación llegó bastante rápido. Y corrió por cuenta de mi abuela Hermilda y mis tíos Gloria, Alba Marina, Luz María y Argemiro, que llegaron una tarde al apartamento en Santa Ana.

Para evitar que los agentes que custodiaban el primer piso escucharan lo que decíamos, nos reunimos en la habitación de mi madre en el segundo nivel.

Sacaron varias hojas arrancadas de un cuaderno, como si se tratase de las cuentas de una tienda de barrio, en las que aparecían reseñados los gastos de los últimos meses: trescientos mil dólares para amoblar el nuevo apartamento de mi tía Gloria, cuarenta mil para un taxi para mi tía Gloria, e innumerables desembolsos de dinero para mi abuelo Abel, para el pago de mayordomos, para el arreglo de vehículos y para la compra de un carro para reponer uno que les habían decomisado, entre otros muchos rubros.

En fin, una larga lista que solo buscaba justificar que Roberto había dilapidado el setenta y cinco porciento de los dólares que mi papá le entregó en custodia. En otras palabras, Roberto solo estaba dispuesto a reconocer el excedente.

Molesto, cuestioné la mayor parte de los gastos, que más parecían un derroche sin justificación alguna y enfoqué mis críticas al insólito valor de los muebles de mi tía Gloria, quien se ofuscó y dijo que cómo era posible que ella no tuviera derecho a reponer las cosas que había perdido en la guerra. Pero más allá de las pataletas, lo cierto era que las cuentas estaban mal dibujadas porque no era creíble que los muebles valieran más que el apartamento. Alba Marina reforzó el argumento y dijo con sarcasmo que Roberto no se había gastado la plata en comida.

El encuentro con mi abuela y mis tías terminó en malos términos porque les dije que no me convencerían con ese balance tan 'alegre'. Tenía claro que no los iba a recuperar. Pensé qué hacer y me acordé que desde hacía algunas semanas veníamos recibiendo amenazas desde las cárceles, de al menos treinta hombres que trabajaron para mi padre y quedaron a la deriva tras su muerte. Entonces, para evitar más problemas desde las cárceles le pedimos a Roberto que les ayudara a esos muchachos y sus familias con ese dinero.

Según mis cálculos, la plata que tenía Roberto alcanzaba para un año. Ese era un compromiso que sentíamos que habíamos adquirido con quienes acompañaron a mi padre en la guerra, y que cayeron presos y pagaban largas condenas. Mi padre siempre decía que a la gente no se la podía dejar abandonada a su suerte en una cárcel, que justo ahí era cuando más necesitaban ayuda. Yo veía que siempre que le decían "Patrón, cayó fulano", él enviaba abogados a defenderlos y a las familias les hacía llegar dinero. De esa manera se comportó mi padre con todos y cada uno de los que iban cayendo por ayudarle a cometer sus fechorías.

Pero como lo que mal empieza mal acaba, el uso de ese dinero habría de convertirse en un nuevo dolor de cabeza para nosotros y de paso en un detonante de las cada vez más deterioradas relaciones con mis parientes.

Semanas después del accidentado encuentro, desde algunas cárceles llegaron noticias que nos dejaron muy preocupados. Uno de los relatos indicaba que la abuela Hermilda había visitado a varios de los hombres que trabajaron para mi padre y les dijo que el dinero que estaban recibiendo era por cuenta de Roberto.

Me vi obligado a enviarles una carta a varias cárceles en la que les conté la verdad y les pedí que les dijeran a los demás detenidos que los hijos y la esposa de Pablo le habíamos solicitado a Roberto que les ayudara con esos recursos. Sabía que la única manera de lograr que Roberto devolviera esa plata era conminándolo a repartirla entre los presos.

Mientras tanto, y como era de esperarse, muy pronto empezaron los problemas con los criminales que trabajaron para mi padre porque dejó de llegarles el dinero que les enviaba Roberto. Inquieto, llamé a preguntarle y no tuvo el menor escrúpulo en decir que el dinero solo alcanzó para cinco meses.

El primer mensaje que reflejaba el malestar de los antiguos sicarios de mi padre llegó a finales de abril de 1994, cuando recibimos una carta en la que varios de ellos se quejaban de que hacía un mes no les llegaba ayuda, que no tenían cómo sostener sus familias ni sus defensas, que habían dado todo por 'el Patrón' y que nosotros éramos unos ingratos y que según les dijo Roberto, no les íbamos a mandar más plata.

Como el sentido del mensaje contenía una amenaza velada, les envié una respuesta en la que expliqué que el dinero que habían recibido hasta entonces no era de mi tío sino de mi padre: "Todos sus sueldos, sus abogados, sus comidas, han sido pagados hasta el momento de plata de mi papá, no de Roberto, y que quede bien claro. (...) No es culpa nuestra que a Roberto se le haya acabado el dinero. Cuando nos dijeron que la plata se había acabado nos dijeron que Gloria mi tía se la había tenido que gastar, pero nunca nos ha quedado claro en manos de quién cayó ese dinero".

Roberto debió enterarse de lo que ocurría porque pocos días después de mi carta le envió un escrito a mi madre a propósito del Día de la Madre. El texto, escrito a mano, dejaba ver claramente las secuelas del atentado del que fue objeto en diciembre. "Tata, yo no soy el mismo de antes; me encuentro muy deprimido por lo que estoy pasando, a pesar que yo he mejorado algo pero ya son cinco meses de sufrimiento por lo ocurrido a mi hermano y luego con lo mío. No le pares bolas a los chismes, hay tanta gente que no nos quiere. Tengo muchas cosas para hablarte pero me deprime mucho mi estado".

La discusión familiar por el sustento de los presos del cartel de Medellín llegó a oídos de Iván Urdinola, uno de los capos del cartel del norte de Valle con quien mi madre se había reunido en un par de ocasiones en la cárcel Modelo de Bogotá.

En papel membreteado con su nombre, Iván Urdinola le envió una carta a mi madre que tenía un tono cordial pero perentorio: "Señora, la presente es para que por favor aclare todos los malentendidos que tengan con la familia Escobar y esos muchachos no tienen la culpa del problema de Roberto; por favor, colabóreles que todos estamos para eso y usted es la más cercana a esto y la cabeza. Mientras no arregle esto tendrá problemas, y vaya a la reunión de Cali para que termine este proceso".

Pero había más. En la mañana del 19 de agosto de 1994 estaba recostado en mi cama cuando entró un fax que me dejó helado. Era una carta de varios de los 'muchachos' que trabajaron para mi padre, recluidos en la cárcel de Itagüí y contenía graves acusaciones contra mi tío Roberto:

"Doña Victoria, un saludo muy especial para usted y por favor nos saluda a Juancho y a Manuela. Esta con el fin de aclararle ciertos rumores por parte del señor Roberto Escobar. Nosotros le enviamos una razón a usted porque nos dimos cuenta de lo que él pretendía al enviar a su hermana Gloria con el ánimo de 'sapear' a Juancho.

"Por medio de Rey le mandamos a decir que él quería decirle a usted que si no se retractaba de ciertas cosas llevaría a cabo esto. Nuestra posición queremos que quede muy clara: acá ninguno se presta para ese juego de mentiras y de abuso, no queremos conflictos con nadie, lo que queremos es vivir en paz.

"Si él lleva a cabo eso es a cuenta y riesgo propio, porque de nuestra parte no saldrá nada para ningún lado, porque si fuimos firmes con el señor lo somos con usted".

El mensaje fue firmado por Giovanni o 'la Modelo', 'Comanche', 'Misterio', 'Tato' Avendaño, 'Valentín', 'la Garra', 'Icopor, 'Gordo Lambas y William Cárdenas.

Luego de leer los nombres de quienes suscribían el mensaje me preocupé y por eso decidimos enterar al fiscal De Greiff para neutralizar un posible montaje de mi tío. Me recibió con nuestro abogado Fernández y le hice saber mi inquietud porque no había duda de que estaba en marcha un plan para llevarme a prisión. También le aclaré al fiscal que algunos de los presos que no firmaron la carta y estaban recluidos en Itagüí —Juan Urquijo y 'Ñeris'— se aliaron con Roberto en esa empresa criminal, en la que además pretendían cobrarnos supuestas deudas de mi padre relacionadas con el narcotráfico.

Roberto no esperó que tuviésemos la capacidad ni la valentía para enfrentarlo y se sintió acorralado cuando aclaramos en todas las cárceles que él era quien tenía el dinero —de mi padre— para ellos. No tuve opción que atajar y esquivar las piedras que él me lanzaba.

No acabábamos de salir de este nuevo trance cuando habría de ocurrir otro evento al que bien le cabría el viejo adagio de que primero cae un mentiroso que un cojo.

A las once de la noche de un día de septiembre de 1994, un agente de la Sijin de la Policía llamó desde la portería del edificio de Santa Ana y dijo que acababa de llegar un señor, que se identificó con el apodo de 'el Gordo', que quería verme pero se negaba a suministrar su número de cédula y su nombre, como era la obligación de quienes querían hablar con cualquiera de nosotros.

El policía se puso inflexible, algo que no me pareció raro porque siempre tuvimos la certeza de que tanto en Altos como en Residencias Tequendama y ahora en Santa Ana, los que nos protegían también hacían labores de inteligencia para determinar qué personas nos buscaban o se relacionaban con nosotros.

La sorpresa fue grande porque se trataba ni más ni menos que del caletero, al que yo señalaba de robar las cajas con dólares que mi papá había ocultado en la casa azul. "Ya que tiene el descaro de presentarse a estas horas voy a preguntarle por el dinero desaparecido", pensé. Al cabo de una corta discusión logré convencer al agente de la Sijin de que dejara entrar al 'Gordo' sin documentos, bajo mi propio riesgo.

Una vez llegó a la puerta donde lo esperaba, 'el Gordo' me abrazó y se puso a llorar.

—Juancho, hermano, qué alegría de verlo.

No pude ocultar el desconcierto porque el abrazo y las lágrimas de ese hombre me parecieron nobles y sinceros, sin maldad alguna. Además, llegó vestido igual que siempre, con su apariencia de bonachón y de gente humilde, con ropa sencilla y tenis a punto de romperse. No tenía el aspecto de alguien que pocos meses atrás robó una caleta con dólares. ¿Para qué iba a visitarnos si con ese dinero ya tenía su vida resuelta?

Después de examinarlo detenidamente, de mirarlo con recelo y de escuchar con desconfianza lo que había pasado en su vida desde que mi padre y nosotros abandonamos la casa azul en noviembre de 1993, concluí que seguía siendo el hombre leal que habíamos conocido.

Al cabo de varios minutos de charla en la terraza del segundo piso, donde nadie podía escucharnos, consideré que había llegado el momento de preguntarle por el dinero perdido.

—Gordo, cuéntame qué pasó con la caleta de la casa azul. ¿Recibiste a mi tía? ¿Qué pasó con el dinero?

—Juancho, recibí a su tía por instrucciones suyas; cuando ella me entregó su mensaje, fuimos a los dos sitios, sacamos las cajas y le ayudé a meterlas en el baúl de la camioneta que llevó ese día. Nunca más supe de ella. Yo solo venía a saludarlos, a saber cómo estaban porque los quiero mucho y a ponerme a su entera disposición.

—Lo que pasa es que ella alega que solo había unos cuantos dólares.

—¡Mentira! Yo le ayudé a subir al carro ese montón de dinero; El vehículo iba tan lleno de dinero que se notaba el peso en las ruedas traseras; juro que todo se lo llevó su tía y si quiere me quedo y llámela, para sostenerle eso en su cara —dijo en medio del llanto.

—Gordito, perdóname la desconfianza, pero me parece increíble lo que me estás contando. Creo lo que me estás diciendo y no me extraña que mi tía haya sido capaz de semejante cosa.

CAPÍTULO 3

LA PAZ CON LOS CARTELES

El anuncio de que el caballista Fabio Ochoa Restrepo había llegado a visitarnos en Residencias Tequendama nos sacó de la tristeza y la incertidumbre ese mediodía del 5 de diciembre de 1993, escasas cuarenta y ocho horas después del entierro de mi padre en Medellín. A él lo conocíamos desde comienzos de los años ochenta.

Autoricé el ingreso y don Fabio nos dejó con la boca abierta porque llegó con decenas de ollas de todos los tamaños, repletas de comida. Es como si hubiese desocupado su restaurante la Margarita del 8, un rincón de Antioquia en la autopista del norte en Bogotá. Llevó algo así como ciento cincuenta bandejas paisas, que alcanzaron para nosotros y para soldados, policías, detectives del DAS y agentes del CTI, la Dijin y la Sijin que nos custodiaban. Toda una exageración al mejor estilo paisa, que desde luego fue bienvenida.

El banquete de fríjoles, arepas, carne molida, chorizo, chicharrón, huevo y carne fue la buena noticia que trajo el padre de los Ochoa. Pero como lo bueno dura poco, al final de la velada, hacia las cinco de la tarde, nos dijo en tono sereno pero grave que según le habían dicho, Fidel Castaño, el jefe de los Pepes, mantenía vigente la orden de asesinarnos a mi mamá, a mi hermana y a mí.

—Fidel Castaño dice que Pablo Escobar fue un guerrero pero que cometió el error de ponerse a tener familia; que por eso él no tiene a nadie, para que nada le duela —agregó don Fabio Ochoa al referir las palabras de Castaño cuando justificó nuestro exterminio.

La información que nos acababa de dar don Fabio Ochoa sonó a sentencia de muerte porque conocíamos el inmenso poder de Castaño, quien encabezó el grupo que persiguió y aniquiló a mi padre.

A partir de ese día y hasta cuando nos fuimos de Colombia nueve meses después, con Fabio Ochoa Restrepo mantuvimos una relación mucho más estrecha que cuando vivía mi padre. De manera permanente enviaba comida desde su restaurante y con alguna frecuencia mi hermana Manuela iba a la Margarita del 8 a montar sus mejores caballos.

Enterados de que Castaño persistía en la decisión de eliminarnos, decidimos jugarnos una carta desesperada: le enviamos un mensaje, firmado por mi madre, en el que clamó por la vida de sus hijos, le hizo ver que ella nunca se comprometió en la guerra y se mostró dispuesta a buscar la paz con los enemigos de su difunto marido.

Mi madre estaba medianamente optimista porque según recordó, ella y Fidel Castaño compartieron su gusto por el arte. Era la época cuando él era amigo cercano de mi papá y traficaban con cocaína en varias rutas exitosas. Castaño viajaba con frecuencia a Europa y en especial a París —donde decía poseer un lujoso apartamento con gran parte de su colección de arte— a visitar museos, apreciar las mejores exposiciones y comprar obras de arte.

En alguna ocasión, Castaño fue al edificio Mónaco en Medellín, y mi madre le mostró su colección de pinturas y esculturas, distribuidas en los dos pisos del *pent-house* de 1.500 metros. Prácticamente, no había una sola pared donde no hubiera un cuadro o una escultura. Ella estaba muy orgullosa porque un galerista famoso le había dicho que la suya era la colección de arte más importante de América Latina en ese momento.

Ese día, Fidel Castaño quedó muy impresionado por la calidad de las obras que mi madre había adquirido de artistas como Fernando Botero, Édgar Negret, Darío Morales, Enrique Grau, Francisco Antonio Cano, Alejandro Obregón, Débora Arango,

Claudio Bravo, Oswaldo Guayasamín, Salvador Dalí, Igor Mitoraj y Auguste Rodin, así como valiosas antigüedades, como jarrones chinos y piezas precolombinas de oro y barro.

Para devolver la atención, Castaño invitó semanas después a mis padres a cenar en su enorme mansión conocida como Montecasino, ubicada entre Medellín y Envigado. Un verdadero fortín rodeado por altos muros, donde nacieron los Pepes y bajo sus paredes se decidieron los más grandes crímenes del paramilitarismo.

La velada resultó tensa porque mi papá se sintió muy incómodo. No estaba acostumbrado a semejante alarde de elegancia, que incluyó meseros y hasta al propio Fidel, que los recibió en esmoquin e hizo servir la mesa con una fina vajilla de plata y cinco tenedores. A la hora de comer y en voz baja, mi padre le preguntó a mi madre cómo manejar las pinzas para partir las muelas de cangrejo y no quedar mal en la mesa.

Una vez terminaron la cena, Fidel les mostró la casa y su cava de vinos franceses y les dijo que tenía preparado el baño turco de vapor y el hidromasaje lleno con agua caliente y espuma.

—Para que nos relajemos, Pablo.

Mi padre no pudo ocultar su fastidio y rechazó la invitación al baño turco con la mala excusa de que tenía que cumplir una cita.

Siempre pensé que mi madre le gustaba a Fidel Castaño y de ahí la molestia de mi padre, que en el fondo estaba celoso y hasta llegó al extremo de prohibirle visitar a mi madre en el edificio Mónaco.

El optimismo moderado que teníamos luego de enviarle el mensaje a Castaño se transformó en tranquilidad cuando llegó su respuesta en una carta de escasos tres párrafos en la que dijo que no tenía nada en contra de nosotros y que además había dado la orden de devolverle varias obras de arte que los Pepes robaron de una caleta, entre ellas la costosa pintura *Rock and Roll* del artista español Salvador Dalí.

Por el momento nos habíamos quitado de encima a Fidel Castaño, pero no sabíamos que faltaba bastante camino por recorrer.

En efecto, con el paso de los días empezaron a llegar a Residencias Tequendama las esposas o compañeras de los más importantes lugartenientes de mi papá, los que se reentregaron a la justicia tras la fuga de La Catedral, entre ellos Otoniel González, alias 'Otto'; Carlos Mario Urquijo, alias 'Arete'; y Luis Carlos Aguilar, alias 'Mugre'.

Las señoras, que en ocasiones se quedaban por varios días en el hotel, traían mensajes en el sentido de que los capos de los carteles que enfrentaron a mi padre les estaban pidiendo dinero a todos como compensación a la guerra. En la mafia se sabía que mi padre fue generoso con sus hombres porque les pagaba elevadas sumas de dinero por los golpes que daban, como secuestrar a alguien, asesinar a determinada persona o realizar atentados. Por todo lo que hicieran recibían dinero y ellos se esforzaban por cumplir.

Una de las mujeres que nos visitó por aquella época fue Ángela, la novia de Popeye, quien nos pidió visitar en la cárcel Modelo de Bogotá al narcotraficante Iván Urdinola, porque tenía un mensaje de parte de los capos de Cali. Ese nombre no era desconocido para nosotros porque en alguna ocasión mi padre nos había mostrado algunas cartas en las que Urdinola le aseguraba que no era aliado de los capos del cartel de Cali y dejaba entrever cierta simpatía por él.

Aunque pareció extraño el mensaje que Urdinola nos envió con la novia de 'Popeye', en ese momento no sabíamos que estaba a punto de empezar uno de los trances más difíciles de nuestras vidas, incluso más duro y peligroso que los peores momentos que pasamos encaletados con mi padre mientras sus enemigos le pisaban los talones. Estábamos a punto de entrar al impensable escenario de buscar la paz con los carteles del narcotráfico. Yo iba a cumplir diecisiete años y sentí un profundo temor por enfrentar esa realidad, que no podía evitar por más que quisiera. Al fin y al cabo era el hijo de Pablo Escobar, y muerto él yo estaba en la mira de sus enemigos.

Mientras decidíamos si íbamos a ver a Urdinola, mi madre y yo empezamos a visitar las cárceles Modelo y Picota, autorizados por la Fiscalía General de la Nación, que además de protegernos se encargaba de gestionar los permisos de ingreso. Aunque íbamos custodiados, preferimos hacerlo por separado porque temíamos ser blanco fácil de un ataque. Nuestra intención era hablar con todos los trabajadores de mi padre para conocer su postura frente a la posibilidad de negociar la paz. No fue muy difícil persuadirlos de deponer cualquier acto hostil porque ninguno tenía poder militar y regresar a la guerra les parecía un suicidio. Además, muchos de ellos se sometieron por segunda vez a la justicia sin consultarle siquiera a mi padre porque era evidente que estaban cansados de tanta violencia.

Uno de esos días fui a la cárcel La Picota, donde estaban presos 'Arete', 'Tití' y 'Mugre'; a lo lejos vi por primera vez a Leonidas Vargas, un capo legendario que tenía su eje de poder en el departamento de Caquetá, no lejos de la frontera con Ecuador.

De un momento a otro se acercó uno de los empleados de mi padre y me dijo que Leonidas Vargas le había pedido el favor de decirme que le pagáramos un millón de dólares que mi papá le debía. Me pareció que no debía ser cierto, pero varios de los reclusos dieron fe de la estrecha relación de mi padre con 'Don Leo'. Uno de ellos agregó:

—Juancho, es mejor que vean a ver cómo le pagan a ese señor. Él es muy serio, pero también es muy bravo. Así que lo mejor es que las cosas queden tranquilas con él para que ustedes no vayan a tener problemas.

La deuda existía, pero había un problema: no teníamos dinero. En esos días habíamos recibido la noticia de que la Fiscalía había ordenado devolver definitivamente uno de los aviones de mi padre que estuvo confiscado cerca de diez años. Contratamos un avalúo y su costo era cercano al millón de dólares, justo lo que le debíamos a Leonidas Vargas. Sin proponérselo, él salió ganando porque en un hangar abandonado en el aeropuerto Olaya Herrera de Medellín aparecieron repuestos que solo le servían a ese avión y costaban trescientos mil dólares. Así que le propusimos recibir el lujoso avión y los repuestos como regalo. Aceptó una vez sus pilotos verificaron que la aeronave estaba en buenas condiciones para volar.

De esa manera pagamos una más de las deudas de mi padre y nos quitamos de encima otro potencial enemigo. No estábamos para más guerras. Había que desactivar cualquier posibilidad de violencia y solo con dinero o bienes podríamos lograrlo.

Después de este intenso periplo por algunas cárceles, llegó la hora de visitar a Urdinola en la Modelo. Mi madre ya había ido a hablar con él, pero este insistió en que yo también lo hiciera.

Estaba pálido cuando salí de Residencias Tequendama y así debieron percibirlo los escoltas y el conductor que esa mañana de comienzos de 1994 me acompañaron en el campero blindado de la Fiscalía. Cuando llegamos a la cárcel en el sector de Puente Aranda en Bogotá y me disponía a descender del vehículo frente a un edificio de dos pisos donde despacha el director del penal, el chofer me tomó del brazo y me regaló un llaverito cuadrado, dorado y blanco, con la imagen del niño Jesús.

—Juan Pablo, quiero regalarle esta imagen para que lo proteja porque sé que está pasando por uno de los momentos más difíciles de su vida —dijo el hombre y le di las gracias mirándolo conmovido a los ojos.

Sin que ningún recluso me identificara porque usaba unas enormes gafas oscuras, la guardia facilitó el acceso al pabellón de alta seguridad, donde encontré a 'Otto' y a 'Popeye' con el mensaje de que Urdinola me esperaba. En ese mismo patio estaban viejos conocidos, ex trabajadores de mi papá, como José Fernando Posada Fierro, y Sergio Alfonso Ortiz, alias 'el Pájaro'.

—Tranquilo, Juancho, que don Iván es buena persona, no le va a pasar nada… si él es padrino de mi hijo —me dijo 'Popeye' al finalizar varias frases elogiosas sobre Urdinola que parecieron excesivas.

Entré al calabozo y encontré a Urdinola acompañado de dos hombres que no reconocí. Luego ingresaron cinco más, uno de ellos alto, con cierto aire de misterio, que me llamó la atención.

—Bueno, hermano, usted sabe quién ganó la guerra; y usted sabe que el nuevo capo de capos, el que maneja todo, es don Gilberto (Rodríguez Orejuela); entonces, a usted le va a tocar ir a Cali a arreglar el problema con ellos, pero antes tiene que dar muestras de buena voluntad.

Le pregunté qué tendría que hacer para congraciarme con ellos y respondió que retractándome de una declaración en la Fiscalía en la que acusé a los capos de Cali de poner la bomba contra el edificio Mónaco el 13 de enero de 1988. Sentí que no tenía opción y respondí que no había problema en hacerlo. Entonces Urdinola dijo que una abogada me buscaría en los siguientes días. Echarse para atrás de una vieja acusación a cambio de seguir vivo parecía algo sencillo, pero miré a Urdinola a los ojos y me llené de temor.

—Don Iván, me da pena con usted, pero me da mucho miedo ir a Cali. Nadie en su sano juicio va solo a que lo maten. Va contra mi instinto de supervivencia. Sé que ha ido mucha gente y ha regresado con vida, pero no es lo mismo que yo vaya para regresar en una bolsa; es que soy el hijo de Pablo —repliqué y Urdinola respondió molesto.

—¿Quién se cree usted para no ir a Cali? Los mismos que lo cuidan son los mismos que ya están cuadrados y listos para matarlo; lo único que están esperando es que nosotros llamemos para darles la orden; ¿usted cree que matarlo vale mucha plata? ¿Cree que los bandidos piden mucho? Matarlo vale trescientos millones y si quiere llamamos ya a los muchachos que van a hacer la vuelta. Ah, y ¡sálganse de aquí hijueputas, que voy a 'pichar' (tener relaciones sexuales) con mi señora —concluyó la diatriba de Urdinola mientras ingresaba su esposa, Lorena Henao.

Las palabras de Urdinola me dejaron aturdido. Salí de la celda con una desazón indescriptible; pensé que la muerte me miraba de frente. En ese entonces, tenía apenas diecisiete años.

Estaba distraído en mis pensamientos cuando sentí dos palmadas suaves en el hombro. Era el hombre alto y misterioso que minutos antes me había llamado la atención, que me separó del grupo y dijo que lo acompañara, que quería hablar conmigo.

—Juan Pablo, sé que le da mucho miedo ir a esa reunión y entiendo sus temores, que son válidos. Pero tenga en cuenta que la gente de Cali está cansada de la violencia y por eso debe aprovechar esa oportunidad para hablar con ellos y solucionar sus problemas de una vez por todas. Mire que Urdinola le acaba de decir que su muerte está decidida y si no va de todas maneras lo van a matar. No le quedan muchas opciones y es más fácil salvarse si va y pone la cara —dijo el hombre y sus palabras sonaron sinceras.

—Le agradezco el consejo, pero no sé quién es usted... ¿qué papel juega en todo esto?

—Soy Jairo Correa Alzate y fui enemigo de su papá desde las épocas de Henry Pérez (jefe paramilitar del Magdalena Medio). Soy dueño de la hacienda El Japón en La Dorada, Caldas y con su papá tuve muchos problemas; estoy detenido porque estamos peleando si me extraditan o no.

El corto diálogo con Jairo Correa fue providencial porque vi una luz al final del túnel, entendí que existía una mínima posibilidad de salir con vida si iba a Cali.

Al despedirnos, Jairo me presentó a Claudia, su esposa, y a una de sus hijas menores y les pidió que nos visitaran en el apartamento para que la niña jugara con mi hermana Manuela.

'Popeye' se ofreció a acompañarme hasta la puerta de salida y cuando caminábamos por un largo y estrecho pasillo dijo que tenía algo que contarme:

—Juancho, tengo que decirle que me vi obligado a ayudarle a 'Otto' a robarles a ustedes la finca La Pesebrera, que queda al final de la Loma del Chocho. Me tocó ayudarle a 'Otto' con esa vuelta o si no me caía con él.

La realidad indicaba que hasta los viejos amigotes de mi padre ahora estaban en contra nuestra. Ya no nos veían como a la familia de su patrón que los hizo inmensamente ricos, sino como un botín. De los hombres de mi padre que sobrevivieron después de su muerte, puedo decir con certeza que solo uno ha sido leal. De los demás únicamente observé ingratitud y codicia.

Tal como acordamos con Urdinola, un par de días después de la visita a la Modelo llegó una abogada, con quien me reuní en el segundo piso del apartamento en Santa Ana, donde no podían escuchar los agentes de la Fiscalía y de la Sijin, que tenían habitación dentro del inmueble.

La abogada fue al grano y me pidió decir que mi padre me había forzado a señalar a los capos del cartel de Cali por la explosión en el edificio Mónaco en 1988 y que yo no tenía prueba alguna de que ellos hubieran sido o me constara su participación en ese hecho.

Así quedamos y minutos después llegaron la fiscal del caso y su secretario, que tomaron la nueva declaración en el primer piso, mientras la abogada esperó en el segundo. Por su expresión, era claro que los dos funcionarios se habían dado cuenta de que yo actuaba bajo una tremenda presión. En sus gestos se veía la impotencia de ver cómo se desmoronaba uno de los pocos casos sólidos que podrían tener contra los capos de Cali.

Pero no hubo nada que hacer y una vez terminamos me entregaron una copia de la declaración y se la llevé a la abogada. Luego de leer la retractación sacó el teléfono celular de la cartera y llamó a alguien y dijo: "Señor, no se preocupe que todo está solucionado".

Haber encontrado consejo en Jairo Correa fue tan importante que en otras tres ocasiones lo visité en la cárcel para pedirle una opinión sobre varios temas, pues sentía que era sincero. Recuerdo que pasamos horas enteras hablando de cosas de la vida, reflexionando sobre lo acontecido, en un ambiente extremadamente respetuoso y cordial. Ahí tuve la oportunidad de disculparme por el daño que mi padre les había hecho a él y a su familia y le dije que no podía creer cómo era posible que nos entendiéramos tan bien y no hubiera ocurrido lo mismo con mi padre. Lamenté que no hubiesen podido charlar para arreglar sus asuntos y vivir en paz. Respondió que mi padre siempre estuvo rodeado de muy malos consejeros.

En una de esas visitas encontré a Urdinola muy borracho, en compañía de un italiano que le estaba vendiendo maquinaria industrial. Cuando me vio, saludó en buena tónica —seguramente porque estaba alicorado— y abrió un cajón con por lo menos cincuenta relojes, todos de finas marcas.

—Elije el que quieras.

—No, don Iván, para qué se va a poner en esas, le agradezco pero no es necesario —insistí tres veces, pero él estaba decidido.

—Llévese este, que me costó cien mil dólares —me lo entregó y me obligó a ponérmelo aunque me quedara apretado. Era un reloj Philippe Charriol con una corona de diamantes alrededor del tablero y el resto de su manilla en oro sólido.

Los ires y venires a la cárcel Modelo tuvieron una primera consecuencia: el primer contacto directo entre los enemigos de mi padre y nosotros.

La intervención de Urdinola facilitó un primer encuentro entre Ángela —la novia de 'Popeye'— e Ismael Mancera, abogado de mi tío Roberto Escobar, con los hermanos Miguel y Gilberto Rodríguez Orejuela, los capos del cartel de Cali. Urdinola sabía que 'Popeye' no era importante dentro del cartel y por eso siempre quiso que Vicky, la esposa de 'Otto', viajara a Cali en vez de Ángela, pero como a Vicky le dio miedo no tuvo opción que enviar a Ángela.

Los dos emisarios viajaron a la capital del Valle y transmitieron nuestra intención y la de los hombres que integraron el aparato criminal de mi padre, de suspender definitivamente la guerra y buscar una salida que nos garantizara seguir con vida. De regreso, Ángela y Mancera contaron que aunque fueron parcos, los Rodríguez se mostraron dispuestos a aceptar un acercamiento directo con nosotros.

La gestión debió surtir efecto porque pocos días después recibimos una llamada telefónica en la que un hombre áspero nos ordenó que lo recibiéramos porque era portador de un mensaje de los Rodríguez. Terminamos almorzando con un muy reconocido personaje, antiguo enemigo de mi padre, cuyo nombre me abstengo de mencionar por razones de seguridad. La charla fue muy tensa, aunque en algunos momentos se mostró compasivo. El mensaje que traía era directo: vivir tendría un costo elevado en dinero porque cada uno de los capos pedía recuperar lo que invirtieron, y más.

—Juan Pablo, en la guerra contra su papá gasté más de ocho millones de dólares y tengo la clara intención de recuperarlos —dijo sereno pero con el tono de quien está dispuesto a cobrar una deuda a las buenas o a las malas.

Estábamos acorralados y así lo entendimos porque al inesperado visitante ni siquiera lo requisaron en los anillos de seguridad que nos 'protegían' en Residencias Tequendama. Ya no quedaba duda de que mantenernos con vida dependía única y exclusivamente de que entregáramos todos los bienes de mi padre.

El cruce de mensajes, amenazas e incertidumbre habrían de tener una salida definitiva en la última semana de enero de 1994, cuando llegó sin avisar Alfredo Astado, un pariente lejano de mi madre, que acababa de regresar de Estados Unidos a hablar de manera urgente con nosotros. Hacía varios años estaba radicado en ese país, a donde emigró para huir de la guerra y proteger a su familia, pese a que en Colombia nunca estuvo involucrado en negocios turbios y tampoco afrontó líos con la justicia.

Todavía sorprendido nos contó que se encontraba en su casa cuando entró una llamada a su celular, ni más ni menos que de Miguel Rodríguez Orejuela.

—Alfredo, le habla Miguel Rodríguez... necesitamos que venga hasta Cali; queremos hablar con usted —dijo el capo, seco, sin saludar.

—Señor, tengo varios asuntos pendientes todavía y solo puedo ir a Colombia en dos o tres meses.

—Le doy cuatro días. Y si se me pierde, yo lo busco, pero de otra manera.

El relato de Alfredo era en verdad muy inquietante porque solo unas pocas personas conocían su número y llevaba seis años en una ciudad intermedia de Estados Unidos, donde el roce con colombianos era muy escaso. Por eso viajó a Colombia a hablar con nosotros, antes de ir con los capos de Cali.

Pese a nuestras súplicas para que no cumpliera la cita, Alfredo respondió que no tenía alternativa porque si los Rodríguez ya lo habían localizado una vez, sin duda lo encontrarían en cualquier rincón del planeta.

Era claro que los capos de Cali habían desestimado la gestión que ya habían iniciado el abogado Mancera y la novia de 'Popeye', y optaron por buscar un contacto directo con nosotros.

Alfredo viajó inmediatamente a Cali, se hospedó en el hotel Intercontinental y un hombre lo recogió al día siguiente y lo llevó a una lujosa casa en el sur de Cali donde lo esperaban los hermanos Rodríguez Orejuela y tres personas más a las que no había visto nunca.

—Señor Astado: de usted sabemos muchas cosas porque lo hemos investigado. Usted ha tenido mucha relación con la familia

Henao en Palmira y es una de las personas que puede resolver este problema. La guerra con Pablo se degeneró demasiado y murió mucho inocente; queremos acabar de raíz con todo eso y por eso necesitamos que hable con la viuda —explicó Miguel Rodríguez como vocero de los asistentes.

Alfredo entendió el mensaje y se tranquilizó porque al parecer no corría peligro. Luego tomó la palabra y además de ofrecerse para lo que se necesitara propuso que mi madre y yo fuéramos a Cali a hablar con ellos.

Pero la respuesta fue tajante y esta vez intervino Gilberto Rodríguez.

—A ella sí, pero a Juan Pablo Escobar no; él come como pato, camina como pato, es un pato, es igualito a Pablo; es un niño que debe estar debajo de las faldas de su mamá.

Pese a la dureza del mensaje y al odio visceral que los capos mostraron hacia mi padre, Alfredo regresó a Bogotá con un mensaje tranquilizador y con la firme idea de regresar cuanto antes a Cali, con mi madre.

Como no teníamos salida alguna, fue muy poco el tiempo que gastamos en debatir la conveniencia o inconveniencia de entrar en un incierto proceso de acercamiento a los enemigos de mi padre.

Entonces nos dimos a la tarea de armar un plan para salir de Residencias Tequendama sin que la Fiscalía se diera cuenta. Luego de barajar varias opciones acordamos utilizar como escudo a la psicóloga, que hacía terapia con nosotros una vez a la semana durante todo el día. No fue difícil explicarle el trance que atravesábamos y aceptó colaborar. Así, mi madre simuló encerrarse con su psicóloga durante toda la jornada, con la excusa de que se sometería a un tratamiento especial para enfrentar la depresión. Ninguno de los hombres encargados de cuidarnos sospechó nada. Mi madre bajó desde el piso veintiuno por la escalera de incendios del edificio y alcanzó la calle, donde la esperaba Alfredo en una camioneta alquilada.

El viaje fue relativamente normal, pero salpicado por las incertidumbres propias del encuentro con personajes violentos, que habían demostrado un enorme poder económico, político y militar. No en vano se trataba de lidiar con los todopoderosos jefes de la mafia del país, que actuaban a su antojo pues se habían quitado de encima a mi padre, el único que los enfrentó a sangre y fuego durante varios años.

Una vez llegaron a Cali, Alfredo llamó a Miguel Rodríguez, quien se sorprendió por la rapidez con que mi madre había aceptado acudir a un encuentro con la mafia en pleno. El capo le dijo que esperaran en un hotel de su propiedad en el centro de la ciudad mientras convocaba a los demás.

Pasaron veinte horas y de manera increíble el propio Miguel Rodríguez llegó a recogerlos en un vehículo y los llevó a una finca en el sector de Cascajal, en la vía a Jamundí, sede deportiva del equipo de fútbol América de Cali.

Vestida de luto, mi madre y Alfredo ingresaron a un salón donde ya estaban sentadas cerca de cuarenta personas que representaban la crema y nata del narcotráfico de Colombia; en otras palabras, la cúpula de los Pepes.

A mi madre le habían dejado una silla en la parte central de la mesa, al lado izquierdo de Miguel Rodríguez y en diagonal hacia la derecha de Gilberto Rodríguez, quien la miraba con desprecio. Los otros lugares estaban ocupados por Hélmer 'Pacho' Herrera, José 'Chepe' Santacruz, Carlos Castaño, y también por tres delegados de las familias de Gerardo 'Kiko' Moncada y Fernando Galeano, quienes fueron asesinados por orden de mi padre en la cárcel La Catedral. Alfredo se sentó en una de las esquinas de la mesa.

La cumbre estuvo rodeada de principio a fin de una enorme tensión. El lugar estaba repleto de escoltas fuertemente armados. Mi madre tenía en la mano una botella de agua mineral.

—Diga lo que tiene que decir, señora —inició Gilberto, con un tono de voz distante y retador.

—Miren, señores, esta guerra se perdió; estamos aquí para llegar a un acuerdo con ustedes para salvar mi vida y la de mis hijos, de la familia Escobar, de nuestros abogados y en general de la gente de Pablo Escobar.

Miguel Rodríguez tomó la palabra y de entrada la emprendió contra mi padre, a quien acusó de haberles robado mucho dinero a todos y recalcó el hecho de que la guerra les había costado más de diez millones de dólares a cada uno y esperaban recuperarlos.

—Usted no pida nada por los hermanos de ese hijueputa de su marido. Ni por Roberto, ni por Alba Marina, ni por Argemiro, ni por Gloria ni por esa vieja malparida de la mamá porque ellos son los que le van a sacar los ojos a usted; nosotros escuchamos todos los casetes que grabamos durante la guerra y casi todos pedían más y más violencia contra nosotros…

La intervención del capo terminó diez minutos después, cuando explicó que el motivo principal de ese encuentro era establecer realmente si la familia Escobar tenía intenciones de buscar la paz. Luego les dio la palabra a los asistentes, que se refirieron en términos soeces a mi padre y empezaron a hacer una especie de inventario de lo que debíamos pagarles para saldar la deuda y perdonarnos la vida.

—Ese hijueputa me mató dos hermanos. ¿Cuánto vale eso además de la plata que invertí en matarlo? —dijo uno.

—A mí me secuestró y tuve que pagarle más de dos millones de dólares y entregarle unas propiedades para que me soltara. Y por si fuera poco, me tocó salir corriendo con mi familia —dijo otro, visiblemente furioso.

—Quemó una de mis fincas, intentó secuestrarme pero escapé y tuve que irme del país por años. ¿Cuánto nos van a reconocer por eso? —acotó uno más.

En fin, la lista de reclamaciones se hizo interminable.

—Yo quiero saber, yo quiero que usted me conteste: ¿si nuestras mujeres estuvieran aquí sentadas con ese hijueputa de su marido qué les estaría haciendo? Lo peor, porque él era muy malo. ¡Conteste! —exigió uno de los más afectados por la guerra.

Mi madre respondió:

—Dios es muy sabio, señores, y solo él puede saber por qué motivo soy yo la que está acá sentada y no sus esposas.

Más adelante intervino Carlos Castaño, que se refirió en los peores términos a mi padre y luego dijo:

—Señora, quiero que sepa que a usted y a Manuela las buscamos como aguja en pajar porque las íbamos a picar bien picaditas y se las íbamos a mandar a Pablo dentro de un costal.

Gilberto Rodríguez habló nuevamente y repitió lo que ya le había dicho a Alfredo sobre mí:

—Mire, los aquí presentes podemos hacer la paz con todo el mundo, menos con su hijo.

Mi madre rompió en llanto y replicó con energía.

—¿Qué? Una paz sin mi hijo no es paz. Yo respondo por sus actos ante ustedes y hasta con mi propia vida; les garantizo que no dejaré que se salga del camino. Si quieren nos vamos de Colombia para siempre, pero les garantizo que él seguirá por el camino del bien.

—Señora, entienda que aquí hay un temor justificado de que Juan Pablo quede lleno de plata y se enloquezca un día de estos armando combos y empiece a guerrear contra nosotros. Por eso nuestra consigna es que solo las mujeres queden con vida. Y va a haber paz, pero a su hijo se lo vamos a matar —insistió.

Para aplacar los ánimos, Miguel Rodríguez explicó la razón por la cual habían aceptado que mi madre se reuniera con la mafia en pleno:

—Usted está sentada ahí porque nosotros escuchábamos sus conversaciones y usted siempre buscaba solucionar las cosas; nunca le dijo a su marido que incrementara la guerra, que nos matara. Al contrario, siempre le pedía que hiciera la paz con nosotros. Pero ¿cómo es posible que usted apoyara incondicionalmente a ese animal? ¿Cómo se le ocurre a usted escribirle como le escribía cartas de amor a ese hijueputa, que cómo le fue de infiel? Nosotros hemos puesto a nuestras esposas a escuchar lo que usted decía en las grabaciones para que aprendan cómo es que una mujer debe apoyarlo a uno.

Más tarde y como en una especie de inventario, Miguel Rodríguez sentenció:

—Señora, necesitamos que hable con Roberto Escobar y con los sicarios que están en las cárceles, para que paguen. A Roberto le corresponden dos o tres millones de dólares y otro tanto a los detenidos. Usted nos debe a todos algo así como ciento veinte millones de dólares y vaya pensando cómo los va a pagar, pero en efectivo. Los esperamos dentro de diez días con una respuesta seria y concreta.

Un largo silencio invadió el ambiente y de inmediato mi madre y Alfredo emprendieron el viaje de regreso a Bogotá; lo único que hizo ella durante todo el trayecto fue llorar, desconsolada, mientras Alfredo manejaba. No dijo una sola palabra en diez horas de recorrido. Estaba abatida, golpeada, porque ahora debía enfrentar, sola, a la jauría que semanas atrás había cazado a su marido y que ahora quería asesinar a su hijo mayor y apropiarse de todo lo que quedaba.

El tortuoso retorno a la capital terminó sin que nadie se diera cuenta de la ausencia de mi madre, que entró a Residencias Tequendama por la escalera de incendios, como había salido.

Una vez descansaron, Alfredo y mi madre hicieron un completo relato de lo que había sucedido, incluida la decisión de los capos de matarme. En medio de la conversación, mi madre comentó que le había llamado la atención que 'Pacho' Herrera, el capo del cartel de Cali, no fue grosero durante la reunión y tampoco pidió indemnización en dinero.

En los siguientes días nos dimos a la tarea de hacer un balance de las propiedades de mi padre y de las pocas obras de arte que se habían salvado, el estado físico y legal en que se encontraban y su valor aproximado. Con mi madre, siete abogados y otros asesores, pasamos horas recopilando datos; les preguntamos a los presos y a algunos allegados porque nosotros no conocíamos más del treinta por ciento de los bienes que mi padre tenía esparcidos por todo el país. Con esa información elaboramos unas planillas que enviamos a Cali para que cada uno de los capos escogiera con qué bien quería quedarse.

Lo más importante era dejarles claro a los capos que no teníamos dinero en efectivo porque habían desaparecido el dinero oculto en una caleta y mi tío Roberto había despilfarrado tres millones más que mi padre nos dejó con él.

En la fecha indicada, mi madre y Alfredo regresaron a Cali y se encontraron con el mismo grupo de narcos de la primera vez. Los capos no insistieron demasiado en el dinero en efectivo pues sabían de sobra que dedicaron años enteros a atacar el poder económico de mi padre para debilitarlo; tampoco desconocían que mi padre había abandonado el narcotráfico años atrás, pues la guerra lo distrajo de su negocio y se dedicó íntegramente a gastar el efectivo para pelear. Sabían que los secuestros extorsivos que ordenó mi padre se debían justamente a su falta de liquidez.

La situación de mi padre en aquel entonces está reflejada en un aparte del libro *Así matamos al Patrón*, publicado en septiembre de 2014 por Diego Murillo Bejarano, alias 'Berna'. "Pablo era un hombre solo, por completo acorralado; de su poder y fortuna prácticamente no quedaba nada. El hombre que en un momento llegó a ser uno de los más ricos del mundo, ingresó a la lista de la 'Asotrapo', asociación de traquetos pobres".

Esta vez la reunión en Cali fue mucho más larga porque se dedicaron a examinar uno a uno los bienes incluidos en la lista que llevaba mi mamá, aunque dijeron que aceptarían el cincuenta por ciento de la deuda en bienes confiscados por la Fiscalía y el restante cincuenta por ciento en propiedades libres de líos judiciales y listas para su comercialización.

No nos sorprendió que quisieran recibir bienes decomisados. Cualquiera pensaría que era una estupidez hacerlo, pero es obvio que la lucha contra mi padre logró unir a muchos narcos, a numerosos agentes y funcionarios de altísimo nivel en el Estado colombiano y en otros países y por ello tenían todas las de ganar para quedarse 'legalmente' con esos bienes. Unas propiedades que a nosotros jamás nos hubieran devuelto.

En fin. En la larga lista de predios que entregamos estaba un lote de nueve hectáreas que por aquella época costaba una fortuna y que Fidel Castaño pidió a través de 'Alex' —como se conocía a su hermano Carlos en los Pepes— porque colindaba con Montecasino, su mansión. Así amplió aún más su enorme propiedad.

También entregamos otros lotes muy valiosos dentro de la ciudad, donde hoy funcionan hoteles y rentables actividades comerciales.

Las reuniones a las que asistía mi madre no solo se realizaban en Cali. Hubo muchas en Bogotá y a una de ellas llevó dos cuadros de Fernando Botero y algunas esculturas que tenían incluido el avalúo. De esa manera se les iba pagando a los enemigos de mi padre por los daños y perjuicios que les ocasionó. Al final solo quedó arte decorativo que ya no les interesó.

El complejo de torres de apartamentos Miravalle, en El Poblado, cerca de la loma del Tesoro, construido por mi padre en la década de los ochenta, tampoco se salvó. Aunque muchos apartamentos habían sido vendidos, quedaban más de diez que también entregamos. Por muchos años, mi abuela Hermilda vivió allí en un *pent-house*.

Recuerdo que en el inventario apareció una finca de la que jamás le escuché hablar a mi padre. Estaba ubicada en los Llanos

Orientales y cuando observé su extensión pensé que se trataba de un error de tipeo: 100.000 hectáreas.

La lista incluía aviones, helicópteros, todo tipo de vehículos nacionales, Mercedes Benz, BMW, Jaguar, motos nuevas y antiguas de las mejores marcas, lanchas y *jet ski*. Todo lo entregamos. Todo. No podíamos arriesgarnos a mentir ni ocultar bienes. Sabíamos que los Pepes tenían toda esa información pues ellos fueron amigos de mi padre en el pasado.

Aunque era evidente que habíamos entregado muchas propiedades, teníamos claro que todavía no eran suficientes para cubrir la descomunal cifra que pretendían los capos; pero Carlos Castaño intervino de repente y le lanzó un pequeño salvavidas a mi madre:

—Señora, yo tengo un Dalí suyo, el *Rock and Roll*, que vale más de tres millones de dólares; se lo devuelvo para que cuadre con esta gente —dijo Castaño, seguramente cumpliendo órdenes de su hermano Fidel, que ya había prometido el retorno de la obra.

—No, Carlos, no se preocupe por devolver ese cuadro; yo le hago llegar los certificados originales, quédese con él —respondió mi madre casi instintivamente, ante la mirada sorprendida de los capos.

La agitada reunión tuvo otro tono esta vez porque la enorme mesa parecía un despacho notarial en el que los nuevos propietarios —asesorados por cinco abogados— escogían propiedades como si fuera un juego de figuritas.

Tres horas más tarde y a manera de conclusión, Miguel Rodríguez dijo:

—Pase lo que pase de aquí en adelante, en Colombia no volverá a nacer un tigre como Pablo Escobar.

Nuevamente de regreso de Cali, mi madre no hacía sino llorar. Solo que esta vez, a medio camino, entró una llamada de Miguel Rodríguez al celular de Alfredo.

—La viuda de Pablo no es ninguna boba; qué golazo el que metió hoy. Con lo del cuadro de Dalí se metió al bolsillo ni más ni menos que a Carlos Castaño.

A la tercera reunión, diez días más tarde y en el mismo lugar, asistieron menos capos porque ya varios habían considerado que la deuda estaba saldada con los bienes que les entregamos.

Pero este encuentro tuvo un ingrediente adicional: yo.

—Señora, no se preocupe que después de esto va a haber paz, pero a su hijo sí se lo vamos a matar —reiteró nuevamente Gilberto Rodríguez.

Pese al dramatismo del momento y a la sentencia de muerte, mi madre insistió una y otra vez en garantizar que yo no tenía intención alguna de prolongar la guerra de mi padre; fueron tantas y tan variadas las razones que ella esgrimió que finalmente los capos la autorizaron a llevarme a la siguiente reunión, dentro de dos semanas. Ahí se decidiría mi futuro.

Mi madre, mi novia y yo empezamos a asumir la realidad de que tarde o temprano tendría que ir a Cali. A mi hermanita no la incluíamos en ese drama y en cambio le hacíamos creer que todo estaba bien y que nada pasaría.

¿Escapar y morir en el intento? Podría sobrevivir escondido un tiempo en Colombia y luego en el exterior porque al fin y al cabo había aprendido observando la forma como mi padre vivió más de una década en la clandestinidad. Pero evadir la cita podría tener consecuencias para mi madre y para mi hermanita. También era claro que los Pepes habían alcanzado un enorme poder y podían localizarme en cualquier rincón del mundo.

Esconderse no parecía tener mucho sentido, pues era un camino que perpetuaría una guerra que ni inicié ni inventé ni dirigí, sino que más bien sufrí y huí de ella desde que tengo memoria. Al final, a la hora de decidirme, pesaron los sentimientos más íntimos, aquellos que me decían que si quería la verdadera paz debería ir a hacerla, a honrarla, a sellarla y a estrecharles la mano a los enemigos de mi padre.

En la soledad y el frío de la terraza de nuestro apartamento arrendado en el barrio Santa Ana, a donde habíamos llegado tras el ingrato paso por Residencias Tequendama, reflexioné en el hecho de que he tenido que huir desde antes de nacer y desde que tengo memoria; desde que era niño me han tratado como si hubiese sido el mismísimo autor de la totalidad de los crímenes de mi padre.

Solo Dios sabe que en mis plegarias no he pedido la muerte, ni la cárcel, ni la ruina, ni la enfermedad, ni la persecución, ni la justicia contra los enemigos que heredé de mi padre, que no es lo mismo que decir mis enemigos, porque no me los gané. Solo le he pedido al creador que los mantenga ocupados, que yo no sea una de sus prioridades y que no me vean como una amenaza, porque no lo soy.

De nuevo, yo me encontraba en una encrucijada. Tenía que cumplir la cita en Cali y estaba aterrorizado porque seguramente sería un viaje sin regreso.

El ambiente en el apartamento del barrio Santa Ana era tenso, lúgubre. Esa rara sensación de que mis horas podrían estar contadas, me llevó dos días antes del viaje a escribir un testamento en el computador, en el que dejé a mi novia y a la familia de mi madre dos o tres cosas que aún conservaba.

Tenía la esperanza de que si me presentaba voluntariamente la venganza de los enemigos de mi padre solo llegaría hasta mí y que su maldad no se extendería a Manuela ni a mi madre. Intuyo que entré en una especie de *shock* preventivo que me anestesió frente a la enorme posibilidad de que mis uñas, dientes y ojos fuesen arrancados y mi cuerpo desmembrado como los de muchos amigos durante la cruel guerra entre carteles.

Así, sobre las cuatro de la madrugada y cuando los escoltas que nos cuidaban estaban dormidos, bajamos las escaleras y salimos rumbo a Cali con mi mamá y mi tío Fernando Henao, quien conducía una camioneta Toyota. El recorrido fue apacible y la mayor parte del tiempo hablamos de cómo abordar el encuentro con los capos. No había mucho qué pensar. Yo ya me daba por muerto.

Hacia las seis de la tarde llegamos a Cali y nos hospedamos en un hotel al que entramos por el sótano y directo a una habitación grande en el octavo piso. No registramos nuestro ingreso porque el cartel era dueño del lugar. Una vez instalados tomamos la precaución de no hablar en voz alta porque creíamos que los cuartos estaban llenos de micrófonos. Tampoco pedí comida por miedo a que me envenenaran y solo tomé agua de la llave.

Esa noche me arrodillé por largo tiempo y lloré y oré mucho, pidiéndole a Dios que me salvara la vida, que me diera una nueva oportunidad y que ablandara el corazón de mis verdugos.

Sabíamos que nada pasaría hasta la mañana siguiente, así que decidimos ir a Palmira a saludar a algunos familiares de mi madre. Comimos ahí y poco después de las diez de la noche mi mamá recibió una llamada en su teléfono celular. Era 'Pacho' Herrera, quien saludó y le pidió organizar una reunión con la familia de mi padre para hablar de la herencia y la repartición de sus bienes.

—Don Pacho —respondió mi madre—, no se preocupe que eso lo resolvemos solos como familia porque Pablo dejó un testamento. Estamos aquí porque don Miguel Rodríguez nos llamó para hablar de paz y solo faltaba que asistiera Juan Pablo, mi hijo, que vino conmigo a arreglar su situación.

Hacia las diez de la mañana del día siguiente llegó a recogernos un hombre en un automóvil Renault 18 blanco, con vidrios polarizados, que iba de parte de Miguel Rodríguez.

Me había levantado a las siete, una hora inusual porque igual que mi padre estaba acostumbrado a acostarme en la madrugada y empezar la jornada hacia el mediodía. Como siempre, me bañé por más de una hora y pensé lo peor. Tomé aire, aclaré la voz y me repetí varias veces: "Hoy terminará esta persecución. A partir de ahora no vuelvo a huir de nada ni de nadie".

Mi madre tampoco podía ocultar su angustia; estaba muy callada y mi tío Fernando intentaba sin éxito darle ánimo.

—Tranquilos, que no va a pasar nada —dijo varias veces, pero a él también se le notaba la preocupación.

Subimos al automóvil y en menos de diez minutos el conductor llegó al sótano de un edificio próximo a la sede de Caracol radio. Ninguno se dio cuenta pero en ese momento me entró una angustia horrible, el desasosiego que debe sentir alguien que va rumbo a la muerte. El chofer nos acompañó hasta el último piso, donde se despidió y dijo que esperáramos en una sala que se veía a lo lejos. Me llamó la atención que no había hombres armados y que tampoco me requisaron.

Nos dirigimos hacia allá y quedamos pasmados cuando vimos, sentados a mi abuela Hermilda, a mi tía Luz María con su esposo Leonardo, a mi tío Argemiro y a mi primo Nicolás.

Las ventanas oscuras del lugar le dieron un aspecto lúgubre al repentino encuentro con mis parientes, que debieron percibir nuestro desconcierto porque hasta ese momento se suponía que solo mi madre estaba en contacto con los adversarios de mi padre, para lograr la paz para todas las familias.

¿Cómo llegaron aquí? ¿Quién los trajo antes? Era muy extraño y sospechoso que mientras nosotros les informábamos a mis parientes sobre las gestiones de paz, ellos nunca nos hicieron saber que ya tenían acceso directo a los capos de Cali. Fue una puñalada en el corazón ver cómo se movían como Pedro por su casa en la zona de nuestros enemigos. Incluso vimos cuando Nicolás se servía comida de la nevera.

Por supuesto el saludo fue frío y distante y en los pocos minutos que permanecimos en la sala de espera apenas cruzamos algunas frases de cajón. Atónito, miraba a mi madre frente al cuadro familiar que teníamos en frente. No podía creer que una reunión en la que se suponía que se discutiría si yo sería sentenciado a muerte hubiera sido aplazada —¡a petición de mi propia abuela paterna!— para discutir primero la herencia de su hijo Pablo.

Un mesero vestido de negro pidió que pasáramos a una sala más grande, donde había dos sofás para tres personas, dos sillas a los costados y en la mitad una mesa de cristal.

Apenas nos acomodábamos cuando entró Miguel Rodríguez Orejuela y detrás de él Hélmer 'Pacho' Herrera y José Santacruz Londoño, los capos del cartel de Cali. Gilberto Rodríguez no apareció.

Mi madre, Fernando y yo nos sentamos en un sofá y segundos después ingresaron mis parientes paternos, que ocuparon el otro sofá disponible. Los Escobar Gaviria miraban al piso, esquivaban nuestra mirada porque sabían que ese mismo día habría de desaparecer cualquier vínculo con ellos porque era inocultable que habían traicionado a mi padre y a su familia. A leguas se notaba que el trato hacia ellos era diferente. Recordé que mi madre había comentado que en reuniones anteriores, cuando ofreció pagar para salvar la familia de mi padre, Miguel Rodríguez le había dicho:

—Señora. No pague de su dinero por esa gentuza. No vale la pena. ¿No ve que son los mismos que le van a sacar los ojos a usted y a sus hijos? Déjelos que paguen su parte, que tienen con qué, no son merecedores de su generosidad. Créame —le insistió varias veces a mi mamá, que ignoraba como yo, hasta ese día, el doble juego de quienes llevaban nuestra propia sangre.

Ya en la reunión percibí dos posturas opuestas. 'Pacho' Herrera estaba claramente a favor de mi abuela y mis tíos paternos, pero Miguel tomó partido por mi madre y sus hijos.

Todos miramos a Miguel Rodríguez, quien se sentó en una de las sillas y al lado de él 'Pacho' Herrera y 'Chepe' Santacruz. Esperamos que dijera algo o al menos rompiera el hielo. Su aspecto era extremadamente serio, diría que agrio a juzgar por su ceño fruncido. Hasta que finalmente se animó a hablar.

—Vamos a hablar de la herencia de Pablo —dijo sin saludar—; he escuchado reclamos de la mamá y los hermanos de él, porque quieren que en la repartición se incluyan los bienes que en vida les dio a sus hijos.

Luego intervino mi abuela y la reunión se hizo aún más tirante.

—Sí, don Miguel, estamos hablando de los edificios Mónaco, Dallas y Ovni, que Pablo puso a nombre de Manuela y Juan Pablo para protegerlos del asedio de las autoridades, pero eran de él y no de sus hijos. Por eso exigimos que entren en la herencia.

Mientras mi abuela hablaba, solo se me ocurrió pensar en la situación tan absurda que estaba planteada: mi abuela y mis tíos habían acudido al cartel de Cali para resolver un problema que solo les incumbía a los Escobar Henao de Medellín. Pensé que mi padre debía estar retorciéndose en su tumba al ver las andanzas de su propia madre y sus hermanos contra sus hijos.

Entonces el turno fue para mi mamá:

—Doña Hermilda, desde que Pablo construyó esos edificios quedó muy claro que eran para sus hijos porque a la familia le dejó muchas otras cosas; usted sabe que así es, por más que vengan acá, con todo respeto, a decir cosas que no son ciertas.

Miguel Rodríguez terció en la discusión:

—Miren, yo, por ejemplo, tengo sociedades a nombre de mis hijos y esas sociedades tienen unos bienes que yo, en vida, decidí que eran para ellos; exactamente lo mismo hizo Pablo. Entonces, los bienes que él quería para sus hijos así se quedan y no se discute más. Lo que es de mis hijos es de mis hijos y lo que Pablo decidió que era para sus hijos es para sus hijos. Lo que queda, repártanselo entre ustedes, según el testamento.

Todos quedamos callados.

Tras un largo silencio luego de la conclusión de Miguel Rodríguez intervino mi primo Nicolás, quien pronunció una frase que por fortuna acabó con la exótica reunión.

—Un momentico, ¿y entonces qué vamos a hacer con los diez millones de dólares que mi tío Pablo le quedó debiendo a mi papá, porque aquí todos sabemos que mi papá era el que sostenía a Pablo?

El desatinado e incoherente comentario de mi primo provocó la risa de los capos del cartel de Cali, que se miraron con incredulidad.

Entonces no tuve otra opción que intervenir.

—Oigan a este. Esa nadie te la cree, Nicolás. Los pájaros resultaron tirándoles a las escopetas. Ahora resulta también que tu papá sostenía al mío... no jodás.

Sonrientes, Miguel Rodríguez, 'Pacho' Herrera y 'Chepe' Santacruz se levantaron de las sillas y se fueron hacia el fondo del salón, sin despedirse.

Desconcertado, con un gesto le indiqué a mi mamá que retomara el verdadero motivo de la reunión, porque mi vida era la que estaba en juego. Ella entendió enseguida, se paró de la silla, fue detrás de los capos y les pidió cinco minutos para hablar con ellos. Así fue y mi madre hizo una seña con la mano derecha para que me acercara.

Los encontré sentados en otra sala, con los brazos cruzados, y en ese momento entendí que había llegado el momento de jugármela a fondo.

—Señores, vine aquí porque quiero decirles que no tengo ninguna intención de vengar la muerte de mi papá; lo que quiero hacer y ustedes lo saben, es irme del país para educarme y tener otras posibilidades diferentes a las que hay acá; mi intención es no quedarme en Colombia, para no molestar a nadie, pero me siento imposibilitado de lograrlo porque hemos agotado todas las opciones para encontrar una salida. Tengo muy claro que si quiero vivir debo irme.

—Pelao, lo que debe tener claro es no meterse al 'traqueteo' ni con combos o cosas raras; entiendo lo que usted pueda sentir, pero tiene que saber y aquí todos lo sabemos, que un toro como su papá nunca más volverá a nacer —intervino Santacruz.

—No se preocupe, señor, que yo aprendí una lección en la vida y por eso siento que el narcotráfico es una maldición.

—Un minutico, joven —replicó Miguel Rodríguez, alzando la voz—; ¿cómo puede decir usted que el narcotráfico es una maldición? Mire, mi vida es muy buena, mi familia vive bien, tengo una casa grande, mi cancha de tenis, salgo a caminar todos los días…

—Don Miguel, entiéndame, la vida me ha mostrado algo muy diferente. Por el narcotráfico perdí a mi padre, familiares, amigos, mi libertad y mi tranquilidad y todos nuestros bienes. Me disculpa si lo ofendí de alguna forma, pero no puedo verlo de otra manera. Por eso quiero aprovechar esta oportunidad para decirles que por mi parte no se va a generar violencia de ningún tipo; ya entendí que la venganza no me devuelve a mi papá; y les insisto: ayúdennos a salir del país; me siento tan limitado para buscar esa salida que no quiero que se entienda que no me quiero ir; es que ni las aerolíneas me venden pasajes.

Con el impulso que llevaba hablando y ya mucho más relajado, me animé a proponerles:

—¿Por qué no piensan que en lugar de subir cien kilos de cocaína a sus aviones me llevan a mí, que peso lo mismo y me sacan del país?

La intensa conversación y la transparencia de mis dichos debieron surtir efecto porque de un momento a otro cambió el tono duro e hiriente de Miguel Rodríguez, que volvió a ejercer de juez.

—Señora. Hemos decidido que le vamos a dar una oportunidad a su hijo. Entendemos que es un niño y debe seguir siendo eso. Usted nos responde con su vida por sus actos de ahora en adelante. Tiene que prometer que no lo va a dejar salir del camino. Les vamos a dejar los edificios para que se defiendan con ellos. Vamos a ayudar a que los recuperen. Para eso habrá que colaborar también con una plata para las campañas presidenciales. A cualquiera que gane le pedimos que les ayude, pues les vamos a decir que ustedes colaboraron con sus causas.

Luego habló 'Pacho' Herrera, quien había guardado silencio.

—Mompa, esté tranquilo que mientras no se meta al narcotráfico nada le va a pasar. Usted ya nada tiene que temer. Queríamos que viniera donde nosotros para cerciorarnos de que sus intenciones eran buenas. Lo único que no podemos permitir es que usted quede con mucha plata, para que no se nos vaya a enloquecer por ahí lejos de nuestro control.

—No se preocupen más —intervino de nuevo Miguel Rodríguez—. Incluso pueden quedarse a vivir aquí en Cali si quieren, que nadie les va a hacer nada. Vayan a conocer el negocio de mi esposa, de venta de ropa. Y esperen a ver qué pasa ahora con el nuevo presidente que llega, que nosotros les ayudamos —resumió el capo y dio por terminada la charla, que duró veinte minutos.

En ese momento no reparé en la frase de Miguel Rodríguez sobre "el nuevo presidente que llega", pero habríamos de entenderla semanas más adelante.

Luego de despedirse con cierta afabilidad, el capo llamó al conductor que nos había recogido en el hotel esa mañana y le dijo que nos llevara al local de Martha Lucía Echeverry, su esposa.

Salimos y nunca había sentido tantos sinsabores, pues debía digerir la innegable doble realidad que tenía al frente: la confirmación de que mis parientes paternos nos traicionaron y el permiso de vivir que me otorgaron los capos de Cali. Siempre esperé lo peor de parte de ellos, pero ahora me veo en la obligación de reconocer con gratitud la actitud de don Miguel y de todos los Pepes, que respetaron la integridad física de mi madre, mi hermana y la mía.

El conductor de Miguel Rodríguez no tardó en llegar a una zona comercial de buen nivel en Cali y señaló un almacén de ropa, al que entró mi mamá y yo esperé afuera. Caminé por los alrededores y me detuve frente a un almacén de ropa para hombre que exhibía una levantadora fabricada en toalla, con un estampado tradicional escocés. La compré.

Fue una sensación extraña porque me sentí vivo. Había ido a encontrar la muerte y de un momento a otro estábamos en los dominios de los todopoderosos mafiosos de Cali, sin un solo rasguño. Un par de horas más tarde el chofer nos dejó en el hotel y esa misma noche viajamos a Bogotá.

Por primera vez en mucho tiempo sentimos una gran tranquilidad pues nos habíamos quitado un gran peso de encima al entregarles gran cantidad de propiedades a los capos de Cali y a los Pepes. Pero todavía faltaban varios capos, muy poderosos, que esperaban su dinero. Cuando me quitaba el pantalón, mi novia preguntó si había leído una nota que puso en mi bolsillo para ese viaje a la muerte, en la que me reiteraba su amor y el convencimiento de que todo saldría bien.

Como había que tomar el toro por los cuernos, mi madre no tardó en reunirse con Diego Murillo Bejarano, 'Berna', a instancias de Carlos Castaño, quien los convocó a una casa en la llamada loma de Los Balsos al lado de Isagen, en Medellín. Pero ese primer encuentro salió mal porque 'Berna' la insultó por casarse con Pablo y ella, ya agotada de las amenazas, de los improperios y del acoso de tanto mafioso, le replicó en duros términos, por lo que suspendieron la reunión.

—Señor, soy una señora y usted no me va a insultar ni a maltratar más. No tengo por qué aguantarme sus palabras soeces cuando me he ganado el respeto del resto de sus amigos. Me hace el favor de respetar, no sea descarado, abusivo.

Castaño la llamó esa noche y le hizo ver que 'Berna' estaba muy disgustado y era urgente calmarlo.

—Doña Victoria, ese hombre está muy bravo; entiendo que él la provocó porque le dijo cosas muy feas, pero entiéndame que ese hombre es muy malo y hay que darle algún regalo extra para que se calmen los ánimos.

El incidente habría de salir muy costoso porque en una siguiente reunión, también organizada por Carlos Castaño, mi madre debió entregarle un costoso apartamento a 'Berna' y ofrecerle disculpas. Solo así pudo continuar la negociación de los demás bienes.

En nuestra estadía en Santa Ana se hizo normal ver que alguien buscara a mi madre para llevarla a más reuniones con capos que vivían o estaban de paso por la capital. En ocasiones esos encuentros se llevaron a cabo en casas cercanas dentro del mismo barrio donde vivíamos; era evidente que se aprovechaban de su soledad para pedir más plata, más cuadros, más cosas. Y la invitaban a tomar whisky con ellos, a lo que siempre se negó y eso tampoco les agradaba. Claramente querían abusar de ella. La veían como trofeo de guerra. Por fortuna, mi tío Fernando estuvo muy cerca en esos momentos y se interpuso con mucho tino para evitar más vejámenes.

Pero quizá la negociación más complicada de aquellos días fue la que mi madre debió adelantar con el comandante 'Chaparro', un poderoso jefe narcoparamilitar del Magdalena Medio, enemigo a muerte de mi padre.

Con autorización de la Fiscalía, Carlos Castaño la llevó en un automóvil Mercedes Benz blindado al aeropuerto de Guaymaral, en el norte de Bogotá, donde abordaron un helicóptero que los trasladó hasta una finca en límites de Caldas y Antioquia.

Durante el trayecto, Castaño le reveló detalles que desconocíamos de la muerte de mi padre.

—Señora, le cuento que los Pepes ya estábamos desmoralizados. Habíamos matado al noventa y nueve por ciento de la gente de Pablo en la calle, pero nada que le llegábamos. Casi tiramos la toalla porque se acercaba diciembre y en esa época era más difícil. Incluso algunos Pepes importantes comenzaron a decir que si no había resultados en diciembre abandonaban la persecución. Y como si fuera poco, a los coroneles de la Policía del Bloque de Búsqueda ya les habían dado un ultimátum.

Mi madre escuchó en silencio la confesión de Castaño:

—Señora, para localizarlo tuvimos que importar desde Francia el más avanzado equipo de interceptación de llamadas porque el de los gringos era deficiente.

—¿Realmente quién mató a Pablo? —indagó mi madre.

—Yo participé personalmente en el operativo final. La Policía siempre nos mandaba adelante en los operativos. Esta vez estaban esperando en el Obelisco. Cuando matamos a Pablo los llamamos. Pablo escuchó el primer golpe del mazo con el que intentamos romper la puerta y corrió descalzo por el segundo piso al que se accedía por una escalera recta. Hizo varios disparos con la pistola Sig Sauer, dos de los cuales impactaron en mi chaleco antibalas y caí al piso sobre mi espalda. Ya en ese momento 'Limón' estaba muerto en el antejardín de la casa. Pablo aprovechó el instante en que nadie iba detrás de él, abrió una ventana, bajó por una escalera metálica que él había puesto previamente allí para escapar, y llegó al tejado de la casa vecina. Pero no contaba con que algunos de mis hombres ya habían llegado allí e intentó devolverse. En ese instante recibió el disparo de fusil que entró por la parte de atrás del hombro. Otro proyectil le dio en la pierna. En ese momento acababa de asomarme por la ventana desde donde saltó y ya estaba muerto.

Mi madre no tuvo tiempo de comentar el relato que acababa de escuchar porque en ese momento el helicóptero que los trasladaba aterrizó en un escampado donde doscientos hombres armados con fusiles rodeaban al comandante 'Chaparro', que se dirigió a mi madre luego de saludar cálidamente a Castaño.

—Señora, buenos días; yo soy el comandante 'Chaparro' y vea, le presento a mi hijo. Su marido me mató otro hijo y me hizo trece atentados de los que salí vivo de milagro.

—Señor, entiendo la situación, pero sepa que no tuve nada que ver en la guerra; simplemente era la esposa y la mamá de los hijos de Pablo. Cuénteme, ¿qué tengo que hacer para lograr la paz con usted? —respondió mi madre.

El lío con el comandante 'Chaparro' no era de poca monta. Recuerdo que mi padre hasta se reía cuando sus hombres le informaban que habían fracasado en un nuevo intento por asesinarlo. En dos ocasiones, le partieron por la mitad un carro y una lancha con poderosas bombas, pero tampoco murió. Mi papá, resignado, dijo que tenía más vidas que un gato.

Era finales de los años setenta. 'Chaparro' era un hombre de origen campesino, se distanciaron con mi padre por motivos que no conozco en detalle y él terminó aliado con Henry Pérez, uno de los primeros jefes paramilitares del Magdalena Medio. Entonces mi papá les declaró la guerra a 'Chaparro' por aliarse con Pérez y a este último porque no le dio dinero para financiar la lucha contra la extradición. Finalmente, Pérez fue asesinado por sicarios de mi padre y hasta el día de su muerte no logró eliminar a 'Chaparro'.

Al cabo de varias horas de intensa negociación, mi madre y el comandante 'Chaparro' llegaron a un acuerdo que resolvió las diferencias. Le entregamos varios bienes, entre ellos un par de fincas de cuatrocientas hectáreas de extensión, dedicadas a la minería y la ganadería. También se quedó con la planta eléctrica de la hacienda Nápoles, de la que 'Chaparro' se había apropiado tiempo atrás y era tan potente que podía iluminar un pueblo entero. Mi madre le dijo que se llevara lo que quisiera de la hacienda, pues ya no la considerábamos nuestra.

A manera de favor, mi madre le pidió a Carlos Castaño la localización de los cuerpos de al menos cinco de sus empleados, incluida una profesora y la niñera de Manuela, que los Pepes asesinaron y desaparecieron en la etapa final de la guerra, cuando mi padre estaba prácticamente solo y nosotros encerrados en un apartamento en el edificio Altos en Medellín. Castaño respondió que no era fácil hallarlos porque los Pepes habían desaparecido a más de cien personas y no recordaba con exactitud dónde las sepultaron.

—Señora, encontrar esa gente es prácticamente imposible, pues muchos fueron enterrados como NN en varios cementerios, como en el de San Pedro.

Al final del encuentro mi madre y el comandante 'Chaparro' se dieron la mano y él la autorizó a regresar en cualquier momento a la hacienda Nápoles, que por aquellos días seguía en manos de la Fiscalía.

Mi madre estaba nuevamente de regreso en Bogotá, con otro enemigo menos.

Así, vivimos algunos días de tranquilidad, interrumpidos porque de vez en cuando llegaban visitas inesperadas, como la de un abogado que llegó al edificio del barrio Santa Ana y dijo que venía de parte de los hermanos Rodríguez Orejuela.

Después de escuchar su explicación entendimos que los capos de Cali acababan de incluirnos —sin importarles si estábamos o no de acuerdo— en su estrategia encaminada a obtener beneficios legales a punta de sobornos. Nos exigió cincuenta mil dólares como contribución porque se proponían incluir un 'mico' —un artículo redactado por ellos— en una ley que empezaba a hacer tránsito en el Congreso y que protegía los bienes de la mafia en los procesos de extinción de dominio. El mensaje amenazante del abogado no nos dejó otra opción que conseguir prestado el dinero.

Pero ahí no paró el asunto. En mayo de 1994 recibimos otra visita de un emisario de Cali, pero esta vez no era abogado sino un hombre conocido por el gremio mafioso. Lo recibimos a regañadientes y nos comunicó que un grupo grande de narcos del suroccidente del país se proponía aportar una elevada cantidad de dinero para financiar la campaña de Ernesto Samper a la Presidencia, bajo la premisa de que nosotros también nos veríamos beneficiados con la ayuda del futuro gobierno, tanto para recuperar nuestras propiedades como para conseguir refugio en otro país. En ese momento entendimos que cuando Miguel Rodríguez se refirió en una charla con nosotros al "nuevo presidente que llegue" se refería a tener de su lado al mandatario que reemplazaría a César Gaviria.

Esta vez tampoco pudimos negarnos y nos comprometimos con el emisario de Cali a entregar esa cantidad en varios contados sin que nos constara realmente en absoluto el destino real del dinero. Entregamos la contribución, pero jamás recuperamos nuestros bienes y tampoco obtuvimos colaboración para salir de Colombia. En otras palabras, esa platica se perdió.

Lo peor de todo es que en la mafia nos seguían viendo como cajas registradoras porque los pedidos de dinero eran continuos y con los argumentos más inverosímiles. Pero ¿quién podría negarse a entregarles dinero en esas circunstancias? Denunciar en la Fiscalía era inútil porque en aquella época se llegó al descaro de que los capos de Cali tenían oficina propia en el búnker, en el mismo piso donde despachaba el fiscal De Greiff.

Hasta allí llegaban todos aquellos que querían viajar a Cali a arreglar cualquier problema. La Fiscalía era la primera escala. No es una invención. Era normal ver entrar y salir a los Pepes, como si fuera su casa. Cada vez que visitábamos al fiscal general a indagar por algún asunto debíamos preguntar si los de Cali estaban de acuerdo, pero no era necesario salir del edificio para hacer la consulta de rigor.

Cómo no decir que en esa época las relaciones del cartel de Cali con la Fiscalía General de la Nación eran casi carnales. Al punto de que un día cualquiera el fiscal De Greiff dijo públicamente que el cartel de Cali no existía. No existía para él porque estaba muy entretenido con su nueva y bonita secretaria —puesta a dedo por los de Cali— que hasta le hizo teñir el pelo de negro.

De Greiff sabía de los viajes secretos de mi madre, pues si bien los cuerpos de seguridad no se percataban de su partida, desde Cali le hacían saber que ella estaba reunida con los capos. En varias reuniones que sostuvimos con él en su despacho hizo comentarios jocosos al respecto.

A mediados de agosto de 1994 aceptamos la propuesta del comandante 'Chaparro' y viajamos a la hacienda Nápoles en compañía de dos agentes de Fiscalía y uno de la Sijin de la Policía. Mi madre le avisó al comandante y respondió que no nos preocupáramos, que nos garantizaba la seguridad en la zona. Fueron unas mini-vacaciones. Desde Bogotá viajamos mi madre, Andrea, Manuela y Fernando Henao; parte de la familia fue desde Medellín a saludarnos, entre ellos mi abuela Nora.

Llegamos por la noche a la hacienda, donde esperaba Octavio, el administrador de siempre, quien había preparado las camas en cuatro pequeñas cabañas dotadas con baño, pero solo en una funcionaba el aire acondicionado. Esa zona de Nápoles era conocida como 'El otro lado' porque allí solo había un centro de salud, una sala de cirugía, una farmacia dotada con medicamentos de todo tipo y la taberna El Tablazo, donde mi padre guardaba una buena colección de discos *long play* y antigüedades colgadas al mejor estilo de un rock café.

No obstante, en la corta permanencia en Nápoles nos sentimos como extraños. Llevábamos un par de años sin ir y ya casi no quedaba nada de los lujos y las ostentaciones de los años ochenta, cuando la nómina de trabajadores ascendió a mil setecientas personas. Recorrimos la finca en carro y nos dolió ver que la selva había ocupado la casa principal y ni siquiera se veían las paredes. En los lagos sobresalían los ojos de unos cuantos hipopótamos sumidos en la aburrición.

En la segunda noche en Nápoles me levanté asfixiado por el calor y me llevé una sorpresa porque vi dos hombres armados con fusiles AK-47. Pero su actitud no me pareció hostil y por eso salí a saludarlos. En efecto, me dijeron que los había enviado el comandante 'Chaparro' a protegernos porque días atrás habían sostenido un enfrentamiento con el ELN en un sector de Nápoles conocido como Panadería, donde mi padre tenía una de sus caletas. Dijeron que estuviéramos tranquilos porque había bastantes hombres patrullando la región.

Les ofrecí guarapo —una mezcla de agua de panela y limón— porque estaban sedientos y empapados de sudor. Las cosas de la vida: los odios de antes desaparecieron gracias al diálogo franco entre mi madre y el comandante 'Chaparro'.

A finales de agosto de 1994 ya habíamos entregado la totalidad de los bienes que mi padre había dejado, salvo los edificios Dallas, Mónaco y Ovni, que según los acuerdos eran de mi hermana y yo.

Aun así, había ciertas dudas sobre la propiedad de un avión y un helicóptero de mi padre y por eso los capos de Cali citaron nuevamente a mi madre a una reunión en esa ciudad. Ella viajó sin falta y comprobó que el ambiente en torno a nosotros había cambiado radicalmente.

El encuentro fue con cerca de treinta personas, casi las mismas de la primera cumbre de comienzos de año. Al final, y cuando el asunto de las aeronaves estaba resuelto, Miguel Rodríguez le preguntó a mi madre por qué no intentó antes acercarse a ellos, pues se hubiera podido evitar la guerra con mi padre.

—Sí quise hacerlo, pero Pablo no quiso escucharme. Les recuerdo, señores, que alguna vez localicé a un cuñado de un primo mío en Palmira, escolta de uno de ustedes y le pedí que solicitara un acercamiento para hablar. La respuesta fue que sí. Entonces le conté a Pablo y le dije que llevaba cierto tiempo buscando contactos con la gente de Cali y ya estaba más o menos cuadrado un encuentro porque estaba muy preocupada por mis hijos. Pero él me dijo que yo estaba loca, que nunca me dejaría ir a Cali. Para que vayas a Cali yo tengo que estar muerto, dijo, y agregó que yo era muy ingenua, que me faltaba malicia, que no sabía cómo era la vida, que sus enemigos me devolverían de aquí envuelta en alambre de púa.

Al final, mi padre tuvo razón en una cosa: tenía que estar muerto para que mi madre se acercara a sus enemigos y viviera para contarlo.

CAPÍTULO 4

AMBICIÓN DESMEDIDA

Poco antes del mediodía del jueves 20 de marzo de 2014, Alba Marina y Gloria Escobar Gaviria llegaron de repente a timbrar en la puerta del apartamento donde habita mi tía Isabel en el edificio Altos en Medellín.

Las dos mujeres no se percataron de que mi esposa Andrea acababa de salir del apartamento del frente, donde en ese momento yo revisaba decenas de fotografías y cartas para este libro.

—No se te ocurra salir, que tus tías Gloria y Alba Marina acaban de llegar al edificio; creo que no me vieron —dijo mi esposa, que regresó corriendo.

—Bueno, esperemos a ver con qué salen ahora estas señoras. Hace veinte años no las veo y aparecen ahora. Muy raro.

El arribo de mis parientes esa mañana fue inesperado porque no anunciaron su visita, pese al declarado distanciamiento de las familias de mi padre y mi madre desde hacía ya muchos años.

Diez minutos después, y cuando confirmé que se habían ido, fui a hablar con la persona que las atendió.

—Venían a buscarte, dijeron que sabían que estabas en la ciudad y que las habías perjudicado porque las demandaste hace cinco años; quieren reunirse con vos para arreglar las cosas.

—Nada tengo que hablar con esas señoras. ¿Negociar qué? Lo que pido es justo, que nos den lo que nos quitaron a mi hermana y a mí, lo que nos corresponde legítimamente como herederos del abuelo Abel. Los bienes de él están embargados preventivamente y es mejor que la justicia decida —respondí.

—Recibilas, hombre, nada tenés para perder. Hablá con ellas y aprovechá que estás acá para hacerlo.

Mi tía Isabel intervino en la conversación y dijo que notó a las Escobar en buena tónica y con ganas de arreglar las cosas. Entonces llamé a mi madre, que también se encontraba en Medellín, le conté lo sucedido y al igual que su hermana estuvo de acuerdo en que me reuniera con ellas.

Entonces llamé a mi nuevo abogado, Alejandro Benítez, quien me convenció de buscar un arreglo, pues se avecinaba una etapa larga y complicada en el proceso que inicié en septiembre de 2009 contra casi todos mis tíos paternos —Alba Marina, Gloria, Argemiro y Roberto— por la forma arbitraria e ilegal como se adueñaron de las propiedades que dejó el abuelo Abel tras su muerte el 26 de octubre de 2001.

En ese momento el litigio tenía que ver con la sucesión por los bienes del abuelo, pero en realidad era el tercer pleito que afrontábamos con mis parientes paternos por temas herenciales. El primero fue por la repartición de los bienes de mi padre, el segundo por el testamento de mi abuela Hermilda y el tercero por la herencia del abuelo Abel, que llevaba trece años sin solución y por eso tendría que ver a mis tías.

El pleito con los Escobar Gaviria por los bienes de mi padre fue así: un día de septiembre de 1983, diez años antes de su muerte, mi papá nos contó que acababa de escribir su testamento y de legalizarlo en la Notaría Cuarta de Medellín. El documento permaneció oculto durante ese tiempo pero no tuvimos dificultad en recuperarlo una vez bajó la espuma noticiosa derivada de su violenta muerte. Pero independientemente de lo que mi padre hubiera dispuesto en su testamento, yo tenía la certeza de que a los abuelos y tíos paternos no les faltaría nada.

En la repartición de los bienes mi papá había dejado un porcentaje para los Escobar Gaviria y así se los hicimos saber de inmediato. Estábamos dispuestos a cumplir al pic de la letra su voluntad expresada en que el 50 por ciento le correspondía a mi madre como socia conyugal, el 37,5 era para mí y el 12,5 restante, denominado la Cuarta de Libre Disposición, para mis abuelos Hermilda y Abel, para mis tíos paternos y para una tía suya.

El documento estipulaba con claridad los porcentajes a distribuir, pero planteaba un reto legal porque mi padre solo tenía a su nombre treinta mil dólares en acciones y un automóvil Mercedes Benz modelo 1977; pero estaban confiscados y por ello no tenía sentido iniciar una sucesión.

De entrada surgió un problema muy serio porque mi padre había adquirido gran cantidad de bienes raíces y otras posesiones, pero no las tenía escrituradas a su nombre. Era necesario recuperarlas. A nombre de Manuela y yo había unas cuantas, pero ya estaban en proceso de extinción de dominio en la Fiscalía.

La primera señal de que el asunto de la herencia de mi padre no sería resuelto fácilmente con mis parientes llegó en mayo de 1994, cuando Argemiro Escobar nos visitó en el apartamento del barrio Santa Ana y aseguró que el porcentaje que les correspondía según el testamento era el veinticinco por ciento. Le expliqué que en realidad era la mitad de eso y se puso furioso. Al final acordamos que nuestro abogado, y una ingeniera experta en asuntos catastrales los buscarían para solucionar el impase.

Al cabo de un par de reuniones los parientes entendieron que mi padre les había dejado el 12,5 por ciento de los bienes y sobre esa base estructuramos acuerdos privados para cumplir el testamento.

Así, los Escobar Gaviria recibieron numerosas propiedades libres de apremios judiciales. Los bienes eran en su mayoría predios rurales, lotes en Medellín, la casa azul de Las Palmas, un apartamento cerca de la Cuarta Brigada del Ejército y la casa del barrio Los Colores, aquella que mi padre compró recién casado y que mi tía Gloria reclamó como suya porque según ella él se la regaló.

Nosotros nos quedamos con los edificios Mónaco, Dallas y Ovni, y la hacienda Nápoles, a sabiendas de que estaban en manos de la Fiscalía, pero con la esperanza de recuperarlos.

La repartición de los bienes fue aprobada en aquella época por los abuelos y los tíos, pero nunca firmaron los documentos correspondientes. En otras palabras, la herencia de mi papá fue distribuida, pero legalmente nunca se inició.

Pese a que ya habían recibido los bienes pactados, ellos consideraron insuficiente la partición e intentaron quitarnos los tres edificios con el argumento de que Pablo los había construido y no sus hijos, y por eso debían ser repartidos según los términos del testamento. El afán por quedarse con esas costosas propiedades llegó al extremo de involucrar al cartel de Cali para hacernos reclamaciones.

Las heridas que dejó la repartición de la herencia de mi padre pasaron a un segundo plano a finales de 1994, cuando salimos del país y encontramos refugio en Argentina, donde nos concentramos en iniciar una nueva vida.

Por largo tiempo logramos dejar atrás los asuntos que tuvieran que ver con mis parientes Escobar, pero en octubre de 2001, siete años después de nuestro arribo a Buenos Aires, llamaron desde Medellín a contarnos que el abuelo Abel había fallecido.

Lamentamos profundamente su muerte porque él siempre mantuvo una postura equilibrada alrededor de la convulsión que envolvió a la familia desde comienzos de la década de los setenta, cuando mi padre optó por la ilegalidad.

Recuerdo la discreción que caracterizó al abuelo Abel y su radical decisión de no abandonar su condición de hombre del campo. Aún en las peores épocas, cuando corríamos de caleta en caleta huyendo de las autoridades, él se las arreglaba para hacer llegar cada mes un bulto de papa, que cultivaba en su finca. Esa fue siempre su silenciosa muestra de amor hacia nosotros.

El abuelo había muerto y por ley Manuela y yo éramos herederos de la parte de sus bienes que le correspondían en vida a mi padre, representados en varias fincas situadas en el oriente antioqueño por La Ceja, el Uchuval y el Tablazo.

Le dimos poder al abogado Francisco Salazar Pérez para adelantar los trámites sucesorales en Colombia. Él ya manejaba los procesos en los que buscábamos recuperar los bienes incautados por la Fiscalía.

Según los reportes que recibimos del abogado Salazar en los meses siguientes, el proceso judicial por la herencia de mi abuelo avanzaba a paso lento y sin mayores dificultades.

Tiempo después, en noviembre de 2005 recibí un mensaje de la periodista Paula López, del periódico *La Chiva* de Medellín, en el que me pedía una opinión porque estaba a punto de publicar un artículo en el que revelaba la existencia del testamento de mi abuela Hermilda.

Paula agregó que el documento había sido registrado en la Notaría Única del municipio de La Estrella y según su contenido les dejaba los bienes a sus cinco hijos —Pablo y Fernando habían muerto—, a una hermana, a sus dieciséis nietos de entonces y a cuatro bisnietos. Igual que mi padre, la abuela Hermilda había decidido escribir su testamento antes de morir.

Luego de leer el documento que Paula envió por correo electrónico, confirmamos que la abuela negó a su hijo Pablo en su testamento, y que una vez más Manuela y yo estábamos muy lejos de los afectos de mi familia paterna. El día a día en Buenos Aires copó toda nuestra atención y guardamos en el cajón del olvido esa molestia.

Sin embargo, habríamos de tener un último contacto con ella en septiembre de 2007. Mi madre se encontraba en Medellín resolviendo asuntos personales y le contaron que la salud de Hermilda se había deteriorado en las últimas semanas debido a la diabetes. Fue a visitarla al edificio Abedules en El Poblado y sostuvieron un encuentro muy emotivo. Casi al final de la charla y cuando mi madre empezaba a despedirse, la abuela pronunció algunas palabras que sonaron a contrición.

—Antes de morir les pido que honren los compromisos pendientes y entreguen lo que les corresponde a cada uno de los hijos de Pablo —dijo delante de tíos paternos, que la acompañaban en esos momentos.

Finalmente, en octubre de 2007 la diabetes desencadenó la muerte de la abuela Hermilda quien fue sepultada en el cementerio Jardines Montesacro al lado de la tumba de mi padre. Días después recibimos en Buenos Aires un correo electrónico de Luz María Escobar en el que pidió designar un abogado que nos representara en la sucesión de la abuela.

Así lo hicimos y desde una cabina telefónica cerca de la casa llamé al abogado Salazar y le pedí que hiciera parte del proceso sucesoral. Así, él estaría al frente de la repartición de bienes de mis dos abuelos.

Acordamos que sus honorarios serían el quince por ciento de lo que nos quedara, aunque sabíamos de antemano que sería muy poco pues teníamos la certeza de que la familia de mi padre no haría esfuerzo alguno para entregar lo que nos correspondía.

En efecto, la buena intención de la abuela antes de morir sirvió muy poco porque no tardamos en saber que mis tíos rifaron entre ellos varios carros, muebles, obras de arte y distintos objetos. Pero también se repartieron lo más valioso, lo que no quedó escrito en el testamento: una fortuna en joyas y millonarios certificados de depósito a término abiertos por la abuela a favor de terceros.

Para nadie era un secreto en la familia que en la época de las vacas gordas mi papá llegaba con bolsas plásticas repletas de alhajas y se las repartía a mis tías y especialmente a mi abuela. En ocasiones, para divertirse un poco, las rifaba conmigo sentado en su regazo y me pedía elegir el número ganador. Él recibía las sortijas, pulseras, collares y relojes en parte de pago de las deudas de quienes habían perdido cargamentos de cocaína o de quienes querían entrar en el negocio.

Lo cierto es que siete años después de la muerte de mi abuela, de su herencia no recibimos ni obtuvimos todo lo que por derecho nos pertenecía. Sus bienes prácticamente desaparecieron, según sus hijos, en las manos de acreedores que para nosotros nunca existieron. Mis tíos se las arreglaron para arrebatarnos lo que nos pertenecía, por poco que fuera.

Queda por resolver la situación del apartamento del edificio Abedules donde ella vivía, hoy vacío y lleno de deudas pero con unos veinte herederos esperando por él.

La sucesión de la abuela Hermilda nos abrió los ojos en torno al comportamiento de Salazar, nuestro abogado, pues descubrimos que no asistía a las diligencias relacionadas con la sucesión del abuelo Abel, cuyo proceso había entrado en una etapa de definiciones. Si no nos movíamos a tiempo podríamos perder todo.

Hasta ese momento le creíamos al abogado, que nos endulzaba el oído por teléfono con el argumento de que los trámites avanzaban normalmente.

Pero la desconfianza pudo más y un día viajé a Colombia en medio del mayor sigilo y confirmé que Salazar había dicho mentiras todo el tiempo. Así consta en numerosos expedientes, en los que escasamente se presentó como nuestro apoderado, pero no realizó trámite alguno.

Decepcionado, fui al juzgado de familia donde avanzaba la sucesión del abuelo, con tan buena suerte que faltaban escasas cuarenta y ocho horas para la prescripción del expediente. Allí le arrebaté nuestra representación.

Cuando se vio descubierto, Salazar dijo por teléfono que reconocía su equivocación en el manejo del caso y preguntó cuánto me debía por el error.

—¡Es el colmo, doctor! No es cuestión de decir cuánto me debe. Usted conoce mejor que nadie nuestra realidad económica; usted sabe cuánto necesitamos ese dinero para pagar nuestra manutención en Argentina. A mi hermana y a mí ya nos robaron una vez con la herencia de mi padre, y ahora gracias a su desidia lo van a lograr por segunda vez.

Sin Salazar, quedamos a la deriva y debimos buscar un bufete de abogados especializados en todos los temas porque los procesos quedaron acéfalos. En medio de esas indagaciones llegamos donde Darío Gaviria, quien se interesó por dirigir los casos, pero a través de otro abogado que firmara por él porque no quería involucrarse directamente en temas familiares.

Pero esa relación también terminaría muy mal porque el nuevo defensor no solo cometió todo tipo de errores en los procesos sino que lo descubrimos actuando en complicidad con mi tío Roberto para dejar vencer los términos judiciales de los expedientes.

Indignado, llamé a Gaviria a reclamarle porque el acuerdo inicial consistía en que él dirigía al abogado, pero se salió por la tangente y respondió que él no tenía que ver con esos casos. Tras varios días de duras discusiones en las que incluso advertí demandas judiciales, cancelé los servicios del bufete de Gaviria y contraté al abogado Alejandro Benítez, que por fin nos llevó por el cauce correcto.

Una vez Benítez asumió el proceso por la sucesión del abuelo, nos dirigimos al Juzgado Noveno de Familia de Medellín donde presentamos un memorial en el que solicitamos embargar preventivamente todos los bienes del abuelo Abel porque teníamos información en el sentido de que mis tíos paternos los estaban vendiendo a nuestras espaldas.

Días después nos contaron que mis tíos se llevaron una desagradable sorpresa cuando se dieron cuenta de que las propiedades incluidas en la sucesión del abuelo habían sido congeladas.

Por primera vez en muchos años teníamos la sartén por el mango.

Estaban a punto de terminar años de atropellos. Recuerdo que la arbitrariedad más protuberante de todas corrió por cuenta del juez de uno de esos procesos, un costeño que se la pasaba en chancletas en la oficina, con los pies encima del escritorio y siempre buscaba la manera de violentar nuestros derechos.

Como aquella vez que nos citó a mi madre y a mí a una indagatoria y se negó a que la realizáramos en el consulado en Buenos Aires. No hubo remedio, tuvimos que viajar a Medellín. Me preocupó que después de tantos años de conflicto la familia de mi padre sabría con mucha antelación y exactitud la hora y el lugar de nuestra cita en el juzgado. Asustado, pedí ayuda y protección a familiares y amigos, que me prestaron un carro blindado y cuatro escoltas y tomamos medidas para garantizar que nada nos pasaría.

La diligencia empezó mucho tiempo después de la hora señalada porque el juez se demoró en llegar. Algunos de mis tíos estaban representados por la abogada Magdalena Vallejo, que tomó la palabra y empezó a hacer preguntas que claramente tenían la intención de confundirme. Pero salí del apuro con una frase, que había pensado tiempo atrás y logró sacarla de casillas:

—Independientemente de lo que me pregunta la doctora, lo único cierto y real es que ninguno de mis tíos ha cumplido nada, se quedaron con la totalidad de los bienes y no nos dejaron nada.

La abogada, visiblemente exasperada, se dio por vencida después de la quinta pregunta a la que respondí con la misma respuesta.

Antes de dar por terminada la diligencia, el secretario preguntó si quería agregar algo más y dije que sí. Miré a Magdalena y le dije que no entendía por qué se ponía tan furiosa conmigo si sabía que se estaba cometiendo un atropello contra mi hermanita y en contra mía.

—Juan Pablo, ya no estamos en los ochenta y aquí ya no mandan ustedes; tengo muchos amigos y conocidos con poder, que me protegen.

Entonces le dije al secretario que quería agregar algo para que constara en el expediente: "Quiero dejar muy en claro que me avergüenza tener que recurrir al ámbito de la justicia para recordarles a los hermanos de mi padre que Pablo Emilio Escobar Gaviria existió, y que fue además su hermano y su único benefactor. Ninguno en mi familia paterna jamás trabajó por su cuenta, todos sin excepción si aún hoy visten o se toman un café en la calle, es de cuenta de mi padre, no de ellos. Colombia no ha podido olvidar quién es Pablo Escobar. Pero su familia sí".

Ahora, con los bienes embargados, era claro que la pelota estaba en nuestro terreno y que las arbitrariedades serían cosa del pasado. Los Escobar estaban obligados a negociar con nosotros y a entregarnos por fin lo que nos correspondía.

Ese nuevo escenario fue el que llevó a mis tías Alba Marina y Gloria a buscarme en el edificio Altos en marzo de 2014. Aunque la visita de aquel día me produjo una gran molestia, después de escuchar las opiniones de mi madre, mi tía y mi abogado, acepté hablar con ellas en la tarde del sábado 22 de ese mes.

El primero en llegar fue mi abogado, con quien acordamos dos cosas: que nosotros hablaríamos después de mis tías y que de ninguna manera volveríamos a los temas del pasado para no enfrascarnos en una discusión estéril.

Cinco minutos después sonó el citófono y la empleada del servicio hizo seguir a mis tías. Salí a recibirlas al *hall* y me saludaron sonrientes, con la sonrisa falsa que siempre les conocí.

—Hola, ¿qué más? —dijeron casi al unísono.

Estiré la mano para que entendieran la distancia de mi saludo, pero Alba Marina se acercó, me dio la mano y me jaló bruscamente para darme un beso en la mejilla. Ella ya no era mi tía. Ninguna de las dos.

Les pedí ir al grano para no perder tiempo porque tenía el estómago revuelto y las llevé al comedor; luego me senté en la cabecera y les dije que las escuchaba.

—Juan Pablo, nosotras estamos muy perjudicadas por lo que está pasando; no era necesario que nos demandaran por la herencia, pues nosotras siempre estuvimos dispuestas a entregarles lo del abuelo —dijo Marina.

"Arrancó bien", pensé para mis adentros. "Nada mejor que una mentira del tamaño de un estadio para comenzar una reunión conciliatoria". Recordé que hace unos años, cuando les reclamábamos por lo nuestro, respondían indolentes: "Pues con mucho gusto les damos su parte, siempre y cuando paguen la totalidad de los gastos, las escrituras y los impuestos que se deben de esas propiedades". Por medio de nuestros abogados respondíamos que lo justo era pagar por partes proporcionales. Pero siempre se hicieron los desentendidos.

—Lo que queremos es buscar una salida a esto. ¿Ustedes qué quieren? ¿Qué pretenden? ¿A cuánto aspiran? —replicó Marina.

Respondí que queríamos una sola parte de una de las fincas del abuelo para no tener un pedacito en varias y de paso ahorrábamos los gastos de varias escrituras. Expliqué que pretendíamos catorce cuadras, unas nueve hectáreas, de la hacienda La Marina, en La Ceja.

—¿Y por qué catorce cuadras? ¡A ustedes no les toca tanto! Si mucho diez —respondió Marina alzando la voz.

—Porque por rigor de la ley mínimo nos corresponden diez cuadras, pero consideramos que los daños causados valen cuatro cuadras adicionales —expliqué.

—Tampoco estamos hablando de la cuestión penal, porque acá se falsificaron documentos y se cometieron ilícitos por los que deberían responder todos ustedes, incluidos sus abogados, por las graves omisiones que realizaron dentro del proceso. Pero la idea no es esa, la idea es buscar una salida amigable —intervino mi abogado.

—Les voy a contar la verdad: Roberto es dueño del veinticinco por ciento de esa finca, pero como está endeudado se la vendió toda a un señor muy peligroso que está en la cárcel —intervino Marina.

—¿Quién es el señor? —indagué.

—No, me da miedo decir quién es. Pregúntele a Roberto. Una abogada de ese señor embargó la parte que le vendió Roberto pero ella sabe que no puede hacer mucho más hasta que ustedes levanten la medida que impide cualquier transacción. Ese señor está furioso y quiere apoderarse de la finca, quiere tomar posesión. Entonces no sabemos qué hacer. Un día, Roberto estaba allá y nosotras llegamos... pues se puso furioso, nos insultó, nos dijo de todo y nos sacó a los gritos diciendo que él era dueño de todo y que no volviéramos por allá. Si usted no cede, Juan Pablo, Roberto va a terminar vendiendo las propiedades de mi papá y a ese ritmo todos nos vamos a quedar sin nada.

Casi sin inmutarme respondí que mi pelea estaba en los terrenos de la justicia y que si les parecía muy alto mi pedido no siguiéramos buscando una salida, que dejáramos todo en manos del juez aunque fallara a favor de Roberto. Agregué que en las instancias superiores se podía apelar y tenía la seguridad de ganar.

—Juan Pablo, póngase la mano en el corazón. Bájele para ir con una propuesta sensata donde ese señor a la cárcel; con Roberto es imposible porque no nos deja entrar a su casa, la casa azul que era de su papá y de la que nos corresponde una parte — propuso Marina.

—Mirá, Marina, mi intención es terminar este pleito que nos desgasta a todos. Yo hablo con el doctor Benítez y a través de él les digo cuál es nuestra propuesta final. La toman o la dejan.

Dos días después y luego de reunirse con mis tías, el abogado llamó y me dijo que finalmente habían llegado a un acuerdo. Ese mismo día levantamos el embargo sobre los bienes del abuelo Abel y todo quedó resuelto. Por fin. Trece años después culminamos un largo litigio en el que solo pretendíamos que nos reconocieran lo que legalmente nos pertenecía.

Superado este escollo, recordé una carta que escribí para mis tíos paternos una tarde, cuando el conflicto parecía no tener salida. Estos son algunos apartes:

"Para la familia que no tuve:

Esta es quizá la última carta que recibirán los hermanos y hermanas de mi padre.

(…) Es tan férreo este deseo de alcanzar la paz, que apenas me atrevo a sentir el legítimo deseo de reclamarle a cada uno de ustedes tanto por sus acciones, como por su inacción, o por su deslealtad hacia la figura y memoria de mi padre, hacia el hombre que nos dio hasta su vida para que la de todos pudiese continuar. (…) No hablaré de dinero, no enumeraré la inconmensurable pero ya vieja y corroída lista de daños sufridos. Ignoro de cuántas maneras más se seguirán lucrando con la historia de mi padre, pero ya no importa. Me resigno a conservar los gratos recuerdos que preservo de él y con el tiempo, la ayuda de Dios y la sabiduría de la vida, quizá pueda como arquitecto reconstruir y proyectar sobre las ruinas de esta familia, un futuro más noble y digno".

CAPÍTULO 5

LOS ORÍGENES DE MI PADRE

—Mija, ¿usted está dispuesta a llevarle viandas a la cárcel toda la vida a Pablo?

—Sí, mamá, estoy dispuesta.

Esa corta conversación entre Victoria Eugenia Henao Vallejo y su madre Leonor, en 1973, habría de sellar el destino de quien pocos años después sería mi madre.

Leonor, a quien en la familia le decían Nora, le hizo la pregunta a su hija de trece años porque de alguna manera se había dado por vencida al no poder romper el noviazgo con Pablo Emilio Escobar Gaviria, un hombre once años mayor, mal vestido, mujeriego, de baja estatura y sin ocupación definida, que además no ocultaba su inclinación por el delito.

En realidad, a mi abuela Nora le hubiera gustado que Victoria, una muchacha bonita, alta, esbelta y buena estudiante, se juntara con alguien pudiente y de familia más respetable, pero no con Pablo, a todas luces el menos indicado para ella.

***

Los Escobar y los Henao llegaron al naciente barrio La Paz en 1964, pero solo habrían de conocerse varios años después. En aquel entonces a esa zona rural del municipio de Envigado se llegaba por una larga y estrecha carretera sin pavimentar.

En enero de ese año, el Instituto de Crédito Territorial (ICT) —la entidad del gobierno encargada de construir planes de vivienda para familias de bajos recursos—, les adjudicó a los Escobar una casa en la última de las tres etapas de la nueva urbanización, compuesta por viviendas iguales de un solo piso, con tejas grises y pequeños jardines arreglados con flores de vivos colores, pero sin servicios de agua y luz.

Con el arribo de Hermilda y Abel y sus siete hijos a ese barrio terminó un largo peregrinaje que se inició veinte años atrás, cuando ella fue contratada como maestra en la escuela de primaria de la vereda El Tablazo, un pequeño caserío, frío y brumoso del municipio de Rionegro, en el oriente de Antioquia, con extensos potreros cultivados con mora, tomate de árbol y gran variedad de flores.

Al cabo de varios meses, Abel, quien vivía con sus padres en una finca en la parte alta de El Tablazo, distante seis kilómetros de la escuela, se fijó en la profesora Hermilda porque le llamaron la atención su porte, cultura y carácter emprendedor. Entonces él, febril y solitario agricultor, le propuso matrimonio y aceptó de inmediato. Se casaron el 4 de marzo de 1946 y ella se retiró del magisterio porque así lo dictaban las normas de la época y se mudó a vivir con su marido donde sus suegros.

Diez meses más tarde, el 13 de enero de 1947 nació mi tío Roberto y el primero de diciembre de 1949 mi padre, a quien le pusieron el nombre de su abuelo: Pablo Emilio.

En abril de 2014 regresé a El Tablazo para recrear algunos pasajes de este libro y recorrí la finca del abuelo Abel, que se mantiene en pie aunque su deterioro es notable. Aun así, el paso de los años no ha borrado la huella que dejó mi familia paterna en ese lugar. Afuera, a la derecha, al lado de la entrada, está la habitación que ocupó mi padre, de dos metros de ancho por dos y medio de largo. La puerta de madera es la misma, pero me llamó la atención el color de las paredes porque pese al mugre y al desgaste todavía se veía el tono azul claro que habría de ser su preferido en varios pasajes de su vida.

Mi abuela se dedicó a criar a Roberto y a Pablo con abnegación, pero Abel no pudo sostenerlos porque la finca no daba lo suficiente y por eso no tuvo otra opción que buscar trabajo. Lo consiguió donde su vecino, el reputado dirigente político antioqueño Joaquín Vallejo Arbeláez, quien lo empleó como mayordomo de su hacienda El Tesoro.

Mis abuelos y sus dos hijos se fueron a vivir donde Arbeláez, quien se convirtió en su ángel protector. Mi abuela Hermilda, a quien le gustaba contar sus historias, dijo alguna vez que cuando llegaron a vivir donde Arbeláez le aclaró que su mayordomo era Abel y que de ninguna manera ella sería su empleada. Según el relato de mi abuela, Arbeláez fue muy buena persona con ellos y por eso le pidieron ser padrino de bautizo de Pablo. Él aceptó con gusto y el 4 de diciembre de 1949 asistió a la ceremonia con su esposa Nelly, en la parroquia de San Nicolás de Rionegro, Antioquia.

Pero mi abuela estaba lejos de aceptar las penurias diarias y la estrechez económica y un buen día, contra la opinión de Abel, solicitó su reintegro como maestra en cualquier lugar del departamento. Los burócratas de entonces aceptaron la petición, pero castigaron el hecho de estar casada y la enviaron a una escuela en el municipio de Titiribí, en el suroeste de Antioquia.

Allá fueron a dar y como era costumbre en aquella época, los profesores podían vivir en los planteles educativos y por eso los Escobar Gaviria se acomodaron en una pequeña vivienda anexa a la escuela. Mientras Hermilda enseñaba, Abel intentaba sin éxito acomodarse en algún trabajo como agricultor, pintor o jardinero.

Pero el largo brazo de la violencia partidista, desatada en el país tras la muerte en abril de 1948 del caudillo liberal Jorge Eliécer Gaitán, habría de alcanzarlos en aquellos inhóspitos parajes.

Era 1952 y la confrontación entre liberales y conservadores forzó a mis abuelos a esconderse varias veces porque los bandoleros llegaban a buscarlos para matarlos, armados con machetes. Durante esos años debieron cambiar de escuela en al menos cuatro ocasiones para huir de los 'chusmeros'. Después de Titiribí se trasladaron a Girardota y a otros dos pueblos, donde el peligro era pan de cada día.

Años después, en un fin de semana en la hacienda Nápoles, mi abuela nos sentó a varios de sus nietos al lado de la piscina y contó detalles de esa horrible época en la que estuvieron a punto de morir. Todavía consternada, relató que una noche lluviosa y fría cuatro bandoleros fueron a buscarlos armados con machetes y tuvieron que esconderse en una de las aulas de la escuela luego de cerrar con llave para evitar que entraran a cortarles la cabeza, comportamiento común entre los liberales y conservadores de aquella época. Presa del pánico, mi abuela les dijo a mi abuelo y a sus hijos que hicieran absoluto silencio, que no se movieran del piso, ni se asomaran por las ventanas porque en las paredes veía proyectada la sombra de los asesinos. En ese momento y cuando veía todo perdido, mi abuela encomendó sus vidas a la única imagen religiosa que había en el lugar: la del Niño Jesús de Atocha. En voz baja, prometió que construiría una iglesia en su honor si los salvaba esa noche.

Todos salieron con vida y desde entonces mi abuela se hizo devota del Niño Jesús de Atocha, cuya imagen cargaba en todo tipo de estampas religiosas y hasta le fabricó un altar en su habitación. La promesa de construir una iglesia en su honor se cumpliría muchos años después, en uno de los predios que mi padre compró para su proyecto de vivienda social gratuita llamado Medellín sin Tugurios. Él financió toda la obra y mi abuela respiró en paz porque había cumplido la promesa que le salvó la vida.

La zozobra terminó finalmente cuando la Secretaría de Educación de Antioquia trasladó a mi abuela a la escuela de la vereda Guayabito, en Rionegro, una vieja construcción con dos aulas, baño y una habitación grande donde se acomodaron mis abuelos y sus hijos, que para entonces ya eran seis, pues en el periplo por las escuelas rurales del departamento nacieron Gloria, Argemiro, Alba Marina y Luz María, que se sumaron a Roberto y a Pablo.

En Guayabito, mi tío Roberto y Pablo cursaron los dos primeros años de primaria con su madre, pero como en la escuela solo había hasta cuarto, se trasladaron a otra más grande, esta vez en el casco urbano de Rionegro. Los hermanos Escobar ingresaron a la escuela Julio Sanín, pero quedaba lejos y debían caminar dos horas de ida y dos de regreso, muchas veces sin zapatos, y por carretera destapada.

Mi abuela observaba con pesar las penurias de sus hijos y se propuso ahorrar hasta que logró comprar la primera bicicleta para Roberto. Fue un alivio. En las mañanas, cuando salían para la escuela, Roberto tomaba impulso y Pablo subía a la parrilla. Poco tiempo después y ante las reiteradas quejas de Roberto por la carga que significaba Pablo, mi abuela logró comprar la segunda bicicleta, que resolvió las diferencias.

Con el tiempo Roberto se convirtió en un corredor y la rivalidad entre ellos creció con el paso de los días, pues Roberto se moría de la rabia porque entrenaba a diario con mucho esfuerzo y Pablo, que era más bien vago para la bicicleta, le ganaba todas las carreras.

Ese juego aparentemente inocente fue profundizando en Roberto un resentimiento contra Pablo, que se acentuaría después, cuando nuevamente le ganó a Roberto la carrera por quién se hacía millonario primero. En contraste, Pablo habría de encontrarse cada vez más frecuentemente con su primo Gustavo Gaviria, quien los visitaba para pasar los fines de semana.

El destino habría de darle un giro inesperado a la vida de los Escobar Gaviria cuando la abuela Hermilda —de nuevo contra la opinión de Abel, quien quería permanecer en el campo— logró que la trasladaran a una escuela en Medellín. Ella tenía claro que sus siete hijos —ya había nacido el último, Fernando— solo podrían educarse en la capital de Antioquia y movió sus influencias y amistades hasta que lo logró.

Llegaron a la casa grande y cómoda de mi bisabuela Inés —madre de Hermilda— en el barrio Francisco Antonio Zea en

Medellín, donde era dueña de una próspera fábrica de colorantes. Mi abuela empezó a dictar clases en la escuela del barrio Enciso, un lugar en lo alto de un cerro, habitado por familias de escasos recursos económicos.

Los Escobar Gaviria finalmente habían arribado a Medellín pero su peregrinaje estaba lejos de terminar. En efecto, en los siguientes dos años mi abuela fue trasladada a las escuelas Caracas y San Bernardita y cambiaron varias veces de vivienda.

Hasta que a mediados de los años sesenta echaron raíces en el barrio La Paz. La casa tenía tres habitaciones, un baño, sala-comedor, cocina y patio. Una vez instalados, se acomodaron como pudieron en los dos primeros cuartos y en el tercero, que daba a la calle, mi abuelo Abel puso una tienda que por falta de clientes quebró varios meses después.

Entonces Pablo, avispado como siempre, se pasó a vivir a ese espacio, que pintó de azul claro, como su habitación en el Tablazo; además, armó una pequeña biblioteca con dos de los entrepaños de madera que sobraron tras el cierre del negocio del abuelo. Allí puso, perfectamente ordenados, algunos libros de política, su colección de revistas *Selecciones del Readers Digest* y textos de los líderes comunistas Vladimir Ilich Ulianov, Lenin, y Mao Tse-tung. En un rincón de su improvisada biblioteca exhibió una calavera de verdad.

—Grégory, un día decidí poner a prueba mis miedos y lo mejor era meterme a la medianoche al cementerio a sacar una calavera de una tumba. Nadie me espantó ni me pasó nada. Después de limpiarla la pinté y la dejé arriba de mi escritorio como pisapapel —contó un día mi padre.

Mi padre iba a cumplir quince años cuando arribó al barrio La Paz y un par de semanas después ya estudiaba en la jornada de la tarde en el Liceo de Antioquia, a donde llegaba luego de viajar más de media hora en bus.

En las noches se juntaba con 'Rasputín', los Toro, los Maya y 'Rodriguito' en la heladería La Iguana, donde tomaban tinto y apuntaban en una libretica los pensamientos que se les venían a la cabeza.

La camaradería era tal que fundaron los Boy Scouts del barrio, recogían dinero en los incipientes bailes caseros, cortaban el césped los sábados e iban a acampar los fines de semana en un morro en la parte alta del barrio.

También se hicieron asiduos visitantes del teatro Colombia de Envigado, a donde iban dos o tres veces a la semana a ver películas de James Bond, mexicanas y de vaqueros.

Los contertulios tenían la particularidad de hacerse bromas muy pesadas entre ellos, pero debían aguantarlas. Mi padre solo ponía una condición: que no le dijeran enano, banano o murrapo. Lo ofendía sobremanera sentirse bajito, y medir 1,67 metros siempre fue un karma.

La política tocó a las puertas de la barra de amigos, que por aquella época y en especial mi padre, tenían como referente cercano el proceso revolucionario de Fidel Castro en Cuba y el asesinato en enero de 1961 del líder anticolonialista congolés Patrice Lumumba. Mi padre se interesó en la vida de este último y constantemente se refería a sus rasgos personales.

Por aquellos días la convulsión mundial se reflejó en las universidades públicas de buena parte del país y los estudiantes se vieron inmersos en enormes protestas en las calles. Mi padre asistió a una de esas manifestaciones en la Universidad de Antioquia y esa noche les dijo a sus amigos en la heladería La Iguana: "Muy pronto voy a hacer una revolución, pero para mí".

Desde aquel entonces mi padre le cogió mucha bronca a la Policía por la manera como reprimía las protestas de los estudiantes. Tanto, que a partir de ese momento y cada vez que una patrulla o 'bola' pasaba por el barrio, él les tiraba piedra y les decía "tombos hijueputas".

En los planes cotidianos de mi padre ya aparecía constantemente su primo, Gustavo Gaviria, porque además estudiaban en el mismo colegio; por el contrario, mi tío Roberto se dedicó de lleno a las carreras de ciclismo y compitió en la vuelta a Colombia y otras pruebas regionales; también corrió con éxito en Italia y Costa Rica. Aun así, no disponía de dinero suficiente para sufragar los gastos en las competencias pero logró que lo patrocinara el almacén de electrodomésticos Mora Hermanos.

Aun cuando mi padre evitaba hablar del tema, al cabo de varias y accidentadas charlas en las caletas donde nos escondíamos pude concluir que su carrera criminal empezó el día en que descubrió la manera de falsificar los diplomas de bachiller que otorgaba el Liceo y con los cuales se graduaban los estudiantes.

Para cometer el fraude, mi padre y Gustavo pidieron prestadas las llaves de la sala de profesores y a escondidas les sacaron copia en un molde de plastilina; luego robaron los diplomas, que entonces eran expedidos en papel sellado, y mandaron a hacer los sellos del colegio. También aprendieron la letra de los profesores para poner las notas finales y sus firmas. Así, decenas de jóvenes se graduaron del Liceo de Antioquia sin haber pasado por sus aulas.

El manejo de llaves también les sirvió durante un tiempo para venderles a los alumnos las respuestas de los exámenes más complicados, como matemáticas y química. Hasta que alguien sospechó porque de manera inusual los estudiantes sacaban elevadas notas en esas materias y por ello los directivos del Liceo modificaron las evaluaciones y cambiaron las respuestas.

Algo de dinero ya había en los bolsillos de Pablo Escobar y eso lo animó a seguir con sus todavía 'pequeñas' fechorías.

Al tiempo que se lucraban de las actas falsas, mi padre y Gustavo robaban naranjas en una finca conocida como 'la de los Negros'

—situada varias calles más arriba de La Paz— y las vendían en el mercado o en las casas del barrio. En otras ocasiones pasaban por una tienda de la parte alta de la urbanización y simulaban tropezar para que las naranjas cayeran al piso y rodaran calle abajo, donde las recogían y en la noche se las vendían de nuevo al dueño del negocio.

Por aquellos días la colección de revistas *Selecciones* empezó a crecer en el estante donde mi padre las exhibía. ¿La razón? Él les pedía a los niños del barrio que las sacaran de sus casas a escondidas y se las regalaran. De esta manera recibía las más recientes y era tan recursivo en su manera de hablar que los vecinos del barrio se las alquilaban para leerlas los fines de semana y luego se las devolvían.

Mi padre y sus amigos empezaron a tomarse confianza en aquello de cometer delitos y un día robaron el automóvil Cadillac del obispo de Medellín, que asistió a la inauguración de una obra en el barrio. Uno de ellos estudiaba en el Sena y sabía cómo poner a andar un vehículo sin llaves. Una vez encendido fueron a dar vueltas por los municipios cercanos a Medellín y cuando regresaron se dieron cuenta de que el barrio estaba lleno de policías buscando el automotor. Entonces fueron a un paraje entre La Paz y el barrio El Dorado, en la vía a Envigado, y lo dejaron abandonado.

Con el dinero que ahorró durante ese tiempo, Pablo dio un primer paso hacia adelante al comprar una moto italiana Vespa, gris, modelo 1961, con la que de la noche a la mañana se convirtió en el 'tumbalocas' del barrio; las muchachas descubrieron un galán enamoradizo, dicharachero y detallista, pero también folclórico al vestir porque no le importaba si la ropa combinaba o no; además, le gustaba remangarse la camisa y dejársela por fuera del pantalón. De vez en cuando aparecía por las calles del barrio enfundado en una ruana de lana blanca, similar a la que años después lució recién llegado a la cárcel La Catedral.

La moto ocupaba todo su interés, pero el dinero todavía escaseaba y por eso en el cajón donde guardaba la ropa solo había cuatro camisas, dos pantalones de *jean* y un par de zapatos apache.

Con todo y las limitaciones, Pablo adoptó cuatro costumbres que habrían de acompañarlo el resto de su vida: la primera, que el primer botón de la camisa quedara justo en la mitad del pecho. Ni más arriba ni más abajo. Es curioso, pero a lo largo de estos años he visto decenas de fotos de mi padre y en todas, sin excepción, aparece con el botón de la camisa puesto en el lugar que prefería.

La segunda, que el corte de pelo se lo hiciera él mismo. No le gustaban los peluqueros y acostumbraba despuntarse el cabello con tijera. Nunca fue a una peluquería y solo permitió que mi madre lo hiciera algunas veces; ella insistió en llamar urgente a un peluquero, pero él nunca aceptó.

La tercera, usar el mismo tipo de peineta para organizarse el pelo. Era pequeña, de carey, y siempre la tenía a la mano en el bolsillo pequeño de la camisa. Alisarse el peinado con mucha frecuencia a lo largo del día era quizá una de las pocas muestras de vanidad de mi padre; no exagero al decir que un día normal sacaba la peineta al menos diez veces para acomodarse el cabello. Era de tal tamaño su fijación con la peineta de carey que años después, en la opulencia, hacía que le trajeran hasta quinientas de ellas de Estados Unidos.

Y la cuarta, bañarse por largo tiempo. Era impresionante. Como estudiaba por la tarde y se quedaba hasta altas horas de la noche con sus amigos, adquirió la costumbre de levantarse después de las diez de la mañana. Permanecía hasta tres horas en la ducha. Esa rutina no cambió ni siquiera en la peor época, cuando vivía de caleta en caleta y con la sombra de sus enemigos encima. El simple acto de lavarse los dientes le llevaba no menos de cuarenta y cinco minutos y siempre con un cepillo Pro para niños.

Años después yo lo molestaba por la demora al bañarse los dientes, pero él respondía:

—Hijo, en la clandestinidad no me puedo dar el lujo de ir a un dentista… en cambio usted sí.

Aun cuando poco a poco mi padre y Gustavo se involucraban en asuntos oscuros, mi abuela Hermilda lo convenció de presentar examen de admisión en la facultad de Contaduría de la Universidad Autónoma de Medellín. Aprobó sin dificultad pero solo habría de permanecer allí hasta mediados del primer semestre, cuando decidió retirarse porque estaba hastiado de las dificultades económicas de su familia y de la escasez de dinero en sus bolsillos.

Entonces mi padre se dedicó de tiempo completo a su grupo de amigos, con quienes pasaba largas horas en la heladería La Iguana, donde ver pasar las chicas del barrio resultó más interesante que hablar de política.

La música empezó a ocupar un puesto importante en su día a día. Era 1970 y Pablo se deleitaba con los ritmos alegres y contagiosos de las orquestas Billos Caracas Boy's, Los Graduados y la recién creada banda de Fruko y sus tesos; también le gustaba escuchar a Piero, Joan Manuel Serrat, Camilo Sesto, Julio Iglesias, Miguel Bosé, Raphael, Sandro, Elio Roca, Nino Bravo y su ídolo Leonardo Fabio. Pero hubo una canción, que escuchó una noche en La Iguana, por la que durante mucho tiempo habría de sentir una especial devoción. Se trata de 'En casa de Irene', un tema pop interpretado por el italiano Gian Franco Pagliaro.

La Paz crecía día a día y las fiestas de garaje los fines de semana se hicieron famosas porque los muchachos de Medellín iban allí a terminar sus parrandas, atraídos además porque las heladerías no cerraban.

Pero las rumbas derivarían muy pronto en problemas porque Pablo se enfurecía con la llegada de jóvenes en carros lujosos, bien vestidos, que sacaban a bailar a las muchachas del barrio. Y aun cuando no estaba ennoviado con ninguna, le daba mucha rabia que los 'niños bonitos' de Medellín se les arrimaran a las jóvenes de

La Paz. El combo de Pablo les tiraba piedras a los vehículos de los visitantes y las trifulcas casi siempre terminaban en escaramuzas en las que cada bando se hacía en una esquina y desde allí se lanzaban todo tipo de cosas, incluidas sillas y botellas.

Varias de esas broncas ocurrieron con la conocida barra de los 11, un grupo encabezado por Jorge Tulio Garcés, un joven adinerado que llegaba como todo un don juan a llevarse a las muchachas en su automóvil descapotado. Hasta que una noche se llenó la copa, cuando Jorge Tulio llegó sin estar invitado a una fiesta de quince años. Entonces Pablo se acercó furioso y le dijo:

—Riquito hijueputa, ¿vos creés que porque tenés carro, te podés llevar a las 'mamacitas' del barrio?

Ahí fue la de Troya. Se armó tremenda pelea a golpes que terminó cuando Jorge Tulio le pegó un puño en la nariz, que lo hizo caer al piso.

No mucho tiempo después, Pablo tuvo un lío con Julio Gaviria, un hombre que acostumbraba ir al barrio a bailar, pero siempre se sobrepasaba con el licor. Una noche, Gaviria llegó a una fiesta y armó escándalo porque una joven se negó a bailar con él. Pablo estaba ahí y sin pensarlo sacó un revólver muy pequeño, de cinco proyectiles, y le pegó un tiro en un pie. Gaviria lo denunció y por primera vez le dictaron orden de captura y luego lo encarcelaron, pero por pocos días porque Gaviria retiró los cargos y quedó en libertad.

Para confirmar que el episodio no le había generado anotaciones en los organismos de investigación, el 2 de junio de 1970 fue a la sede del Departamento Administrativo de Seguridad, DAS, en Medellín y tramitó el certificado judicial, que le expidieron casi inmediatamente. Una vez lo recibió, en la última página escribió: "Si este documento se extravía, favor llamar a Pablo Escobar al teléfono 762976".

Entre tanto, el día a día de Pablo transcurría al lado de Gustavo, siempre en la búsqueda de realizar algún negocio o una fechoría para tener dinero en los bolsillos. Un día robaron un camión cargado con jabones de baño Rexona y Sanit k, que vendieron al menudeo y a mitad de precio en las tiendas del barrio. Por cuenta del dinero que recibieron por el jabón, inmediatamente cambiaron la Vespa por otra motocicleta italiana Lambretta, modelo 1962, placas A-1653, en la que se hicieron más frecuentes los paseos con las muchachas del barrio.

La necesidad de dinero los llevó un día a convertirse en vendedores de lápidas, las losas que se ponen en las tumbas de los cementerios con los nombres de los difuntos. El negocio era atractivo porque el papá de Gustavo era propietario de una fábrica de losas y relieves y les daba buen margen de ganancia.

Los dos socios iban en la Lambretta a visitar clientes en las poblaciones cercanas a Medellín y llevaban las losas como muestra. Claro que no tardaron en descubrir que les iría mejor si les compraban las lápidas a los sepultureros de los pueblos, que seguramente se las robaban en las noches y las arreglaban para que parecieran nuevas.

Entre las lápidas de la fábrica de relieves y las que traían ya usadas para remarcarles los nombres de los nuevos fallecidos, en La Paz no tardó en hacer carrera el rumor de que Pablo y Gustavo robaban las lápidas de los cementerios, las remarcaban y luego las vendían.

El chisme era tan fuerte que un día murió el papá de una vecina muy cercana a la familia Henao y Pablo fue a ofrecer regalada la lápida. La viuda rechazó el ofrecimiento, y aunque no le dijo nada en ese momento, después comentó que no pondría una lápida robada en la tumba de su marido.

Finalmente, Pablo y Gustavo dejaron el negocio de las lápidas porque no resultaba tan rentable como ellos querían. Esa constante búsqueda de opciones llevó a mi padre a pronunciar una frase que varios de quienes integraron su barra de amigos no olvidaron nunca. Fue una noche, cuando departían en la heladería La Iguana y en tono serio, decidido, les dijo: "Si a los treinta años no he conseguido un millón de pesos, me suicido".

Decidido a llegar a esa meta cuanto antes, en compañía de Gustavo se dedicaron a robar las taquillas de los teatros en el centro de Medellín. Las salas de cine El Cid, La Playa, el Teatro Avenida, el Odeón y el Lido fueron víctimas de los dos socios que pistola en mano se llevaban el dinero recaudado.

El segundo paso que dieron fue robar carros. De varias maneras. Una forma de hacerlo consistía en llevarse los vehículos nuevos, recién salían del concesionario. El cómplice era un tramitador, que además de legalizar los documentos sacaba copia de la llave del carro y se la entregaba a mi padre. Cuando el desprevenido propietario recibía el carro, lo seguían hasta su casa, esperaban a que lo guardara y minutos después se lo llevaban.

Otra modalidad de robo que utilizaron fue el cambiazo de carros nuevos por aquellos declarados en pérdida total por las aseguradoras. Mi padre y Gustavo compraban vehículos 'siniestrados', es decir, estrellados, y los llevaban a un taller de mecánica donde les quitaban las plaquetas de identificación. Luego robaban uno nuevo y le ponían los registros numéricos del carro viejo.

Pero también utilizaban formas muy simples para robar carros, que si no es porque eran un delito, cualquiera se moriría de la risa. Como por ejemplo, aquella vez que mi padre vio un señor varado en una vía, le preguntó en qué consistía el daño y se ofreció a arreglarlo. Luego, le dijo que él se haría al volante para prenderlo y le pidió al inocente dueño que empujara. En ese momento arrancó y se fue.

Con el dinero que ganaron robando carros, mi padre y Gustavo compraron un ruidoso automóvil Studebaker azul oscuro de techo blanco de 1955, con el que ampliaron su club de fans en el barrio; los paseos de fin de semana con muchachas y los largos viajes de la barra de amigos se volvieron costumbre.

Hablé con varios de los contertulios de mi padre y recuerdan la travesía que hicieron hasta el municipio de Piendamó, en el departamento de Cauca, para ver si era cierto que una virgen se le había aparecido a una niña en su casa. Era mayo de 1971 y el país entero estaba conmocionado con el supuesto milagro. Mi abuela Hermilda se entusiasmó con el propósito del viaje y le encargó agua bendita.

En efecto, la peregrinación en Piendamó era enorme y él llenó una botella con agua que recogió cerca del lugar donde supuestamente apareció la imagen. Pero en el regreso, cuando llegaban al alto de Minas, ya muy cerca de Medellín, el Studebaker se recalentó y tuvieron que echarle esa agua al radiador. Para no quedar mal, mi padre llenó de nuevo el frasco con agua de un río y se la entregó a mi abuela, que quedó convencida de que el líquido estaba bendecido.

Pocos días después de regresar del Cauca, a mi padre y a Gustavo les dieron un contrato temporal con Carvajal S. A. para repartir tres mil directorios telefónicos en Envigado y recoger los del año anterior. No tardaron en ser reconocidos como los número uno por la velocidad con que hacían el trabajo, pero nadie se dio cuenta de que los entregaban sin mirar siquiera las direcciones.

Como ganar dinero era su prioridad, se les ocurrió arrancarles la mitad de las páginas a los directorios viejos para venderlas como recliclaje. Ese papel les daba más utilidad que la que recibían por la entrega de los nuevos, pero el trabajo habría de durar escasos doce días porque en Carvajal descubrieron que las pilas de directorios caían al piso porque les faltaba la mitad. Les cancelaron el contrato.

Cometer delitos se había vuelto el pan de cada día de mi padre y de su primo Gustavo y en poco tiempo ya eran propietarios del Studebaker y de dos motos Lambretta.

La bonanza económica empezaba a notarse poco a poco y el dinero ya le alcanzó para abrir su primera cuenta de ahorros, en el Banco Industrial Colombiano, BIC. En febrero de 1973 hizo el primer depósito por 1.160 pesos, 50 dólares de la época. En noviembre consignó 114.062 pesos, 4.740 dólares. Empezaba a ser un hombre acomodado.

A finales de ese año, mi padre vio en una calle a una joven alta, delgada, bonita, de piernas largas que lucía pantalones cortos —también les decían *shorts* o pantaloncitos calientes—, cuya familia había llegado años atrás al barrio. Tenía trece años, se llamaba Victoria Eugenia Henao Vallejo, estudiaba en el colegio El Carmelo en el vecino municipio de Sabaneta y era la sexta entre ocho hermanos, cinco mujeres y tres hombres.

Los Henao eran los más acomodados del barrio La Paz: Nora, la madre, tenía un próspero almacén donde vendía telas para uniformes de colegio, así como camisas, pantalones, electrodomésticos, útiles escolares y lociones que traía del lejano puerto libre de Maicao, en la frontera con Venezuela; Carlos Emilio, el padre, distribuía bocadillos en una bien cuidada camioneta Ford de fines de los años cincuenta. Los dulces eran producidos en la empresa La Piñata y por eso en el barrio las Henao eran conocidas como 'las piñatas'.

Mi padre tenía veinticuatro años, once más que ella, pero quedó tan fascinado que días después supo que la mejor amiga de Victoria era Yolanda, así que la buscó y le pidió ayuda para invitarla a salir. Ninguno de los dos sabía en ese momento que estaban a punto de iniciar una relación intensa, llena de momentos buenos y malos, de pronto más malos que buenos, que solo se rompería veinte años después, con la muerte de él.

La estrategia funcionó y mis futuros padres empezaron a verse a escondidas, aunque el contraste era notable porque ella era más alta que él y tenía una figura esbelta porque practicaba mil metros de natación todas las semanas en piscinas olímpicas y montaba en patines con mucha frecuencia.

Al principio se encontraban los sábados, de siete a nueve de la noche, con la complicidad de Yolanda y la barra de amigos de mi padre. Entre semana no se veían porque él le decía que se iba de viaje de negocios. Ella no sospechaba todavía que su pretendiente andaba en malos pasos.

Yolanda fue la celestina de esa relación, que muy pronto encontró una dura opositora: Nora, la mamá de Victoria, que se puso furiosa cuando le contaron que su hija estaba saliendo con un señor Pablo Escobar, mayor que ella, mujeriego, de ocupación indefinida, mal relacionado y delincuente en potencia. Tampoco hicieron buena cara el papá y Mario, uno de sus hermanos, que además ya conocía a Pablo y con quien tenía cierta cercanía.

La pareja siguió encontrándose pese a la dura oposición de mi abuela Nora, que impuso obstáculos como permitirle a Victoria ir a las fiestas del barrio solo hasta cierta hora y acompañada por sus hermanos. No obstante, Pablo no estaba dispuesto a rendirse y empezó a colmar de regalos a la muchacha, que los recibía por intermedio de Yolanda. El primero fue un reloj de marca que él usaba y luego un anillo de perlas con turquesas que compró en una joyería de Medellín por mil seiscientos pesos, una fortuna para la época.

Pero Nora no cedía y cada día eran mayores sus dudas sobre el pretendiente de su hija.

—Mija, no se preocupe por ponerse muy bonita que de todas maneras parece que andaras con un chofer —le dijo una vez.

—Dígale que deje la ruana en la casa, que aquí no entra así —dijo mi abuelo Carlos.

—Acordate que tenés que respetar mucho a mi hija porque de esa puerta no pasás —le dijo Nora alguna vez, cuando ya él pudo dejarla en su casa después de salir una tarde de sábado.

La relación empezó a crecer y los encuentros se hicieron más continuos. Pablo se ofreció a enseñarle a manejar en su Renault 4 amarillo mostaza —que cambió luego por el Studebaker—. Y muy a su estilo la llevó varias veces a sitios peligrosísimos, con precipicios incluidos, y siempre terminaba subiendo por la vía Las Palmas hasta el estadero El Peñasco, que tenía una imponente y romántica vista de Medellín.

Nunca se me había ocurrido preguntarle a mi madre por qué se enamoró de mi padre —hasta ahora que estaba terminando de escribir este libro—, al extremo de perdonarle todo lo que hizo. Luego de pensarlo un rato, me respondió:

—Por su sonrisa maliciosa, por su mirada. Me enamoré porque era muy romántico. Fue todo un escritor y poeta conmigo, muy detallista, me conquistaba con la música romántica, me regalaba todo el tiempo discos *long play*. Era muy abrazador, muy meloso. Un gran seductor. Un amante de la naturaleza. Me enamoraron sus ganas de ayudarle a los demás y su compasión con los dramas de la gente. Ya de novios recorríamos en su carro los lugares donde él soñaba construir las universidades y escuelas para los más pobres. Desde el primero hasta el último de sus días, no puedo decir que nunca me haya dicho una mala palabra o me maltratara; hasta el final siempre fue un caballero conmigo.

El incipiente romance se vio interrumpido en el segundo semestre de 1974 cuando la policía detuvo a mi padre en un automóvil Renault 4 que había robado de una bodega. Lo llevaron a la cárcel de La Ladera, donde habría de conocer a un personaje que sería clave en su carrera delincuencial: Alberto Prieto, el gran capo del contrabando de la época, conocido con el alias de 'El Padrino'.

Mi padre se encontró con un personaje poderoso que ganó una enorme fortuna contrabandeando whisky, cigarrillos, electrodomésticos y otros productos que traía desde la zona fronteriza de Urabá para venderlos en Medellín y otros lugares del país. Pero también descubrió que su compañero de celda tenía contactos con la clase política de Antioquia y se ufanaba de sus relaciones con congresistas y jueces de Bogotá.

En los escasos dos meses que estuvo detenido porque un juez lo dejó en libertad, mi padre se hizo amigo del 'Padrino' y aprendió de su negocio. Él jamás habló del asunto conmigo, pero en mi investigación para escribir este libro supe que se las arregló para desaparecer las evidencias del robo del Renault 4 y por eso el juez no tuvo otra opción que archivar el proceso.

Semanas después, mi padre se reencontró con 'el Padrino' —que ya había salido de la cárcel— y este le ofreció escoltar las caravanas de camiones que traían la mercancía desde Urabá. Mi papá aceptó, con la condición de que su primo Gustavo trabajara a su lado. Muy pronto, los dos ganaron fama en el gremio de los contrabandistas por su arrojo y sangre fría a la hora de resolver problemas. Como aquella vez en que la policía retuvo cinco camiones cargados con cigarrillos Marlboro cuando salían de Urabá, y mi padre y Gustavo viajaron hasta allá y los recuperaron en menos de veinticuatro horas.

De la mano del 'Padrino', mi padre y Gustavo se encontraron de repente con un mundo en el que los delitos menores no existían y la muerte era un asunto común y corriente. Ese ambiente turbio y cada vez más pesado llevó a mi padre a cometer un asesinato, el primero en su vida. Aun cuando existen varias versiones de este hecho, quienes conocieron de cerca lo que ocurrió aquella vez me contaron que un hombre de apellido Sanín se autosecuestró en una finca cerca de Envigado para lograr que su hermano, un contrabandista millonario, pagara el rescate.

Mi padre y mi tío Mario sabían del plan y aceptaron participar en el delito y mientras el primero iba a recoger el dinero del plagio, el segundo se quedaría acompañando al supuesto secuestrado. Con tan mala suerte que la policía llegó al sitio porque algunos vecinos reportaron movimientos raros y Sanín no tuvo escrúpulo alguno en decirles a los uniformados que había sido secuestrado y que Mario, quien estaba con él, era uno de los responsables. Así, mi tío fue a la cárcel durante nueve meses, pero mi papá no perdonó el engaño y una noche siguió a Sanín hasta un edificio en Medellín y cuando entraba al garaje lo mató de varios disparos. Probablemente ese haya sido el primer episodio de sicariato en moto en la historia de Medellín.

Mientras tanto, 'el Padrino', satisfecho por la labor de mi padre y Gustavo al proteger sus rutas del contrabando, les entregó otra responsabilidad: guiar caravanas de entre treinta y cincuenta vehículos cargados de mercancía hacia Medellín desde el puerto de Turbo, en Urabá. El cargamento del 'Padrino' llegó a salvo después de pasar sin problema alguno por retenes de la Policía, de la Armada y del Resguardo de Aduanas de Antioquia, gracias a la astucia de Pablo y de Gustavo.

Ya en ese momento, mi madre había empezado a sufrir las continuas ausencias de mi padre, que desaparecía por varios días y regresaba con algún regalo, sin darle mayores explicaciones. Sí empezó a llamarle la atención que de un momento a otro traía cobijas de lana estampadas con cuatro tigres, hechas a mano por indígenas de Ecuador.

Lo que no sabía mi futura madre en ese momento, era que Pablo había descubierto por fin el negocio que lo haría millonario en muy poco tiempo: la cocaína.

En efecto, según me contaron numerosas personas que vivieron aquella época al lado de él, la cercanía con 'el Padrino' lo llevó a descubrir que en algunas casa-fincas de los municipios de Caldas, La Estrella, Guarne y San Cristóbal, todos cerca de Medellín, existían pequeños lugares donde se procesaba una pasta traída desde Ecuador, Perú y Bolivia, que terminaba convertida en un polvo blanco llamado cocaína.

Inquieto, mi padre no tardó en localizar a Atelio González, un hombre ya entrado en años, y le preguntó cómo podía involucrarse en ese negocio. Este le contó que estaba encargado de uno de esos sitios, conocido como 'cocina', donde mezclaba el producto traído del extranjero con algunos químicos, entre ellos éter y acetona, y luego lo calentaba a altas temperaturas para secarlo. De ahí salía la cocaína.

El interés de mi padre en el asunto lo llevó a saber muy rápido que los dueños de las cocinas eran tres personajes absolutamente desconocidos que les vendían la cocaína a compradores que llegaban en avión desde Estados Unidos.

Enterado de las generalidades del negocio, mi padre no lo dudó un instante y emprendió con Gustavo el primer viaje por carretera hasta el puerto de Guayaquil, en Ecuador, donde compraron los primeros cinco 'cosos' o kilos de pasta de cocaína. Para evadir los controles en la frontera por el puente Internacional Rumichaca, previamente hicieron construir una caleta encima del tanque de la gasolina del Renault 4 de mi padre.

Atelio González procesó cinco kilos de pasta y de ahí sacó un kilo de cocaína, que le vendieron a un comprador por seis mil dólares.

A partir de ese momento quedaron atrás el robo de carros, la entrega de directorios telefónicos y las duras travesías para traer contrabando desde Urabá. Mi padre y Gustavo acababan de entrar al tráfico de drogas.

Como era común en ellos, no tardaron en montar su propia cocina en una finca cercana, de la que encargaron a mi tío Mario —que todavía no estaba de acuerdo con la relación entre Pablo y su hermana Victoria— y consiguieron quién les vendiera los insumos químicos, que en algunas ocasiones ocultaron en los laboratorios de la escuela de La Paz, con la ayuda de Alba Marina, su hermana, quien dictaba clase allí.

Los viajes al sur del país se hicieron muy continuos, hasta que llegaron a la provincia ecuatoriana de La Loja, en la frontera con Perú, donde conocieron a varios distribuidores de pasta de coca y se asociaron con Jorge Galeano, un antioqueño que acababa de entrar al negocio, con quien empezaron a traer mayores cantidades de pasta, pero siempre en vehículos y corriendo el riesgo de pasar la frontera, en la que de cuando en cuando eran decomisados pequeños cargamentos de base de coca.

Mi padre progresaba lentamente en el tráfico de cocaína y aunque con tropiezos, la relación con mi madre marchaba viento en popa. Ella se enfurecía por sus inesperados viajes y porque siempre tenía una excusa a la mano para ocultar sus verdaderas intenciones. Cuando mi madre cumplió quince años, en septiembre de 1975, tuvieron un fuerte conflicto porque mi padre desapareció durante una semana. Él arruinó una celebración que para ella era importante. Luego supo que se había ido a Ecuador.

Ese año y luego de procesar y vender ya una buena cantidad de kilos de cocaína, mi padre cumplió con creces su vieja aspiración de ser rico antes de los treinta años. Tenía veintiséis cuando les pidió a sus amigos de barra que lo acompañaran al Banco Industrial Colombiano, BIC, en el municipio de Sabaneta, a consignar no uno sino cien millones de pesos en un cheque (tres millones doscientos veinticinco mil dólares).

Pese a que la situación económica de mi padre mejoraba día a día, buena parte de la familia de mi madre mantenía la férrea oposición a su romance. Mi abuela Nora seguía pensando que Pablo no era el hombre adecuado para su hija y por eso se oponía a sus encuentros e intentaba convencerla de todas las maneras posibles de que lo dejara.

Hasta que una salida no permitida habría de darle un rumbo definitivo a esa relación.

Una tarde de sábado a finales de marzo de 1976, mi padre se las arregló para que Victoria supiera que se iba de viaje y la citó para despedirse en la heladería El Paso, no lejos de la casa. Ella le pidió permiso a mi abuela, pero esta le dijo que no saliera, que lo dejara ir. Ansiosa por verlo, mi madre salió a escondidas y le contó lo sucedido. Entonces mi padre se enojó mucho con su intransigente suegra porque no permitía que mi madre lo despidiera, ya que se iba por varios meses; así, él se jugó el todo por el todo y le dijo que de esa manera no podrían disfrutar su relación y le propuso escaparse a Pasto y casarse allá. Mi madre respondió inmediatamente que sí, sin dudarlo un instante, y se fueron a pasar la noche a la casa de Gustavo Gaviria y su esposa, que no tuvieron inconveniente en darles posada.

Ya juntos y ocultos donde su primo Gustavo, supieron que mi tío Mario estaba furioso buscando a mi padre para matarlo por llevarse a las malas a 'la niña', como se refería a su hermana. Entonces decidieron irse para Pasto, y la única manera de hacerlo era viajar en avión a la ciudad de Cali y esperar la conexión.

En el barrio La Paz, el alboroto era total. Desesperados, los Henao preguntaron y preguntaron hasta que alguien les dijo que los fugitivos habían viajado a Cali y que la salida a Pasto tardaría seis horas. Mi abuela Nora llamó a su madre Lola, quien vivía cerca de la catedral de Palmira y le pidió que fuera hasta allá y no los dejara ir.

Alfredo y Rigoberto, dos de los mejores amigos de mi padre, ya habían salido para Cali en una camioneta, con la esperanza de encontrarlos. Así sucedió y cuando llegaron al aeropuerto encontraron a mi bisabuela con la pareja y fueron testigos del instante en que Pablo la convenció de que quería casarse.

Las palabras de mi padre fueron tan convincentes que mi bisabuela les dijo que fueran hasta Palmira, pues tenía la certeza de que podría convencer al obispo de casarlos. Ella era cercana a los religiosos porque hacía años vivía al lado de La Catedral y además solía visitar a todos los presos y a la gente más pobre para brindarles ayuda. Por eso no le resultó difícil obtener la autorización y de esa manera Victoria y Pablo se casaron sin pompa alguna. Mi madre debió usar por varios días el mismo pantalón verde militar de *terlete* —una tela elástica que no requería planchado— y un suéter naranja y beige que tenía cuando escapó de su casa. Fieles a sus chanzas pesadas, sus amigos Alfredo y Rigoberto les dieron el único regalo que hubo en la boda: un sufragio, con un sentido pésame: "Por el mal paso que acaban de dar".

Los recién casados pasaron su luna de miel en una habitación en la casa de mi bisabuela y una semana después regresaron al barrio

La Paz y se alojaron por varios meses en una pequeña habitación de la casa que mi padre le había prestado a mi tía Alba Marina.

Mi madre siempre supo que mi padre era amante del plátano maduro frito y cada vez que podía lo preparaba como a él le gustaba: cortado en cuadritos y revuelto con huevo y cebolla junca. El plato era completado con arroz blanco, carne asada y ensalada de remolacha, su preferida. Todo con un vaso de leche fría y una arepa redonda pequeña y gruesa.

Aunque mi madre es reacia a hablar del tema, cómo no hablar de las muchas infidelidades de mi padre, que continuaron pocas semanas después de haberse casado. Los rumores sobre sus andanzas con mujeres llegaban a oídos de ella, que sufría y lloraba en silencio, pero él, hábil, la tranquilizaba diciéndole que era la mujer de su vida, que su matrimonio duraría para siempre y que no le hiciera caso a la gente mal intencionada y envidiosa que quería verlos separados. En parte fue cierto: mi padre y mi madre estuvieron juntos hasta que la muerte los separó, pero él nunca dejó de ser infiel.

Uno de sus primeros romances a escondidas fue con la directora del colegio del barrio; luego anduvo por varios meses con una morena joven y bonita, viuda de un famoso ladrón. Conquistar mujeres era una especie de reto para mi padre, que no perdía oportunidad para seducirlas. Como una noche en que una reconocida empresa de Medellín hizo una fiesta de integración en el salón Antioquia del hotel Intercontinental, a la que asistieron mis padres y varias de mis tías. A medianoche se las arregló para que mi madre regresara a la casa y él se quedó bailando. Una hora después ya estaba muy acaramelado con la esposa de uno de sus trabajadores, lo que desató la ira de una de mis tías, que no dudó en darle una cachetada.

Pero la relativa tranquilidad que se vivía en el hogar de mi padre fue rota intempestivamente el 7 de junio de 1976, cuando recibió una llamada en la que uno de sus trabajadores le informó que agentes del DAS habían descubierto el cargamento de cocaína que traían desde Ecuador en un camión, pero lo tranquilizó porque según él los detectives estaban dispuestos a recibir dinero para dejarlo llegar hasta Medellín. Mi padre, confiado, aceptó el trato y esperó a que llegaran a la ciudad para pagar el soborno.

A las cinco de la mañana del siguiente día, mi padre supo que los agentes del DAS lo esperaban en una heladería de La Mayorista, la central de abastecimientos de Medellín, donde recibirían el dinero. Mi padre llamó a mi tío Mario para que lo acompañara y este a su vez se comunicó con Gustavo y quedaron en encontrarse en el lugar indicado. Antes de ingresar, mi padre contó dentro del vehículo los cinco mil dólares con los que se proponía comprar el silencio de los investigadores.

Pero todo fue una trampa porque lejos de dejarse sobornar los agentes montaron una encerrona para capturar a toda la banda y decomisar las diecinueve libras de pasta de coca escondidas dentro de la llanta de repuesto del camión. Por eso, esperaron que mi padre les propusiera recibir los dólares y en ese instante le dijeron que él, Mario, Gustavo y los dos conductores del camión quedaban detenidos por tráfico de drogas e intento de soborno.

De inmediato fueron llevados a los calabozos del DAS en Medellín, donde pasaron la noche y en la mañana siguiente los trasladaron a la cárcel Bellavista, en el municipio de Bello, al norte de Medellín. En la reseña de ingreso al penal mi padre fue identificado con el número 128482 y le tomaron una foto en la que se ve sonriente, tal vez porque estaba convencido de que su permanencia allí sería corta.

No obstante, los primeros días en esa prisión fueron muy difíciles para mi padre, Mario y Gustavo, porque empezó a circular el rumor de que ellos eran infiltrados de la Policía que buscaban información sobre los combos o pequeñas bandas que mandaban a su antojo en los distintos patios del penal. El chisme llegó a tal extremo que alguien les contó que una noche de esas los iban a atacar.

Pero las cosas cambiaron de repente, cuando un hombre, recluido allí y al que mi padre no conocía, les aclaró a los demás reclusos que ellos no eran 'sapos' y que los dejaran tranquilos. Así sucedió y el peligro desapareció. El inesperado benefactor resultó ser Jorge el 'Negro' Pabón, un delincuente que purgaba una corta condena, que sí sabía quién era mi padre. Desde entonces los dos tendrían una relación muy cercana y años más tarde Pabón jugaría un papel clave en los carteles de Cali y Medellín.

Aun cuando la intervención del 'Negro' Pabón mejoró las condiciones de reclusión de mi padre, de Mario y de Gustavo, lo cierto es que Bellavista era una cárcel muy hostil y peligrosa. Fue allí, en ese ambiente cargado de malos olores, de hacinamiento, que mi madre supo que estaba embarazada. Ocurrió un día de visita, cuando fue a verlo en compañía de la esposa de Gustavo y mi tía Alba Marina y empezó a vomitar mientras hacían la fila de ingreso.

Mi padre recibió con alborozo la noticia del embarazo de su esposa, pero su encierro, que parecía ser largo, y las limitaciones económicas forzaron a mi madre a regresar donde su familia y abandonar la casa del barrio Los Colores porque no tenía el dinero suficiente para subsistir allí.

Desesperado por el confinamiento y por el duro régimen de la cárcel de Bellavista, mi padre le pidió a su abogado, que hiciera lo necesario —incluido el soborno— para que los trasladaran a otra cárcel. La gestión del defensor fue efectiva porque días después él y Gustavo fueron llevados a una casa finca donde funcionaba la cárcel departamental de Yarumito, en el municipio de Itagüí. Las cosas mejoraron sustancialmente allí porque mi madre y mi abuela iban todos los días a llevarles el desayuno y el almuerzo, pero aun así mi padre no estaba dispuesto a seguir preso. Hasta que un día tuvo la osadía de volarse y se escondió en la casa de un vecino en el barrio La Paz. Se escapó durante un partido de fútbol con la complicidad de algunos de los jugadores, a quienes les pidió que patearan cada vez más fuerte y lejos el balón para ir por él.

Las cosas eran muy distintas en esa época en Colombia y el director de la cárcel no tuvo problema en llamar por teléfono a mi abuela a contarle que Pablo se había fugado; luego le pidió que lo convenciera de regresar, que no tomaría represalias. Un par de horas después, Pablo llamó a la casa de mi abuela Hermilda, quien le dijo que no hiciera sufrir más a mi madre, que tenía tres meses de embarazo y debía pesar escasos cuarenta kilos; luego, mi padre llamó a mi madre, quien le suplicó que por su embarazo se devolviera de inmediato. Él accedió y esa misma noche se presentó en la cárcel, donde lo recibió el director.

No obstante las buenas condiciones de la cárcel de Yarumito, mi padre estaba muy preocupado porque la jueza del caso, Mariela Espinosa, estaba empeñada en condenarlos a todos porque las pruebas eran contundentes.

Entonces acordaron con el abogado mover una ficha que habría de ser clave: pedir el traslado del proceso a la ciudad de Pasto, en la frontera con Ecuador, donde el DAS había interceptado el camión con la pasta de coca. El Tribunal Superior del departamento de Nariño le dio la razón al defensor de mi padre, quien argumentó que la coca había sido comprada en esa ciudad del sur del país y por eso el expediente debía cursar en un juzgado de allí. Así, los magistrados ordenaron el traslado inmediato de los detenidos a la cárcel de Pasto, que se produjo justo cuando mi madre llegaba a visitarlos en Yarumito. Mi padre iba esposado y se alegró cuando la vio, pero se le notó la cara de furia cuando un policía le pegó con el fusil para apartarla de su camino.

En las siguientes semanas, mi madre y mi abuela viajaron con alguna frecuencia a Pasto a visitar a mi padre, a mi tío Mario y a Gustavo Gaviria. A ellos les resultó muy fácil sobornar a los guardias, que los trataban bien. Incluso, a mi padre le permitían ir al hotel

Morasurco, el más conocido de la ciudad, donde pasaba los fines de semana con mi madre.

La situación jurídica de los detenidos empezó a resolverse en agosto de 1976, cuando un juez de Pasto dejó libres a mi tío Mario y a Gustavo Gaviria. En noviembre siguiente, luego de cinco meses de su encarcelamiento, mi padre fue sobreseído y de inmediato regresó a su tierra.

No obstante, su captura habría de dejar consecuencias hacia el futuro porque por primera vez apareció mencionado en los prontuarios criminales y también un medio de comunicación como el diario *El Espectador* de Bogotá reveló su identidad. Su carrera como delincuente ya no tenía retorno y él lo sabía.

▲ Mis padres se conocieron en el barrio La Paz de Envigado. Él le llevaba once años y sostuvieron una intensa y accidentada relación que solo se rompió con la muerte de él.

⌃ En 1976, mi padre fue trasladado a la cárcel de Pasto, desde el penal de Yarumito en Antioquia en un proceso por tráfico de pasta de coca. Mi madre, embarazada en ese momento, iba a visitarlo con mi abuela Hermilda. Los guardianes le permitían salir a encontrarse en el hotel Morasurco.

◀ ▲ Pocos meses después de mi nacimiento en febrero de 1977, empezó a llegar la bonanza por cuenta del narcotráfico. Mis padres salieron del barrio La Paz y se fueron a vivir a los mejores sitios de Medellín.

CAPÍTULO 6

NÁPOLES: SUEÑOS Y PESADILLAS

—Cuando muera, lo único que quiero es que me sepulten aquí y siembren una ceiba encima. Ah, y no quiero que vengan a visitarme nunca, porque el cuerpo es una herramienta que nos dan para estar en la tierra.

Esta fue la tercera y última vez que mi padre nos dijo a mi madre y a mí lo que debíamos hacer con sus restos una vez muriera, porque tenía claro que eso iba a suceder más temprano que tarde.

Era una apacible tarde de sábado y habíamos salido en su campero Nissan Patrol descapotado a dar un paseo por los alrededores del zoológico de la hacienda, cuando se detuvo y me señaló el sitio exacto donde quería que lo sepultáramos. Pero aún no pudimos cumplir su voluntad y hoy está sepultado en un cementerio en Medellín. Nápoles fue sin duda alguna la propiedad más importante para mi padre.

A esas cálidas tierras del Magdalena Medio antioqueño llegó a comienzos de 1978, luego de buscar durante más de un año un lugar con selva, agua y montaña al mismo tiempo. En el primer helicóptero que compró cuando el tráfico de cocaína empezaba a convertirlo en un hombre muy rico, recorrió Caucasia, Santafé de Antioquia, Bolombolo, y buena parte de Antioquia, pero no encontró un lugar que cumpliera esos tres requisitos.

Hasta que un día llegó a su oficina Alfredo Astado y le contó que en el diario *El Colombiano* salió publicado un aviso en el que ofrecían una finca en el municipio de Puerto Triunfo, muy cerca de la futura autopista Medellín-Bogotá. Alfredo le explicó que esa región del centro del país era muy bonita y tenía el futuro asegurado porque la carretera ya estaba en construcción.

Mi padre aceptó y Alfredo llamó al vendedor a concertar una cita para ver la tierra que ofrecía. El viaje quedó definido para el siguiente fin de semana, pero fue pospuesto durante tres meses porque a mi padre y a Gustavo Gaviria siempre se les presentaba algún problema.

Finalmente estuvieron de acuerdo en encontrarse a las dos de la tarde de un sábado en el estadero Piedras Blancas, en la salida del municipio de Guarne. Por aquellos días mi padre y Gustavo se habían dejado contagiar por la fiebre de las motos y competían en algunas carreras y por eso les pareció que el viaje en esos aparatos sería muy divertido.

Los aventureros llegaron a tiempo, con maletín con ropa para el fin de semana, pero no previeron que en esa época del año llueve mucho en la zona y no llevaban impermeables. Apenas salieron cayó un aguacero que los empapó completamente, pero prefirieron seguir para que no los cogiera la noche en la carretera.

Al cabo de numerosas caídas, raspaduras y varias paradas a fumar marihuana, casi a medianoche llegaron al municipio de San Carlos. Faltaba la mitad de camino. El pueblo prácticamente estaba en penumbras, pero mi padre y sus acompañantes se propusieron averiguar de casa en casa quiénes eran y dónde vivían los dueños del almacén de ropa, del restaurante y del hotel.

En minutos estaban abiertos un almacén de ropa, un restaurante y un hotel. A la una de la mañana y luego de estrenar ropa y comer en abundancia, se fueron a dormir.

Vuelve y juega. El domingo se vieron involucrados en al menos cuatro percances hasta que al fin llegaron a la finca Hezzen, ya en Puerto Triunfo, donde el vendedor les presentó a su propietario, Jorge Tulio Garcés, quien resultó ser un viejo enemigo de mi padre, el mismo con el que años atrás se peleó a puños en una fiesta en el barrio La Paz.

No obstante, se saludaron sin mencionar el asunto y salieron a recorrer el predio a caballo. De regreso, mi padre propuso comprar la finca de Jorge Tulio, pero este respondió que no estaba en venta porque era patrimonio de su familia.

Al día siguiente salieron a recorrer más fincas, hasta que mi padre reparó en una hermosa hacienda de ochocientas hectáreas conocida como Valledupar. Al lado había otra, más pequeña: Nápoles.

Finalmente y después de un largo forcejeo en el que Jorge Tulio pidió cifras exhorbitantes, como para no vender, mi padre y Gustavo se quedaron con la propiedad de la finca Valledupar por treinta y cinco millones de pesos, novecientos quince mil dólares de la época.

Pero le pareció poca tierra y en los siguientes cuatro meses no habría de detenerse: compró Nápoles y otras nueve fincas que al final sumaron 1.920 hectáreas, que costaron 90 millones de pesos (dos millones 350 mil dólares). Era lo que él quería: un enorme terreno con ríos, selva, montaña y un agradable clima caluroso pero seco.

Yo tenía un año de edad y mi papá se dedicó por completo a levantar el proyecto que había soñado. Para hacerlo, empezó a viajar todos los fines de semana a Puerto Triunfo en su helicóptero y lo primero que hizo fue reconstruir y ampliar la casa principal de la finca Valledupar, que poco después rebautizó como Nápoles, en homenaje a Al Capone, el célebre gángster estadounidense de los años veinte del siglo pasado, cuyo padre, Gabrielle, nació en la ciudad de Nápoles, Italia. Mi padre admiraba a Al Capone y por eso leía cuanto libro o periódico hablaba de su carrera como criminal. Alguna vez, en una de las escasas entrevistas que concedió, un periodista japonés le preguntó si se creía más grande que Al Capone. Y respondió: "Ignoro cuánto medía Al Capone, pero creo que yo soy unos centímetros más alto que él".

Cien trabajadores construyeron en tiempo récord la casa de la nueva Nápoles, que muy pronto fue conocida como La Mayoría. Era una mansión de dos pisos improvisada arquitectónicamente pero llena de comodidades.

En la habitación de mi padre algo no cuadraba: el cuarto medía cinco metros cuadrados, un tamaño pequeño y desproporcionado frente a la enorme superficie total de la casa principal.

En el primer piso había ocho habitaciones prácticamente idénticas, con capacidad de hasta ocho personas en cada una. En la parte de atrás fueron construidos tres grandes garajes, pensados originalmente para guardar hasta cinco vehículos cada uno, pero las visitas eran tan masivas que mis padres los llenaron de camarotes y les construyeron nuevos baños.

Al lado de la piscina para niños y adultos y bajo un techo semicubierto con teja española, estaba la sala de televisión en la que cabían treinta personas; luego, un enorme bar con diez mesas de cuatro puestos, una barra adornada con gigantescas botellas de whisky y repleto de juegos electrónicos de los años ochenta, como Pac-Man, Galaxian y Don King Kong, entre otros muchos.

Uno de esos días un trabajador llevó un árbol de mamoncillo ya grande y mi padre no tuvo inconveniente en plantarlo al lado de la piscina. Cuando el árbol creció, él trepaba orgulloso a la copa y les lanzaba mamoncillos a quienes se bañaban allí.

Luego se le ocurrió comprar la grúa más grande que había en Colombia en ese momento y la llevó a Nápoles para trasplantar árboles grandes; también sembró miles de frutales, como mango, naranja, guama y limón. Soñaba con entrar a la hacienda y coger las frutas frescas sin bajar del carro.

Las despensas donde se almacenaba la comida parecían bodegas y en cada una de las tres neveras que había en la cocina cabían hasta ocho personas; también había meseros por doquier, siempre dispuestos a ofrecer 'lo que necesite': desde vestidos de baño para todas las edades, pañales por si alguien los olvidó, zapatos, gorras, bermudas y camisetas, hasta golosinas importadas. Si alguien quería un trago de aguardiente le daban una botella entera. Nápoles fue concebido como un lugar donde otros siempre resolverían nuestras necesidades o las de los invitados.

Mi madre y sus amigas usaban con mucha frecuencia la cancha de tenis y hasta hacían torneos; si alguna no sabía jugar le contrataban profesor particular, que traían en helicóptero desde Medellín.

No conocí el rancho Neverland de Michael Jackson en Estados Unidos, pero creo que Nápoles tenía poco que envidiarle, pues allí todo era aventura, desde que uno llegaba hasta que se iba.

No sé de dónde sacó mi padre la idea de construir varios dinosaurios y un mamut en tamaño real, pero lo cierto es que fueron hechos por un reconocido artista del Magdalena Medio conocido como 'el Diablo' mucho tiempo antes de que Steven Spielberg estrenara la película *Jurassic Park*. Los enormes animales de cemento y vivos colores siguen todavía ahí. Tiempo después, en un allanamiento, las autoridades los perforaron creyendo que estaban llenos de dólares.

Las familias Escobar y Henao disfrutaron mucho en Nápoles y prácticamente todos los fines de semana viajaban hasta allá. En el momento de mayor esplendor de la hacienda, mi madre llamaba a los invitados y les preguntaba si querían viajar en helicóptero, avión privado, camioneta o moto, y les pedía información sobre la hora de llegada y la hora de regreso.

A mi padre le gustaban los deportes extremos y encontró un sitio en río Claro que le entusiasmaba sobremanera. Para hacerlo más emocionante llamó a Miami a su amigo, el automovilista Ricardo 'Cuchilla' Londoño y le encargó numerosos aerobotes, un rolligon, buggy's y aviones ultralivianos.

Su *hobby* los fines de semana era manejar los ruidosos aerobotes, que en ocasiones chocaba contra las piedras cuando bajaba y subía raudo por el río. Cada máquina dañada era reemplazada de inmediato por otra, que traían desde Nápoles. A veces, él y yo bajábamos río abajo nadando juntos o en neumáticos, donde en una vez estuve muy cerca de ahogarme.

Los continuos vuelos en helicóptero sobre los ríos que rodeaban la hacienda, entre ellos el Doradal, uno de los más caudalosos, le dieron a mi padre la idea de construir una represa para generar energía y practicar deportes náuticos. Setecientos operarios llegaron a la megaobra, pero la canceló un año después porque el gasto de dinero fue gigantesco y el proyecto carecía de estudios técnicos. Al punto de que algunos expertos le advirtieron a mi padre que si continuaba con la obra se corría el riesgo de inundar la naciente localidad de Doradal y otras poblaciones aledañas, con consecuencias impredecibles.

Un día, mi padre regresó de la hacienda Veracruz, propiedad de los hermanos Ochoa Vásquez, con la idea de tener su propio zoológico. Ellos habían construido un hermoso lugar en el municipio de Repelón, departamento de Atlántico, con gran cantidad de animales exóticos que cautivaron a mi padre. A la hacienda de los Ochoa fue varias veces a preguntar cómo era el montaje de un zoológico y entendió que la supervivencia de los animales dependía del hábitat donde estuvieran asentados. Para tener claro el asunto compró la biblioteca de National Geographic en la que examinó el clima de la zona y seleccionó las especies de animales que se adaptarían allí.

Aquello de tener zoológico propio empezó a tomar forma en 1981, cuando mi padre viajó por segunda o tercera vez a Estados Unidos con mi madre y yo. Como buenos paisas, íbamos una gran cantidad de familiares: todos los hermanos y hermanas de mi padre, con sus esposas e hijos, un par de primos y mis abuelos Abel y Hermilda.

Según me contó mi madre, el derroche de dinero fue escandaloso porque compraban lo que veían y trajeron decenas de maletas repletas de ropa y todo tipo de chucherías. Cada grupo familiar tenía un guía que los asesoraba en compras y paseos y un chofer con vehículo para los traslados. Lo que desearon en ese viaje, lo tuvieron.

Fue tanto el derroche de dinero que un día mis parientes entraron a la joyería Mayor's en Miami y se quedaron hasta tarde comprando todo tipo de joyas y relojes. Tanto, que los empleados cerraron el local para atenderlos exclusivamente a ellos.

Nadie iba armado y tampoco había escoltas, porque esa figura no había aparecido aún en nuestra familia. Esa fue la verdadera y única época de absoluto disfrute y derroche de mi padre.

Cuando regresábamos a Colombia, mi papá le encargó a Alfredo averiguar en Estados Unidos por un zoológico donde pudiera comprar elefantes, cebras, jirafas, dromedarios, hipopótamos, búfalos, canguros, flamingos, avestruces y otras especies de aves exóticas. De la lista sacó los tigres y los leones porque además de que quería libres todos los animales, le parecían peligrosos.

Semanas después, Alfredo le contó que había contactado a los propietarios de un zoocriadero de Dallas, Texas, que capturaban los animales en África y los llevaban a Estados Unidos.

Entusiasmado, mi padre organizó un viaje de nuevo con toda la familia para hacer el negocio. Cuando llegamos al aeropuerto de Dallas nos sorprendimos porque en la pista de aterrizaje esperaban entre ocho y diez lujosas limosinas. Eran tantas que me fui solo en uno de esos enormes vehículos viendo en la televisión las aventuras de Tom y Jerry y con un enorme vaso de chocolate en las manos.

Mi papá quedó descrestado por la variedad de animales que encontró en ese lugar y no tuvo reparo en subir por unos minutos al lomo de un elefante. Sin dudarlo un segundo, negoció con los dueños del zoológico —dos hermanos, grandotes, de apellido Hunt—, pagó dos millones de dólares en efectivo y quedó en enviar muy pronto por sus animales.

De regreso en el hotel, mi padre compró un globo de helio, subimos a jugar con él a la habitación y de un momento a otro me hizo una propuesta:

—Grégory, quieres ver volar tu tetero por el cielo con el globo? —me preguntó sonriente.

—Sí, papá, buenísimo —contesté entusiasmado desde mi ingenuidad.

—Bien, entonces ven ayúdame y lo amarramos juntos, para que no se nos vaya a soltar y así no se cae del globo.

Yo estaba feliz porque mi tetero volaría pronto. Luego amarró la cuerda y lo echamos juntos a volar. Hasta le tomamos foto con una cámara Polaroid, pero noté que el tetero no regresaba y comencé a preguntarle y a pedírselo.

—Hijito, no creo que el tetero vuelva a bajar rápido, pues míralo cómo se está yendo al cielo. Ya es hora de que empieces a tomar en vaso, como los hombres grandes.

El primer grupo grande de animales para el zoológico de Nápoles fue traído en un barco alquilado que atracó en el puerto antioqueño de Necoclí sobre el mar Caribe, distante cuatrocientos kilómetros de Medellín.

Como los viajes en barco eran más demorados y los animales estaba expuestos a mayores riesgos, mi padre decidió traerlos en vuelos clandestinos, es decir, en desembarcos exprés. Escogió para semejante tarea a su amigo Fernando Arbeláez, quien alquiló varios aviones Hercules para que aterrizaran en el aeropuerto Olaya Herrera de Medellín cuando las operaciones aéreas hubiesen terminado. La estrategia se facilitó porque las condiciones de seguridad del aeropuerto eran muy precarias y mi padre era dueño de dos hangares contiguos a la pista principal.

Así, Arbeláez logró tal exactitud que los aviones llegaban minutos después de las seis de la tarde, cuando la torre de control y las luces de la pista de aterrizaje se habían apagado. En ese instante aparecía el Hercules en la distancia. Mientras el enorme aparato aterrizaba sin apagar los motores, del hangar de mi padre salían numerosos camiones y empleados con varias grúas y con una rapidez asombrosa bajaban los guacales con los animales. Luego, el avión decolaba nuevamente. Cuando las autoridades llegaban, alertadas por el ruido, solo encontraban algunas cajas de madera vacías y muchas plumas y pelos en el piso. Desde entonces, a Fernando lo apodaron 'el animalero'. Los desembarcos exprés permitieron que en poco tiempo mi padre llenara de animales el zoológico de Nápoles, justo cuando la autopista Medellín-Bogotá estaba casi lista.

Pero faltaba una pareja de rinocerontes. Para traerla desde Estados Unidos, mi papá contrató un viejo avión DC-3 cuyo piloto resultó ser un curtido aviador que se comprometió a aterrizar pese a que necesitaba una pista de mil doscientos metros, trescientos más de los que tenía la de Nápoles.

Así, luego de medir las distancias y calcular el tiempo de frenada, la aeronave descendió sobre los cielos de Nápoles, aterrizó aparatosamente y en ese momento el hábil piloto hizo que girara al menos diez veces sobre su rueda trasera, hasta que frenó en el borde antes de caer al río Doradal. El avión tenía pintado en su trompa un enorme pez de dientes afilados y mirada pícara mientras mordía un tabaco encendido.

El zoológico estaba prácticamente listo, pero mi padre quería más y más animales. Y eran gustos muy costosos. Como la pareja de loras negras que compró en Miami, a donde había viajado a cobrar una deuda de siete millones de dólares de un distribuidor de cocaína. Aunque tenía la cita con el acreedor a las dos de la tarde, prefirió ir donde el dueño de los animales, que le había pedido encontrarse a la misma hora en el otro extremo de la ciudad. Así, las loras se convirtieron en los animales más costosos del zoológico porque las compró en cuatrocientos mil dólares. Semanas después, furioso, mi padre llamó a quejarse porque un veterinario descubrió que las habían castrado.

Mi padre pasaba horas enteras admirando las enormes jaulas donde estaban exhibidas las aves más exóticas del mundo. Las loras eran sus preferidas y había de todos los colores, incluidas las negras. Pero tampoco era suficiente porque durante el viaje que hizo a Brasil en marzo de 1982 para celebrar su elección como representante a la Cámara, descubrió una lora azul con ojos amarillos, única en su especie y protegida por las leyes de ese país. Pero como él no conocía límites, se las arregló para que su piloto la sacara de contrabando. La lora viajó sola en el avión privado de mi padre. ¿El costo? Cien mil dólares.

Los últimos animales en llegar al zoológico fueron una pareja de lindos delfines rosados que mandó comprar al Amazonas y los lanzaron a uno de los lagos que mi padre hizo construir en la hacienda Honduras, a unos diez minutos de Nápoles. Yo solía ir en las tardes a jugar con los delfines, pese a que expedían un olor horrible.

Finalmente, mi papá consideró que el zoológico, con cerca de mil doscientos animales exóticos estaba listo para abrirlo al público. Pero se dio cuenta de que algo faltaba: la entrada. Entonces hizo construir un enorme portal de color blanco con las palabras Nápoles en las columnas principales. Y encima, pintada también de blanco y con una raya azul de lado a lado, una avioneta monomotor modelo PA 18 Piper y matrícula HK-671.

La historia de esa aeronave ha sido objeto de todo tipo de conjeturas, como que en ella mi padre transportó su primer cargamento de cocaína. La realidad es muy distinta. El pequeño monomotor fue propiedad de un amigo de mi padre hasta cuando se accidentó aterrizando en un costado de la pista del aeropuerto Olaya Herrera de Medellín. El aparato permaneció abandonado por varios meses hasta que mi padre vio los pedazos y le pidió a su amigo que se los regalara. Luego hizo que lo llevaran a Nápoles, donde lo desarmaron y lo restauraron, pero sin el motor. La particularidad de esa avioneta era que su recubrimiento exterior era de tela.

También se han tejido muchas historias sobre el viejo y agujereado automóvil que mi padre hizo poner en el acceso al primero de los tres sectores principales del zoológico, a un kilómetro de la entrada de la hacienda. La más mentada de esas versiones dice que ese fue el carro en que murieron los famosos ladrones estadounidenses Bonnie and Clyde en mayo de 1934, a quienes mi padre admiraba con devoción. Con él vi todas las películas que Hollywood hizo sobre esa historia.

La verdad es que el vehículo resultó de la fusión que Alfredo Astado hizo de dos carros distintos. El primero, el chasis de un campero Toyota, la única pieza utilizable del violento accidente de tránsito en el que murió Fernando, el hermano menor de mi padre, cuando estrenaba el vehículo en un paseo con su novia. El segundo, la carrocería de un viejo autómóvil Ford modelo 1936 que le habían regalado a Alfredo. Con el chasis del campero Toyota y la carrocería del Ford, Alfredo hizo un solo carro.

Pero Alfredo no contaba con que un día cualquiera, mientras hacía algunas diligencias en el centro de la ciudad, mi padre llegó a su casa y descubrió el Ford remodelado. Sin preguntar siquiera, hizo que lo llevaran a Nápoles para exhibirlo. El fin de semana siguiente, cuando llegó a observar cómo había quedado el vehículo, mi padre se dirigió al lugar, sacó su ametralladora y les ordenó a varios de sus hombres que cogieran sus armas y dispararan contra la carrocería, con la idea de simular los 167 proyectiles que recibió el carro original de Bonnie and Clyde. La balacera estuvo a punto de terminar en tragedia porque justo en ese momento oyeron los gritos de socorro de un trabajador de la finca que se había quedado dormido en su interior.

Así, con la avioneta en la entrada, el automóvil baleado cerca de allí y decenas de hermosos y exóticos animales en el zoológico, mi padre abrió Nápoles al público. El éxito fue inmediato porque además de que la entrada era gratis, los turistas podían recorrer el inmenso parque en sus propios vehículos. Un fin de semana feriado llegaban a entrar hasta veinticinco mil automotores. Familias enteras de todos los rincones de Colombia viajaron a disfrutar del lugar. Mi padre estaba feliz y yo le preguntaba por qué motivo no cobraba la entrada si podría ser un buen negocio.

—Hijo, este zoológico es del pueblo. Mientras yo viva jamás voy a cobrar, porque me gusta que la gente pobre pueda venir a ver este espectáculo de la naturaleza.

La avalancha de turistas llegó a tal extremo que mi padre hizo construir una carretera nueva pues incluso a él se le hacía imposible llegar. El recorrido normal de siete minutos entre la entrada y la casa principal llegó a tardar hasta dos horas.

Solo hubo una especie de animales que no se adaptó al hábitat de Nápoles: las jirafas. Los seis animales que mi padre compró en el zoológico en Texas —tres hembras y tres machos— rechazaron el alimento y tampoco se acostumbraron a los comederos que hizo construir en la parte alta de los árboles. Al final, todos murieron y fueron enterrados en un lugar apartado de la hacienda.

La apertura del zoológico corrió de la mano de una intensa vida social. Las fiestas se hicieron muy frecuentes, con nuestras familias o con los amigos de mi padre, aunque esas eran más reservadas. En nuestro primer fin de año en Nápoles la celebración duró un mes. Mitad de diciembre y mitad de enero. El invitado fue el cantante venezolano Pastor López y su orquesta, que empezaban a tocar a las nueve de la noche y terminaban a las nueve de la mañana del día siguiente. Hubo noches en que llegaban hasta mil personas a rumbear, a muchas de las cuales ni siquiera conocíamos.

La pista de aterrizaje de Nápoles parecía un aeropuerto. Un fin de semana era fácil observar una docena de aeronaves allí parquea-das. En ese entonces mi padre era amigo de mucha gente, nadie lo perseguía y muchos de sus invitados llegaban con regalo y cajas repletas de licor.

El lujo absoluto daba para todo. Mi tío Mario Henao también tenía su avión y era frecuente ver que salía temprano de Nápoles: "Voy a desayunar a Bogotá y vuelvo para el almuerzo. A Pablo le voy a traer queso con relleno de guayaba de los que venden en el aeropuerto".

Otro día, mi primo Nicolás —que entonces pesaba alrededor de ciento treinta kilos— se antojó de una hamburguesa que solo vendían en el Centro Comercial Oviedo de Medellín. Pues hizo prender el helicóptero y un par de horas después recibió su doble carne con una enorme porción de papas a la francesa.

El zoológico nunca dejó de ser el niño consentido de mi padre y se preocupaba por cuidar todos los detalles. Como aquel día que recorría la hacienda en su campero y notó que los flamingos habían perdido su hermoso color rosado y el plumaje era casi blanco. Convencido de que la decoloración se debía a la mala alimentación, consultó un veterinario inexperto y les dio langostinos durante seis meses. Claro, no funcionó.

Otro día notó que los elefantes parecían aburridos con la comida, pues no sabían muy bien con qué alimentarlos; probaron con pasto picado de todas las clases y hasta con caña de azúcar, pero los paquidermos siguieron inapetentes por largo tiempo. Entre tantos ensayos, un día mi padre mandó comprar tres toneladas de zanahorias para que se animaran. Pero tampoco surtieron efecto.

En alguna ocasión mi padre y yo salimos solos a recorrer el zoológico en un campero Nissan azul descapotado, y me pidió que le llevara la ametralladora mientras él manejaba, al tiempo que revisaba el estado de los animales.

Una hora después de haber salido encontramos un venado tirado al lado de la carretera con una pierna fracturada. El animalito, de largas patas blancas y lomo café con pinticas amarillas, se revolcaba del dolor porque el hueso roto se veía por fuera de la piel. Ante la gravedad de las lesiones mi papá dijo que la única opción era sacrificarlo y se dirigió al campero a traer su legendaria pistola Zig Sauer P-226 de nueve milímetros negra, que le gustaba mucho porque era muy precisa y no se disparaba con facilidad. Además, era la única de las muchas que había tenido que no se atascaba.

—¿Vos querés sacrificarlo, Grégory? —me preguntó y sin darme tiempo de responder me dijo que apuntara a la cabeza del venado y disparara, para que no sufriera más.

Debió ver mi cara de susto porque me dijo que lo esperara en el carro, pero respondí que sí era capaz de hacerlo. Presa del pánico tomé el arma en las manos y tuve que apretar el gatillo ayudándome con los dos dedos. Pese a que estaba muy cerca, a menos de un metro, fallé el primer tiro y le di a la tierra. El segundo fue igual, pero en el tercer intento no fallé.

Nápoles se hizo tan conocida en todo el país que el 31 de mayo de 1983, mi padre prestó los terrenos de la hacienda para la filmación de un comercial de un minuto de duración para Naranja Postobón, la empresa de gaseosas de la organización Ardila Lülle. Para la grabación utilizaron la avioneta Twin Otter de mi padre, los vehículos anfibios y los *buggies*, y desde luego cebras, elefantes, jirafas, cisnes, canguros, alces y avestruces. Claro, yo no podía faltar y salí de perfil casi al final de la cuña, grabando con una cámara a mi amiguito Juan Carlos Rendón — hijo de Luis Carlos Rendón, colaborador de mi padre en sus negocios turbios en Estados Unidos—, quien estaba vestido con un overol amarillo y camiseta verde.

Un par de días después llegó a nuestra casa en el barrio Santa María de los Ángeles un gigantesco arreglo floral con finos chocolates, nueces, maní, almendras y una botella de licor. El regalo venía de parte de la embotelladora de gaseosas y dirigido a mi padre.

El dinero en exceso no solo se notaba en los lujos y las excentricidades. Mientras duró, él se esforzó en ayudarle a la gente.

Recuerdo que en un par de navidades no quedó pueblo cercano sin regalos para los niños. Yo lo acompañé a varias poblaciones a entregar los obsequios, que eran muy buenos, no baratijas. Pasamos tardes enteras en la parte trasera de un camión entregándoles dos y tres juguetes a cada pequeño.

Pero no solo daba regalos en Antioquia. Elegía las comunidades más pobres para hacer el reparto personalmente. Lo hizo incluso una vez que cuatro de sus helicópteros partieron desde Nápoles llenos de medicinas y regalos para las comunidades indígenas de las selvas chocoanas.

La comunidad más agradecida era la de Puerto Triunfo, que en Nápoles encontró oportunidades de trabajo y entrada gratis al parque zoólogico. Esa gratitud quedó reflejada en la madrugada de un año nuevo, cuando fuimos con toda la familia a la 'misa de gallo' en la iglesia, que había sido construida con la ayuda de mi padre y de Gustavo Gaviria.

Casi al final de la liturgia, el párroco se dirigió a mi padre y le entregó una llave hecha en cartón, que según él significaba darle las llaves del cielo a alguien que ayudaba a la gente. Pero el momento solemne fue interrumpido por un borracho.

—Padre, ¿no tiene un duplicadito para mí?

Los feligreses soltaron la carcajada.

Hasta aquí la versión rosa de la hacienda Nápoles, que no deja duda alguna de por qué mi padre fue tan feliz en aquellos parajes que él encontró y que luego moldeó a su gusto. También permite entender por qué en tres ocasiones nos dijo que era su voluntad que lo sepultáramos allí y encima sembráramos una ceiba.

Pero este relato quedaría incompleto si no cuento que en Nápoles pasaron cosas malas. Y muchas.

Desde cuando empezó a construir la hacienda, mi papá previó que le serviría como protección en el futuro contra sus enemigos y desde luego para el tráfico de coca. En ese momento ya era un poderoso narcotraficante, con un peligroso aparato criminal bajo su mando y con ansias de incidir en la vida política del país.

Mi papá prefería que yo siguiera entretenido con los juguetes de la finca, pero la crueldad de la guerra se hacía inocultable. Su centro de operaciones fue la hacienda Nápoles y yo pasé allí una buena parte de mi niñez.

Lo primero que hizo cuando empezó la construcción de la casa principal, fue pensar en un escondite para ocultarse ante una verdadera emergencia. Este quedó situado en el clóset de la habitación principal. Allí puso una caja fuerte de tamaño mediano, donde guardaba algo de dinero y un revólver calibre 38 corto que usó durante mucho tiempo amarrado a su tobillo. Al lado izquierdo fue construida una caleta de dos metros de alto por dos de ancho y tres de profundidad, que no se notaba a simple vista porque se ingresaba a través de una pequeña puerta secreta.

La primera vez que entré a ese lugar había por lo menos un centenar de fusiles Colt AR-15, AUG, pistolas y ametralladoras Uzi y MP-5. Pero también una valiosa ametralladora Thompson, original de 1930, con proveedor de trescientos tiros en un tambor redondo en forma de espiral. Ese día mi padre la sacó del escondite para mostrársela a sus hombres, que quedaron admirados.

Yo estaba habituado a las armas y en Nápoles era muy común su uso. Tanto, que al lado de la piscina mi padre hizo poner una batería antiaérea muy antigua, que tenía asiento, cuatro patas grandes y cañones con amortiguadores. Tras la muerte del ministro Lara, mi papá previó el primer allanamiento a Nápoles y por eso ordenó que la escondieran en la selva, pero nunca se supo dónde la ocultaron.

Al tiempo que tenía la caleta en la casa principal, mi padre hizo construir otros dos refugios en lugares distantes de la hacienda: Panadería y Marionetas.

Panadería era una casa pequeña, moderna, de un solo piso, hecha con grandes vigas de madera y situada en uno de los últimos lugares de la hacienda, a seis o siete kilómetros de la casa principal, por entre la selva. El lugar estaba repleto de culebras, que salían de todos los rincones y por ello debíamos fumigar y hacer revisar hasta debajo de las almohadas cada vez que íbamos a dormir allá.

Marionetas fue una casa austera de cuatro habitaciones y para llegar allá había que viajar en carro varios kilómetros a través de carreteras llenas de curvas y recovecos para confundir a quienes osaran entrar por allí.

Desde luego que los socios de fechorías de mi padre fueron a la hacienda. Allí conocí a la casi totalidad de integrantes del cartel que dirigía mi padre, desde los cargos menos importantes hasta los más altos. A casi todos les gustaba presumir con sus novias al invitarlas a 'la finca del patrón'.

'El Mexicano' estuvo varias veces en Nápoles, pero mi padre prefería llevarnos a fincas de él, donde pasábamos algunos días juntos. Era un hombre de pocas palabras, tímido, hábil e inteligente y se lo veía pensativo y en silencio la mayor parte del tiempo.

Carlos Lehder también iba con bastante frecuencia y siempre vestía de pantalón camuflado, camisilla verde oliva, gorra, cuchillo al mejor estilo Rambo, brújula, bengalas y fósforos que encendían aunque estuviesen mojados, una pistola Colt calibre 45 y una ballesta, su arma preferida. Le gustaba cargar un par de granadas en el pecho y un fusil G-3 en las manos.

Parecía un personaje de videojuego, armado hasta los dientes, con cuerpo atlético y hasta bien parecido.

No olvido su extrema palidez y su piel de color casi verde que me llamaba mucho la atención. Parecía que le había dado una rara enfermedad tropical producto de sus prolongados viajes a través de la selva.

Lehder protagonizó un escándalo muy grave que sacó de casillas a mi padre y por eso le exigió que se fuera de la hacienda. Ocurrió a finales de 1986. Una madrugada entró sigiloso a una pequeña habitación al lado de la piscina y asesinó de un tiro de fusil a alias 'Rollo', un hombre alto que comandaba una de las bandas de sicarios de mi papá. El capo estaba furioso porque 'Rollo' sostenía un romance con una mujer que a él le gustaba. Tras el escándalo mi padre la emprendió contra Lehder, que no tuvo más remedio que salir inmediatamente de la hacienda. Esa fue la última vez que se vieron. El periodista Germán Castro Caycedo estaba esa noche ahí, en una de sus charlas nocturnas con mi padre, cuando escucharon un fuerte estruendo y mi padre les ordenó a todos que se metieran bajo los carros hasta averiguar qué sucedía. Lehder apareció por la parte de atrás con su fusil G-3 en la mano y dijo:

—Ahí maté a ese hijueputa.

Una vez llegó un invitado muy especial, a quien mi padre se refería con respeto absoluto. Era un hombre de setenta años al que de manera inusual mi padre le hacía reverencia.

—Grégory, venga le presento a don Alberto Prieto, el único patrón que tuve en mi vida —dijo mientras hacía señas para que me acercara a saludar, a dar la mano, como a presentar mis respetos.

Era tal la ascendencia de Prieto sobre mi padre que le pidió permiso para contar sus actividades del pasado, cuando fue contrabandista de electrodomésticos, cigarrillos y licor. La gratitud por ese hombre se veía en la cara de mi padre porque fue el primero que le dio la oportunidad de prosperar en el mundo del hampa.

Esa noche y en un gesto que nos sorprendió, por primera y única vez en su vida, mi padre le cedió su habitación y nos llevó a dormir en otro cuarto en el primer piso de la hacienda.

También debo contar que Nápoles fue utilizada como centro de entrenamiento del ejército de sicarios que acompañó a mi padre a lo largo de su carrera criminal.

—Aquí todos son muy bravos, muy verraquitos, pero ni siquiera saben disparar o agarrar bien un arma —dijo mi padre un día, quejoso porque constantemente sus hombres resultaban heridos o en algunos casos muertos por la deficiente manipulación del armamento.

Además, en forma permanente debía corregir a sus escoltas porque carecían de puntería y no eran diestros a la hora de utilizar un arma pesada o de largo alcance.

Hasta que un día de 1988, cuando acababa de empezar la guerra contra el cartel de Cali, dijo mientras desayunábamos en el comedor de Nápoles:

—A estos 'muchachos' hay que entrenarlos. Viene un extranjero que ha instruido a una gente del 'Mexicano' y que parece muy bueno. Es un tipo que trajo 'Carlitos' —Castaño—, un israelí que conoció en un curso que hizo con algunos militares colombianos fuera del país. Les va a enseñar técnicas de seguridad y protección y también a disparar desde los carros a blancos en movimiento; les va a enseñar a meterse a casas, tipo comando, para que estos bandidos no se maten entre ellos cuando hagan las vueltas o les hagan un atentado.

Pero mi padre estaba entusiasmado con el entrenamiento y prosiguió la explicación:

—Tuvimos que conseguir unos carros robados para practicar y un lugar con una casa semiabandonada para simular una toma de rehenes, para hacer el ejercicio de entrar a sacar a alguien o a liberarlo.

Luego soltó una risa maliciosa y terminó la conversación:

—¿Cómo te parece? Dizque venir de tan lejos a enseñarles a mis muchachos a meterse a una casa… si eso es lo que han hecho toda la vida.

En efecto, tres días después escuché que el extranjero había llegado muy temprano y que lo llevaron a una finca muy distante de Nápoles pero en la misma región, a la que se accedía a través de una trocha. A uno de los hombres de mi padre le escuché el nombre del extranjero: Yair.

Como es obvio, ese nombre no significaba nada para mí y mi papá tampoco reparó mucho en la procedencia del adiestrador, pero tiempo después habría de saberse que Yair en realidad era un mercenario israelí que vino a Colombia a entrenar al ejército del 'Mexicano' que luego se transformaría en una máquina criminal que dio paso a los paramilitares del Magdalena Medio.

Entre las dos docenas de hombres que se ejercitaron con Yair sobresalieron los hermanos Brances y Paul Muñoz Mosquera, alias 'Tyson', y 'Tilton', dos de los sicarios más letales de mi padre, integrantes de una numerosa familia evangélica.

Durante los primeros días mi papá y yo nos hicimos a un lado de la pista para ver cómo disparaban hacia botellas y latas puestas encima de canecas llenas de arena, pero ninguno acertaba. Apuntaban tan mal que los proyectiles daban en el pavimento.

Días después, una vez terminó el adiestramiento, mi padre les preguntó qué habían aprendido finalmente y respondieron que había sido muy productivo porque les enseñaron una táctica novedosa: disparar y recargar dos pistolas al mismo tiempo, una maniobra muy difícil y desconocida hasta el momento. Lo demás, dijeron, ya lo sabían.

El uso de carros bomba en ataques terroristas también tuvo como epicentro a Nápoles.

Ocurrió cuando mi padre acudió a los servicios de alias 'Chucho', un experto en explosivos que se especializó en Cali con un integrante de un grupo terrorista español, al que Gilberto Rodríguez Orejuela conoció cuando estuvo detenido en Madrid.

En realidad, nunca entendimos porqué razón el capo del cartel de Cali trajo al español si en aquella época los Rodríguez y mi padre eran amigos y no tenían rivalidades; el mercado de la cocaína en Estados Unidos era enorme y cada uno tenía una zona propia para traficar.

Chucho se convirtió en un hombre de mucha confianza al que mi padre le proporcionaba extremas medidas de seguridad porque no podía perder a alguien que representaba una ventaja estratégica ante cualquier peligro. Confiaba tanto en él que en un par de ocasiones mi padre se escondió con él en una caleta.

Chucho había aprendido diversas técnicas para detonar vehículos cargados con dinamita y cómo dirigir la onda explosiva hacia un lugar determinado.

De nuevo, eran reiteradas las veces que los 'muchachos' comentaban que la pista de aterrizaje de Nápoles fue usada para los ensayos —con carros robados, claro—, que debieron hacerse con mucho cuidado por el riesgo de las detonaciones.

El lugar elegido fue la parte final de la pista porque al lado había un barranco que servía de escudo para evitar accidentes. En uno de esos ensayos, la detonación fue tan fuerte que el vehículo quedó incrustado en un árbol en la parte de arriba del cerro.

Cuando huir se hizo cotidiano por cuenta de que mi padre había decidido enfrentarse al Estado, lo primero que hacían las autoridades era allanar la hacienda Nápoles y buscar pruebas para abrirle proceso por cualquier cosa, pero mi padre tenía informantes en cada organismo de seguridad, a los que les pagaba elevados sueldos para que le avisaran sobre los operativos contra él, dependiendo de su rango y poder. Así, cuando llegaban no encontraban ni una bala, pero las autoridades hacían pensar que la hacienda era un refugio de armas, explosivos y drogas. Allí hubo de todo y pasó de todo, pero nada de lo que mostraron los medios de comunicación era realmente de mi padre. Y eso lo enfurecía aún más.

Aun estando en la clandestinidad, también renegaba de que con el pretexto de que habían sido introducidos ilegalmente al país, el Estado la emprendiera contra los animales del zoológico. Siempre sostuvo que decomisarlos no tenía sentido si los trasladaban a lugares no aptos para ellos. Además, estaba seguro de que la hacienda era el mejor lugar para esas especies y que cualquier zoológico del país era de quinta categoría comparado con Nápoles.

En uno de los cada vez más frecuentes allanamientos, funcionarios del Inderena, el Instituto de Recursos Renovables y no Renovables, se llevaron decomisadas las doce cebras del zoológico. Mi papá se enteró en la clandestinidad y de inmediato ordenó que sus hombres consiguieran un número igual de burros para reemplazarlos por las cebras.

—Ofrézcale un año de sueldo al celador —le dijo a uno de sus empleados de confianza.

Así fue: el celador permitió hacer el cambiazo y en la noche pintaron los burros de blanco y negro y las cebras regresaron a Nápoles.

Algo similar hizo cuando en otra ocasión decomisaron un buen número de aves exóticas y las llevaron al zoológico Santafé, en Medellín. Una vez supo lo que había sucedido, ordenó comprar patos, gansos y gallinas, y en la noche sus hombres hicieron el cambio; de nuevo, sus aves volvieron a Nápoles.

▲ Esta fotografía inédita muestra a mi padre subido en un elefante del zoológico de Dallas, Texas. En ese viaje con buena parte de su familia compró decenas de animales que más tarde llegarían a la hacienda Nápoles.

◀ Pese a que la hacienda Nápoles fue ocupada en numerosas ocasiones por las autoridades, mi padre siempre se las arregló para permanecer en ella como si nada estuviera pasando.

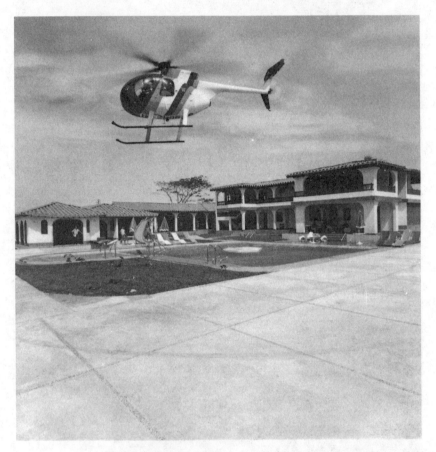

▲ Nápoles marcó el comienzo del imperio de mi padre. Fue un lugar paradisiaco en el que desarrolló todos sus sueños. Pero también utilizó la hacienda como epicentro de sus actividades como narcotraficante.

▲ Esta diligencia original del Oeste de Estados Unidos fue importada por mi padre y se incorporó a la larga lista de excentricidades de la hacienda Nápoles.

▲ Durante varios años la hacienda fue el lugar de recreo preferido de las familias Escobar-Henao. Nosotros íbamos allí prácticamente todos los fines de semana.

▲ Mi padre y yo siempre tuvimos una relación muy cercana. Ni siquiera la clandestinidad logró alejarnos. Él solía asistir a los eventos más importantes de la familia.

◄ Esta es quizá la única vez que mi padre estuvo alicorado. Ocurrió en Nápoles luego de tomar varios tragos de un coctel conocido como Rasputín.

CAPÍTULO 7

LA COCA RENAULT

"Entre los novatos se destacan Lucio Bernal, de Bogotá; Pablo Escobar, Gustavo Gaviria y Juan Yepes, todos de la capital antioqueña".

"Volantes como Pablo Escobar están en plena alza. Escobar marcha segundo en la general a 13 puntos del puntero".

En estos dos párrafos y de manera escueta, en el primer semestre de 1979 el diario *El Tiempo* de Bogotá informó sobre el desempeño de mi padre y de Gustavo Gaviria en una de las válidas de la Copa Renault que se disputaba en el Autódromo Internacional, al norte de la capital del país.

La afición por participar en competencias de alta velocidad les había surgido un año atrás, cuando ya habían atesorado una buena cantidad de dinero por cuenta del narcotráfico y buscaban ansiosos otras actividades para distraerse.

Inicialmente, mi padre había competido en carreras de motocross en una pista conocida como Furesa, en los terrenos aledaños a Sofasa, la ensambladora de Renault en Envigado y sus alrededores; le iba bien y ocupaba los primeros puestos, pero un aparatoso accidente le causó heridas en varias partes del cuerpo que tardaron varios meses en sanar.

Los automóviles despertaban en mi padre una gran pasión por la velocidad y por eso el anuncio público de que en la tradicional Copa Renault —que se desarrollaba cada año en el Autódromo— podrían correr novatos y no solo profesionales, avivó sus ganas de correr; Gustavo no se quedó atrás.

PABLO ESCOBAR, MI PADRE

La nueva categoría no tenía muchos requisitos: un Renault 4 original, al que se le podían hacer cambios autorizados en el motor y en la suspensión. Las demás modificaciones eran cuestión de gusto del competidor.

Entusiasmados, mi padre y Gustavo compraron diez R-4 con motores de mil centímetros cúbicos y se los entregaron a un ingeniero que había trabajado en Sofasa —la ensambladora de esos vehículos en Envigado— para que les hiciera las reformas que ellos querían. Así, les instalaron canasta de seguridad dentro de la cabina, amortiguación especial para altas velocidades, cepillaron la culata del motor y alteraron las especificaciones del árbol de levas.

Con los vehículos listos para la competencia, mi padre y Gustavo se inscribieron a nombre de los equipos Bicicletas Ossito y Depósitos Cundinamarca. A su lado también corrió Juan Yepes. Al carro de mi padre le correspondió el número 70 y al de Gustavo el 71.

Jorge Luis Ochoa, patrocinó el equipo Las Margaritas, con cuatro vehículos, pero él no participó, aunque sí lo hizo Fabio, su hermano menor.

Mi papá y Gustavo se tomaron tan en serio la participación que antes de la primera carrera enviaron a dos de sus trabajadores a ultimar todos los detalles en Bogotá: compraron un furgón y lo llenaron de repuestos para sus R-4, contrataron durante un año a un ingeniero y a cinco mecánicos para atender sus vehículos y pagaron un dineral por un espacio grande en los pits, donde además de los mecánicos y los carros cabía buena parte de la familia.

Pero todavía faltaba una excentricidad: mi padre alquiló un piso completo del hotel Hilton —el último— y pagó un año por adelantado. Toda una exageración porque las habitaciones solo fueron ocupadas durante seis fines de semana.

En medio del desparpajo por la novedad de participar en una competencia de carros, a mi padre se le ocurrió un chiste: que la

Copa Renault debía llamarse Coca Renault. Y no le faltaba razón, porque ese año, además de él y Gustavo, también participaron otros narcos de Medellín y de Cali.

La primera válida fue programada para el domingo 25 de febrero de 1979, pero mi padre y Gustavo viajaron en helicóptero desde el lunes anterior para alistar sus vehículos y presentar los exámenes médicos. En un maletín, mi papá trajo doscientos millones de pesos en efectivo para los gastos de esos días.

No obstante, el resultado de la prueba física de mi padre no fue bueno porque el encefalograma indicó que no era apto para conducir vehículos de carreras. Pero como él ya resolvía cualquier problema con dinero, no tuvo inconveniente en sobornar a los médicos para que alteraran el examen y autorizaran la expedición del carné, con el que pudo competir.

El ambiente previo a la inauguración de la Copa Renault era festivo y el autódromo estaba completamente lleno de aficionados. Causó curiosidad el equipo Las Margaritas, que llegó con un bus nuevo que en la parte de atrás tenía acondicionado un taller de mecánica y adelante una amplia y bien dotada oficina. Nunca antes se había visto eso en el automovilismo nacional, señalaron los periodistas que cubrían el evento.

Mi padre salió a la pista con un vistoso overol anaranjado y Gustavo Gaviria con uno rojo. En la carrera inaugural los dos novatos demostraron habilidad para conducir, pero quedaron en el tercero y cuarto puesto, respectivamente. Aun así, los periódicos del día siguiente hicieron buenos comentarios y los especialistas sostuvieron que Antioquia había enviado buenos volantes a animar la dura competencia.

Mi padre, Gustavo y toda la familia fueron esa tarde a comer en el restaurante Las Margaritas, propiedad de Fabio Ochoa padre, situado no lejos del autódromo. Allí, sentado en una silla, solo, observaron a un hombre con sombrero y aspecto de campesino al que no habían visto nunca: era Gonzalo Rodríguez Gacha, quien iba al lugar los fines de semana a vender caballos.

En las siguientes válidas de la Copa Renault, algunas de las cuales se cumplieron en Cali y Medellín, mi padre y Gustavo llegaban el sábado en helicóptero y regresaban el lunes en la mañana.

A lo largo del campeonato, mi padre y Gustavo ocuparon puestos en la parte de arriba de la tabla de posiciones, e incluso mi papá alcanzó a estar en el segundo puesto, pero se encontraron con dos muy buenos pilotos que no les permitieron arañar el liderazgo. Se trataba de Álvaro Mejía, patrocinado por la empresa Roldanautos de Cali y Lucio Bernal, por Supercar-Hertz de Bogotá.

El duelo entre Mejía y Bernal por el primer lugar se mantuvo hasta el final del certamen, en noviembre de 1979, sin que hicieran mella varias estrategias que utilizó mi padre para vencerlos. Inicialmente, gastó mucho dinero al contratar dos ingenieros automotrices que intentaron sin éxito mejorar su carro; incluso llegó a ofrecerles dinero extra por cada kilo de peso que le quitaran a su vehículo. Luego, cuando alguien le dijo que un ingeniero de Renault en Francia había preparado varios motores para competir en carreras como la que se desarrollaba en Colombia, mandó comprar tres. Pero no funcionaron.

Finalmente, mi padre terminó en el cuarto puesto y Gustavo en el noveno. Decepcionados, los dos ya no quisieron saber nada más de carreras.

Como era de esperarse, la participación de mi padre y de Gustavo no estuvo exenta de anécdotas y detalles pintorescos. Primera: el entusiasmo y el derroche de dinero los llevó a comprar dos lujosos y veloces automóviles Porsche SC-911, uno de los cuales perteneció al destacado automovilista brasilero Emerson Fittipaldi; mi padre ordenó pintarlo de blanco y rojo y le puso el número 21 y Gustavo el 23.

Segunda: una tarde de domingo, de regreso al Hilton de una competencia subieron a las habitaciones del último piso. Un mecánico del equipo lanzó por una ventana una botella vacía y golpeó en el hombro a un escolta que acompañaba en ese momento al presidente Julio César Turbay Ayala. Los hombres de la seguridad del mandatario subieron corriendo a averiguar qué pasaba y se encontraron con más de cuarenta personas en una animada reunión. Para no hacer más grande el incidente, los guardaespaldas de Turbay sacaron del edificio a quienes no eran huéspedes.

Tercera: otra tarde llegaron al hotel a hablar con mi padre el célebre músico y pianista Jimmy Salcedo y una de las bailarinas del grupo Las Supernotas. La bella mujer le dijo que quería correr en el autódromo y le pidió que la patrocinara. El asunto quedó ahí porque mi padre se retiró poco después de las competencias.

Cuarta: La Copa Renault fue trasladada a Cali un fin de semana y mi padre y todo su equipo se hospedaron en el hotel Intercontinental, donde justo se encontraba el cantante español Julio Iglesias, quien esa noche de sábado se presentaba en la discoteca Los años locos. Mi papá compró más de cien boletas e invitó a sus rivales.

En su fugaz paso por el automovilismo, mi padre conoció a varias personas que más adelante jugarían papeles determinantes en su vida, en sus negocios y en sus guerras.

Gonzalo Rodríguez Gacha, 'el Mexicano', el solitario hombre vendedor de caballos, sería meses más adelante socio principal de mi padre en el tráfico de cocaína y juntos habrían de desafiar el poder del Estado.

Ricardo 'Cuchilla' Londoño, un experimentado automovilista que ese año corrió en el autódromo a bordo de un automóvil Dodge Alpine —y que además fue el primer colombiano en competir en la Fórmula 1—, tiempo después sería el encargado de satisfacer los caprichos de mi padre a través de una empresa de importaciones y exportaciones que montó en Miami.

Héctor Roldán —patrocinador del equipo Roldanautos y cuyo piloto principal, Álvaro Mejía, ganó en 1979 la Copa Renault para novatos— y mi padre se hicieron muy amigos en esa competencia en Bogotá. Era propietario de un concesionario de vehículos en Cali y según me contaron personas cercanas a mi padre era un narcotraficante poderoso en el occidente del país.

Cuando mi madre no venía a Bogotá a ver correr a mi padre, Roldán le llevaba hermosas mujeres al hotel Hilton. Lo mismo hizo tiempo después en la hacienda Nápoles, donde era un invitado frecuente.

Años más tarde, a mi padre se le ocurrió nombrar a Roldán como padrino cuando naciera mi hermana Manuela, pero mi madre se opuso, furiosa, porque ya sabía que los dos andaban con mujeres para arriba y para abajo.

—Si ponés a ese Roldán, la niña se quedará sin bautizar y cuando crezca ella decidirá quién será su padrino.

Mi padre cedió y entonces nombró padrino de Manuela a Juan Yepes Flóres, un militar retirado, joven, bien parecido, culto, amable con todo el mundo y siempre sonriente. Con él corrió mi padre la Copa Renault y le pusieron el apodo de John Lada porque fue uno de los primeros importadores de camperos rusos Lada, lanzados al mercado de Colombia en 1977.

▲ Para competir en la Copa Renault mi padre compró diez automóviles Renault-4, un camión taller repleto de repuestos y alquiló un piso entero en el hotel Hilton.

▲ Mi padre y su primo Gustavo Gaviria compraron estos dos costosos automóviles Porsche. En ellos hicieron varias exhibiciones en la Copa Renault en 1979.

◀ La Copa Renault de 1979 acaparó la atención de mi padre. A lo largo del año alcanzaría puestos destacados pero no llegó al liderato. Mi madre lo acompañó en algunas carreras.

▶ Durante un año mi padre y su primo Gustavo pariciparon en diversas válidas de la Copa Renault y los acompañabamos con alguna frecuencia.

CAPÍTULO 8
EXCENTRICIDADES

Este recuento solo pretende reflejar una época que terminó hace más de veinte años. Por cuenta de la opulencia, nos sumergimos en un torbellino de excesos, gastos suntuosos y derroche. No es mi intención alardear, solo quiero mostrar el mundo en el que me tocó crecer.

- En mi noveno cumpleaños, 1986, recibí un regalo único que en medio de mi inmadurez no tuvo mayor significado: un cofre con las cartas de amor originales que Manuelita Sáenz le escribió al libertador Simón Bolívar. También recibí varias medallas del Libertador.

- Datos sobre la hacienda Nápoles: tenía estación de gasolina propia, taller de mecánica y pintura para carros y motos; veintisiete lagos artificiales; cien mil árboles frutales; la pista de motocrós más grande de América Latina; parque jurásico con dinosaurios a escala real; dos helipuertos y pista de aterrizaje de mil metros; mil setecientos trabajadores; tres mil hectáreas, tres zoológicos y diez casas distribuidas por todo el terreno.

- En Navidad, uno de los helicópteros de mi padre era usado para repartir natilla, buñuelos y hasta morcilla; sin duda una exótica manera de acercar a la familia.

- Los chocolates de mi primera comunión y las tarjetas de invitación fueron traídos desde Suiza en el jet privado de mi papá. El chef permanente en el edificio Mónaco se llamaba Gregorio Cabezas. Mi madre lo envió a ese país a elegir los chocolates y el diseño de las tarjetas y de paso le financió el mejor curso de chocolatería. De regreso, el jet hizo escala en París a recoger las veinte botellas de Petrvs, Pomerol de 1971, uno de los vinos franceses más cotizados del mundo. Diecinueve botellas terminaron años después en la basura, porque nadie las tomó y alguien dijo que las tiraran por viejas.

• Las flores para el *pent-house* del edificio Mónaco de mil seiscientos metros cuadrados y dos pisos, eran recogidas dos veces a la semana en Bogotá en el avión de mi padre. Cuando mi madre pidió permiso para hacerlo, mi papá respondió: "Mi amor, si Onasis mandaba por el pan caliente a París para Jackeline, yo mando un avión a traerte flores desde Bogotá".

• En las fiestas familiares eran frecuentes las rifas de cuadros de artistas reconocidos, así como esculturas y antigüedades.

• Tenía trece años y se decidió que para minimizar los riesgos de seguridad yo tuviera un apartamento de soltero; el lugar tenía dos grandes habitaciones, la mía con espejos en el techo, bar con diseño futurista, piel de cebra en el *living* y una silla de Venus.

• En Venecia, Italia, mi madre mandaba a bordar manteles de lino para el comedor de veinticuatro puestos del edificio Mónaco. Por su tamaño y nivel de detalle, las operarias tardaban entre tres y cuatro años en hacerlos. Además, la reconocida herrería de plata danesa, George Jensen, diseñó y fabricó una vajilla de plata con el monograma de los apellidos Escobar Henao entrelazados. Cuando mi madre hizo el pedido, le recordaron que desde la época de las dinastías no recibían un encargo tan grande como el nuestro. La cuenta: cuatrocientos mil dólares. No obstante, la vajilla completa fue robada en Medellín en 1993.

• En uno de los mejores terrenos del barrio El Poblado mis padres tenían la idea de construir la casa de sus sueños. Para ello contrataron los servicios de reconocidos arquitectos californianos que enviaron los planos y la maqueta con un proyecto de cuatro mil seiscientos metros cuadrados. La decoradora de mi madre pegó el grito en cielo: "Estos arquitectos están locos, el *hall* de esta casa es más grande que el del hotel Intercontinental y los corredores se pueden recorrer en carro".

- La colección de vehículos de mi padre incluía una limusina Mercedes Benz verde militar que perteneció a Carlos Lehder y más antes a un alto funcionario alemán en la Segunda Guerra Mundial; una motocicleta italiana Moto Guzzi, propiedad de un general cercano al dictador Benito Mussolini; un Mercedes Benz negro, convertible, modelo 1977; una carroza del viejo Oeste que importó desde Estados Unidos, con interior de cuero, cortinas y detalles de madera; y un automóvil Porsche Carrera GT café, su primer deportivo.

- En 1988, cuando cumplí once años, ya tenía una colección de cerca de treinta motos de alta velocidad, así como motocrós, triciclos, cuatrimotos, carts, y *buggies* de las mejores marcas. También tenía treinta motos de agua.

- Las fiestas temáticas eran las preferidas de mi madre. Tanto, que a la casa de cada familia invitada llegaba un sastre con la orden de diseñar disfraz por disfraz. Todo a nuestro cargo. Así conmemoramos los quinientos años del descubrimiento de América, con tres carabelas a escala en la piscina y trajes de la época. También hubo fiesta temática sobre la vida de Robin Hood, con arcos y flechas, espadas y caballos. A todas las reuniones organizadas por mi madre asistía nuestro fotógrafo personal, quien estuvo incluso en el velorio de mi padre; la fiesta de Halloween era especial y se premiaba el mejor disfraz.

- Durante los seis o siete fines de año que pasamos en Nápoles, mi padre importó de China contenedores repletos de pólvora. Gastaba cincuenta mil dólares en cada uno. La mitad, se la regalaba a sus hombres y el resto era para nosotros. En los primeros días de enero sobraba tanta pólvora que quedaban muchas cajas sin abrir.

- Durante el embarazo de Manuela, mi madre viajó varias veces a Barranquilla en el jet de mi padre. Una reconocida diseñadora de modas le confeccionaba la ropa de maternidad.
- El premio mayor del campeonato privado de tenis del edificio Mónaco era un automóvil cero kilómetros. Solo participaban familiares y amigos y si el ganador era rico, lo donaba a una familia pobre.

OTRAS EXCENTRICIDADES

- Un maquillador y un peluquero arreglaban todos los días a mi madre; las toallas tenían bordado el nombre de cada finca: La Manuela, Nápoles... Las señoras del servicio doméstico usaban ropa especial, recibían curso de maquillaje y mi madre les pagaba el manicurista; las cenas en el edificio Mónaco eran amenizadas por violinistas.

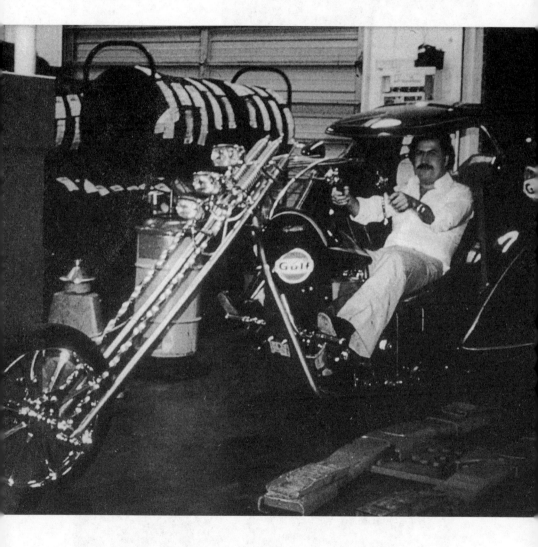

◀ Una costosa excentricidad: esta vajilla de veinticuatro puestos valió 400.000 dólares.

▼ La riqueza daba para todo: fajos de billetes eran las sorpresas incluidas en las piñatas.

CAPÍTULO 9

HACIENDO DE MAS POR LOS AMIGOS

En julio de 1981, un coronel de la Cuarta Brigada del Ejército en Medellín le entregó a un amigo de mi padre un casete con varias grabaciones en las que militantes del M-19 hablaban de secuestrar a un mafioso para cobrar un jugoso rescate.

Le llegó una cinta a mi papá, que para entonces ya había conformado un poderoso aparato militar con muchachos muy jóvenes reclutados en las zonas más deprimidas de la ciudad y habían empezado a trabajar con él como escoltas, sicarios, administradores de rutas del narcotráfico y también como mis escoltas, aunque apenas tenía cuatro años de edad.

Luego de escuchar detenidamente la grabación, que no dejaba duda de las intenciones de los guerrilleros, mi padre no tardó en averiguar que la Regional Medellín del M-19 había dado la orden de ejecutar el secuestro y se propuso buscar a los responsables.

Con los contactos que había acumulado en el hampa y en los organismos de inteligencia del Estado, en una semana mi padre y sus hombres identificaron a catorce guerrilleros, entre ellos a Martha Elena Correa, Luis Gabriel Bernal, Elvensio Ruiz —a quien 'Pinina' encontró alojado en un hotel de mala muerte en Bogotá—; y Jorge Torres Victoria, alias 'Pablo Catatumbo'.

Varias veces mi padre me dijo que admiraba al M-19 porque había dado golpes de gran resonancia, como la toma de la Embajada de República Dominicana y los robos de la espada del libertador Simón Bolívar y de cuatro mil armas de una guarnición militar, pero ante todo porque en sus comienzos asaltaba camiones que repartían leche y la distribuía en los barrios pobres de Bogotá.

Pero una cosa es el M-19 haciendo de las suyas contra el Estado y otra muy distinta meterse con el gremio mafioso.

Correa, Bernal, Ruiz y Catatumbo fueron llevados de buena manera a la sede de Antioquia Al Día, una programadora regional de televisión con noticiero incluido, que mi padre compró para meterse de lleno en los medios de comunicación y el periodismo, que le apasionaban.

Esa era la fachada, porque en la parte de atrás de la edificación funcionaba una oficina del crimen de mi padre. En ese lugar él habló con los guerrilleros en torno al secuestro que se proponían ejecutar y les hizo ver que la mafia del narcotráfico era muy poderosa y que él disponía de un potente brazo militar que no se dejaría intimidar por nadie; en otras palabras, les dijo que él era rey en Medellín.

Sobre ese encuentro con los del M-19, mi papá me contó que citó a ochenta de sus bandidos, los dotó con armamento nuevo y les indicó que lo dejaran a la vista porque su objetivo era amedrentarlos, no matarlos. Aun así, les dijo que estuvieran alerta por si había un enfrentamiento.

Los cuatro integrantes del M-19 llegaron puntuales a la cita, a bordo de un discreto automóvil del que bajaron visiblemente nerviosos. Elvencio Ruiz llevaba en sus manos una granada sin seguro.

A pesar de la amenaza que implicaba una granada que explotaría en cualquier momento, y de la mirada amenazante del combo de mi padre, la reunión se llevó a cabo en términos bastante cordiales y al final los guerrilleros se comprometieron a no meterse con la mafia y sus familias.

—La cosa conmigo es muy fácil señores. Ustedes no se meten conmigo y yo no me meto con ustedes. No se confundan, miren que no han movido siquiera un dedo y yo ya conozco sus intenciones; así que ni se les vaya a ocurrir pasarme por encima porque tengo la capacidad de exterminarlos a todos, o díganme si me equivoco con un solo nombre, dirección o teléfono del grupo que les tengo ubicado —dijo mi padre mirando fijamente a Elvencio Ruiz.

Luego, y para acabar de descrestarlos sacó una libreta y leyó uno a uno los nombres de los catorce guerrilleros que integraban la regional Medellín del M-19, así como sus movimientos y escondites. Finalmente, según me contaron algunos de los hombres de mi padre, él les regaló entre diez mil y quince mil dólares a los cuatro guerrilleros.

La cercanía de mi padre con los hombres del M-19 se mantuvo en el tiempo, al punto de que envió a Pablo Catatumbo a administrar una bomba de gasolina situada no lejos de Miami Beach. Por aquella época Estados Unidos afrontaba una aguda escasez de combustible y no era fácil conseguir gasolina en las estaciones de servicio; por eso las autoridades decidieron suministrarlo según los números pares e impares de las matrículas. Al comprarla, mi papá resolvió un problema logístico de su organización porque en su bomba de gasolina se abastecían los vehículos que distribuían la cocaína en diferentes lugares de la ciudad. Catatumbo permaneció cinco meses en Estados Unidos y regresó a Colombia.

Sin embargo, el pacto con el M-19 se rompió de tajo el jueves 12 de noviembre de 1981 con el secuestro de Martha Nieves Ochoa, un hecho que mi padre calificó como un acto de traición y una afrenta a él.

Tan pronto Jorge Luis lo llamó a contarle que tres hombres armados habían secuestrado a su hermana, mi papá se fue para la casa en el barrio Prado, donde vivía don Fabio, y se puso al frente de las averiguaciones para establecer quién estaba detrás del plagio.

Muy pronto descubrió que se trataba del M-19. Lo supo cuando revisó las fotografías del anuario de egresados de bachillerato y reconoció a dos personas con las que él se había reunido cuatro meses antes: Martha Elena Correa y Luis Gabriel Bernal.

Mi padre estudió los pasos a seguir porque seguramente los guerrilleros exigirían doce millones de dólares por el rescate de Martha Nieves. No tardaron en caer en cuenta de que en realidad los subversivos creyeron haber encontrado en los narcotraficantes y sus familias una fuente de financiación fácil y segura. Y llegaron a esa conclusión porque además del intento de secuestro neutralizado por mi padre, también estuvieron a punto de llevarse en Medellín a una señora de apellido Molina y en Armenia a Carlos Lehder, quien logró escapar herido de bala a un intento de secuestro en su finca.

En los siguientes días mi padre convocó una gran cumbre del narcotráfico en la hacienda Nápoles a la que asistieron no menos de doscientos barones de la droga de todo el país y algunos oficiales del Ejército, entre quienes hubo consenso en no pagar por la liberación de Martha Nieves y por el contrario rescatarla a sangre y fuego.

Así, a la operación de búsqueda se sumaron 'el Mexicano', Lehder y Fidel Castaño, quien les contó que su papá había sido secuestrado y asesinado por las Farc y por eso estaba de acuerdo con la solución armada. La historia personal de Fidel conmovió a mi padre y a partir de ese momento se hicieron muy cercanos.

Con la decisión ya tomada, mi padre asumió el papel de coordinador y jefe del grupo de rescate, al que le pusieron el nombre de Muerte a Secuestradores, MAS. Para hacer más fácil la operación Gerardo 'Kiko' Moncada prestó una enorme bodega situada justo al lado de la Parroquia del Perpetuo Socorro, por la calle Palacé. Mientras tanto y para proteger a su familia, mi padre hizo retirar de la Universidad de Antioquia a mi tía Alba Marina porque ya había averiguado que Martha Nieves había sido secuestrada con la participación de una estudiante que tiempo atrás había sido compañera de clase.

Hablando en términos militares, mi papá entró en estado de acuartelamiento y toque de queda. Nuestra casa del barrio Santa María de los Ángeles se llenó de escoltas que nos cuidaban las veinticuatro horas del día y las salidas quedaron restringidas en un noventa y cinco por ciento porque no se sabía cómo iba a reaccionar el M-19.

Mi padre solía llegar sin dormir a eso de las ocho o nueve de la mañana después de hacer operativos de búsqueda y allanamientos casi toda la noche. Él, 'Pinina', 'Paskín', 'Chopo', 'la Yuca' y 'Otto' usaban uniformes del Ejército y salían en camiones militares desde el Batallón de Villa Hermosa, donde se reunía frecuentemente la cúpula del MAS.

Por aquellos días la escolta personal de mi padre pasó de cuatro a diez hombres y empezaron a llevarme al kínder en un campero Toyota Land Cruiser blindado. Recuerdo que en las afueras del Montessori School había una escolta armada permanente.

—Pablo, te van a matar, dónde está tu compromiso con tu hijo si te vas a hacer matar por tus amigos… como siempre. No has aparecido por acá en todo diciembre, ¿y nosotros qué? ¿No vamos a estar en navidad con vos? —se quejaba mi madre.

—No, mi amor, si uno no colabora entonces cómo pide ayuda más adelante. En esto tenemos que estar unidos, para que no vuelva a pasar —respondía mi padre, que había asumido el rescate de Martha Nieves como si fuera su propia hermana.

A la bodega que prestó Moncada iban día y noche Fidel Castaño, Lehder, mafiosos de otros lugares del país y oficiales del Ejército y la Policía interesados en el avance del rescate. La familia Ochoa en pleno permaneció prácticamente encerrada bajo un cerco de hombres que los protegían, sin salir de su finca en Envigado, donde recibían las llamadas extorsivas y grababan las conversaciones con los secuestradores.

A la vez, los guardaespaldas más cercanos a mi padre reclutaron como informantes a decenas de jóvenes en las comunas de Medellín. En pocos días, al menos mil personas se habían sumado a la búsqueda de Martha Nieves.

Al tiempo que mi padre y sus hombres iniciaron la feroz cacería de los secuestradores, en los periódicos regionales aparecieron grandes avisos en los que el MAS anunciaba su creación, daba a conocer la noticia del plagio de Martha Nieves Ochoa y decía tajantemente que no le daría al M-19 un solo peso por el rescate.

Poco después Lehder pagó varias publicaciones en las que explicó las razones de la existencia del MAS y el porqué de su lucha contra el secuestro. Igualmente, un domingo de la segunda semana de diciembre y desde una avioneta de mi padre, fueron lanzados miles de volantes sobre los estadios de Atanasio Girardot de Medellín y Pascual Guerrero de Cali, con la noticia de que el M-19 no recibiría un solo peso por la secuestrada.

La fuerza militar del MAS empezó a notarse con el paso de los días por la eficacia de la alianza entre mi papá, sus hombres, el Ejército y la Policía. Decenas de allanamientos empezaron a producirse en diversos sitios de la ciudad y el Valle del Aburrá en los que cayeron varios sospechosos que fueron llevados al cuartel del MAS, donde los interrogaron con métodos violentos.

Al mismo tiempo, mi padre ordenó comprar más de ciento cincuenta radios de largo alcance y se los entregaron a los muchachos llegados de las comunas para que se ubicaran cerca de los teléfonos públicos de ciertos sitios de la ciudad a esperar si alguien se acercaba a hacer una llamada relacionada con el secuestro. Cerca de ellos, dentro de vehículos, otros muchachos esperaban una señal para detener al sospechoso.

La estrategia funcionó porque los guerrilleros se comunicaron varias veces con la familia para negociar la liberación. Como el teléfono de la familia estaba intervenido, la Policía rastreaba el teléfono y el lugar desde donde se había producido la llamada y de inmediato les avisaban a los hombres de mi padre; de esta manera fueron detenidos varios guerrilleros.

Las capturas y los interrogatorios condujeron a una casa en el barrio La América de Medellín, donde los hombres de mi padre y del ejército sostuvieron un enfrentamiento a tiros con tres guerrilleros que murieron en el lugar. Allí encontraron la cédula de ciudadanía de Martha Nieves, pero ya había sido trasladada a otro sitio.

La intensa búsqueda indicó que de ahí la movieron al cercano corregimiento de San Antonio de Prado, al suroccidente de Medellín, donde por accidente decomisaron la camioneta desde la cual el M-19 interceptaba en aquella época la señal de televisión nacional; de ahí la llevaron a los municipios de la Estrella y Montebello. Nada que la localizaban; por ello, y en un claro mensaje de que les tenía pisados los talones a los secuestradores, en la noche del 30 de diciembre el MAS dejó encadenada en la puerta principal del diario *El Colombiano* a Martha Correa, con un letrero que la señalaba como secuestradora.

Mi padre acompañó a los Ochoa ese fin de año, pero se propuso contraatacar desde los primeros días de enero de 1982. La familia de Martha Nieves publicó un aviso en varios periódicos con un mensaje corto y directo: "La familia Ochoa Vásquez informa que no está dispuesta a negociar con los secuestradores del M-19 que mantienen cautiva a la señora Martha Nieves Ochoa de Yepes. Que no pagará dinero por su rescate y que por el contrario ofrece la suma de veinticinco millones de pesos ($25.000.000) a cualquier ciudadano que suministre informes sobre su paradero".

Con todo, el aviso no dio resultados y por el contrario el MAS perdió el hilo de la búsqueda; por un lado, los guerrilleros retenidos en la bodega —unos veinticinco— dieron muestras reales de no saber dónde estaba Martha Nieves y, por otro, algunos líderes del M-19 que en ese momento estaban detenidos en la cárcel La Picota de Bogotá enviaron un mensaje en el que negaron tener conocimiento de su paradero.

Perdido el rastro de Martha Nieves, la familia Ochoa se movilizó muy rápido y obtuvo la colaboración del expresidente venezolano Carlos Andrés Pérez, quien a su vez se comunicó con el general Omar Torrijos, el hombre fuerte de Panamá.

Torrijos encargó al jefe de inteligencia del Ejército, el coronel Manuel Antonio Noriega, de buscar un contacto con los jefes del M-19 que permanecían por largo tiempo en ese país.

La gestión fue eficaz porque dos semanas después, tras una ardua negociación, el M-19 aceptó recibir 1,2 millones de dólares por la liberación de Martha Nieves. El trato incluyó dejar libres a veinticinco personas que mi padre mantenía retenidas en el cuartel del MAS, Elvensio Ruiz, fue dejado con vida dentro de un costal en cercanías del aeropuerto de Guaymaral al norte de Bogotá, porque se encontraba retenido en la Escuela de Caballería del Ejército.

Así, 123 días después, Martha Nieves fue hallada sana y salva en el municipio de Génova departamento de Quindío, y de inmediato viajó a su casa en Medellín.

Contrario a lo que se podría pensar, no desencadenó una guerra entre mi padre y el M-19.

Por el contrario, en los siguientes meses surgiría entre ellos una alianza que le haría mucho daño al país.

CAPÍTULO 10

PAPÁ NARCO

Cuando mi padre vivía, varias veces le pregunté por el monto de su fortuna porque oía decir con mucha frecuencia que él era uno de los hombres más ricos del mundo. Siempre me respondió lo mismo:

—Un día llegué a tener tanto dinero que perdí la cuenta. Una vez supe que yo era una máquina para producirlo, dejé de preocuparme por contarlo.

Estoy acostumbrado a leer cifras astronómicas sobre la supuesta fortuna de mi padre. La revista *Forbes* aseguró que tenía tres mil millones de dólares, pero nunca nadie de ese medio buscó contacto con él para confrontar los datos. En otro lado leí la muy desatinada cantidad de veinticinco mil millones. Estoy seguro de que si me atrevo a dar una cifra también estaría mintiendo.

El narcotráfico le dio todo a mi padre y también se lo quitó todo. Hasta la vida. Así que en lo personal tengo serias dudas sobre la rentabilidad de ese negocio a largo plazo, pues inevitablemente termina convertido en un factor de poder y a la vez de violencia. Suficiente escarmiento para mí.

Este capítulo no pretende hacer una radiografía exhaustiva de la manera como mi padre traficó con cocaína. Solo quiero reflejar en forma escueta que él y un puñado de narcos aprovecharon tal vez el único momento en que se podía traficar sin mayores riesgos porque nadie en Estados Unidos, y menos en Colombia o en el resto del mundo, dimensionaba los alcances que tendría el negocio de la cocaína.

Desconozco en detalle las actividades de mi padre como narcotraficante, pero debo decir que me esforcé por acercarme lo más posible a esas historias mientras investigaba para este libro.

***

De regreso de la lejana ciudad de Pasto luego de quedar libre en los primeros días de septiembre de 1976, mi padre bajó del bus con los mismos zapatos color beige que tenía puestos cuando fue capturado por primera y única vez en su vida por tráfico de cocaína.

De camino hacia la casa de mi abuela Hermilda en el barrio La Paz se encontró con Alfredo Astado, a quien saludó con un fuerte abrazo y le pidió una moneda para hacer una llamada desde un teléfono público. Habló con alguien en clave y colgó dos minutos después.

Una vez en la casa de su mamá puso el morral encima de un sofá y se sentó a descansar por un rato. Se veía agotado por el largo viaje desde el sur del país, pero mis tíos y sus amigos de la barra del barrio que llegaron a saludarlo notaron en su rostro una rara determinación.

Dos horas después apareció un hombre y le entregó un campero Toyota nuevo y doscientos mil dólares en efectivo. Nunca supieron quién los envió, pero asumieron que el vehículo y el dinero estaban relacionados con la llamada telefónica. En ese momento quienes estaban ahí confirmaron que los tres meses que permaneció en la cárcel no afectaron su objetivo de hacerse millonario en forma ilegal.

Por el contrario, se le notaban más bríos y esa misma tarde, luego de comunicarse con su contacto en Loja, Ecuador, envió a uno de sus trabajadores en el vehículo con el dinero para comprar pasta de coca. Sin embargo, al día siguiente le informaron que la Policía del municipio de La Virginia, en el vecino departamento de Risaralda, detuvo el vehículo en un retén y descubrió los dólares escondidos en el sistema de purificación del aire. Apurados, mi padre y Gustavo

Gaviria viajaron hasta allá, pagaron un jugoso soborno y regresaron con el vehículo y el dinero.

Lejos de amedrentarse, decidieron ir los dos por la pasta de coca hasta Ecuador. Esta vez no tuvieron inconvenientes; por el contrario el viaje fue clave porque pudieron contactar a algunos traficantes que mi padre había conocido en la cárcel en Pasto que le sirvieron para encontrar mejores proveedores y rutas para traer la pasta de coca a Colombia.

De tanto ir y venir de Ecuador, montaron una estructura que les permitió recibir en forma rutinaria cargamentos cada vez más grandes de pasta de coca. Para ello contrataron a un coronel del Ejército ecuatoriano, al que empezaron a pagarle muy bien, quien hizo de puente entre los vendedores en Loja y una docena de jornaleros que recibían hasta veinte kilos de alcaloide camuflados dentro de bloques de madera a los que les hacían un hueco en el centro.

Con la carga al hombro iniciaban una larga travesía a través de la selva, en trayectos de quince y veinte horas continuas a pie hasta el río San Miguel, en la frontera colombo-ecuatoriana donde a su vez la recibían trabajadores de mi padre. Los bloques de madera eran transportados en pequeños camiones que hacían el largo recorrido de cerca de mil kilómetros hasta las cocinas que mi padre y Gustavo ya habían montado en modestas fincas en las zonas rurales de los municipios de Guarne, Marinilla y El Santuario, en el oriente antioqueño.

Atrás había quedado la peligrosa época en que mi padre llegó incluso a esconder en la escuela del barrio La Paz los químicos con los que procesaba la pasta de coca.

Con todo, les faltaba alcanzar uno de los eslabones de la cadena del tráfico de drogas: el consumidor, que aún estaba lejos porque mi padre y Gustavo todavía les vendían la coca procesada a traficantes que llegaban a comprarla a Medellín, procedentes de Estados Unidos.

Cansado de tener que repartirse para dormir entre la casa de mi abuela Hermilda y la de su suegra, sin poder estar todo el tiempo con mi madre, que estaba a punto de dar a luz, alquiló un apartamento a unos metros de La Candelaria, una conocida cadena de supermercados en un sector de Medellín conocido como Castropol. Así, de un momento a otro mi padre se fue del barrio La Paz, trece años después de haber llegado muy pobre, con una mano adelante y la otra atrás.

En ese momento el dinero aún no abundaba porque el narcotráfico es un negocio arriesgado en el que hoy se puede ser rico y mañana deberlo todo. Mi padre andaba así por esos días, pues no lograba aún 'pelechar', es decir, progresar. Pero él estaba seguro de que ese era su camino, pese a que con alguna frecuencia el dinero no le alcanzaba siquiera para pagar el arriendo.

Algún negocio grande de coca debió funcionar porque semanas después llegó en un costoso automóvil Porsche Carrera GT convertible. Mi madre no tenía carro todavía, aunque de vez en cuando le prestaban una camioneta Toyota roja.

En ese entorno nací el 24 de febrero de 1977 en la clínica del Rosario, en el barrio Boston de Medellín. Mi madre tenía escasos quince años y Sofía sería mi niñera desde entonces.

La pujanza estuvo al alcance de la mano cuando mi padre pudo comprar finalmente una casa muy amplia en el barrio Provenza, en el lujoso sector de El Poblado, la cual luego vendió a un rico empresario de Medellín, que solo recibía dólares: ochenta y dos mil.

Meses después, mi papá sacó a su familia del barrio La Paz: a mi abuela Hermilda le regaló una casa en el sector del Estadio y a sus hermanas las ubicó en apartamentos cerca de allí y más tarde en El Poblado, una de las zonas más promisorias de Medellín. El abuelo Abel ya se había devuelto a su finca en El Tablazo y mis tíos Roberto y Fernando vivían en Manizales, trabajando en la fábrica de bicicletas Ossito.

En resumen, toda la familia Escobar Gaviria salió de La Paz cuando por fin mi padre empezó a ganar mucho dinero.

El negocio ilegal iba tan bien que mi padre y Gustavo cancelaron sus tradicionales reuniones en las heladerías del barrio y mi papá optó por montar una oficina en nuestra casa, pero mi tío Mario Henao le sugirió no mezclar su vida familiar con los negocios. Le hizo caso y se trasladó a una oficina muy cerca de la iglesia de El Poblado. Luego tendrían otra mucho más grande, a cien metros del Centro Comercial Oviedo, en el recién construido edificio Torre La Vega, donde él y Gustavo compraron el cuarto piso para atender sus asuntos.

La compra de finca raíz en los mejores sitios de Medellín fue una muestra irrefutable de que mi padre empezaba a atesorar una enorme fortuna. Pero no solo él porque otros muchos narcos aprovecharon a su antojo el desconocimiento que existía en Estados Unidos y Colombia sobre el tráfico de cocaína. Tampoco sabían sus gobiernos y autoridades que en las lejanas tierras de Suramérica se estaba cocinando un lucrativo negocio que cuarenta años después no ha desaparecido porque nunca ha dejado de ser rentable y ha crecido exponencialmente.

No se puede dejar de lado el hecho de que en esa época la cocaína era bien vista en los círculos sociales estadounidenses. Así lo puso de presente la prestigiosa revista *Newsweek*, que en su edición de mayo de 1977 —tres meses después de mi nacimiento— dijo en un artículo que en las grandes fiestas de la farándula en Los Ángeles y Nueva York estaba de moda repartir cocaína en bandeja de plata, acompañada de fino caviar Beluga y champaña Dom Perignon.

Lo cierto es que con la estructura que ya habían montado a mediados de 1977 no pasó mucho tiempo para que mi padre y Gustavo encontraran sus propias rutas para llevar la cocaína a Estados Unidos, donde los controles en los aeropuertos y en los puertos eran más que deficientes. La ingenuidad de las autoridades de entonces facilitó su trabajo, pues no requerían de grandes esfuerzos para camuflar la droga. En esa época no había rayos X en los aeropuertos, ni perros antidroga, ni agentes, ni requisas exhaustivas. Una simple maleta con doble fondo era suficiente para entregar mucha droga sin el riesgo de ser detectado.

Tampoco existían leyes muy específicas sobre el tema y el tráfico de cocaína era considerado simple contrabando. La demonización y criminalización del negocio vendrían después.

Mi padre me contó alguna vez que él y Gustavo ensayaron con un primer envío de cien kilos de coca en un avión bimotor Piper Seneca que llegó sin contratiempo alguno al pequeño aeropuerto de Opa Locka, en el corazón de Miami, una terminal aérea privada a la que solamente acceden las costosas aeronaves de los ricos estadounidenses. Cuando les confirmaron que el cargamento había 'coronado', mi padre y Gustavo hicieron una gran fiesta de celebración en la discoteca Kevins de Medellín en la que hubo mucho licor y lindas mujeres.

Estaban ante una mina de oro porque el kilo ya procesado les costaba doscientos mil pesos en Colombia (aproximadamente cinco mil dólares de la época), ese mismo kilo ya puesto en Miami, incluidos el transporte y seguro, tenía un costo final de alrededor de seis mil dólares. Y vendido al menudeo en las calles, un distribuidor mayorista como mi padre podía recibir veinte mil dólares por kilo en el sur de la Florida o veinticinco y hasta treinta mil dólares en Nueva York.

A pesar de su ya elevada rentabilidad, la verdad es que mi padre solo recibía el diez por ciento del valor de cada kilo porque el restante porcentaje quedaba en manos de los revendedores estadounidenses, que además le agregaban cal, aspirina, vidrio molido, talco o cualquier polvo blanco. De un kilo de coca de alta pureza sacaban tres o cuatro, que vendidos por gramos podían dejar ganancias de hasta doscientos mil dólares cada uno.

El negocio empezó a crecer como espuma y mi padre y Gustavo encontraron potentes proveedores en el valle del Alto Huallaga, en el norte de Perú, donde se abría paso uno de los mayores centros de suministro de pasta de coca del continente.

Nuevos jugadores entraron al negocio y poco a poco dejaron de lado al jornalero que caminaba largas horas para transportar unos cuantos kilos. También, de un momento a otro, aparecieron avezados pilotos que cambiaron la dinámica del tráfico de drogas y en ellos mi padre y Gustavo encontraron el ingrediente que les faltaba para convertirse en los número uno del negocio.

Entonces, establecieron una especie de puente aéreo entre las pistas de aterrizaje clandestinas en las regiones de Monzón y Campanilla —en el Alto Huallaga— y las que ellos construyeron en el oriente y el Magdalena Medio de Antioquia. Enormes cargamentos de pasta de coca empezaron a llegar dos y tres veces a la semana luego de cruzar sin inconvenientes los cielos de al menos cuatro países.

El éxito de mi padre y de Gustavo atrajo las miradas de otros pequeños y grandes narcotraficantes, que los buscaban para hacer negocios. Entre ellos Fidel Castaño, que un día llegó a la oficina de mi padre acompañado por su hermano, Carlos, un joven de mediana estatura y ojos vivaces.

Fidel les dijo a mi padre y a Gustavo que tenía contactos en las extensas plantaciones de hoja de coca en Santa Cruz de la Sierra, en Bolivia, donde producían grandes cantidades de base de coca. La empatía en torno al negocio fue total y casi de inmediato empezaron a traer cargamentos de entre trescientos y quinientos kilos en un avión, hasta una pista de aterrizaje en una finca en el municipio de Obando, al norte del Valle del Cauca; la droga era recogida allí en uno o varios vehículos y la llevaban hasta las cocinas en Antioquia.

En ese momento empezó la relación entre mi padre y los hermanos Castaño, que por largo tiempo estaría llena de complicidades; tantas, que Fidel le contó a mi padre uno de sus secretos mejor guardados: que uno de sus principales contactos dentro de Estados Unidos para vender la droga era el conocido cantante Frank Sinatra.

Como ya señalé antes, en aquella época Estados Unidos era un enorme hueco porque no había creado aún controles en sus aeropuertos, carreteras y puertos para descubrir un polvo de color blanco que entraba a raudales. Esas falencias fueron aprovechadas por narcotraficantes colombianos y de otros países, que se repartieron a sus anchas el enorme territorio estadounidense para inundarlo de cocaína.

Los mafiosos de Medellín con mi padre a la cabeza, Gonzalo Rodríguez Gacha, 'el Mexicano'; Gerardo 'Kiko' Moncada; Fernando Galeano, Elkin Correa y muchos más, se adueñaron del sur de la Florida y los estados cercanos; los de Cali —los Rodríguez, 'Pacho' Herrera y 'Chepe' Santacruz, principalmente— se fueron a Nueva York, a la Gran Manzana. El mercado era tan amplio y promisorio que nunca chocaron y por el contrario durante años mantuvieron una notable cercanía y complicidad que solo se rompería por hechos ajenos al negocio.

Como ya habían coronado un cargamento allí, por más de un año, el aeropuerto de Opa Locka fue el lugar preferido por mi padre para traficar. Aviones ejecutivos pequeños —cargados al comienzo con cien y ciento veinte kilos, pero luego con trescientos y cuatrocientos—, aterrizaban allí dos y tres veces a la semana, luego de hacer escala en Barranquilla, al norte de Colombia y Puerto Príncipe, la deprimida capital de Haití. Los pilotos de las aeronaves presentaban planes de vuelo en los que supuestamente llevaban turistas en busca de sol y centros comerciales donde comprar.

Luego, Carlos Lehder habría de sumarse al lucrativo negocio con su famosa isla privada con pista de aterrizaje en Bahamas.

En barco también entró mucha cocaína en aquella época de oro. Las embarcaciones que salían de los puertos de Necoclí y Turbo, en el mar Caribe, llegaban cargadas de banano al de Miami y no eran requisadas porque la fruta iba perfectamente empacada y no ofrecía sospecha, pero en realidad en sus bodegas almacenaban hasta ochocientos kilos del alcaloide. Esa fue una famosa ruta conocida en la mafia como Platanal.

La cocaína que llegaba en aviones y barcos era trasladada a casas en sectores residenciales como Kendall y Boca Ratón, donde los hombres de mi padre la guardaban en caletas bajo tierra mientras la recogían los distribuidores locales, que pagaban en efectivo.

Los nuevos dueños de la coca tenían una manera sencilla de repartirla por todo Miami y sus alrededores más cercanos, como Fort Lauderdale, Pompano Beach y West Palm Beach: llamaban por teléfono a sus clientes y acordaban encontrarse en lugares públicos no muy concurridos. El negocio no podía ir mejor: la droga se vendía como pan caliente.

Por aquella época mi padre empezó a viajar a Miami en vuelos comerciales y se registraba en el lujoso hotel Omni como gerente de Fredonian Petroleum Company, un chiste, porque en ese pueblo del suroeste de Antioquia no hay una gota de petróleo.

En el costoso hotel alquilaba un piso completo para atender a todo tipo de traficantes estadounidenses, a los que complacía con fiestas hasta altas horas de la madrugada acompañados por entre treinta y cuarenta hermosas mujeres contratadas en los mejores Night Club de la ciudad.

A la mañana siguiente y luego de una noche de excesos, los clientes de mi padre pagaban la cocaína y recibían las llaves de automóviles nuevos, parqueados en el estacionamiento del hotel. En el baúl encontraban la 'merca', perfectamente empacada.

Diamante. Esmeralda. Con los nombres de estas dos piedras preciosas, mi padre y Gustavo identificaron sus cargamentos de cocaína. Un sello con la imagen de esas gemas era impreso en cada paquete de un kilo. Reina fue el nombre elegido por 'el Mexicano' y su marca se hizo muy apetecida por los compradores en EE.UU. debido a su alta pureza.

Durante mucho tiempo, Diamante, Esmeralda y Reina fueron símbolo de garantía, aunque la coca de mi padre empezó a tener mala fama porque su calidad era deficiente y los paquetes parecían improvisadas bolas deformes. Incluso en alguna ocasión un distribuidor —un peligroso mafioso gringo—, le devolvió un cargamento. El episodio fue muy comentado en el gremio porque era la primera vez que después de haber 'coronado', un kilo regresaba a su país de origen.

A propósito de esa devolución, mi padre me contó un día que en efecto enviaba coca de baja pureza porque —como buen tramposo— los consumidores eran unos viciosos que no sabían distinguir muy bien entre "la merca buena y la mala".

'Kiko' Moncada era otro de los narcos que se cuidaba de que su producto alcanzara un alto nivel de pureza y de que los paquetes estuvieran bien empacados y presentados, como si se tratara de un producto de supermercado.

Por aquellos días los controles a los giros de divisas eran casi inexistentes y por medio de testaferros que abrieron cuentas bancarias, mi padre recibió centenares de millones de dólares por canales oficiales. Basta con recordar aquellas imágenes de la célebre película *Scarface* —*Caracortada*— en las que los mafiosos entraban a los bancos a consignar su dinero en tulas repletas de dólares, ante la mirada complaciente de los gerentes.

Ese mercado creciente lo forzó a enviar a algunos de sus empleados de confianza a recibir parte del dinero y a buscar alternativas para introducirlo subrepticiamente a Colombia. Otoniel González, alias 'Otto', estuvo encargado de esa tarea durante un tiempo. Muchas veces, las mismas aeronaves que llevaban la coca regresaban con enormes bolsas llenas de dólares, pero cuando esto no era posible mi padre debía acudir a otras muchas maneras: la importación de lavadoras, a las que les quitaban las piezas grandes, les dejaban el cascarón y las llenaban de fajos de dólares; también ocultaban el dinero en maquinaria industrial, en vehículos nuevos importados por reconocidas casas automotrices, en motocicletas, en televisores, en equipos de sonido y en todo tipo de electrodomésticos.

Con el paso del tiempo mi padre ya no solo trajo dólares sino que incluyó las armas, de todos los modelos y calibres porque surgió la necesidad de proteger los cargamentos. No le resultó difícil porque en ese entonces en los principales aeropuertos del país existía el llamado 'correo de las brujas', una especie de aduana paralela que permitía el ingreso de cualquier cosa, sin dejar huella alguna, a cambio de un jugoso soborno.

La abundancia de dinero dio paso muy rápido a todo tipo de excesos. Como la rumba, que en algún momento llegó a ser diaria. Las discotecas Acuarios y Kevin's fueron los lugares más frecuentados por mi padre, al tiempo que compró un lujoso *pent-house* en un edificio cerca del estadio El Diamante de Béisbol, en diagonal a la sede de la Cuarta Brigada del Ejército.

Él llegaba en la noche a uno de los dos bailaderos y casi de inmediato se acercaban hermosas mujeres que hablaban y bebían mientras tomaba agua y fumaba su bareto de marihuana. Sobre las dos de la madrugada pagaba la cuenta e invitaba a su apartamento a quienes estuvieran allí todavía. Obviamente eran muchos los que querían ir. Mi padre salía y detrás de él una caravana de no menos de cinco vehículos llenos de mujeres hermosas, listas para rumbear sin límite de horario.

El crecimiento vertiginoso de la demanda de coca en el mercado estadounidense no tardó en hacer más creativos a los narcos para encontrar rutas que facilitaran el envío de los cargamentos. Cada organización mafiosa hacía lo suyo, pero mi padre habría de encontrar la vía más rentable de cuantas se haya oído hablar en el mundo del narcotráfico. Fue bautizada por las autoridades como 'La Fania', pero en realidad mi padre decía que le había puesto el nombre de 'Fanny'. Se trataba de un barco con ese nombre anclado en altamar frente a las costas de Ecuador, que cargaba con harina de pescado y en sus enormes refrigeradores ocultaban hasta cuatro toneladas de cocaína que siempre, siempre, llegaron al puerto de Miami sin contratiempo alguno. Algunas personas que estuvieron al lado de mi padre me aseguraron que esa fue la ruta que en verdad lo hizo rico.

Su prosperidad económica por cuenta de la coca era imparable y empezó a gastar su dinero sin medirse en nada. De la amplia casa en el barrio Provenza —donde mi madre cumplió diecisiete años y mi padre le llevó serenata del grupo argentino Los Chalchaleros—, nos fuimos a vivir en una mansión en el barrio Santa María de los Ángeles, a cuadra y media de distancia del Club Campestre de Medellín.

Un día se le ocurrió hacerse socio, pero la junta directiva negó su ingreso porque aunque tenía mucho dinero, carecía de la alcurnia requerida por la conservadora clase alta de Medellín.

Mi padre se puso furioso, y acostumbrado como estaba a hacer su voluntad, contactó a algunos trabajadores y les pagó una fortuna para que iniciaran una huelga alegando bajos salarios. Así sucedió y por primera y tal vez única ocasión el encopetado club cerró sus puertas durante varios días.

Casi una semana después del cese fue al lugar y se reunió con los empleados.

—Patrón, díganos pues cuántos días más quiere que mantengamos la huelga.

—Manténganla unos quince días más, que yo les pago todo lo que necesiten para que no les falte nada. Ah, y les pido un favor: Cojan la volqueta, llénenla de tierra y se van a andar en ella bien cargada por toda la cancha del golf para dañarla bastante. Luego vuelcan toda la tierra de la volqueta dentro de la piscina.

Así lo hicieron.

En nuestra casa del barrio Santa María de los Ángeles y con escasos cuatro años de edad, tuve mi primera moto, una pequeña Suzuky amarilla a la que mi padre le hizo poner ruedas pequeñas a cada lado, como las de las bicicletas.

Recuerdo que él me enseñaba a manejarla al mediodía, antes de ir a su oficina. Le quitaba las ruedas laterales y corría detrás sosteniéndome desde el asiento, hasta que llegó el momento en que me soltó. Desde ese día amé las motos y la indescriptible sensación de libertad que producen.

La bonanza del narcotráfico llevó a mi padre a comprar sus primeras dos aeronaves: un helicóptero Hughes 500 blanco, mostaza y rojo, de matrícula HK-2196 y un avión tipo Aero Commander de dos motores. En alguna ocasión que hablamos de esas adquisiciones mi padre recordó que en el primer viaje en el helicóptero visitó a alguien muy especial para él: don Fabio Ochoa Restrepo, a quien encontró en su hacienda La Clara en el municipio de Angelópolis, suroriente antioqueño.

Después llevó a varios de sus amigos del barrio a pasear por la represa del Peñol y al cabo de una hora de vuelo aterrizaron para tomar café en una tienda. El piloto temía que la curiosidad matara a alguna de las decenas de personas que imprudentemente se acercaban a ver el aparato.

Entre tanto, la demanda de cocaína crecía de tal manera que muy frecuentemente surgían nuevas rutas para traficar. Como a México, a donde empezó a enviar cargamentos de alrededor de mil kilos en aviones que salían desde pistas clandestinas en Urabá, La Guajira, Fredonia, Frontino y La Danta.

La ruta por México era conocida como las Cebollas y consistía en que la cocaína salía camuflada en tractomulas repletas de bultos de cebolla que pasaban la frontera por la zona de Laredo y luego se dirigían a Miami. Cada vehículo transportaba entre ochocientos y mil kilos. En Colombia, Leonidas Vargas fue socio de mi padre en esa ruta y en México Amado Carrillo Fuentes fue la conexión expedita que necesitaba para entrar la cocaína a EE.UU.

Otra modalidad utilizada para traficar era 'bombardear', es decir, arrojar los cargamentos al mar cerca de la costa de Miami desde avionetas que volaban a baja altura, al tiempo que lanchas rápidas o veleros pequeños recogían los paquetes. También se 'bombardeaba' en pantanos de los Everglades, al sur de Miami. Pero al comienzo mucha droga se perdió porque los empaques no eran herméticos y la cocaína se mojaba.

Rara vez mi padre se ufanaba de sus proezas dentro del mundo del hampa. Pero una vez no aguantó cuando veíamos el noticiero en televisión y las autoridades informaban del descubrimiento de una nueva modalidad de tráfico de cocaína: *jeans* impregnados con coca.

Mi padre se sonrió largo rato y luego dijo que él había inventado esa manera de impregnar pantalones con el alcaloide para exportarlos legalmente a varias ciudades de Estados Unidos. Allí, explicó, los compradores lavaban las prendas con un líquido especial, sacaban la coca en forma líquida y la ponían a secar. Aunque no se trataba de grandes cargamentos de coca, mi padre dijo que por varios meses fue una ruta segura porque ninguna autoridad estaba preparada para descubrir semejante osadía. Agregó que para evitar que los perros antinarcóticos descubrieran la maniobra, rociaban los *jeans* con un *spray* especial y eso los espantaba. No obstante, la ruta de los *jeans* con coca se 'cayó' porque algún soplón en Estados Unidos le contó a las autoridades.

Varios días después, mi padre, otra vez sonriente, dijo:

—Muchachos, ¿se acuerdan que se me cayó la ruta de los *jeans*?

—Sí, patrón.

—Pues seguí mandando los mismos *jeans* y tengo locos a los de la DEA porque los lavan y los lavan y no encuentran nada. Lo que hacemos ahora es impregnar las cajas en las que van empacados y recuperamos la droga después de que ellos las tiran a la basura.

Con semejantes 'logros' como mafioso, mi padre ya era reconocido como un gran capo. Cada día más y más personas sabían que ese negocio era altamente rentable y por eso empezaron a participar en él, incluida buena parte de la gente 'bien' de Medellín.

Yo solía ir a saludar a mi padre a su oficina y veía no menos de cien vehículos estacionados en el lote de una caleta llamada Lagos. No veía nada anormal en eso, pero algunos de sus empleados me contaron después que en un día normal llegaban hasta trescientas personas a proponerle todo tipo de negocios. Buena parte de los ocasionales visitantes buscaba que mi padre incluyera en sus cargamentos diez o quince kilos de ellos, pues sabían que la ganancia estaba asegurada.

Por allí pasaron lustrabotas, ciclistas, periodistas, empresarios, políticos, policías y soldados de distintos rangos y hasta extranjeros que querían incursionar en aquello del 'traqueteo'. Casi sin excepción, pedían que su coca quedara incluida en la ruta de La Fanny. También era frecuente ver al joven Carlos Castaño cual mensajero llevando razones de sus hermanos o de otros mafiosos.

La ansiedad de los cientos de personas que esperaban turno para entrar en el negocio se notaba a leguas. La gente esperaba dos y tres días seguidos, con la misma ropa, sin bañarse y sin moverse del lugar, esperando "una citica con Don Pablo".

Pero no todas las propuestas que le llevaban a mi padre eran ilegales. Un día, un reconocido ejecutivo de la ciudad fue a visitarlo a la oficina y le propuso invertir en una sociedad que sería creada para el montaje de las primeras redes de gas domiciliario de Medellín. En tono serio respondió:

—Me da pena con usted pero yo no hago negocios lícitos.

Un par de veces me llevé un susto cuando llegaron varios policías y entraron a la oficina de mi padre. Pensé que harían un allanamiento, pero salían minutos después. Iban por la 'liga', por dinero.

Mi padre había demostrado hasta la saciedad que las suyas eran rutas muy seguras, casi infalibles. Tanto, que llegó al extremo de ofrecer un seguro para los cargamentos, es decir, garantizaba con su fortuna personal el retorno de la inversión, más las ganancias, aún si por casualidad se caía un embarque. Pero mi padre y Gustavo también utilizaron una modalidad única: llevar de *balcón* a los más cercanos, a los más fieles. En no pocas ocasiones mi padre les dijo a esos afortunados que los llevaba de *balcón* en cinco o diez kilos, es decir, les regalaba el dinero equivalente a esa cantidad de droga sin que hubieran invertido un solo peso ni participado en el negocio.

Pero así como era capaz de ayudar a quienes él consideraba cercanos, mi padre también podía llegar a extremos inimaginables de violencia. Como el día que, según me contaron, él ordenó ahogar a uno de sus trabajadores en una piscina delante de muchas personas para darles una lección.

Según me contaron una vez ocurrido el episodio, mi padre había contratado como vigilante de su oficina a un militar amigo al que años atrás rescató en helicóptero de la isla prisión de Gorgona, donde pagaba una larga condena por homicidio.

Sin embargo, un día desaparecieron doscientos millones de pesos que ocultaba en una caleta dentro de la oficina y de inmediato el militar surgió como sospechoso porque el día anterior había estado de turno.

Su destino quedó sellado horas después, cuando empleados de mi padre encontraron el dinero en la casa del militar. Lo llevaron a la oficina y mi padre ordenó que todos sus trabajadores se dirigieran a la piscina. Luego, lo amarraron y lo lanzaron al agua.

—El que me robe un peso lo mato —dijo mi padre después de que el militar se ahogó ante el estupor de quienes estaban allí.

Semanas más tarde, mi padre decidió invertir una pequeña parte de su dinero en Miami. En 1981 viajó a esa ciudad y compró una casa en el exclusivo sector de Alton Road, en Miami Beach. Le costó setecientos mil dólares, que llevó desde Colombia y declaró en la aduana estadounidense.

Era una enorme mansión de dos pisos, con una entrada imponente, cinco habitaciones, piscina con vista a una bahía y una de las pocas con muelle privado en esa parte de la ciudad. Gustavo Gaviria no se quedó atrás y compró un gigantesco apartamento de un millón de dólares.

Mi padre se propuso aumentar sus inversiones en finca raíz y muy pronto adquirió un complejo habitacional con doscientas viviendas en el norte de Miami con dinero en efectivo, que declaró en la aduana y lo entró en dos maletines, como Pedro por su casa, por el aeropuerto internacional de Miami.

La administración de esas propiedades habría de convertirse en un dolor de cabeza porque frecuentemente lo llamaban a quejarse de que algunos cocodrilos de los lagos cercanos caminaban por los pasillos del complejo.

No obstante y contra la opinión de mi padre, Gustavo vendió su apartamento porque intuyó que la situación de los dos se complicaría en Estados Unidos. Pero mi papá era muy terco y creyó que no tendría problemas porque había declarado los recursos con los que compró esos bienes.

Los cada vez más frecuentes viajes de mi padre a EE.UU. por cuenta de sus negocios nos llevó a Washington, donde se propuso retar los severos controles de ingreso al edificio de la Oficina Federal de Investigaciones, FBI. Sin medir los riesgos, presentó documentos falsos en la recepción, al tiempo que mi madre entregó su pasaporte y el mío. Afortunadamente, no hubo problema y los tres hicimos el *tour* por el edificio. De ahí salimos hacia la Casa Blanca, donde mi madre nos tomó la famosa fotografía.

A finales de 1981 y con el crecimiento desbordado de su negocio ilegal, mi padre y Gustavo conformaron su propia flota de aviones y helicópteros: compraron tres Aero Commander, un Cheyenne, un Twin Otter y un Learjet; además, dos helicópteros, un Hughes 500 más moderno y un Bell Ranger. El intermediario de estas adquisiciones fue el ex automovilista Ricardo 'Cuchilla' Londoño, desde su empresa de importaciones y exportaciones en Miami. Según escuché alguna vez, Cuchilla era además un experimentado piloto de avión que ingresaba de noche a los aeropuertos pequeños de los alrededores de Miami, robaba aeronaves por encargo y se las pagaban muy bien cuando llegaba con ellas a Medellín.

Mucho se ha especulado sobre las posibles relaciones entre mi padre y el ex presidente de la República Álvaro Uribe Vélez.

A lo largo de los años los detractores de Uribe han señalado con insistencia que cuando este fue director de la Aeronáutica Civil, entre enero de 1980 y agosto de 1982, otorgó licencias ilegales y en general favoreció el crecimiento del narcotráfico en Medellín.

Pero como este libro no posee agendas ocultas y compromisos de ningún tipo para favorecer o enlodar a persona alguna, investigué a fondo para saber a ciencia cierta cómo fue aquella relación entre ambos, si es que la hubo.

Consulté lugartenientes y amigos de confianza de mi padre y me sorprendieron sus respuestas porque en realidad mi padre llegó a ofrecer quinientos millones de pesos por la cabeza de Uribe. ¿La razón?: durante buena parte de su gestión como director de la aerocivil, Uribe le hizo la vida más difícil en el aeropuerto Olaya Herrera porque ordenó incrementar los controles, requisas y procedimientos para la entrada y salida de aeronaves.

La intención de acabar con la vida de Uribe no se quedó solo en el ofrecimiento del ese dinero sino que los hombres de mi padre fallaron en al menos tres atentados contra él.

Las personas consultadas sobre este tema aclararon que el poder del soborno de mi padre a funcionarios de campo pudo más que las órdenes emitidas por Uribe desde Bogotá.

También han rodado ríos de tinta en torno a la relación de mi padre con José Obdulio Gaviria, su primo.

Tales señalamientos carecen de fundamento, pues recuerdo haber visto a mi padre renegar de su primo José Obdulio porque se creía de mejor familia.

Mi padre se refería a él como el "primo pinchado que tengo por ahí". Fueron pocas las veces que mi padre lo mencionó, pues no había motivo alguno de que lo hiciera ya que José Obdulio nunca se comportó como un pariente de Pablo Escobar.

Debo decir que en las miles de fotografías familiares que conservamos desde la década del setenta José Obdulio no aparece en evento alguno.

En aquella época mi padre no tenía enemigos potenciales y tampoco cuentas pendientes con la justicia, su creciente poder económico le creó la necesidad de contratar los primeros guardaespaldas. Ellos fueron Rubén Darío Londoño, alias 'la Yuca', un joven delincuente del municipio de La Estrella y Guillermo Zuluaga, alias 'Pasarela'.

Poco después se dio cuenta de que necesitaba a alguien capaz de seguirlo en moto a todos lados, siempre al lado de la ventana del conductor. Buscó y buscó, entrevistó y probó a muchos, pero ninguno pudo seguirle el paso. Solo uno sí lo hizo: Luis Carlos Aguilar, alias 'Mugre', que pasó una dura prueba porque mi padre se metía en contravía por las calles, atravesaba los *round point* —glorietas— a altas velocidades y saltaba cuanto andén se le cruzaba en el camino.

'Mugre' entró a trabajar con mi padre en 1981 y de inmediato le dieron una potente motocicleta Honda XR-200 y un arma.

Mi padre llegó a la casa con sus tres primeros guardaespaldas y dijo que se quedarían a acompañarnos las veinticuatro horas del día. Con el paso del tiempo, mi padre, mi madre, yo y tiempo después mi hermana Manuela, estaríamos protegidos siempre por un ejército de delincuentes.

Por cuenta de la vida que nos tocó vivir, compartí gran parte de mi niñez con muchos de los peores criminales del país. Mis compañeros de juego en las caletas o quienes viajaban conmigo eran personajes a los que solo conocía por sus alias, como 'Palillo', 'Archivaldo', 'Agonías', 'Arete', 'Otto', 'Mugre', 'Pinina', 'Pasarela', 'Flaco Calavera', 'Chopo', 'Chicha', 'Chiquilín', 'Séforo', 'Monín', 'Pitufo', 'Orejitas', 'Cejitas' y 'Misterio', entre otros muchos. Por esa razón se convirtieron en personas muy cercanas. Recuerdo que los enemigos de mi padre decían que él tenía un ejército de sicarios, pero él se encargaba de aclarar, a manera de broma, que tenía era un ejército de 'locas'.

Al grupo de delincuentes que empezó a rodear a mi padre se sumó uno que vale la pena mencionar: 'Paskín', un muchacho particular por su cultura mafiosa, su caminado, su dominio exquisito del lunfardo —lenguaje de los barrios bajos originario de Buenos Aires—, su gusto por 'las hembritas' o 'narcoperras' como solía llamar a sus mil y un amores, a las que hacía esculpir desnudas y en oro sólido en dijes, cadenas, anillos, pulseras y relojes. Un hombre fiel a su revólver calibre 38 Smith & Wesson y a un AK-47 que no soltaba.

Yo no tenía amiguitos con quienes distraerme en las caletas de mi papá y por eso terminaba jugando fútbol o Nintendo con sus guardaespaldas; cuando no éramos muchos jugábamos 'mosquita', un juego en el que un solo hombre debía quitarle la pelota a los otro ocho o diez. Siempre me tocaba de 'mosquita' y me daba mucha rabia que no me prestaran el balón.

La realidad es que no tenía muchos amiguitos de mi edad porque ya para entonces varios padres de familia del colegio San José de la Salle les habían prohibido a sus pequeños hijos —mis compañeros de clase— relacionarse conmigo. No era lo mismo decir soy hijo de García Márquez a decir soy hijo de Escobar Gaviria. Y eso trajo consigo una variedad de formas de discriminación.

No me crié en el Club Campestre, por más cerca que viví de él; no puedo decir que fui amigo de personas prestantes de la sociedad, pues ese tipo de gente solo se acercaba a mi padre para ofrecerle sus propiedades en dólares, u obras de arte en venta o para que los llevara en su negocio, más no para hacerse amigos. Pero mi padre vivió rodeado de la gente más brava de todas, a la que yo veía desde mi niñez como una gran familia porque ese era mi entorno y mi mundo, mi única realidad tangible.

Volviendo al tema del narcotráfico, debo contar que la construcción de la hacienda Nápoles y el azaroso montaje del zoológico en el Magdalena Medio cambiaron la rutina de mi padre y de toda mi familia.

La hacienda se convirtió en una especie de plataforma desde la que día y noche salían aviones repletos de coca hacia México, Centroamérica, el Caribe y Estados Unidos.

Cuando el viaje era nocturno, al comienzo y al final de la pista los trabajadores de mi padre ponían aros parecidos a los que usan en los circos y los iluminaban con un combustible conocido como ACPM que tardaba bastante tiempo en extinguirse; luego prendían decenas de linternas y antorchas que señalaban el camino a lado y lado de la pista de novecientos metros de extensión.

Recuerdo que en el primer año nuevo que pasamos en Nápoles, cuando Pastor López y su orquesta tocaron durante un mes entero, una de esas noches mi padre subió a su campero Nissan Patrol camino a la pista porque según les escuché decir a sus muchachos llegaba un vuelo procedente de México. Eran las once de esa tranquila y despejada noche del 31 de diciembre. Él y sus trabajadores pusieron los aros de fuego, las linternas y las antorchas y la aeronave aterrizó sin dificultad. No pasaron más de diez minutos mientras cargaron la cocaína, cambiaron la matrícula y la bandera del avión y este decoló nuevamente. Luego apagaron las antorchas y los aros, metieron las linternas en costales y regresaron a la fiesta.

Mi padre se esforzaba por evitar que yo me metiera en sus asuntos, pero algunas veces era en vano pues todo eso se veía desde la cancha de fútbol de la hacienda, donde quemábamos la pólvora decembrina.

Con las muchas personas que hablé para recrear los relatos de este libro, me llamó la atención que coincidieron en la capacidad que tenía mi padre para engañar a las autoridades. Si una pista era localizada y destruida, él encontraba otra muy rápidamente; si un laboratorio era descubierto, él montaba otro en pocos días.

Uno de los trucos que casi todos mencionaron fue el de una pista de aterrizaje ubicada en una planicie a una hora de distancia de la hacienda, cerca de un sector conocido como Lechería. Cuando se llegaba al sitio, solo se veía una carretera zigzagueante y una casa campesina en la mitad. Resulta que la planicie era perfecta y medía casi un kilómetro de largo; mi padre ordenó sembrar pasto de tal manera que desde el aire se observara una carretera sinuosa con una casa humilde atravesada en la mitad.

La trampa consistía en que la supuesta casa campesina estaba montada sobre un tráiler con ruedas, enganchado a una camioneta que corría la casa unos metros para dejarles el paso libre a los aviones que entraban y salían.

Mi padre la diseñó y mandó a construir para confundir a los aviones de reconocimiento de la Fuerza Aérea y los helicópteros antinarcóticos de la Policía, que cuando pasaban por encima solo veían un paisaje bonito. Pero cuando anunciaban la llegada de un vuelo con coca, un hombre movía el tráiler con la casa y aparecía una pista de aterrizaje de mil metros.

El cambiante día a día del tráfico de cocaína, debido a que todas las fases de la cadena eran clandestinas, forzaba de todas maneras a mi padre y a Gustavo a buscar nuevas y mejores rutas para el envío de coca a Estados Unidos. Por eso, aquí es necesario hacer referencia al tráfico de cocaína a través de la isla de Cuba. Respecto a ese tema debo decir que en las averiguaciones para este libro varios de los hombres que trabajaron para mi padre comentaron que en efecto él sí movió muchos de sus cargamentos desde allí, con la complicidad de oficiales de alto rango en el régimen cubano.

Para cumplir esa tarea enviaron a La Habana a Jorge Avendaño, alias 'Cocodrilo', quien recibía los aviones procedentes de Colombia en una pista de aterrizaje en la costa oriental cubana y luego reenviaba la coca en lanchas rápidas hasta Isla morada, al sur de Miami en la ruta hacia Cayo Hueso.

Esta compleja maniobra funcionó sin contratiempos durante dos años, hasta cuando los militares cómplices de mi padre fueron descubiertos, acusados de traición a la patria y fusilados en 1989 al cabo de un largo juicio criminal. Con mi padre no hablamos de este tema pero el interés de sus hombres por las noticias provenientes de Cuba sobre el escándalo me hizo entender en aquella época que algo muy grave relacionado con mi padre había ocurrido allí.

Con la experiencia acumulada después de lidiar día y noche con los distintos eslabones de la cadena del tráfico de cocaína, un buen día mi padre dejó de procesar la pasta de coca debido a los constantes problemas en los laboratorios, que ya eran allanados con mayor frecuencia por las autoridades; pero también se cansó de la deficiente manipulación de los insumos químicos, que causaban constantes explosiones, con muertos y heridos.

De esta manera, él se dedicó exclusivamente al transporte del alcaloide a través de sus rutas, que seguían siendo seguras, especialmente la Fanny y Platanal. En poco tiempo se convirtió en uno de los mayores transportadores de cocaína, pese a que les cobraba muy caro a los narcos interesados en enviar su producto al exterior.

A finales de 1981, mi padre se había consolidado como el número uno en el tráfico de cocaína. Pero no estaba dispuesto a ser un narcotraficante más y así lo entendió Gustavo cuando llegó muy sonriente a contarle que habían llegado a su destino tres aviones cargados con cocaína.

—Pablo, los tres carritos llegaron bien.

—Muy bien, ya tenemos el poder económico, ahora vamos por el poder político.

Mi padre estaba a punto de entrar a las arenas movedizas de la política, que serían su perdición.

▼ Mi tío Mario Henao era la única persona por la que mi padre sentía temor. Los dos consolidaron una fuerte amistad que se rompió con la muerte del primero.

◀ ▾ Mi padre y Gustavo
Gaviria se tomaron estas
fotografías en un viaje a
Las Vegas.

CAPÍTULO 11

POLÍTICA: SU PEOR ERROR

Mi abuela Nora, Josefina —una buena amiga de la familia Henao— y Jorge Mesa, alcalde de Envigado, conversaban animadamente a la hora del almuerzo, cuando de repente llegaron mi padre y Carlos Lehder.

Se sentaron a la mesa y al cabo de unos minutos la charla derivó hacia el tema político, muy agitado por aquellos días de febrero de 1982 porque se avecinaban las elecciones en las que sería renovado el Congreso y se elegiría nuevo presidente de la República.

Mesa, proveniente de una familia de caciques políticos regionales, se refirió a las posibles candidaturas tanto al Congreso como a la presidencia, y sin mayores rodeos le propuso a mi padre que se metiera de lleno en el mundo de la política porque según él mucha gente lo seguiría.

Mi padre escuchó con atención y a juzgar por sus gestos mostró que la idea lo seducía. El tema político no le era ajeno porque ya en 1979 había alcanzado un escaño por residuo en el concejo de Envigado, de una lista presentada por el grupo político del dirigente antioqueño William Vélez. En esa ocasión se posesionó como concejal, pero solo asistió a dos sesiones y le cedió la curul a su suplente.

Pero antes de que pudieran avanzar en la discusión de la propuesta del alcalde, mi abuela Nora se puso de pie, notoriamente contrariada, y dijo:

—Pablo, ¿a usted se le olvidó quién es y qué hace? Si se mete de político no habrá alcantarillado del mundo donde pueda esconderse;

nos va a poner a correr a todos, nos va a dañar la vida a todos; piense en su hijo, en su familia.

Luego de escuchar el duro comentario, mi padre también se puso de pie, dio una vuelta alrededor del comedor y respondió con su conocido aire de suficiencia:

—Suegra, quédese tranquila que yo hago las cosas bien hechas; ya pagué en el F-2 para desaparecer los expedientes en los que aparezco mencionado.

Mientras Lehder guardaba silencio, Mesa y Josefina insistieron en que mi padre tenía un caudal de votantes asegurado porque la gente agradecía que él hubiera financiado la construcción e iluminación de escenarios deportivos como canchas de fútbol, básquetbol y voleibol, y en menor número velódromos y patinódromos, centros de salud, así como la siembra de miles de árboles en lugares deprimidos de Medellín, Envigado y otros municipios del Valle de Aburrá.

El proyecto total consistía en construir cuarenta escenarios en muy poco tiempo y para ello encargó a Gustavo Upegui —al que le decían Mayor porque había sido oficial de la Policía— y a Fernando, 'el animalero'. En ese momento ya había inaugurado una docena de canchas de fútbol en los municipios de La Estrella, Caldas, Itagüí y Bello y en los sectores de Campo Valdés, Moravia, El Dorado, Manrique y Castilla, en Medellín. Mi papá quería ayudar a esas localidades para que los chicos se dedicaran al deporte y, paradójicamente, no a la droga o al delito.

Mi madre y yo lo acompañamos algunas veces a dar el saque inicial en los partidos programados con motivo de la inauguración de las canchas de fútbol. Nos llamaba la atención que las graderías siempre estaban abarrotadas de público, que vitoreaba a mi padre por hacer obras sociales que beneficiaban a la comunidad.

Los escoltas de mi padre nos cuidaban de las multitudes, que eran difíciles de controlar porque muchos querían acercarse a saludarlo a él. Yo era muy pequeño y algunas veces me asustaba frente a esas multitudes.

Por aquellos días mi padre conoció al padre Elías Lopera, capellán de la Iglesia de Santa Teresita de Medellín y se hicieron muy cercanos. Al religioso le gustó el talante compasivo de mi padre y en adelante lo acompañó a todos los rincones de Antioquia. Durante largo tiempo estarían juntos en las obras benéficas y en las correrías políticas.

El 26 de junio de 1981, en una jornada de siembra de árboles en el barrio Moravia, mi papá pronunció un discurso después de que el padre Elías agradeció su generosidad y pidió que lo aplaudieran. Allí y por primera vez, atacó en duros términos al periódico *El Espectador*, de Bogotá:

"Al periódico *El Colombiano* de Medellín le he visto hermosas campañas cívicas y sociales, pero no en esos medios de comunicación como *El Espectador*, que representa la vocería de la oligarquía colombiana, que toma como bandera y como filosofía el ataque deshonesto y cínico contra las personas; lo más lamentable es que esa empresa periodística distorsiona la noticia y le inyecta veneno morboso y ataca a las personas. Esa empresa periodística que no tiene en cuenta que las personas tienen valores, que no tiene en cuenta que las personas tienen familia y que no tiene en cuenta que las personas a veces tienen el apoyo y el respaldo de la comunidad".

Además de estas obras, mi padre llevaba ya más de un año en una campaña pública contra el tratado de extradición con Estados Unidos suscrito en marzo de 1979 por el presidente Julio César Turbay porque consideraba humillante que el país entregara a sus ciudadanos a la justicia de otro país. Él ya había estudiado a fondo el tema, y eso que no lo habían pedido en extradición todavía y no tenía cuentas pendientes con la justicia.

Así, mi padre hizo de la extradición su caballito de batalla y por eso empezó a organizar tertulias en la discoteca Kevins y en el restaurante La Rinconada, en el municipio de Copacabana. Esos encuentros informales los bautizó con el sonoro nombre de Foro Nacional de Extraditables, que muy rápido dejaron de ser reuniones comunes y corrientes.

Poco a poco, la lucha contra la extradición tuvo renombre y ello animó a mi padre a convocar a la crema y nata de la mafia del país a una reunión en La Rinconada. Asistieron cerca de cincuenta mafiosos del Valle, Bogotá, Antioquia y la Costa Atlántica, entre ellos los hermanos Miguel y Gilberto Rodríguez Orejuela y José Chepe Santacruz. El que se excusaba era mal visto porque se trataba de buscar consenso entre la mafia de todo el país con el exclusivo propósito de abolir la extradición. Es necesario aclarar que ninguno de ellos era reconocido todavía como narcotraficante y tampoco tenían antecedentes judiciales o procesos penales en su contra. Eran, 'prósperos empresarios', como los denominaban en las altas esferas sociales, con quienes se hacían negocios pero con los que no se tomaban fotos.

Mi padre quiso darle realce al evento y por ello se las arregló para conocer e invitar a Virginia Vallejo, una presentadora de televisión que lo había deslumbrado por su porte y seguridad al hablar. Ella se convirtió en moderadora de esos encuentros y a partir de ahí sostuvieron una tórrida relación pasional que luego tomó ribetes comerciales.

Esa noche, en la mesa principal se sentaron mi padre, Virginia Vallejo y el ex magistrado Humberto Barrera Domínguez, quien hizo una larga disertación sobre la gravedad y las consecuencias que afrontaría el gremio mafioso con el tratado suscrito por Turbay.

Entre tanto, la discusión en torno a si era conveniente o no que mi padre se lanzara a la política llevaba ya dos horas en el apartamento de mi abuela Nora. Hasta que finalmente cedió a la tentación y aceptó que lo incluyeran como segundo renglón en la lista que encabezaba el abogado Jairo Ortega para la Cámara de Representantes por el

Movimiento de Renovación Liberal, MRL. Mi padre supo ahí que el MRL ya había adherido a la candidatura de Luis Carlos Galán por el Nuevo Liberalismo. A él le pareció bien porque tenía un muy buen concepto de Galán por su trayectoria política y su gran capacidad oratoria, pero sobre todo por sus ideas.

Mi padre se tomó tan en serio la postulación que tres días después realizó su primera concentración pública en el barrio La Paz, donde pronunció un discurso encima de la capota de un automóvil Mercedes Benz. Ante mil asistentes, entre ellos algunos viejos amigos de farra y de fechorías, dijo que siempre guardaría un especial afecto por ese barrio y se comprometió a trabajar desde el Congreso por los pobres de Envigado y de Antioquia.

La campaña relámpago tomó impulso y mi padre aceleró la inauguración de canchas de fútbol y la siembra de árboles en las montañas del Valle de Aburrá.

En una de las muchas concentraciones que hizo a lo largo de las ocho semanas que duró la campaña, un hombre, al parecer ebrio, lanzó algunos insultos contra los políticos que no cumplían sus promesas y señaló con el dedo a mi padre, que se puso furioso. Según me contaron varios de sus guardaespaldas, dos policías sacaron a empellones al deslenguado, lo soltaron cerca del barrio La Aguacatala y se lo entregaron a hombres de mi padre, que lo acribillaron a tiros.

Con el paso de los días mi papá se tomó más confianza en la plaza pública y en una manifestación en el parque principal en el municipio de Caldas, Antioquia, arremetió contra la extradición y le pidió al Gobierno que derogara el acuerdo firmado con Estados Unidos. El suyo era un discurso de corte nacionalista, con lenguaje sencillo y claramente enfocado en el elector de sectores humildes.

Pero el impulso que llevaba la campaña fue frenado en seco una noche, cuando Galán encabezó una manifestación en el parque Berrío en el centro de Medellín y rechazó la adhesión del MRL al

Nuevo Liberalismo en la campaña al Congreso. En otras palabras, expulsó a Ortega y a mi padre; horas más tarde, Galán ordenó cerrar la oficina del movimiento en Envigado y destruir los avisos publicitarios. Mi padre se puso furioso por la actitud de Galán y de inmediato clausuró la sede de su campaña.

Ortega recibió un mensaje escrito de Galán en el que explicó su decisión: "No podemos aceptar vinculación de personas cuyas actividades están en contradicción con nuestras tesis de restauración moral y política del país. Si usted no acepta estas condiciones, yo no podría permitir que la lista de su movimiento tenga vinculación alguna con mi candidatura presidencial".

No obstante el revés, dos días más tarde Ortega se reunió con mi padre y le presentó al político tolimense Alberto Santofimio Botero, jefe de un pequeño movimiento conocido como Alternativa Liberal, que también promovía una lista de aspirantes al Congreso. Tras una corta charla, acordaron que Ortega y mi padre se sumaran al grupo de Santofimio y mantuvieran sus candidaturas. Así ocurrió y sellaron la nueva alianza en un acto público en Medellín. Santofimio y Ortega subieron a la tarima vestidos de saco y corbata y con un clavel rojo en la solapa; mi padre —enemigo del formalismo—, asistió con camisa de manga corta y también lució un clavel.

Al día siguiente, el Movimiento de Renovación Liberal pagó por la publicación de un aviso en los periódicos regionales, en los que le dio la bienvenida a mi padre. "Apoyamos la candidatura de Pablo Escobar para la Cámara porque su juventud, su inteligencia y su amor por los desprotegidos lo hacen merecedor de la envidia de los políticos de coctel. Porque lo apoyan todos los liberales y conservadores del Magdalena Medio, ya que ha sido el Mesías de esta región".

La campaña tomó un nuevo aire y mi padre siguió recorriendo todos los rincones de Medellín y el Valle de Aburrá, hasta que llegó al barrio Moravia justo en el momento en que acababan de extinguir las llamas de un voraz incendio que arrasó decenas de casuchas de cartón construidas sobre un basurero maloliente e insalubre. Una vez allí, caminó por el sendero que recorrían los camiones de la basura y comprobó los daños que causó la conflagración. Ese mismo día regaló colchones, cobijas, y todo tipo de ayuda material de primera necesidad.

Las penurias de los habitantes de Moravia conmovieron de tal manera a mi padre, que se propuso sacarlos de ahí y regalarles casa gratis. Así nació Medellín sin Tugurios. Su plan consistía en construir quinientas viviendas y llegar a cinco mil unidades habitacionales en los siguientes veinticuatro meses.

Luego se propuso recolectar fondos para financiar la construcción de viviendas y organizó una corrida de toros en la plaza de la Macarena. El afiche del evento muestra que mi padre se la jugó a fondo para llenar el escenario: trajo los toros en avión desde Madrid, España, de la ganadería Los Guateles; contrató a los reconocidos toreros Pepe Cáceres y César Rincón e invitó a los rejoneadores Dayro Chica, Fabio Ochoa, Andrés Vélez y Alberto Uribe; también invitó a la reina y virreina de Colombia de 1982, Julie Pauline Sáenz y Rocío Luna, entre otras beldades elegidas en el reinado nacional de la belleza de Cartagena.

Toreros, rejoneadores y reinas asistieron de manera desinteresada porque la ciudadanía observaba que Medellín sin Tugurios había empezado a solucionar el drama de quienes perdieron todo en Moravia.

Además de esas actividades encaminadas a conseguir recursos, mi padre encontró en los narcos una fuente de financiación para su ambicioso proyecto. En esa época su oficina ya era la más famosa porque era la más productiva en el envío de cocaína y por eso no dudó en aprovechar esa bonanza, en la que muchos ganaban, para pedirles una cuota. Cada mafioso que llegaba a su oficina en busca de negocios era recibido con la siguiente frase:

—¿Con cuántas casas me va a colaborar para los pobres? ¿Con cuántas lo anoto? ¡Diga, pues!

Por ganar puntos con mi padre, casi todos los narcos accedieron a dar plata porque sus rutas les garantizaban el futuro económico. Claro, el temor también los llevaba a ser generosos en sus contribuciones. Según me dijo algún día, por cuenta de la mafia obtuvo recursos para construir cerca de trescientas viviendas.

A lo largo de su vida, mi padre nunca olvidó los nombres y los rostros de quienes se metían con él. Y en el caso de la decisión de Galán de marginarlo de la campaña a la Cámara, les puso a sus hombres la tarea de averiguar por qué razón actuó así. Lo supo en la primera semana de marzo, pocos días antes de la votación. Según averiguaron, el médico René Mesa fue quien le hizo saber a Galán que mi papá era en realidad un poderoso traficante de cocaína.

Mi padre quedó desconcertado porque conocía a Mesa desde hacía varios años y era muy cercano a su familia. Tanto, que fue quien practicó la autopsia de Fernando, hermano de mi padre, y de su novia Piedad, quienes murieron en un accidente de tránsito en Envigado en la quebrada La Ayurá en la madrugada del 25 de diciembre de 1977.

Él no perdonó la afrenta y le dio la orden al 'Chopo', uno de sus sicarios más letales, de asesinar a Mesa en su consultorio médico en Envigado.

Finalmente y tras una maratónica campaña, el 14 de marzo de 1982 mi papá resultó elegido representante a la Cámara. Ese día se reunió con Ortega y Santofimio en la sede del Movimiento de Renovación Liberal. Mi madre se quedó un buen rato allí, pero se fue para la casa porque el conteo de los votos demoró demasiado. Por teléfono, varias veces mi papá le fue contando del avance de la elección.

Una vez la Registraduría confirmó que mi padre había salido elegido representante suplente a la Cámara, mi madre empezó a pensar qué vestiría el día de la posesión, el 20 de julio siguiente.

Esa noche, él llegó efusivo a la casa y le dijo a mi madre:

—Prepárate para ser la primera dama de la nación.

Estaba eufórico y pasó buena parte de la noche hablando de sus proyectos, entre ellos crear universidades, construir hospitales, pero eso sí, gratuitos. En medio de la charla, mi padre dijo que el día de la posesión como congresista no quería usar vestido de paño y entraría al recinto del Congreso en camisa.

Una vez el Consejo Nacional Electoral avaló la legalidad de la elección, el entonces ministro de Gobierno, Jorge Mario Eastman, expidió la credencial que lo reconocía como representante suplente a la Cámara. El documento tenía un valor adicional: le otorgaba inmunidad parlamentaria.

Luego del triunfo en las elecciones, mi padre decidió que había llegado la hora de celebrar en grande antes de posesionarse como congresista. Y qué mejor que hacer un viaje a Brasil, sinónimo de mujeres, rumba y bellos paisajes.

El 12 de abril, viajamos más de veinte personas a Río de Janeiro en un vuelo comercial. Íbamos mi padre, mi madre, yo, mis tías maternas con sus maridos e hijos, mi abuela Hermilda, mis tíos, Gustavo Gaviria, su esposa e hijos y sus padres, Anita y Gustavo. El grupo era tan grande que para ir a cada lugar se necesitaba un bus y no se podía disfrutar mucho porque conseguir mesa en restaurantes y entradas a los *shows*, como el de Roberto Carlos, era todo un lío. A mi madre no le gustó semejante romería de personas.

De ese viaje quedó un chiste que todavía hoy mencionan en la familia y tiene que ver con que casi todas las parejas —incluidos mi padre y mi madre, por supuesto— regresaron peleados porque los hombres se escapaban a ver bailarinas y prostitutas en *shows* en vivo.

De regreso a Colombia y mientras el tráfico de coca seguía imparable, mi padre se metió de lleno en los temas políticos. Y como era característico en él, entró a jugar duro en la contienda electoral que se avecinaba.

Faltaban escasos cuarenta y cinco días para la elección de nuevo presidente de la República y la baraja de candidatos estaba compuesta por el liberal Alfonso López Michelsen —quien pretendía repetir periodo, pues había sido presidente entre 1974 y 1978—; el conservador Belisario Betancur Cuartas, el disidente Luis Carlos Galán, por el Nuevo Liberalismo y Gerardo Molina, del Frente Democrático, de corte izquierdista.

Fiel a la vieja costumbre de crear lealtades a punta de dinero camuflado como ayuda desinteresada, mi padre y otros mafiosos decidieron meter la mano en las campañas de López y de Betancur. Mi padre propuso que él daría dinero en la liberal y que Gustavo Gaviria y 'el Mexicano' lo hicieran en la conservadora.

Así, por medio del influyente ingeniero Santiago Londoño White, coordinador de la campaña liberal en Antioquia, mi padre, los hermanos Ochoa, Carlos Lehder y 'el Mexicano', se reunieron en una suite del hotel Intercontinental de Medellín con López, Ernesto Samper, director nacional de la campaña, Londoño y otros directivos liberales en Antioquia.

Londoño presentó a los capos como prósperos empresarios dispuestos a ayudar y acto seguido les ofreció boletas de la rifa de un carro para recaudar fondos con destino a la campaña. El candidato López estuvo escasos diez minutos en la reunión porque tenía que asistir a otra actividad proselitista en la ciudad y dejó al frente a Samper. Al final, mi padre y sus socios compraron boletas por un valor cercano a los cincuenta millones de pesos.

Tiempo después, cuando se filtró la noticia de que la campaña liberal había recibido dinero de la mafia, tanto López como Samper dieron versiones distintas sobre lo sucedido. Sin embargo, la realidad es la que acabo de contar porque mi padre me dio algunos detalles.

Prueba de la colaboración de mi padre a la campaña liberal es un texto que escribió cuando estuvo a punto de cristalizar su intención de tener su propio periódico, con el que les competiría a los diarios de Bogotá y a los regionales de Antioquia.

Se llamaba *Fuerza* y el número cero circuló entre sus amigos. En ese ejemplar aparece una columna de chismes políticos titulada "Estocada" y en uno ellos se hace referencia a una frase que pronunció mi padre en un foro sobre extradición: "Ernesto Samper Pizano atacó al doctor Santofimio dizque porque recibía dineros calientes. Pero Pablo Escobar manifestó a Samper Pizano en el foro contra la extradición que cuidado se le quemaban las manos con los veintiséis millones de pesos que recibió en la suite Medellín del hotel Intercontinental para su campaña política y además porque quería legalizar la marihuana. No se preocupe 'sampercito' que de todas maneras la marihuana es legal hermano".

Entre tanto, Diego, otro integrante de la familia Londoño White, quien se desempeñaba como tesorero de la campaña conservadora en Antioquia, fue encargado de gestionar la ayuda para la campaña de Betancur. Según contaron personas cercanas a mi padre, 'el Mexicano' pintó de azul su avión Cheyenne II y lo prestó al candidato para sus correrías por el país.

Pero la ayuda no solo fue en dinero. Mi padre y Gustavo contrataron numerosos buses para trasladar votantes liberales el día de los comicios, que se cumplieron el 30 de mayo de 1982. En aquel entonces la Registradudría cerraba la frontera de los municipios para evitar el voto múltiple y los dos se encargaron de llevar a las personas hasta los puestos de votación en Envigado y en el centro comercial Oviedo en Medellín.

Finalmente, la unión conservadora fue determinante en el triunfo de Betancur, quien fue elegido nuevo presidente con una diferencia de cuatrocientos mil votos sobre López, que perdió entre otras razones porque la disidencia de Galán le quitó muchos electores.

Dos meses después, el 20 de julio, mi padre asumió su curul. Él y mi madre arribaron al Capitolio a bordo de una lujosa limusina Mercedes Benz color verde militar que le prestó Carlos Lehder y perteneció al dictador italiano Benito Mussolini.

Mi madre llegó con un vestido rojo y negro de pana de Valentino, el famoso diseñador italiano, pero se veía preocupada porque mi padre estaba decidido a pasar por alto los exigentes protocolos de entrada al Congreso.

Él creyó que todo lo podía. Pero no pudo con el serio y exigente portero que no le permitió entrar sin corbata al Congreso, pese a que intentó por todos los medios obtener permiso. Después de media hora de insistencia no tuvo más remedio que ponerse la corbata que le prestó el portero.

De su posesión como representante quedó una imagen que siempre ha llamado la atención porque mi padre levantó la mano derecha e hizo una V en señal de victoria. Los demás alzaron la mano en señal de juramento.

Esa noche, hubo una gran cena familiar a la que se sumaron Santofimio, Ortega y Virginia Vallejo.

El 7 de agosto de 1982, mi padre asistió a la posesión de Belisario Betancur como presidente. Ese día, él y la mafia en general respiraron tranquilos cuando el nuevo jefe del Estado no mencionó la extradición en su largo discurso de posesión, pese a que en ese momento la justicia estadounidense ya había solicitado a algunos narcotraficantes, entre los que todavía no aparecían él y los otros grandes capos.

Con el poder político al alcance de las manos y un presidente decidido a enfocar su mandato en torno al indulto y amnistía de los grupos guerrilleros —M-19, FARC, EPL y ELN—, mi padre armó un nuevo viaje a Brasil. Esta vez, a diferencia de la excursión de abril anterior, su idea era invitar a sus amigos más cercanos, sin sus esposas.

Para organizar la logística del paseo, Gustavo Gaviria llamó a Río de Janeiro al médico cirujano Tomás Zapata, a quien había enviado a hacer un curso sobre trasplantes de pelo y cirugía plástica, pues estaba obsesionado con recuperar su cabellera.

Así, en la segunda semana de agosto viajaron doce hombres, solos, en dos aviones Lear Jet —uno de mi padre y otro alquilado— y en un Cheyenne Turbohélice —también de mi papá— llevaron las maletas. El grupo fue integrado por Jorge Luis y Fabio Ochoa, Pablo Correa, Diego Londoño White, Mario Henao, 'Chopo', 'Otto', 'la Yuca', Álvaro Luján, Jaime Cardona, Gustavo Gaviria y mi padre.

Una vez en Río, se hospedaron en el mejor hotel de las playas de Copacabana y cada uno en lujosas suites en el mismo piso. La última le correspondió a Jaime Cardona —un mafioso que entró al negocio de la coca antes que mi padre— y desde la primera noche la convirtieron en el lugar de diversión, del desorden; a esa suite llegaban hermosas mujeres contratadas en los mejores prostíbulos de la ciudad. Uno de los asistentes al viaje me contó que entre treinta y cuarenta mujeres entraban y salían todos los días de esa suite. Por cada servicio a las habitaciones, los meseros recibían un billete de cien dólares y por eso se peleaban por atender a los generosos turistas colombianos.

Como no había límite en el gasto y la consigna era regresar sin un solo dólar de los cien mil que había llevado cada uno, alquilaron seis automóviles Rolls Royce que había en la ciudad y no tuvieron pudor alguno en ir al estadio Maracaná y entrar en los vehículos hasta la gramilla por el túnel por donde ingresan los futbolistas. Ese día jugaban Fluminense y Flamengo por el torneo local. Al día siguiente, un diario local publicó una reseña en página interior sobre la visita de una delegación de políticos y prestantes empresarios de Colombia que viajaron a conocer Brasil. Fue en ese viaje que mi padre trajo ilegalmente una hermosa y costosa lora azul para la hacienda Nápoles.

Semanas después de regresar de Brasil, mi padre recibió un encargo de la Cámara de Representantes: integrar la comitiva oficial que presenciaría la jornada electoral que elegiría nuevo jefe de Gobierno en España. Viajó el 25 de octubre con Alberto Santofimio y Jairo Ortega en la primera clase del vuelo de Avianca que hacía la ruta Bogotá, San Juan, Madrid. Tres días después se produjo el arrollador triunfo de Felipe González, candidato del Partido Socialista Obrero Español, Psoe, quien habría de gobernar doce años, hasta 1996.

Mi padre se veía contento y empacó con mi madre la misma ropa de siempre, pero incluyó algo distinto: unos zapatos que le trajeron de Nueva York que tenían un tacón oculto y lo hacían ver un poco más alto.

No conozco los detalles y tampoco nunca hablamos de ese tema, pero la relación de mi padre con Virginia Vallejo habría de terminar mal.

Recuerdo haberla visto en una ocasión en la portería de la hacienda Nápoles, pero no la dejaron entrar porque supo que ella le llevaba la delantera en cuanto a infidelidades se refiere. La presentadora pasó horas enteras llorando en la entrada, suplicando que la dejaran pasar. Pero la orden ya estaba dada. Y esa sería la última vez que estuvo cerca de mi padre.

Así, a finales de 1982 mi papá debió pensar que ya se había asegurado un espacio en la política colombiana. Pero estaba equivocado. Creyó erróneamente que podría traficar y al mismo tiempo incidir en la vida política del país, desde el Congreso. El año siguiente le demostraría que el aparato del Estado era superior a él. Pero no estaba dispuesto a aceptarlo.

▲ En una campaña relámpago, en 1982 mi padre fue elegido representante suplente a la Cámara.

▲ Mi padre permaneció más de un año en el Congreso. Pero las acusaciones por narcotráfico lo forzarían a retirarse de la política.

◀ El movimiento político de Alberto Santofimio recibió a mi padre cuando Luis Carlos Galán lo marginó del Nuevo Liberalismo.

◀ En plena campaña política mi padre creó Medellín sin tugurios. La idea era construir tres mil viviendas para familias pobres. Para conseguir recursos organizó una gran corrida de toros en la plaza de La Macarena.

◄ ▲ En 1982 mi padre entró de lleno a la política. Creyó que desde el Congreso podría hacer grandes cambios. Ese fue su gran error.

CAPÍTULO 12

PREFERIMOS
UNA TUMBA EN COLOMBIA

"¿Quién es don Pablo, esa especie de Robin Hood paisa que despierta tanta excitación entre centenares de miserables que reflejan en sus rostros una súbita esperanza, que no es fácil de explicar en medio de ese sórdido ambiente?".

"(...) El solo hecho de nombrarlo produce todo tipo de reacciones encontradas, desde una explosiva alegría hasta un profundo temor, desde una gran admiración hasta un cauteloso desprecio. Para nadie, sin embargo, el nombre de Pablo Escobar es indiferente".

Esta descripción de mi padre apareció publicada el 19 de abril de 1983 en la carátula de la revista *Semana*, que por aquella época empezaba a despuntar como la más influyente de Colombia. El artículo dio a conocer al Pablo Escobar benefactor de los pobres y a la vez al dueño de una incalculable fortuna de origen no establecido.

—Mi amor, ¿viste los mitos que construyen los medios de comunicación? Ojalá yo fuera Robin Hood para hacer más cosas buenas por los pobres —dijo mi padre al comentar la publicación que años después sería referencia obligada cuando hablaran de él.

Al día siguiente, en una entrevista para un noticiero local, mi padre se refirió al artículo y sostuvo que "es un calificativo bastante interesante porque quienes conocen la historia de Robin Hood saben que luchó y que salió en la defensa de las clases populares".

En realidad el artículo de *Semana* reveló la existencia de mi padre justo en el momento de su mayor esplendor. Ya era multimillonario. La hacienda Nápoles era lo que había soñado. El tráfico de cocaína iba viento en popa. No tenía procesos penales por los cuales preocuparse y ya no había rastro del que existía desde 1976. Además, era congresista y se codeaba con la crema y nata de la clase política de todo el país.

Y para redondear su buen momento, acababa de salir publicada una encuesta en la que el papa Juan Pablo II, el presidente de Estados Unidos, Ronald Reagan y él eran los personajes más conocidos por el público. Cuando se sentaba a ver los noticieros de televisión nos preguntaba qué habían dicho de Reagan, del Papa, o de él.

Inquieto por cumplir un buen papel como representante a la Cámara, empezó a leer una cartilla básica sobre economía y devoró varias biografías del nobel de literatura Gabriel García Márquez, por si los periodistas le preguntaban de esos dos temas. Y para estar enterado minuto a minuto de lo que ocurría, contrató una persona para que grabara todas las emisiones de los noticieros de radio y televisión y le hiciera un resumen de las noticias más importantes.

Cualquier persona estaría satisfecha frente a un panorama tan alentador. No mi padre, que justo el día en que *Semana* lo pintó como un Robin Hood, había puesto en marcha un macabro plan para vengarse del Nuevo Liberalismo por haberlo marginado de la campaña al Congreso.

Como Luis Carlos Galán tenía una hoja de vida intachable y no era fácil hacerlo caer en una trampa, mi padre supo que su segundo a bordo, el senador huilense Rodrigo Lara Bonilla, era más fácil de atacar.

Así, por instrucciones de mi padre, un viejo aliado suyo, el ex convicto narcotraficante Evaristo Porras, simuló ser un empresario interesado en colaborar con la causa galanista y obtuvo una cita privada con Lara. Para completar la encerrona, mi padre le dijo a Porras que pusiera una grabadora en un lugar discreto para dejar registro del encuentro.

Lara y Porras se reunieron en una habitación del hotel Hilton de Bogotá, el mismo lugar donde años atrás mi padre se hospedó cuando competía en la Copa Renault. Era el martes 20 de abril de 1983. Hablaron por más de media hora y al final el mafioso ofreció la ayuda económica anunciada y giró un cheque por un millón de pesos a nombre de Lara.

Una vez terminaron la reunión, Porras fue donde mi padre y le contó los pormenores de su charla con Lara. Tenían el cheque, pero cuando quisieron escuchar la conversación se dieron cuenta de que Porras puso mal la grabadora y no se escuchaba nada.

Con semejante as bajo la manga, mi papá continuó asistiendo a la Cámara de Representantes, pero ya era claro que Galán y Lara eran una piedra en el zapato para sus intereses políticos y que con ellos, más temprano que tarde, habría una confrontación.

Mientras tanto, los siguientes fines de semana mi padre se mantuvo muy activo en Medellín inaugurando canchas de fútbol y escenarios deportivos construidos con su dinero. El 15 de mayo hizo el saque de honor ante doce mil espectadores que asistieron al primer partido en la cancha del barrio Tejelo, en la comuna cinco, al noroccidente de la ciudad. Y en junio siguiente inauguró la nueva cancha de Moravia con un partido entre las reservas del Club Atlético Nacional y jugadores del barrio.

Como no hay plazo que no se cumpla, en los primeros días de agosto de 1983 el presidente Betancur produjo el primer remezón ministerial de su Gobierno y designó a Rodrigo Lara Bonilla como ministro de Justicia. Como él esperaba, los primeros anuncios del brioso funcionario estuvieron dirigidos contra los carteles de la droga y específicamente contra mi padre y otros pocos narcos, pero nunca mencionó que Medellín era cuna de una gran cantidad de mafiosos con enorme poder económico. También señaló que el fútbol había sido infiltrado por los dineros calientes del narcotráfico.

Ante semejante andanada de acusaciones, mi padre decidió contraatacar y a través de Jairo Ortega y el también representante

Ernesto Lucena Quevedo —aliado político de Alberto Santofimio—, citaron al ministro Lara a un debate sobre 'dineros calientes'.

Lo que se proponían hacer en realidad era dar a conocer la existencia del cheque del millón de pesos que Lara recibió de Porras. Minutos antes de que el ministro entrara al recinto de la Cámara, pusieron copias del cheque encima de los escritorios de los representantes; Carlos Lehder llegó acompañado de una nutrida barra y se sentó en una de las cabinas asignadas a los periodistas; mi padre se hizo a un costado del salón elíptico.

La encerrona puso en serios aprietos a Lara, que lució desconcertado en el debate y finalmente tuvo que reconocer que recibió el cheque.

De regreso del debate a Medellín y mientras el Gobierno se esforzaba por sostener a su ministro, mi padre se encontró en nuestra casa con mi abuela Nora, que como siempre se mostró muy dura.

—Mijito, el que tiene rabo de paja no se acerca a la candela.

—No, suegra, tranquila que nada va a pasar.

—Usted es muy cabeza de mármol y no está pensando en su familia.

Lo cierto es que mi padre le cogió mucha bronca al ministro y se ponía furioso cuando lo veía en los noticieros de televisión hablando mal de él. Cada frase que decía Lara él la respondía y le daba una palmada a la pantalla.

En un par de ocasiones mi padre llegó a la casa y observó que mi madre veía el noticiero, con cara de tragedia.

—No mire esas cosas —le dijo mi papá y apagó el televisor.

No obstante el aparente éxito de la estrategia para enlodar al ministro de Justicia, que se veía en aprietos para sostenerse en el cargo, el 25 de agosto, una semana después del debate, el diario *El Espectador* habría de propinarle un golpe demoledor a mi padre.

En la primera página apareció publicada una noticia que recordaba que en marzo de 1976 mi padre y otras cuatro personas habían sido detenidas con diecinueve libras de pasta de coca. De nada sirvió que él hubiera pagado por desaparecer los expedientes judiciales del caso y ordenado asesinar a los investigadores del DAS que hicieron la investigación. El archivo del periódico bogotano dejó al descubierto que el representante Escobar era un narcotraficante.

Mi padre entró en cólera, pues se le cayó su castillo de naipes, se sintió descubierto; estaba convencido de que había desaparecido el expediente judicial que lo señalaba, pero se le olvidó borrar el archivo del diario.

Desde ese momento mi padre comenzó a maquinar la idea de asesinar al director del periódico, pero lo primero que hizo fue enviar a todos sus hombres a comprar los ejemplares antes de que llegaran a los expendios en Medellín. Lo logró, pero el daño ya estaba hecho porque los demás medios de comunicación replicaron la noticia de *El Espectador* y tampoco valió de nada su enérgica afirmación de que "mi dinero no tiene vínculos con el narcotráfico". Contrario a lo que había pensado, su intento de impedir que el diario circulara en el Valle de Aburrá lo que hizo fue generar mayor interés de la opinión y de los medios de comunicación de todo el país.

Uno de sus hombres de confianza me contó que se le transfiguró la cara de la furia cuando vio su foto publicada y se culpó porque le había causado una gran desilusión a la gente que creía en él.

Normalmente, mi padre actuaba con mucha calma para pensar e idear sus crímenes y nunca se dejaba ver fuera de sus casillas, ni decía palabrotas en los peores momentos. Pero ese día culpó a Guillermo Cano de su derrota política.

Por primera vez, se vio en una encrucijada y en un intento por defenderse denunció a Lara por calumnia y lo conminó a mostrar las pruebas en su contra por narcotráfico; además citó a los periodistas en el Congreso y les mostró su visa vigente de entrada a Estados Unidos.

Mientras la opinión seguía enfrascada en el debate de los dineros calientes, en los primeros días de septiembre mi madre nos dio la buena noticia de que finalmente había quedado embarazada después de seis años de intentos fallidos, tres abortos y un embarazo ectópico (el óvulo fertilizado se implantó fuera del útero).

Justo por esos días algunas revistas sensacionalistas publicaron artículos en los que se mencionaba la relación de mi padre con la presentadora Virginia Vallejo e incluso aseguraban que se casarían pronto. Las publicaciones enfurecieron a mi madre, que se peleó con mi padre y él se fue de la casa durante veinte días. Pero volvió a llamarla.

—Mi amor, quiero que sepas que eres muy importante para mí, eres la única mujer que quiero. Lo que pasa es que los periodistas, las revistas y la gente nos tienen envidia y nos quieren dañar el matrimonio. Quiero volver contigo y estar a tu lado por siempre —le dijo varias veces y acto seguido enviaba flores con una tarjeta y la misma frase: "Nunca te cambiaré por nada ni por nadie".

A cada llamada, mi madre respondía que no se preocupara, que ella no sería la única mamá que no tendría a su marido al lado. Y le pedía que continuara su camino, que ella seguiría el suyo. Pero él insistió y un domingo en la noche llegó de sorpresa con cara triste y mi madre no tuvo corazón para rechazarlo. Lo dejó entrar de nuevo a la casa.

Pero el carrusel de las malas noticias no se detuvo y el escándalo en torno a mi padre, lejos de amainar, recrudeció. El juez Décimo Superior de Medellín, Gustavo Zuluaga, reabrió la investigación por la muerte de los detectives del DAS que lo detuvieron cinco años atrás y la embajada estadounidense le canceló la visa. Y como si fuera poco, el 26 de octubre la plenaria de la Cámara le levantó la inmunidad parlamentaria.

Aun cuando la estantería de mi padre amenazaba con venirse abajo, él intentó mantener el orden dentro de la familia. Todavía no había decisiones judiciales en su contra y ese fin de año de 1983 todos fuimos a Nápoles.

Con la reputación por el suelo y la curul de congresista perdida, finalmente, el 20 de enero de 1984, mi padre decidió marginarse para siempre de la actividad pública. Lo hizo mediante una carta en la que criticó duramente a los políticos: "Seguiré en lucha franca contra las oligarquías y las injusticias, y contra los conciliábulos partidistas, autores del drama eterno de las burlas al pueblo, y menos aún los politiqueros, indolentes en esencia ante el dolor del pueblo y arribistas de siempre cuando se trata de la partija burocrática".

Un hombre amigo de toda su confianza al que le decían Neruda —que le ayudaba a redactar sus discursos y declaraciones a la prensa— revisó el texto final del mensaje que él mismo escribió.

Salir de la política por la puerta de atrás golpeó muy duro a mi papá, pues siempre estuvo seguro de que desde el Congreso podría hacer algo por los más pobres. En las siguientes semanas regresamos a Nápoles y retomó sus antiguas actividades en el negocio del narcotráfico.

Pero no contaba con que el ministro de Justicia, ahora de la mano de la Policía Antinarcóticos y la DEA, seguía empeñado en golpear la estructura mafiosa que amenazaba con apoderarse del país.

En efecto, en la mañana del lunes 12 de marzo de 1984 mi padre escuchó en la radio la noticia de que el narcotráfico había sido duramente golpeado con el allanamiento de un complejo coquero conocido como Tranquilandia en las selvas del Yarí, al sur del departamento de Caquetá.

El ministro Lara y el coronel de la Policía Jaime Ramírez —quien dirigió la operación— informaron que el cartel de Medellín había construido en ese lugar numerosos laboratorios en los que procesaba pasta de coca a gran escala. En otras palabras, dijeron, la mafia logró concentrar en un solo sitio todas las fases del negocio.

Tranquilandia tenía una pista de aterrizaje de mil quinientos metros que operaba las veinticuatro horas del día y una planta de energía que suministraba luz suficiente para las cocinas donde se procesaba la pasta de coca. En la práctica, allí funcionaba un puente aéreo a donde llegaban aeronaves de gran tamaño a traer los insumos, al tiempo que potentes aviones salían repletos de cocaína ya empacada. Unas cincuenta personas vivían allí, veintisiete de las cuales fueron detenidas y trasladadas a la ciudad de Villavicencio.

La verdad, nunca hablé con mi papá de ese tema y por años pensé que él, Gustavo Gaviria y 'el Mexicano' habían construido ese complejo de laboratorios. Incluso, en 2009, en el documental "Pecados de mi padre", que yo protagonicé, aparecen las imágenes de la ocupación de Tranquilandia y se señala a mi papá y al 'Mexicano' como dueños de esa narcociudadela.

Sin embargo, al cabo de numerosas charlas que sostuve con varias personas que estuvieron con mi padre por aquella época, me quedó la certeza de que ni él, ni Gustavo, ni 'el Mexicano' tuvieron que ver con Tranquilandia. ¿Por qué? Porque mi papá estaba cansado de las cocinas y los laboratorios donde se procesaba la pasta de coca debido a la alta accidentalidad y a los cada vez más elevados costos de transporte de los insumos químicos. Con todo, el complejo coquero sí pertenecía a otros narcos que tenían algunos negocios con mi padre y por eso el Gobierno anunció que Tranquilandia era del cartel de Medellín.

El complejo coquero desapareció, pero un episodio ocurrido en un laboratorio de procesamiento de coca del 'Mexicano' en el Magdalena Medio daría lugar al surgimiento de dos largas y cruentas guerras: la del 'Mexicano' y las Farc, que luego derivaría en la persecución de los paramilitares a la Unión Patriótica, UP, el grupo político que nacería de los intentos de paz entre el Gobierno Betancur y las Farc.

La historia de este conflicto indica que un frente de las Farc robó treinta kilos de cocaína ya procesada y asesinó a un vigilante, un humilde hombre que resultó ser primo del 'Mexicano'. El capo había llevado a trabajar a su pariente desde su tierra, en la localidad de Pacho, al norte del departamento de Cundinamarca. Alguna vez mi padre comentó que donde Gonzalo Rodríguez tenía un kilo de cocaína ahí estaba un 'pachuno' para cuidarlo.

'El Mexicano' no perdonó la afrenta y les declaró la guerra a las Farc. En todo el país. Donde operaba un frente guerrillero, él montaba grupos pequeños de hombres armados. No le importaba cuánto dinero tenía que invertir. Así nació el paramilitarismo financiado por el narcotráfico, al que luego se sumaron empresarios y ganaderos agobiados por la extorsión y el secuestro.

Mi padre intentó varias veces convencer al 'Mexicano' de cesar la confrontación con las Farc con el argumento de que era mejor negociar porque estaba convencido de que narcos y guerrilleros podían convivir en paz y respetarse sus territorios. Pero Rodríguez Gacha, igual que mi padre, no escuchaba consejos de nadie.

—Dígales que usted es dueño de acá para allá y que no se le metan ahí; y que de ahí para allá ellos hagan lo que les dé la gana —le dijo alguna vez al 'Mexicano', pero no le hizo caso.

Carlos Castaño se convertiría más adelante en el socio de fechorías ideal para 'el Mexicano' porque ambos se propusieron exterminar a la izquierda de Colombia a como diera lugar.

Es que el poder militar del 'Mexicano' era enorme. Tanto, que mi papá prefería ir a visitarlo a sus fincas en Pacho porque cada vez que llegaba de visita a Nápoles iba escoltado por no menos de doscientos hombres armados; la logística de sus desplazamientos era compleja y mi papá sentía que eso le 'calentaba' la finca. En una ocasión le dijo que se encontraran para hablar, pero que no llevara tanto guardaespalda. 'El Mexicano' respondió:

—Compadre, no me pida eso que yo siempre ando así.

Mientras 'el Mexicano' empezaba a 'guerrear' con las Farc, mi padre decidió que debía ponerle fin al desafío del ministro de Justicia, que cada vez más arreciaba sus declaraciones y señalamientos en su contra. Según me contaron, una vez se convenció de que el funcionario no dejaría de atacarlo ordenó que lo asesinaran.

'Chopo', 'Yuca', 'Pinina', 'Otto', 'Trompón' y 'Pocillo', fueron convocados por mi padre para ejecutar el atentado, que según se le ocurrió debía ser desde una ambulancia. Así, una camioneta con esas características fue modificada en un taller de latonería, donde le pusieron varias láminas metálicas para protegerla de las balas y le hicieron cuatro orificios en cada costado. Luego la pintaron con los emblemas de la Cruz Roja.

—Se nos va a venir el mundo encima pero hagámosle. A ese no se la rebajo —les dijo mi padre a sus hombres cuando el complot para matar a Lara estaba listo.

Contrario a lo que siempre sostuvo la familia de Lara, en el sentido de que mi padre lo amenazó muchas veces con llamadas telefónicas y seguimientos, lo cierto es que él era enemigo de las advertencias. Consideraba que la intimidación se traducía en reforzamiento de los esquemas de seguridad. Al ministro lo odiaban muchos otros narcos y cada uno por su lado lo amenazaba sin pedir permiso.

Los sicarios viajaron a Bogotá, se hospedaron por separado en hoteles de mala muerte en el centro y empezaron a seguir al funcionario. Al cabo de varios días supieron que Lara tenía asignado un automóvil Mercedez Benz blanco sin blindaje y era escoltado por dos camionetas con cuatro detectives del DAS. También establecieron las rutas que utilizaba el conductor para ir desde el Ministerio hasta la casa del funcionario en el norte de Bogotá y viceversa.

A mediados de abril de 1984, el plan criminal estaba listo y los sicarios de mi padre empezaron a buscar la mejor oportunidad para asesinar a Lara desde la ambulancia. No obstante, intentaron atacarlo y fallaron en tres ocasiones, por falta de pericia del conductor. Enterado, mi papá consideró que la operación estaba en riesgo y ordenó repintar la ambulancia y convertirla en repartidora de flores. Pero hizo un cambio en el plan y reforzó el grupo con dos sicarios en una motocicleta.

'Pinina' se encargó de conseguir dos 'muchachos' y se fue a su antiguo barrio Lovaina, en el nororiente de Medellín, entonces cuna de sicarios y uno de los sectores más peligrosos de la ciudad. Allí contrató a Byron Velásquez Arenas y a Iván Darío Guisao, pero no les dijo que el encargo consistía en asesinar a un ministro sino a un personaje importante que se movilizaba en un automóvil blanco.

—Hermano, hay una vuelta la hijueputa por si se quieren ganar un billete grande. La cosa es en Bogotá —me contaron que les dijo 'Pinina', que para entonces ya tenía reputación como uno de los mejores bandidos de mi padre.

Con el operativo en marcha, en una ocasión los sicarios parquearon la camioneta repartidora de flores muy cerca del Ministerio a esperar la salida de Lara. De repente, los desprevenidos escoltas del funcionario se recostaron en uno de los costados del vehículo, sin saber que en su interior estaban ocultos los sicarios, armados con fusiles AR-15.

Finalmente, en la noche del 30 de abril de 1984, el falso vehículo de transporte de flores con cuatro hombres a bordo, más el chofer y un acompañante, y la motocicleta con Velásquez y Guisao, salieron en busca de Lara, que como siempre salió de su oficina y se dirigió al norte de Bogotá, rumbo a su casa. Según me contaron después de muchos años, el plan era que la camioneta debía situarse frente al automóvil del ministro y balearlo a través de los orificios abiertos en los costados. La moto se haría atrás para repeler a los escoltas del ministro.

No obstante, el espeso tráfico en la ciudad forzaría un cambio en la maniobra porque de un momento a otro el vehículo con los sicarios quedó atrapado en un trancón y solo la motocicleta se mantuvo detrás del objetivo.

Sin pensarlo dos veces, Guisao, quien iba de parrillero, armado con una ametralladora mini Uzi calibre 45 milímetros, le dijo a Byron que continuaran, que los dos podrían cumplir la orden de asesinar al hombre que viajaba en el Mercedes Benz blanco.

Así sucedió y a la altura de la calle 127 la motocicleta logró ubicarse en el costado derecho del automóvil y justo en ese momento Guisao hizo las ráfagas que mataron al alto funcionario del Estado. Eran la siete y treinta y cinco de la noche.

De acuerdo con la instrucción que les había dado mi padre, ninguno de los sicarios tendría comunicación entre sí una vez la 'vuelta' resultara exitosa. Sabían en qué lugar de Bogotá encontrarse para viajar inmediatamente a Medellín.

Esa noche yo estaba en el apartamento de Altos, donde vivía mi abuela Nora. Me acerqué a ver qué pasaba pues mi abuela y mi madre lloraban abrazadas frente al televisor y comentaban que algo muy triste y muy grave había acabado de pasar.

Tras el crimen, la desbandada fue total. Por primera vez, el Gobierno le declaró la guerra total al tráfico de drogas, que incluyó la persecución a los capos, la incautación de sus bienes y la extradición a Estados Unidos.

Después de ver los noticieros, mi madre —con ocho meses de embarazo— y yo fuimos a escondernos donde un pariente lejano y allí habríamos de permanecer dos semanas mientras mi padre enviaba por nosotros.

Entre tanto, mi papá y varios de los sicarios que participaron en el crimen de Lara —entre ellos 'Pinina' y 'Otto'— se dirigieron muy temprano al corregimiento La Tablaza, en el municipio de La Estrella, donde los recogió un helicóptero para llevarlos a Panamá. Al mismo tiempo y desde un sitio conocido como la variante de Caldas, otro helicóptero recogió a la familia de Gustavo Gaviria.

Sin embargo, a esa aeronave se le rompió el tanque de gasolina en pleno vuelo y debió aterrizar de emergencia en la selva, lejos de la frontera colombo-panameña. Estuvieron perdidos varios días hasta que llegaron a un caserío donde les brindaron ayuda.

Pocos días después llegó de improviso un mensajero de mi padre y nos dijo que al día siguiente nos recogería un helicóptero en un potrero lejano dentro del municipio de la Estrella. Esa noche, mi madre alistó una maleta pequeña en la que metió unas pocas prendas de ropa para ella y para mí. También incluyó ropita para niño porque ella y mi padre pensaban que tendrían otro barón. Al día siguiente, cuando llegamos a lugar del encuentro, nos presentaron a un médico que viajaría con nosotros y llevaba equipos quirúrgicos por si el parto de mi madre se adelantaba.

Dos horas y media después y luego de un viaje tranquilo, el piloto aterrizó en un claro en la selva donde nos esperaba una camioneta. Estábamos en la frontera con Panamá. Ahí nos pusimos ropa de playa para no despertar sospechas y de inmediato nos dirigimos a Ciudad de Panamá, al apartamento de un amigo de mi padre donde las primeras tres noches dormimos en colchonetas.

Ahí supimos que el asesinato de Rodrigo Lara había producido la desbandada de los principales capos del narcotráfico de Colombia y que en Panamá ya se encontraban, aparte de mi padre y Gustavo Gaviria, Carlos Lehder, los hermanos Ochoa y los hermanos Rodríguez Orejuela, jefes del cartel de Cali.

Del apartamento al que llegamos inicialmente nos pasamos a una casa vieja, húmeda y calurosa en el casco antiguo de la ciudad; era horrible: la ducha estaba repleta de hongos y el agua se estancaba y había que bañarse en pantuflas; además y por pura precaución, durante la primera semana solo comimos pollo de KFC que mi padre hacía traer con uno de sus muchachos.

Uno de esos días, mi madre contactó a un ginecólogo panameño, que llegó a la casa a examinarla. Luego de las pruebas de rigor, el especialista nos sorprendió con la noticia de que mi madre esperaba una bebé. Pese al dictamen, mi madre se quedó con una gran duda porque los chequeos en Medellín siempre señalaban que tendría un niño. Mi Papá se puso feliz con la sorpresa.

Entonces nos vimos abocados a buscar un nombre para mi hermana y yo propuse Manuela en recuerdo de mi primera novia, una de mis compañeras en el colegio Montessori donde estudié algún tiempo antes de retirarme porque así nos lo impuso la clandestinidad.

—Usted le responde a su hermana cuando crezca si no le gusta ese nombre —dijo mi padre al aceptar el nombre de Manuela.

El 22 de mayo, tres días antes del nacimiento de mi hermana, nos pasamos a otra casa, esa sí lujosa y confortable, propiedad del entonces hombre fuerte de Panamá, el general Manuel Antonio Noriega.

Aunque veíamos muy poco a mi padre, al parecer las cosas iban mejorando porque Noriega envió varios policías a cuidarnos en varios turnos y ya pudimos tener un poco más de libertad.

Por esos días mi padre me regaló una motocicleta Honda de cincuenta centímetros cúbicos, pero como no había quién me acompañara a manejarla le ordenó a 'Arete' —uno de sus hombres que permanecía en Medellín— que viajara a Ciudad de Panamá a estar conmigo. A partir de ahí, 'Arete' se vestía de blanco y salía todas las mañanas a trotar mientras yo manejaba la moto.

Años después, en una larga conversación, le pregunté a mi padre cuál había sido en realidad la relación que él y sus socios en el cartel de Medellín sostuvieron con Noriega.

Me dijo que se trataba de una larga historia que comenzó en 1981, cuando él conoció a Noriega y le dio cinco millones de dólares en efectivo a cambio de permitir la instalación de varias cocinas de procesamiento de pasta de coca en el Darién panameño y de facilitar operaciones de lavado de dólares en los bancos. Noriega se comprometió a 'dejar trabajar' sin poner obstáculos, pero aclaró que no sería socio en el tráfico de cocaína.

Sin embargo, el general Noriega incumplió y meses después de recibir el dinero y de estar en funcionamiento varios laboratorios montó una operación militar en la que destruyó las cocinas, detuvo a cerca de treinta personas y decomisó un Lear Jet y un helicóptero de mi padre.

Según mi papá, furioso, le envió un mensaje amenazante a Noriega y lo conminó a devolverle el dinero o mandaría a matarlo. Debió asustarse porque casi de inmediato reintegró dos millones de dólares y se quedó con tres.

Aun cuando la relación con Noriega se hizo distante, para resarcir el daño permitió la presencia de mi padre y de los demás mafiosos en Panamá después de la muerte de Lara. Por eso llegamos a una de sus casas en la ciudad. Con todo, mi padre no confiaba en el militar panameño y por eso nuestra permanencia allí no podía ser indefinida.

El proceso electoral en Panamá habría de darle a mi padre la oportunidad para buscar una solución a la crisis desatada en Colombia por el asesinato del ministro de Justicia. Justo por esos días los medios de comunicación locales dieron a conocer la noticia de que el ex presidente Alfonso López Michelsen y los ex ministros Jaime Castro, Felio Andrade y Gustavo Balcázar asistirían como veedores de la elección presidencial que se desarrollaría en mayo de ese año.

Mi padre llamó a Medellín a Santiago Londoño White, tesorero de la campaña presidencial de López dos años atrás, y le pidió buscar un encuentro con el ex mandatario durante su permanencia en esa ciudad. Para agilizar las cosas le sugirió hablar con Felipe, hijo del ex mandatario y dueño de la revista *Semana*, para que este se comunicara con su padre y le transmitiera su propuesta. Londoño hizo las llamadas pertinentes y horas después el ex presidente López aceptó reunirse con mi padre y con Jorge Luis Ochoa en el hotel Marriott.

Horas antes de salir hacia el lugar de la entrevista, mi padre le contó a mi madre, aunque no le dio detalles.

—Tata —así le decimos a mi madre— vamos a ver cómo arreglamos este problema. Vamos a una reunión con el ex presidente López.

En el encuentro en 1984 con López Michelsen, mi padre y Jorge Luis ofrecieron que los narcotraficantes estaban dispuestos a entregar las pistas de aterrizaje, los laboratorios, las flotas de aviones, las rutas a Estados Unidos y a erradicar los cultivos ilícitos, es decir, a acabar el negocio a cambio de purgar penas de cárcel razonables si la justicia los hallaba responsables de delitos y, lo más importante, la no extradición a partir de la firma del pacto. López escuchó el planteamiento y se comprometió a buscar la manera de enterar al Gobierno.

De regreso a la casa, mi padre, parco, le dijo a mi madre:

—El ex presidente López va a hablar con el Gobierno; esperamos que haya una negociación.

Mi padre supo inmediatamente que el ex mandatario viajó de Panamá a Miami, donde se reunió con el ex ministro de Comunicaciones Bernardo Ramírez, amigo personal del presidente Betancur y le dio a conocer todos los detalles de su encuentro. La propuesta no cayó en el vacío porque el Gobierno le pidió al procurador general, Carlos Jiménez Gómez, que escuchara a los mafiosos en Ciudad de Panamá.

Mientras el procurador precisaba la fecha de viaje, el 25 de mayo nació mi hermana Manuela. Mi papá, Gustavo Gaviria y yo estábamos en la casa de Noriega cuando una llamada anunció que mi madre estaba en trabajo de parto. Mi padre manejó a alta velocidad hasta el hospital, donde nos pidieron esperar en una sala. Él se veía nervioso y Gustavo le daba ánimos. El tiempo de espera se hizo eterno, hasta que salió un médico, felicitó a mi padre por la hermosa bebé recién nacida, dijo que las dos estaban bien y nos autorizó a entrar a verlas. Nos dirigimos al ascensor y cuál sería nuestra sorpresa cuando una enfermera llevaba a una recién nacida que tenía una pulsera con el nombre de Manuela Escobar. A mi papá se le iluminó la cara cuando la vio. Luego llegamos a abrazar a mi madre, que se notaba muy dolorida y pálida. Aprovechamos el momento y Gustavo nos tomó una foto a los cuatro integrantes de la familia.

Al día siguiente, 26 de mayo, llegó el procurador Jiménez Gómez y se reunieron en el hotel Marriott. Mi padre y Jorge Luis Ochoa reiteraron la propuesta planteada a López. Al final de la charla, el alto funcionario se comprometió a llevársela al presidente Betancur. Pero el plan se frustró porque pocos días después el diario *El Tiempo* publicó la noticia del encuentro en Panamá.

Lo cierto es que esa fue la única y última vez que Colombia tuvo en sus manos la posibilidad real de desmontar el noventa y cinco por ciento del negocio de narcotráfico. Pero la filtración de los contactos echó por tierra esa oportunidad.

Rota cualquier opción de acercamiento al Gobierno, pasaron los días hasta que mi padre llegó agitado en la primera semana de junio y nos dijo que tocaba salir corriendo de la casa donde estábamos alojados.

—No podemos correr con una bebé. A usted, Tata, no la puedo dejar aquí ni enviarla a Colombia. La única salida que tenemos es enviar a Manuela a Medellín. Allá la cuidarán porque no sabemos si vamos a dormir en la selva, o al lado de un lago, o si va a haber o no comida para la bebé. Así que no tenemos muchas opciones, no podemos huir con una bebé al lado si tenemos que seguir corriendo.

Para mi madre fue muy doloroso abandonar a su pequeña hija de escasas semanas de nacida. Y como yo era más grande —tenía siete años— no contemplaron la posibilidad de enviarme de regreso a Colombia, pues mi padre consideró que yo estaba más seguro a su lado.

Mi madre se llenó de nostalgia y lloró a cántaros cuanto tuvo que entregarle la niña a Olga, la enfermera, que viajaría a Medellín con uno de los hombres de confianza de mi padre.

¿Por qué el repentino afán de mi padre de salir de Panamá, al extremo de enviar de regreso a Colombia a su hija de quince días de nacida? Un día le pregunté y me contó que la prematura filtración del encuentro con López y el procurador los puso en evidencia en Colombia y en Estados Unidos y por eso temió que fueran a buscarlos para detenerlos. Además, existía el riesgo cierto de que Noriega lo traicionara nuevamente.

Ese nuevo escenario fue el que llevó a mi padre a buscar un plan B y para eso echó mano de los viejos contactos que había dejado en el M-19 en Medellín, cuando sucedió el secuestro de Martha Nieves Ochoa. Mi padre sabía que el grupo guerrillero y el nuevo régimen sandinista de Nicaragua tenían afinidades políticas e ideológicas y les pidió explorar la posibilidad de instalarse en ese país.

En pocos días recibió un mensaje del M-19 según el cual algunos integrantes de la junta de Gobierno nicaragüense estaban dispuestos a acogerlo a él, a otros capos y a sus familias, a cambio de ayuda económica para enfrentar el bloqueo impuesto por Estados Unidos. El acuerdo incluía el permiso para utilizar algunas regiones de Nicaragua como plataforma para continuar el tráfico de cocaína.

Recuerdo que mi padre comentó que Daniel Ortega, entonces candidato a la Presidencia de Nicaragua por el Frente Sandinista de Liberación Nacional, FSLN, envió a algunos funcionarios para que los acomodaran en Managua, la capital.

Mi padre encontró en Nicaragua una oportunidad real para cambiar de lugar de trabajo y de residencia. Así, luego de cerciorarse de que Manuela estaba bien en Medellín, mi madre, mi padre y yo viajamos en un vuelo comercial y fuimos recibidos en el aeropuerto por funcionarios de alto nivel del régimen sandinista que nos llevaron en un automóvil Mercedes Benz oficial a una enorme y antigua casa donde nos encontramos con 'el Mexicano', su esposa Gladys y cuatro de sus guardaespaldas. Poco después llegaron mi abuela Hermilda y su hija Alba Marina; casi inmediatamente mi padre hizo que viajaran a cuidarnos 'Pinina', 'Paskín' y otra docena de sicarios cuyos alias ya olvidé.

De entrada, la vivienda no nos gustó. Era tenebrosa. Los muros de ladrillo tenían tres metros de altura y en cada esquina había torres de vigilancia con guardias fuertemente armados. Encontramos un libro que contaba la historia de ese lugar y según los relatos en el pasado allí se habían producido numerosas masacres. La comida no faltaba pero no nos dábamos cuenta quién llevaba el mercado, aunque era fácil entender que alguien del Gobierno estaba encargado de mantener llenas las neveras.

El día a día se nos hizo insoportable porque Managua era invivible, pues estaba en guerra civil por cuenta de los ataques de los 'contras' enviados por EE.UU. a través de las fronteras de Costa Rica y Honduras para combatir a los sandinistas que en 1979 habían derrocado el régimen militar de Anastasio Somoza. La ciudad estaba sitiada y los estragos de la confrontación se notaban en los edificios derruidos, los negocios cerrados y no había supermercados ni droguerías. Además, los tiroteos eran frecuentes.

Mi padre tenía millones y millones de dólares allí, pero no había en qué gastarlos.

Recuerdo que yo permanecía callado buena parte del tiempo y lloraba mucho. Les rogaba a mis padres que al menos regresáramos a Panamá. Es que ni siquiera había jugueterías y en el afán de salir de Panamá dejé abandonada mi moto y otros aparatos con los que me divertía.

Las únicas distracciones que tenía eran acompañar a mi mamá y a la mujer del 'Mexicano' a un salón de masajes cerca de la casa, escuchar con 'Pinina' los partidos de fútbol de Colombia que nos ponían por radioteléfono desde Medellín, y apostar quién mataba más moscas en cinco minutos en una habitación que vivía repleta de esos insectos. No más.

—En los tres meses siguientes solo pude ver a mi hija en una foto —se lamentó mi mamá porque aunque mi tío Mario le tomaba fotos a Manuela todos los días, nunca las pudo enviar debido a la presión de las autoridades.

Mientras nosotros vivíamos ese azarozo día a día, mi padre, 'el Mexicano', dos militares nicaragüenses y Barry Seal —que ya se había sumado al grupo— viajaron a diferentes lugares de Nicaragua a explorar nuevas rutas para el tráfico de cocaína. Por varios días recorrieron en un helicóptero del Ejército nicaragüense los numerosos lagos y lagunas y las cadenas volcánicas que surcan el país, intentando identificar los lugares más adecuados para la construcción de laboratorios y de pistas de aterrizaje.

Como esta tarea podía demorar, optaron por utilizar un pequeño aeropuerto, Los Brasiles, situado no lejos de Managua para enviar los primeros cargamentos de cocaína en vuelos directos hacia el sur de la Florida.

El primer embarque de seiscientos kilos de cocaína empacado en unas tulas grandes de lona quedó previsto para la noche del lunes 25 de junio de 1984 en un avión que pilotearía el propio Seal. Pero ni mi padre, ni 'el Mexicano' se percataron de que en realidad habían caído en una trampa porque mientras ellos y Federico Vaughan, funcionario del Ministerio del Interior de Nicaragua, esperaban que los soldados subieran la droga hacia la aeronave, Seal estaba tomando fotografías de ese instante. En ellas puede observarse incluso a los soldados nicaragüenses que ayudaron a cargar la nave.

El avión salió sin tropiezo alguno y mientras el infiltrado viajaba a entregar el cargamento y las fotos, mi padre y 'el Mexicano' continuaron sus actividades sin presentir que se avecinaba un desastre.

Entre tanto, yo no dejaba de insistir todos los días en lo aburrido que estaba, pero mi padre se negaba a dejar que regresáramos porque según él nos matarían. Hasta que uno de esos días le pedí que nos dejara ir a mi madre y a mí y terminó aceptando, aunque a regañadientes. Ya estaba cansado de mi lloradera. Mi madre le prometió que no saldría a la calle, que se quedaría encerrada en Medellín.

—No, Tata. Tenemos que decirle que vos sí vas a viajar con él porque si no se va a poner más mal. Pero cuando lleguemos al aeropuerto le decimos que tiene que viajar solo. Y que lo acompaña 'Tibú', mi hombre de confianza.

Así lo hicieron y cuando me dijeron en el aeropuerto que mi madre no viajaría, sentí la angustia más grande, me sentí abandonado. Entonces los abracé, y no quise soltarlos.

—Yo no quiero irme si mi mamá no viaja —dije en medio de las lágrimas pero mi papá, inflexible, prometió que ella viajaría en pocos días.

Mi madre me cuenta que se quedó llorando día y noche, sin sus dos hijos, rodeada de hombres armados y abandonada a su suerte en Nicaragua.

Desconsolada, uno de esos días le dijo a mi padre:

—Míster, déjame ir a encontrarme con una de mis hermanas y su esposo en Panamá para que nos lleven fotos de nuestros hijos y así saber de ellos.

—Sí, pero si me promete, mi amor, que se devuelve para acá después de hablar con ellos.

Mi madre me cuenta hoy que en ese entonces ella ya tenía decidido viajar de Panamá a Medellín a pesar de la promesa de regresar a Nicaragua.

Mi papá empezó a llamarla insistentemente a Panamá para preguntar por Manuela y por mí, y al cuarto día mi madre se armó de valor y le dijo que se devolvería a Colombia para cuidar a sus hijos.

—Noooo, ¿cómo se te ocurre?. Qué vas a hacer una cosa de esas. Vos ya sabés que te van a matar y que no te podés equivocar en eso.

—No, míster, le prometo que me encierro donde mi madre y no salgo a nada, pero tengo una bebé que me necesita, que lleva más de tres meses sin su mamá.

Finalmente, mi mamá llegó muy asustada al aeropuerto Olaya Herrera y fue directo al edificio Altos donde encontró a mi abuela Nora con treinta kilos menos de peso y sumida en una profunda depresión.

El encuentro conmigo y mi hermanita fue muy emotivo y nos abrazamos todo el tiempo. Pero mi hermanita casi no reconocía a mi mamá y se ponía a llorar cuando ella la alzaba porque estaba acostumbrada a la enfermera y a mi abuela.

Pero si en Medellín las cosas estaban complicadas para nosotros, en Managua mi padre habría de afrontar otro duro golpe.

A mediados de julio, varios periódicos de Estados Unidos publicaron la secuencia fotográfica en la que aparecen mi padre y 'el Mexicano' enviando el cargamento de cocaína desde Nicaragua. El documento gráfico era incontrovertible. Fue la primera vez y sería la última que pillaron a mi padre con las manos en la masa. Barry Seal lo había traicionado y él no lo olvidaría.

La filtración de las fotografías a los medios de comunicación hicieron el doble daño de dejar en evidencia a mi padre y a la vez culpar al régimen sandinista de izquierda de aliarse con la mafia colombiana. El escándalo hizo insostenible su permanencia en ese país y dos semanas después mi padre y 'el Mexicano' regresaron con todos sus escoltas a Colombia.

Mi padre llegó a la ciudad inmediatamente a esconderse y su vida en la clandestinidad seguiría por mucho tiempo. Nosotros continuamos viviendo con mi abuela Nora y de vez en cuando mi papá mandaba por nosotros para compartir algunos fines de semana.

Las fotografías tomadas en Nicaragua tuvieron un efecto fulmi-nante porque el 19 de julio, escasas tres semanas después de haber sido tomadas, Herbert Shapiro, juez de la Corte de La Florida, sur de Estados Unidos, dictó orden de captura contra mi padre por conspiración para la importación de cocaína a ese país.

Aun cuando el andamiaje que había montado para enviar cocaína a Estados Unidos seguía funcionando y él continuaba como rey del negocio, mi padre no desconocía que judicialmente su situación empeoraba a cada momento. Sentía que lo estaban llevando a un punto de no retorno en el que tarde o temprano irían por él o lo forzarían a defenderse. El fantasma de la extradición lo mortificaba demasiado.

La relativa tranquilidad que vivíamos por aquellos días fue rota intempestivamente cuando mi abuela Hermilda llamó a mi padre y le contó que varios hombres armados habían secuestrado a mi abuelo Abel en una de sus fincas en inmediaciones del municipio de La Ceja, en el oriente antioqueño. Era el 20 de septiembre de 1984.

Mi papá tranquilizó a la familia y con la experiencia que había acumulado tras el secuestro de Martha Nieves Ochoa activó una enorme operación de búsqueda, aunque en esta ocasión no fue de tanta envergadura porque muy pronto averiguó que mi abuelo había sido plagiado por cuatro delincuentes comunes enterados de la fama de rico que tenía mi padre.

Dos días después, mi papá pagó por la publicación de un aviso en los periódicos de Medellín en los que ofreció una recompensa a quien suministrara datos sobre el paradero de mi abuelo y reveló en qué vehículos se lo llevaron: en dos camperos Toyota, uno rojo con carpa y carrocería de madera, de placas KD 9964 y en otro con cabina, color beige, de placa oficial 0318. La idea era decirles a los secuestradores que los tenía en la mira.

En la misma forma como actuó en el caso Martha Nieves Ochoa, mi padre envió a centenares de hombres a vigilar los teléfonos públicos de Medellín e instaló equipos para grabar las llamadas en la casa de mi abuela Hermilda. Esa estrategia funcionó porque diez días después ya sabía las identidades de los secuestradores y el lugar donde lo tenían amarrado a una cama: en el municipio de Liborina, en el occidente de Antioquia, distante noventa kilómetros de Medellín. Pero mi padre prefirió esperar que los plagiarios pidieran rescate y pagarlo para evitar que le hicieran daño a mi abuelo.

Así ocurrió y en una primera llamada telefónica pidieron diez millones de dólares. Mi padre respondió:

—Ustedes secuestraron a la persona que no era, pues el que tiene la plata soy yo, y mi papá es un pobre campesino que no tiene nada. Así que la negociación es muy distinta; piensen una cifra realista y me llaman y hablamos —dijo en tono alto y colgó la llamada en señal de que aunque ellos tenían a su padre, él tenía el control de la situación.

Pasaron un par de días, y como sabían que mi padre no se había quedado quieto, prefirieron pedir cuarenta millones de pesos y finalmente bajaron a treinta.

Por intermedio de John Lada, el padrino de Manuela, mi padre entregó esa cantidad en efectivo y mi abuelo regresó sano y salvo a casa. El secuestro duró dieciséis días y los cuatro delincuentes fueron localizados días después por orden de mi padre.

Entre tanto, los expedientes judiciales contra mi padre seguían creciendo: diez de los sicarios que de una u otra manera participaron en el asesinato de Lara fueron detenidos; seis más, entre ellos 'Pinina', lograron escapar y continuaron prófugos al lado de mi padre. Por ese mismo caso, el juez Primero Superior de Bogotá, Tulio Manuel Castro Gil, llamó a juicio a mi papá.

Esas decisiones judiciales desencadenaron a finales de diciembre de 1984 el primer gran operativo de búsqueda contra mi padre. Ese día nos encontrábamos en una finca de recreo en el sector de Guarne, Antioquia, de donde escapó milagrosamente. Yo tenía siete años y estaba dormido cuando me despertó un agente del F-2 que hundía el cañón de su arma contra mi estómago. Recuerdo que tenía puesto un aparato experimental elástico que cubría mi cabeza y el mentón, recetado por los médicos para corregir una desviación de la mandíbula, lo que me hacía parecer una persona con raros problemas de salud.

Pregunté dónde estaba mi papá y uno de los policías venía en ese momento con la ruana blanca de él.

—Vean lo que se le cayó a los que se nos escaparon —dijo el agente secreto.

Había logrado escapar fácilmente a la primera redada en su contra, pero con el paso de los días la persecución se haría más intensa.

El sábado cinco de enero de 1985 fue un muy mal día para mi padre. Llamaron a contarle que esa madrugada un avión Hercules de la Fuerza Aérea había llevado a Miami a cuatro personas cuya extradición había sido autorizada por el presidente Betancur y por el ministro de Justicia Enrique Parejo, quien remplazó a Rodrigo Lara.

Se trataba de Hernán Botero Moreno —presidente del club de fútbol Atlético Nacional—, los hermanos Nayib y Said Pabón Jatter y Marco Fidel Cadavid.

Mi papá explotó. Conocía a Botero por lo que decían de él los medios de comunicación y porque era presidente del Atlético Nacional. Le pareció que su extradición era injusta porque no estaba acusado de narcotráfico sino de lavado de activos.

Pero más que una injusticia, mi padre consideró un acto de traición que el presidente Betancur hubiera empezado a aplicar el tratado con EE.UU. Aunque en la campaña electoral no se comprometió a eliminar la extradición, mi padre consideró que el mandatario no podía olvidar que ellos le ayudaron.

Y radical como empezaba a comportarse, llamó a Juan Carlos Ospina, 'Enchufe', y a un bandido conocido como 'Pájaro', y les ordenó atentar con un carro bomba contra Betancur. Varios de los hombres más cercanos a mi padre contaron que el mandatario se salvó en al menos cuatro ocasiones porque sus escoltas cambiaban de ruta con mucha frecuencia y no pasaban por los lugares donde tenían activados los explosivos. Otras veces la caravana sí pasó al lado de la bomba, pero el control remoto que la activaba no respondió.

Transcurrían los primeros días de febrero de 1985 y mi padre solo tenía en su mente cómo quitarse de encima el fantasma de la extradición. De nada habían valido hasta ese momento los numerosos foros públicos y las reuniones secretas con el gremio mafioso para advertir sobre la humillación que representaba ser juzgado en otro país. Estaba convencido de que podría arreglar a su manera sus líos judiciales en Colombia, pero con Estados Unidos el asunto era a otro precio.

Por aquellos días mi padre mantenía su cercanía con varios líderes del M-19, entre ellos su máximo comandante, Iván Marino Ospina, con quien se veía con alguna frecuencia y hablaban de todo tipo de temas. La empatía entre los dos era tal que un día el guerrillero le regaló un fusil AK-47, nuevo, que acababa de recibir en un cargamento de armas que les llegó de Rusia. Ese fusil se convirtió en compañero inseparable de 'Paskin'.

Al cabo de horas y horas de charlas en diferentes momentos, mi papá y Ospina estaban de acuerdo en muchos asuntos, especialmente en la inconveniencia de la extradición.

Esa coincidencia habría de tener un gran peso en su relevo como comandante a finales de febrero, cuando la novena conferencia del grupo guerrillero reunida en el caserío de Los Robles, municipio de Corinto, departamento del Cauca, le cobró su talante militarista y cierta miopía política en momentos en que el M-19 adelantaba un accidentado proceso de negociación con el Gobierno Betancur y estaba en peligro la tregua acordada en agosto de 1984.

En la decisión también tuvieron que ver unas palabras que pronunció Ospina durante un viaje a México en las que estuvo de acuerdo en que los mafiosos colombianos tomaran represalias contra ciudadanos estadounidenses si el gobierno extraditaba colombianos.

Mi padre tuvo claro que con la salida de Ospina la cúpula del M-19 quiso enviar un mensaje público en contra del narcotráfico aunque en privado esas relaciones se mantuvieron más que firmes.

Al final del congreso en Los Robles, el M-19 determinó el regreso de Ospina a su puesto como segundo al mando del grupo y en su remplazo nombró a Fayad, quien continuó la senda del diálogo con el Gobierno hasta el jueves 23 de mayo, cuando se produjo el atentado en Cali que le causó graves heridas a Antonio Navarro Wolff, integrante del Comando Superior del grupo insurgente.

Muchas cosas se han dicho de ese ataque, que se produjo en una cafetería del barrio El Peñón cuando un hombre lanzó una granada hacia la mesa donde Navarro, Alonso Lucio y una guerrillera en embarazo discutían si el M-19 debía mantener el cese el fuego.

La responsabilidad del atentado fue atribuida a militares, en represalia porque esa mañana varios guerrilleros lanzaron una granada contra un bus del Ejército e hirieron de gravedad a varios soldados. En medio de la confusión se creyó que los autores eran integrantes del M-19, pero luego se confirmaría que se trató de otro grupo alzado en armas, el Movimiento de Autodefensa Obrera, ADO.

Incluso el mismo Navarro dijo alguna vez que sabía los nombres de los oficiales que dieron la orden de atacarlo, así como la identidad de quien tiró la granada.

Tengo una versión distinta. Mi padre me contó alguna vez que el autor del ataque fue Héctor Roldán, un narcotraficante dueño del concesionario de vehículos Roldanautos de Cali, el mismo que conoció durante la Copa Renault en Bogotá en 1979 y que estuvo a punto de ser padrino de mi hermana Manuela, pero mi madre se opuso.

Roldán era muy cercano a los altos mandos militares del Valle y actuó contra Navarro en retaliación por el ataque a los soldados esa mañana, pero también por el descontento que se vivía en aquella época entre militares y empresarios por la manera como el Gobierno adelantaba los diálogos con el M-19.

Pero la historia de mi padre y Roldán no terminaría ahí.

Finalmente, el 19 de junio de 1985, tres semanas después del atentado a Navarro, Carlos Pizarro, uno de los líderes y delegado del M-19 en la mesa de diálogo, anunció la ruptura de la tregua y el retorno a la confrontación armada.

Pocos días después, Iván Marino Ospina le contó a mi padre que Álvaro Fayad había propuesto en el seno del M-19 la toma pacífica de un edificio público para juzgar al presidente Betancur por incumplir los acuerdos suscritos con ellos. La primera opción que contemplaron fue el capitolio nacional, pero lo descartaron porque la sede del legislativo era demasiado grande y se necesitaba mucha gente para controlarlo militarmente. Luego de estudiar otras posibilidades coincidieron en el Palacio de Justicia porque su arquitectura era más cerrada y porque solo tenía dos entradas: la principal y el ingreso al sótano por el garaje.

Enterado de los detalles del plan, mi padre, acostumbrado a cazar todo tipo de pelea, vio una manera de obtener un beneficio y se ofreció a financiar buena parte del operativo porque sabía que los nueve magistrados de la Sala Constitucional de la Corte Suprema de Justicia avanzaban en el estudio de varias demandas interpuestas por abogados del gremio mafioso que buscaban tumbar el tratado suscrito con Estados Unidos. Cada narco por su lado presionaba a los magistrados con amenazas de muerte para forzarlos a derogar el acuerdo firmado en 1979.

Mientras avanzaba el plan, me enteré después que mi padre decidió vengarse del juez Tulio Manuel Castro, quien meses atrás le había dictado auto de detención y luego lo llamó a juicio por el asesinato del ministro Lara. Sus hombres balearon al juez en un lugar céntrico de Bogotá justo cuando elaboraba un inventario de su oficina pues había sido nombrado magistrado del Tribunal de Santa Rosa de Viterbo, Boyacá.

De esta manera, mi padre cumplió una vez más su terrible sentencia de atacar a quienes lo atacaban.

Entre tanto, Elvencio Ruiz —el mismo guerrillero que habló con mi padre durante el secuestro de Martha Nieves Ochoa— fue nombrado jefe militar de la toma y se dedicó de lleno a entrenar el grupo que asaltaría el Palacio; al mismo tiempo, mi padre sostuvo varias reuniones con Iván Marino Ospina y con otros jefes del M-19 en una caleta cercana a la hacienda Nápoles para afinar los detalles de la ayuda militar y económica que les daría para ejecutar la toma, prevista inicialmente para el 17 de octubre de 1985.

Mi padre ya había decidido jugársela a fondo por el éxito de la operación porque él también podría obtener dividendos si los guerrilleros destruían los expedientes relacionados con la extradición —incluida la de él—, que cursaban en la Corte Suprema de Justicia. Por eso no dudó en darles un millón de dólares en efectivo y les ofreció una bonificación posterior por la desaparición de los expedientes. Pero no solo eso. Según contaron algunos de los hombres que acompañaron a mi padre en esos encuentros con el M-19, él propuso traer desde Nicaragua las armas que se necesitaran, sugirió ingresar por el sótano del edificio y dirigirse a la cafetería del edificio para empezar a ocuparlo piso por piso, aconsejó tener radios de comunicación dentro y fuera de la edificación para estar al tanto de lo que sucedía y propuso que los guerrilleros llevaran uniformes de la Defensa Civil para facilitar el plan de escape.

Sin embargo, el 28 de agosto de 1985, justo cuando el plan estaba en su etapa culminante, el M-19 sufrió un duro golpe cuando el Ejército dio muerte a Iván Marino Ospina en un enfrentamiento en su casa del barrio los Cristales de Cali. Mi padre lamentó la desaparición de un hombre al que consideraba un guerrero y llegó a pensar que la toma del Palacio de Justicia quedaría en suspenso. Todo lo contrario. El M-19 siguió adelante y con más decisión en su empeño de juzgar públicamente al presidente Betancur.

Por cuenta de un error de mi padre casi se echa a perder el complejo plan. En la primera semana de octubre le reveló a Héctor Roldán todos los detalles de la ocupación del Palacio de Justicia y este, amigo de importantes generales del Ejército, fue y les contó.

El M-19 tuvo que suspender la operación y todos sus integrantes debieron esconderse durante varios días porque el Ejército reforzó los patrullajes en inmediaciones de la plaza de Bolívar en Bogotá y la Policía se dio a la tarea de diseñar esquemas de seguridad para el edificio y los magistrados. Pero con el paso de los días y ante la aparente normalidad en el centro de la ciudad, las medidas de seguridad fueron desmontadas. Así, la toma del Palacio de Justicia quedó prevista nuevamente para el miércoles 6 de noviembre.

El ataque se produjo y se desencadenaron los lamentables resultados que todos conocemos. Durante los dos días que duró la toma del Palacio, mi padre estuvo en una caleta en el Magdalena Medio conocida como Las Mercedes.

'Pinina' me contó que mi padre se puso muy contento cuando vio que el edificio se había incendiado porque era obvio que los expedientes sobre la extradición quedarían destruidos.

En la segunda semana de enero de 1986, de vacaciones en la hacienda Nápoles —se supone que estaba ocupada por orden del Gobierno—, yo pasaba por un costado de la piscina de la casa principal cuando me llamó mi papá, que estaba sentado detrás de una jaula donde se veían algunas aves exóticas. Me acerqué y me llamó la atención que tenía una espada entre los muslos.

—Grégory, venga le muestro una cosa. Camine, venga hijo.

—A ver, papi, ¿qué es lo que tienes ahí?

—La espada de nuestro libertador Simón Bolívar.

—¿Y qué vas a hacer?, ¿la vas a colgar en la Taberna con el resto de espadas? —pregunté sin darle la menor importancia.

—Se la voy a regalar, para que la ponga en su pieza. Cuídela que esa espada tiene mucha historia. Vaya pues, pero manéjela con cuidado. No se ponga a jugar por ahí con ella.

Faltaba un mes para cumplir nueve años y debo reconocer que el regalo de mi padre no me llamó la atención porque a esa edad prefería las motos y otros juguetes; pero bueno, dibujé la mejor sonrisa que pude y fui a ensayarla en los rastrojos.

La verdad es que la famosa espada del libertador Simón Bolívar resultó pesada, sin filo, y no cortaba los arbustos como yo quería. Los detalles que recuerdo de ese artefacto son vagos porque estaba rodeado de docenas de juguetes; así que guardé la espada en mi habitación en la hacienda Nápoles.

Con la espada de Bolívar ocurrió lo único que podía pasar con un adolescente que recibe un regalo como ese: que la espada terminó refundida por ahí, en alguna finca o apartamento. Le perdí el rastro porque no me importaba.

Hasta que cinco años después, a mediados de enero de 1991, llegaron 'Otto' y 'Arete' de parte de mi papá a pedirme que les devolviera la espada. De entrada me negué y les respondí que lo que se regalaba no se pedía. Pacientes, me pidieron que llamara a mi padre a preguntarle.

—Hijo, devuélvame la espada que tengo que entregársela a unos amigos que me la regalaron. La necesitan para devolverla como gesto de buena voluntad. ¿Dónde la tiene?

—Papá, déjeme voy a buscarla porque no me acuerdo dónde quedó. Pero sé que está por ahí. Ya me pongo a buscarla y entre hoy o mañana le aviso para que mande por ella.

—Listo, pero pilas pues que la necesito urgente. Ya ellos prometieron devolverla y no puedo hacer que queden mal.

De inmediato me puse a buscarla y mandé a mis escoltas en diferentes vehículos a recorrer las fincas, casas y apartamentos donde habíamos vivido.

A día siguiente, los escoltas llegaron con la espada y 'Otto' que estaba con mi padre, quedó de recogerla de inmediato. Antes de entregarla pedí que me tomaran algunas fotografías, que resultaron bastante improvisadas. Ofrezco disculpas por la actitud que asumí en ese momento y la falta de respeto hacia un símbolo tan importante de nuestra historia.

Mucho tiempo después había de entender la importancia de ese momento y por qué mi padre llamó en tono tan perentorio a pedir la devolución de la espada de Bolívar. El M-19 ya había entregado las armas y regresado a la vida civil y como acto de buena voluntad se había comprometido a restituir la espada.

Finalmente, el 31 de enero de 1991, Antonio Navarro Wolf y otros guerrilleros ya desmovilizados del M-19 devolvieron la espada en una ceremonia especial a la que asistió el entonces presidente César Gaviria.

Una vez terminó el complicado gobierno de Belisario Betancur en agosto de 1986, mi padre no canceló su decisión de vengarse del presidente. Por el contrario. Concibió un plan muy cruel que por fortuna nunca le funcionó.

Se le ocurrió secuestrar a Betancur y confinarlo en la selva. Para hacerlo le dio la orden a un hombre conocido con el alias de 'Godoy' de viajar en un helicóptero a las profundidades de la selva entre Chocó y Urabá, abrir un claro y construir una pequeña cabaña sin ventanas. 'Godoy' encontró el lugar y durante semanas trabajó con otros dos hombres. Desde el helicóptero les lanzaban las provisiones. 'Godoy' ya había terminado y se dirigía a donde mi padre a contarle que la especie de casa cárcel estaba lista, cuando de repente pasaron por el lugar varios indígenas que se sorprendieron al ver colonos en sus territorios.

Enterado, mi padre le dijo que se internara aún más en la selva y se cerciorara de que ninguna persona pasaría por ahí. El encargo quedó terminado dos meses después. No obstante y luego de numerosos intentos, mi papá me contó que 'Enchufe' y 'Pájaro' tampoco pudieron cumplir con el objetivo de secuestrar al ex mandatario.

▲ El presidente Belisario Betancur se encontró con mi madre en un evento benéfico en Bogotá. Luego hablaron a solas durante largo rato.

▶ Mi hermana Manuela nació en mayo de 1994. Estábamos escondidos en Panamá porque hacía pocos días había ocurrido el asesinato del ministro Rodrigo Lara Bonilla.

◀ La cercanía del M-19 y mi padre fue notable. Tanto, que en 1986 un comandante guerrillero le entregó la espada del Libertador Simón Bolívar. Estuvo en nuestras manos hasta 1991, cuando mi padre la devolvió. Antes de entregarla me tomaron esta fotografía.

▶ En abril de 1985 y pese que mi padre ya tenía problemas con la justicia, American Express le expidió esta tarjeta de crédito con vigencia hasta 1987.

CAPÍTULO 13

BARBARIE

—¿Vos te alcanzás a imaginar a un tipo en una máquina de escribir diciendo "se extradita a Estados Unidos al señor Pablo Escobar Gaviria"? Yo no me dejo extraditar. Yo, bien rico y bien joven, ¿metido en una cárcel gringa? No saben lo que se les viene encima.

Mi madre no supo muy bien a qué se refería mi padre con esa enigmática frase pero tampoco le preguntó porque ya estaba acostumbrada a su hermetismo.

Esas primeras semanas de enero de 1986 fueron bastante tranquilas para nosotros. Era un solaz derivado de la ya recurrente estrategia de mi padre de eliminar de cualquier manera los obstáculos que se le aparecían en el camino. Hacía dos meses —tras la muerte de numerosos magistrados, especialmente de la Corte Suprema de Justicia y la destrucción de los expedientes relacionados con la extradición— habían desaparecido sus preocupaciones.

Además, el país seguía demasiado ocupado en atender a las miles de familias afectadas por la erupción del volcán Nevado del Ruiz —ocurrida una semana después de la tragedia del Palacio de Justicia— y en recomponer las altas cortes y poner a funcionar de nuevo el aparato judicial, como para dedicarse a perseguir a la mafia.

Tan distraído estaban el Gobierno y la Fuerza Pública que no repararon en el hecho de que mi padre prestó durante diez días dos de sus helicópteros para trasladar heridos y suministros en la zona del desastre de Armero. Les ordenó a los pilotos que durante ese tiempo suspendieran el transporte de cocaína y colaboraran en lo que requirieran los organismos de socorro. En los noticieros de televisión de esos días vimos varias veces las dos aeronaves.

No obstante, mi padre habría de demostrar violentamente que no tenía problema alguno en borrar con el codo lo que hacía con las manos.

Así lo entendimos una vez más aquel 19 de febrero de 1986, cuando sus hombres cumplieron la orden que les había dado meses atrás de asesinar, donde estuviera, al piloto Barry Seal —Adler Barryman Seal— el infiltrado de la agencia antidrogas estadounidense, DEA, que tomó la fotografía en 1984 en la que aparecen mi padre y 'el Mexicano' cuando cargan cocaína a un avión en Nicaragua.

Después de sucedidos los hechos, me contaron que mi padre encargó a alias 'Cuchilla' —un peligroso delincuente del municipio de La Estrella— de organizar el atentado sin importar la cantidad de dinero que hubiera que gastar. 'Cuchilla' se estableció en Miami por largo tiempo a la espera de conseguir información sobre Seal.

—Ese me las paga… vivo no se queda —le habría dicho mi padre a 'Cuchilla'.

La tarea no resultaba fácil porque el piloto estadounidense era testigo protegido de la DEA y muy posiblemente le habrían cambiado la identidad y estuviese viviendo en cualquier rincón de ese país.

Finalmente, los contactos mafiosos de mi padre en Miami le contaron a 'Cuchilla' que Seal se había rehusado a aceptar los protocolos de seguridad de las autoridades estadounidenses y prefirió continuar su vida como si nada hubiera pasado. También suministraron el lugar exacto donde vivía: Baton Rouge, Estado de Luisiana.

'Cuchilla' envió hasta allá a tres sicarios que balearon a Seal cuando subía a su automóvil, un Cadillac blanco, en el parqueadero del centro de tratamiento comunitario del Ejército de Salvación, un movimiento religioso internacional.

Mi padre supo casi de inmediato que sus hombres habían asesinado a Seal, pero dos días después 'Cuchilla' le contó que los sicarios habían sido detenidos cuando se dirigían al aeropuerto de Miami para regresar a Colombia. Les esperaba una larga condena.

Desde el día en que mi padre decidió que sería un criminal, nosotros ignorábamos el instante en que él ordenaba asesinar a alguien o cometer determinado delito. Acababa de ocurrir la muerte de un testigo de la justicia estadounidense y él sabía que le acarrearía graves consecuencias, pero pudo más su ánimo de venganza porque Seal lo había traicionado.

Él era hábil en separar negocios y fechorías de su entorno familiar y así lo haría hasta el último de sus días. Prueba de ello es que nosotros no supimos que había sentenciado a muerte a Barry Seal y menos aún que sus hombres cumplieron la orden, pero su sagacidad le permitía mantener una actitud inalterable frente a quienes lo rodeábamos.

En mi noveno cumpleaños el 24 de febrero —cinco días después del homicidio de Seal—, escribió una carta de dos páginas en la que me dio una lección de vida:

"Hoy estás cumpliendo nueve años, ya eres un hombre y eso implica muchas responsabilidades. Quiero decirte hoy que la vida tiene momentos hermosos pero también tiene momentos difíciles y duros; esos momentos difíciles y duros son los que forman a los hombres. Sé con absoluta certeza que los momentos difíciles de tu vida los afrontaste siempre con mucha dignidad y muchísimo valor...".

Ese era mi padre. Un hombre capaz de escribir bellas cartas y de llegar a cualquier extremo por su familia, pero también alguien capaz de hacer mucho daño.

Y se la jugó por esas dos opciones porque a su manera siempre estuvo con nosotros, al tiempo que encontró en el terror la mejor estrategia para hacerles ver a sus enemigos que estaba dispuesto al todo por el todo.

El telón de fondo de su irracional forma de actuar siempre fue la extradición, contra la que luchó frontalmente hasta que él y todos los carteles del narcotráfico lograron eliminarla de la Constitución Nacional.

Pero antes de que eso ocurriera, mi padre echó mano del ejército de criminales que tenía a su disposición. Y ya no se detendría.

Una semana antes de que Belisario Betancur le entregara la banda presidencial a Virgilio Barco, en el norte de Bogotá sus hombres asesinaron a un magistrado de la Sala Penal de la Corte Suprema de Justicia, que había conceptuado a favor de varias extradiciones; los sicarios de mi padre también balearon en Medellín a un magistrado del Tribunal Superior de Antioquia, que había ordenado investigarlo por la muerte de dos detectives del DAS.

Con esos dos asesinatos selectivos mi padre envió el doble mensaje de que sería implacable con los jueces que insistieran en aplicar la extradición y con aquellos que iniciaran acciones judiciales en su contra.

Una semana antes de que Belisario Betancur le entregara la banda presidencial a Virgilio Barco, en el norte de Bogotá sus hombres asesinaron a un magistrado de la Corte Suprema de Bogotá y otro del Tribunal Superior de Antioquia en Medellín.

Y como de enviar mensajes se trataba, el seis de noviembre de 1986, un año después de la toma del Palacio de Justicia, mi papá dio a conocer la existencia de los Extraditables, un grupo clandestino que lucharía contra la extradición. La verdad es que él era los Extraditables. Él inventó el lema "Preferimos una tumba en Colombia a una cárcel en Estados Unidos". Nunca hubo una organización detrás.

Si bien mi padre asumió el liderazgo de los Extraditables y no consultaba el contenido de los comunicados ni las decisiones militares, a los narcos sí les cobraba cuotas mensuales para financiar la guerra. Algunos hacían jugosos aportes, como 'el Mexicano' y Fidel Castaño, pero otros eran tacaños y por eso los llamaba con cierto tono de amenaza a recordarles la deuda.

A partir del primer comunicado de los Extraditables, mi padre consultó un diccionario Larousse para utilizar las palabras precisas. También estaba al tanto de que la redacción y la sintaxis fueran adecuadas.

La extradición llegó a ocupar un lugar tan importante en la agenda diaria de mi padre que incluso un día soñó que lo capturaban en un allanamiento y lo extraditaban casi que de inmediato. De todas maneras pensó en un plan para enfrentar esa eventualidad: secuestrar en Washington un bus escolar y amenazar con volarlo. Y hacerlo, si era necesario.

El 17 de noviembre de 1986, 'el Mexicano' concretó su intención —que ya le había anunciado a mi padre— de vengarse del coronel de la Policía Jaime Ramírez, quien estuvo al frente de la ocupación y destrucción de sus laboratorios en varias partes del país.

Semanas después, los asesinatos, las intimidaciones y la aparición de los Extraditables habrían de darle un primer triunfo a la mafia sobre la extradición. El 12 de diciembre de 1986, los veinticuatro magistrados de la Corte Suprema de Justicia determinaron que la ley aprobatoria del tratado de 1979 suscrito con Estados Unidos era ilegal porque no fue firmada por el presidente Julio César Turbay, sino por Germán Zea Hernández, el ministro de Gobierno que en ese momento cumplía funciones presidenciales.

Mi padre y otros narcos celebraron la decisión porque en forma automática se caían las órdenes de captura que pesaban sobre ellos, pero no contaban con que el presidente Barco apelaría a un viejo tratado con EE.UU. que permitía extraditar por vía administrativa, es decir, en forma directa, sin la aprobación de la Corte como requisito previo.

Pero un comentario editorial del periódico *El Espectador* según el cual a la mafia se le aguó la fiesta luego de la decisión presidencial de revivir la extradición, habría de desatar la furia de mi padre, que revivió su antigua idea de cobrar el daño que de tiempo atrás le estaban causando las publicaciones del periódico bogotano. Dicho diario registró así el suceso: "A las siete y quince de la noche se produjo el crimen, cuando don Guillermo Cano, al timón de su vehículo, redujo la velocidad para girar hacia el norte, en el cruce de la carrera 68 con calle 22. Fue detectado sorpresivamente por un hombre que le estaba esperando en el extremo del separador central de la congestionada vía. Disparó sucesivamente sobre la ventanilla izquierda del conductor".

El maestro Rodrigo Arenas Betancourt donó un busto de Cano, que la Alcaldía de Medellín instaló en el parque Bolívar de esa ciudad. Mi padre calificó el homenaje como una ofensa.

—Cómo vamos a dejar que vengan a colocar un busto de Guillermo Cano en Antioquia —dijo mi papá mientras consumía su dosis nocturna de marihuana. Esa noche lo acompañaba 'el Chopo', que se ofreció a dinamitar la escultura sin cobrarle un peso.

La familia reconstruyó el busto, y lo puso de nuevo en el mismo parque, pero nuevamente 'el Chopo' se ofreció a destruirlo, esta vez con una mayor cantidad de explosivos. La escultura fue retirada en forma definitiva.

La persecución a *El Espectador* fue tal que mi padre ordenó incendiar los carros repartidores del diario en Medellín y amenazar a los voceadores en las calles. *El Espectador* desapareció de la ciudad.

Tras el homicidio de Guillermo Cano, nos ocultamos durante varias semanas en la caleta La Isla, en la represa El Peñol. Una mañana observé a mi padre sentado en una mesa con Carlos Lehder, Fidel Castaño y Gerardo 'Kiko' Moncada, muy interesados en un libro y con una libreta de anotaciones al lado. Aunque en ese momento no entendí de qué se trataba y tampoco me animé a preguntar, alcancé a leer el título: *El hombre que hizo llover coca.*

Años después entendería que más que interesados en la lectura, aquella vez mi padre, Lehder, Castaño y Moncada estaban preocupados en realidad por el contenido del libro, en el que el autor Max Mermelstein —un ciudadano judío-estadounidense que murió en 2008 —contaba su experiencia como trabajador de mi papá y de todos los capos del cartel de Medellín.

Según relataba, en seis años introdujo a Miami y al sur de la Florida cincuenta y seis toneladas de cocaína que enviaron mi padre y sus socios, que les representó cerca de treinta millones de dólares. Pero las cosas cambiaron drásticamente cuando la Policía de Miami lo detuvo en 1985 y esperó que sus jefes pagaran la fianza para quedar en libertad; pero uno de los enlaces de mi padre en la Florida se asustó y lo que hizo fue amenazar a su familia, lo que lo obligó a cambiar de bando y a colaborar con las autoridades estadounidenses.

A comienzos de 1987, el aparato sicarial de mi padre demostraría que no conocía límites, aún en las condiciones más complejas. Pero no siempre tenía éxito.

Como en el fallido atentado contra el embajador de Colombia en Budapest, Hungría, Enrique Parejo, cuyo asesinato oí que había sido ordenado por mi padre porque en su condición de ministro de Justicia del Gobierno de Virgilio Barco, Parejo firmó las resoluciones de extradición de trece personas. La ejecución del plan estuvo llena de dificultades porque el régimen policial de Hungría imponía severas restricciones para el ingreso de turistas y hacía casi imposible introducir armas ilegales. En otras palabras, el embajador estaba bien resguardado y por eso el sicario terminó por decirle a mi padre que desde Colombia no se podía organizar un homicidio de esas características.

Desconozco los detalles del complot y nunca le pregunté por ese episodio. Finalmente, en la mañana del 13 de enero de 1987, un sicario disparó cinco veces contra el embajador, que resultó gravemente herido. Cada acción violenta de mi padre producía consecuencias directas contra nosotros y por eso nunca estuvimos de acuerdo con hechos como ese.

Pocos días después, veníamos de pasar el fin de semana en la hacienda Nápoles, que aunque ya estaba confiscada mi padre usaba y disfrutaba sin limitación alguna. Mi padre conducía una camioneta Toyota y a su lado iban mi madre y Manuela; atrás, Carlos Lehder y yo.

Mi padre había enviado dos vehículos adelante, que debían estar a no más de dos kilómetros de distancia entre sí para no perder la señal del radioteléfono en áreas tan montañosas como esas.

Era hora de almuerzo, el día estaba despejado y había pocas nubes. Mi padre solía transitar por esa ruta después de las dos de la madrugada, pero su deseo de hacer el paseo familiar hasta Medellín lo impulsó a manejar de día. Se sentía seguro de saber que cualquier presencia de la Fuerza Pública sería reportada con seis kilómetros de anticipación, distancia más que suficiente para escapar.

De un momento a otro, por el radioteléfono escuchamos la voz de Luigi, un muchacho de Envigado que recién empezaba a trabajar con mi padre. Él era uno de los que iba adelante, en un carro discreto, acompañado por Dolly, quien escondía el radio. En tono normal dijo que acababa de pasar el peaje en Cocorná, casi a mitad de camino entre Nápoles y Medellín, y vio un control policial de rutina con cuatro o cinco agentes uniformados.

—Hay unos 'tombitos' poquitos —dijo para tranquilizarnos.

Mi padre continuó manejando sin disminuir la velocidad y yo empecé a preguntarme por qué no paraba, pero no dije nada.

—Pablo, ¿no será que nos estamos acercando mucho a la zona del retén? ¿Cómo querés hacer para pasarlo? No creo que sea bueno ir acá en el mismo carro con tu familia, ¿no te parece? —preguntó Lehder.

—Sí, yo sé, Carlos. Esperate que antes del peaje hay una curva en una parte alta de la montaña donde podemos ver sin que nos descubran.

Llegamos a la curva y al costado izquierdo había un restaurante, desde cuyo estacionamiento se podía ver el retén sin necesidad de bajar del vehículo.

Mi papá decidió hacerle caso a Lehder y le dijo por radio a 'Otto' —que venía detrás en un automóvil Renault 18 con 'Mugre' y 'Paskín'— que se hicieran a nuestro lado para hacer trasbordo porque prefería que mi madre, Manuela y yo nos fuéramos solos hasta Medellín en el campero que él conducía.

'Otto' ayudó a pasar al automóvil el maletín deportivo de mi papá, el morral de Lehder y comida empacada en refractarias que mi madre le había preparado para esa noche de soledad. La idea era que regresáramos a Medellín y él seguiría escondido de finca en finca en los alrededores de Medellín.

Lehder bajó del campero con el fusil en la mano y guardó la ballesta en el baúl del carro. Mi padre llevaba en la cintura su pistola Sig-Sauer y una ametralladora automática Heckler colgada al hombro. Recuerdo muy bien esa 'metra' —como la llamaba mi papá— porque la llevaba a todas partes y en las noches la dejaba al lado de sus zapatos y amarrada a los cordones por si le tocaba salir corriendo.

Mi madre se dirigió hacia el peaje, al tiempo que mi padre subió al asiento de atrás del Renault 18, entre 'Paskín' y Lehder, pero no advirtieron que dos agentes del DAS vestidos de civil almorzaban en ese momento en el restaurante y vieron todos sus movimientos. Los detectives pagaron la cuenta, caminaron hacia la carretera y luego comenzaron a correr en dirección al peaje con pañuelos en la mano y gritando que atrás venían hombres armados.

En ese instante mi madre ya estaba detrás de dos vehículos que esperaban pagar el peaje.

De pronto, vi que el Renault 18 venía en contravía y llegó a la cabina del peaje segundos antes que los agentes de civil. Entonces Lehder sacó la cabeza por la ventana con la ametralladora de mi padre a la vista y gritó: "Somos agentes del F-2... no disparen". Obviamente no les creyeron y comenzó una tremenda balacera. Mi madre no había pasado todavía el peaje y quedamos en medio del fuego cruzado.

Un agente de la policía sacó su revólver, disparó al parabrisas trasero del automóvil y la bala fue a dar justo donde mi padre había apoyado su cabeza. Desde la ventana del copiloto, 'Otto' le disparó a un policía, que alcanzó a lanzarse a una alcantarilla. Y 'Paskin' soltó una ráfaga al aire con su fusil AK-47. En ese instante tuve miedo de las balas perdidas y me lancé encima de Manuela para protegerla. Finalmente, escuché el ruido de las llantas y el sonido inconfundible del motor del Renault 18 que se alejaba del lugar.

Los gritos de la gente en el peaje y el Policía que pedía auxilio porque no podía salir de la alcantarilla de más de tres metros de profundidad, hicieron del lugar un caos completo. Momentos después llegó un policía y le dijo a mi madre que nos fuéramos del lugar, que no pagáramos el peaje, pero uno de los agentes de civil se opuso porque había visto que los hombres que causaron la balacera salieron de nuestra camioneta.

Así que nos hicieron bajar apuntándonos con armas y nos requisaron de muy mala manera. A cerca de veinte personas que en ese momento estábamos en el peaje nos metieron a la pequeña casa de la administración donde solo cabíamos de pie. Manuela lloraba inconsolable.

Los minutos y las horas empezaron a pasar y solo escuchábamos gritos y amenazas de los policías.

—Van a ver, hijueputas, lo que les vamos a hacer; de esta no se van a salvar, narcotraficantes asesinos —decían a través de las ventanas.

Entretanto, mi madre pidió varias veces el favor de que le alcanzaran la pañalera con el tetero y la ropa para cambiar a Manuela y alimentarla, pero nada. Así estuvimos por cerca de cinco horas hasta que llegó un policía y dijo que nos llevaría al comando de la Policía de Antioquia en Medellín. Mi madre, mi hermana y yo viajamos en la parte de atrás de la camioneta que horas antes manejaba mi papá. Durante buena parte del trayecto el policía se la pasó dándole un sermón a mi madre por haber parido hijos de un bandido.

En el primer piso de la sede policial nos esperaba el coronel Valdemar Franklin Quintero. Bajamos de la camioneta con mi hermana dormida y envuelta en su cobija. Mi madre fue a coger la pañalera para tenerla a mano, pero el oficial se la arrebató e hizo lo mismo con la cobija de Manuela, a quien despertó de un jalón que casi la tira al piso.

—Lleven a esta vieja hijueputa y a los hijos de esa lacra al calabozo —gritó el coronel y sus hombres se apresuraron a cumplir la orden.

—Por favor, déjeme por lo menos la cobija de la niña y su pañalera para prepararle la comida. Lleva horas sin comer y en el peaje no nos dieron ni un vaso de agua. ¿Aquí va a ser igual? —dijo mi madre entre sollozos antes de perder de vista al coronel, al que se le notaba un odio visceral hacia mi padre.

Una vez disminuyó la actividad en el lugar, una mujer policía se acercó a mi madre y le entregó un tetero preparado. Eran ya cerca de la una y media de la mañana.

—Vea, señora, tome el tetero para la niña. Esto es lo máximo que puedo hacer.

De pronto escuchamos unos pasos y los gritos de alguien que no parecía llevársela muy bien con los policías. No sabíamos qué sucedía, pero era claro que tenía que ver con nosotros. Hasta que irrumpió un hombre de vestido y corbata que resultó ser el abogado José Aristizábal, enviado por mi padre.

—Señora, vengo de parte del señor. Él está bien y no se preocupe que mañana la saco. Lo más importante es que voy a llevar a sus hijos a casa.

—Doctor, muchas gracias por lo que está haciendo. Llévelos donde su abuela Nora —respondió mi madre al tiempo que le entregaba a Manuela y él se las arreglaba para cargarla a pesar de su maletín ejecutivo.

Salí detrás de él. Recuerdo que el hombre apuraba el paso y me decía:

—Tranquilo, joven, que esto ya pasó; vámonos rápido antes de que se arrepientan. Nos vamos para donde su papá, que está desesperado por verlos.

Poco después llegamos a una casa en la transversal superior, donde mi padre tuvo durante años su oficina principal. Allí estaba con Lehder, 'Otto', 'Mugre' y 'Paskin'. Manuela venía dormida. Mi padre se acercó, le dio un beso en la frente y dio la orden de que la llevaran donde mi abuela Nora.

—Grégory, quédese conmigo para que comamos algo. ¿Tiene hambre? O quiere ir donde su abuelita. No se preocupe que mañana saco a su mamá de allá. Ese hijueputa que no me le dio tetero a la niña me las va a pagar. Venga a comer alguna cosa a la cocina y yo lo llevo después donde su abuelita.

Una vez superado el incidente, el abogado Aristizábal contó detalles de la charla que sostuvo con mi padre antes de ir por nosotros a la sede policial.

—No olvido la expresión de su papá aquella vez. Fue la única ocasión que lo vi llorar; y me decía: "Abogado, ¿quién es más bandido? ¿Yo, que elegí serlo? ¿O aquellos que prevalidos de la majestad de la autoridad ultrajan a mis hijos y esposa inocentes con su uniforme de policía? Respóndame, abogado, ¿quién es más bandido?".

Pocos días después se produjo la captura de Carlos Lehder en el municipio de El Retiro, oriente de Antioquia, después de que los vecinos se quejaron por los escándalos que protagonizaban los habitantes de una vivienda del sector. Los policías que lo capturaron ofrecieron liberarlo a cambio de quinientos millones de pesos que mi papá dijo estar dispuesto a pagar, pero Lehder se negó.

El Gobierno aprovechó el inesperado golpe contra el cartel de Medellín y en escasas nueve horas aplicó la extradición por vía administrativa y envió a Lehder a Estados Unidos sin trámite interno alguno.

Con el riesgo de la extradición otra vez sobre la mesa, mi padre y los demás capos de la droga concentraron sus esfuerzos en echar abajo la interpretación que el Gobierno hacía de las normas que permitían extraditar. Y lo lograron de nuevo el 25 de junio de 1987, cuando la Corte Suprema dejó sin vigencia la norma utilizada por el Gobierno para extraditar directamente.

El nuevo ministro de Justicia, José Manuel Arias no tuvo otra opción que derogar cerca de un centenar de autos de detención con fines de extradición, entre ellos el de mi padre, que otra vez quedaba sin cuentas pendientes con la justicia.

Con semejante respiro y como no ocurría desde hacía bastante tiempo, ese segundo semestre de 1987 volvimos a estar en familia. Y en el mejor sitio que uno se pudiera imaginar: el edificio Mónaco, donde mi padre habría de permanecer más de tres meses con nosotros en forma casi continua.

Durante varias semanas mi padre se movilizó tranquilo por Medellín en diez Toyotas Land Cruiser, cada una con cuatro o cinco hombres con fusiles AR-15. En una ocasión, cuatro policías en moto detuvieron la caravana para revisar documentos y salvoconductos.

Mi papá conducía uno de los vehículos y a su lado mi tío Mario Henao llevaba una ametralladora.

Los ocupantes de los camperos descendieron y empezaron a entregar sus armas, pero cuando le correspondió el turno a mi tío Mario encañonó a los uniformados.

—Pablo, ¿esta manada de maricas son los que te cuidan a vos? Llegan cuatro policías y cincuenta guardaespaldas se dejan quitar las armas. ¿Esta es la clase de leones que te cuidan a vos, Pablo? Estás jodido. Háganme el favor, señores policías, y devuelvan las armas para que nos evitemos un problema más grande.

Atemorizados, los agentes permitieron que la caravana reanudara su marcha.

Pero la temporada de relajamiento habría de durar muy poco porque a finales de octubre de 1987 sicarios del 'Mexicano' asesinaron cerca de Bogotá a Jaime Pardo Leal, ex candidato presidencial y líder de la Unión Patriótica.

El crimen del reconocido dirigente de izquierda desató una nueva cacería de los capos del narcotráfico y mi padre regresó a la clandestinidad. Se escondió en la caleta conocida como La Isla, en El Peñol y desde ahí continuó manejando todos sus negocios.

Por aquellos días recibió la inesperada visita de Jorge, 'el Negro' Pabón, quien acababa de regresar a Colombia luego de pasar un par de años en una cárcel de Nueva York, acusado de narcotráfico.

Pabón empezó a visitar con bastante frecuencia a mi padre y sus charlas eran muy largas. Mi papá lo apreciaba de verdad y su cercanía se afianzó a tal punto que un día le dijo que mientras conseguía dónde vivir ocupara un apartamento en el tercer piso del edificio Mónaco.

Pabón agradeció el gesto de mi padre y semanas después se trasteó al apartamento, que mi madre decoró con muebles italianos sacados de otros lugares del edificio.

Pabón entraba y salía del edificio cuando quería y casi siempre iba a las caletas donde se ocultaba mi padre. Justamente en una de esas charlas habría de surgir un asunto menor, un lío de faldas, que terminaría en guerra. Ni mi padre ni Pabón lo sabían en ese momento pero estaban a punto de desencadenar una sangrienta confrontación con el cartel de Cali.

Los hechos que narro a continuación me los contó mi padre alguna vez. Años más tarde habría de verificarlos con Miguel Rodríguez, durante las conversaciones de paz, cuando le manifesté mi desconocimiento de los motivos que originaron esa guerra, ya que eran muchas las teorías que se habían tejido a lo largo de los años sobre las causas de fondo del rompimiento de las relaciones entre mi padre y ellos. Esta es la historia.

En una de esas tertulias acompañadas con cigarrillos de marihuana, Pabón le contó que estaba muy dolido porque había descubierto que durante el tiempo que permaneció en la cárcel en Nueva York su compañera sentimental sostuvo un romance con alias 'Piña', un trabajador de Hélmer 'Pacho' Herrera. Al terminar el largo relato lleno de detalles, Pabón le dijo a mi padre que estaba dispuesto a vengar la traición.

Mi padre, acostumbrado a casar peleas aunque no fueran suyas, se solidarizó con Pabón y se comprometió a hablar con los capos del cartel de Cali para que le entregaran a 'Piña'.

Así lo hizo. Se comunicó con Gilberto Rodríguez Orejuela y le contó lo sucedido.

—Eso no se puede quedar así. Mándemelo —pidió mi padre y dio a entender que las buenas relaciones entre ellos dependían de esa decisión.

Horas después recibió de Rodríguez un no como respuesta porque Herrera se negaba a entregar a 'Piña', un trabajador de su entera confianza. La charla derivó en una discusión que habría de terminar con una conocida frase de mi padre: "Quien no está conmigo está contra mí."

Una tensa calma empezó a notarse por esos días y de manera imperceptible mi padre reforzó sus medidas de seguridad y las nuestras.

En medio de ese ambiente, por aquellos días de finales de 1987 celebré mi primera comunión en el edificio Mónaco con una fiesta planeada por mi madre con un año de anticipación. Mi padre asistió con Fidel Castaño y Gerardo 'Kiko' Moncada, pero solo permanecieron allí durante una hora y se fueron al Paraíso, una caleta en las colinas de San Lucas, en Medellín.

El nuevo año, 1988, habría de empezar muy agitado porque el 5 de enero el nuevo ministro de Justicia, Enrique Low Murtra, revivió los autos de detención con fines de extradición contra mi padre, 'el Mexicano' y los tres hermanos Ochoa.

Con la 'ley' otra vez encima, mi papá se las arreglaba para llegar de improviso al edificio Mónaco y prefería hacerlo en la madrugada. Recuerdo aquella vez que lo vimos fugazmente porque mi madre lo había invitado a ver su más reciente adquisición: un enorme óleo del artista chileno Claudio Bravo. Lo curioso de este negocio es que la galería Quintana de Bogotá se lo había ofrecido por una cantidad notoriamente mayor, pero cuando se enteraron de que mi madre ya lo había adquirido la llamaron a darle esa cantidad porque ya lo tenían negociado con un narco por un precio aún más elevado.

—No, mi amor, déjalo para ti, no lo vendas que ese cuadro es hermoso. No lo vendas —le aconsejó mi padre cuando ella le contó la historia de la transacción.

Mi padre se sumió de nuevo y de manera permanente en la clandestinidad porque había decidido pasar a una nueva etapa en su confrontación con el Estado por la extradición. Ahora acudiría al secuestro de dirigentes políticos y personas relacionadas con los medios de comunicación para presionar al Gobierno.

Las largas horas que pasaba viendo televisión en las caletas lo llevaron a concluir que Andrés Pastrana Arango cumplía el múltiple requisito de ser periodista, propietario, ex director del noticiero de televisión *Tv hoy*, candidato a la alcaldía de Bogotá e hijo del ex presidente conservador Misael Pastrana Borrero.

Entonces se propuso secuestrarlo y para hacerlo le ordenó a 'Pinina' viajar a Bogotá y ejecutar cuanto antes el plagio.

El grupo encabezado por 'Pinina' y del que hacían parte Giovani, 'Popeye' y sicarios de los sectores de Lovaina, Campo Valdés y Manrique, se desplazó a Bogotá y mi padre estuvo atento al desarrollo de la operación.

Pero en la madrugada del miércoles 13 de enero de 1988 fuimos sorprendidos con la explosión de un carro bomba en nuestro edificio. Mi padre estaba escondido en ese momento en la finca el Bizcocho, en la parte alta de la loma de los Balsos, desde donde se veía la edificación de ocho pisos. Cuando ocurrió la explosión, él, mis tíos Roberto y Mario, acompañados por 'Mugre', estaban hablando y sintieron que la tierra se estremeció; al fondo se levantó una enorme nube en forma de hongo.

Abajo, nosotros no escuchamos ningún ruido, ninguna explosión. Mi madre y yo quedamos completamente aplastados contra la cama del cuarto de huéspedes donde dormimos esa noche porque la habitación principal estaba en remodelación. La losa de concreto del techo se había desplomado pero nos salvamos porque una de las esquinas cayó justo encima de una pequeña escultura del maestro Fernando Botero que reposaba en la mesa de noche.

La falta de aire me despertó y no podía mover el cuerpo. Mi madre contestó a mis gritos y me pidió que tuviera paciencia porque estaba intentando liberarse de la presión de los escombros sobre ella. Minutos después logró zafarse y fue a conseguir una linterna mientras yo intentaba girar la cara hacia la ventana.

Mi madre escuchó llorar a Manuela y me pidió esperar un momento mientras iba a buscarla. La encontró sana y salva en los brazos de su niñera y de inmediato regresó a ayudarme a salir porque seguía atrapado entre el concreto y la cama y casi no podía respirar. Finalmente encontró la forma de ubicarse en una de las esquinas y en un esfuerzo sobrenatural logró levantar la pesada estructura de cemento. Entre gritos y sollozos pude encontrar el espacio suficiente para salir.

Me llevé una tremenda sorpresa cuando logré pararme sobre los restos del techo y vi el cielo repleto de estrellas. Era una imagen surrealista.

—¿Qué habrá pasado mamá, habrá sido un terremoto?

—No lo sé, hijo.

Una vez reunidos con Manuela y la niñera, mi madre iluminó el pasillo para buscar las escaleras, pero fue imposible bajar porque una montaña de escombros obstruía el paso. Gritamos pidiendo ayuda y pocos minutos después aparecieron varios escoltas que lograron abrir un pequeño espacio entre los escombros.

En ese momento sonó el teléfono. Era mi padre y mi mamá habló con él, desconsolada.

—Míster, nos mataron, nos mataron.

—Tranquila, que ya mando por ustedes.

Una señora del servicio le alcanzó unos zapatos a mi madre, pero no había para mí y por eso tuve que bajar siete pisos entre esquirlas, metralla, vidrios, clavos, hierros, ladrillos y toda clase de material cortopunzante.

Ya en el primer piso subimos a una camioneta que un escolta de mi padre había dejado estacionada en el parqueadero de visitantes del edificio y salimos raudos de allí. Habíamos decidido ir al apartamento de mi abuela Nora, pero preferimos desviar hacia la caleta donde se encontraba escondido mi padre porque debía estar muy preocupado. Cuando llegamos, él salió a recibirnos y nos dio un largo abrazo.

Una vez superado el susto, mi padre continuó su charla con Mario y Roberto, pero de pronto sonó el teléfono móvil. Al cabo de una charla de cinco minutos, mi papá agradeció la llamada y colgó.

—Ahí me llamaron esos hijueputas para saber si yo había sobrevivido o no. Les agradecí el supuesto apoyo que me prometieron a sabiendas de que fueron ellos los que pusieron la bomba —dijo refiréndose a los posibles autores del atentado. No se refirió a alguien en concreto pero luego sabríamos que el carro bomba era la declaración de guerra del cartel de Cali.

De la caleta el Bizcocho nos fuimos al pequeño apartamento de una de mis tías maternas, que nos dio refugio temporal. Pero la impresión por el atentado fue de tal dimensión que pasamos más de seis meses sin poder dormir con las luces apagadas.

Tiempo después, uno de los hombres de mi padre que intervino en la búsqueda de los responsables de activar el carro bomba, me contó que 'Pacho' Herrera fue quien contrató a dos sujetos, uno de ellos identificado como Germán Espinosa, alias 'el Indio', quien vivía en Cali. Pero como no era fácil ir a buscarlos allá, mi papá ofreció tres millones de dólares de recompensa por su paradero.

Se comentaba que durante varias semanas, bandidos de todos los pelambres fueron a la oficina de mi padre o a la hacienda Nápoles a pedir información sobre los sospechosos. Hasta que un día llegaron dos muchachos de aspecto bonachón a solicitar los datos del 'Indio' y mi padre les dijo que tuvieran cuidado porque era un delincuente muy peligroso.

Tardaron un mes en regresar y cuando lo hicieron traían varias fotografías en las que 'el Indio' se veía muerto. Mi padre quedó muy sorprendido por la eficacia de los dos jóvenes. Estos le explicaron que 'el Indio' era comerciante de finca raíz y estaba vendiendo una casa. Entonces simularon ser una pareja homosexual que quería comprar una vivienda. 'El Indio' cayó en la trampa y en la segunda cita para negociar el inmueble lo asesinaron.

—Menos mal que esos muchachos, a los que no les creímos, mataron al 'Indio' porque ese nos hubiera hecho mucho daño —comentó mi padre después de los hechos.

Semanas más tarde, oí que 'Pinina' había capturado al compañero del 'Indio', el conductor del carro bomba, quien reveló que el vehículo había sido cargado en Cali con setecientos kilos de dinamita. Esa cantidad explica la dimensión del daño que la explosión causó en el edificio y el vecindario. Lo increíble de esta historia es que el carrobomba lo tuvo guardado el 'Indio' en Montecasino —la mansión de los Castaño— cuatro días antes de la explosión. Hay que aclarar que Fidel y Carlos fueron engañados por el 'Indio' y le informaron de esto a mi papá y le ofrecieron su ayuda para ubicarlo, ya que en el pasado hizo parte de sus filas.

Pese a la intensa persecución de las autoridades, mi padre permanecía durante varios días seguidos en la finca El Bizcocho; en las noches observaba por el telescopio las ruinas de su edificio y pensaba cómo vengarse de los capos de Cali. Concluyó que lo primero era expulsarlos de Medellín atacando su cadena de droguerías La Rebaja y varias emisoras de radio propiedad de los hermanos Rodríguez Orejuela. Luego iría por ellos a sus dominios en el Valle.

En medio de los preparativos para la guerra que recién empezaba, oí después de los hechos que 'Pinina' había llamado a mi papá a informarle que tenía en su poder a Andrés Pastrana y que al día siguiente lo llevaría en un helicóptero de 'Kiko' Moncada a la finca Horizontes en el municipio de El Retiro, en Antioquia.

Mi papá y mi tío Mario Henao viajaron de inmediato a esa finca para hablar con Pastrana porque según sus planes el cautiverio sería por largo tiempo. La idea era ocultarle que estaba en su poder y para ello se pusieron capuchas antes de entrar a la habitación donde el político-periodista estaba amarrado a una cama; pero mi tío se equivocó y le dijo Pablo a mi papá, con lo cual Pastrana entendió inmediatamente en manos de quién estaba y no con el M-19, como le hizo creer 'Popeye' cuando lo sacó engañado de la sede de su campaña por orden de 'Pinina'.

La importancia de Pastrana en el ámbito social y político llevó a mi padre a pensar que si tenía más personas de ese perfil en sus manos podría lograr que el Estado no tuviera otra opción que dejar de extraditar.

En forma paralela a su letal estrategia de secuestrar para intimidar, quería conseguir dinero a toda costa para financiar la guerra contra el Estado y el cartel de Cali, que empezaba a demandar más y más recursos. Según me contaron los 'muchachos' tiempo después, mi padre organizó dos grupos para plagiar en Miami a Chavelly Iglesias —hija del cantante español Julio Iglesias—, y en Nueva York a uno de los hijos del magnate industrial Julio Mario Santodomingo. La idea era traer a los secuestrados a Colombia en un vuelo privado desde Miami, pero el plan nunca se consumó.

Mientras Pastrana seguía secuestrado en una finca en El Retiro, mi padre puso en marcha otro plan para arrinconar aún más al Estado: secuestrar al procurador general, el paisa Carlos Mauro Hoyos, quien solía ir a Medellín casi todos los fines de semana a visitar a su mamá. El alto funcionario se había posesionado en septiembre de 1987 y desde entonces mi padre se quedó esperando algún pronunciamiento de él en contra de la extradición porque así lo había prometido cuando hablaron alguna vez en privado. Una vez más, mi padre le encomendó el secuestro a 'Pinina', quien reclutó a seis de sus mejores sicarios.

La ejecución del plagio quedó definida para la mañana del lunes 25 de enero, cuando el procurador llegara al aeropuerto José María Córdoba de Rionegro, Antioquia, para viajar a Bogotá. Pero todo salió al revés porque los dos escoltas del DAS que acompañaban al funcionario reaccionaron al ataque cuando los sicarios los interceptaron en la glorieta que da acceso al terminal aéreo. En la balacera quedó gravemente herido 'Pitufo', uno de los hombres de 'Pinina', quien estaba desprotegido porque esa mañana debió devolverle al 'Chopo' el chaleco antibalas que le había prestado para hacer otro 'trabajo'. En el cruce de disparos 'Pitufo' hirió al procurador en el tobillo izquierdo. Minutos después, 'Pinina' tuvo control de la situación pues ya habían muerto los dos escoltas.

Pero el asunto se complicó porque la herida impedía que el procurador caminara y el ruido de las balas había alertado a las autoridades del aeropuerto. Por esa razón lo llevaron a la finca San Gerardo, en el municipio El Retiro, a escasos diez kilómetros del lugar de cautiverio de Andrés Pastrana.

Con el paso de las horas los hombres de mi padre quedaron encerrados en medio de una enorme operación desplegada por las autoridades para localizar al procurador.

Enterado por radioteléfono de lo que sucedía, mi padre instruyó a sus hombres: "Aquí lo único que hay que hacer es matar al procurador. El hombre está en el cerco militar, en la zona de Andrés Pastrana y ahora no le vamos a dar un doble triunfo al Gobierno. Rescatan a Andrés Pastrana y al Procurador... no... no vamos a quedar como unos maricas. Lo que vamos es a bajarle ese triunfalismo al Gobierno".

El plan original que buscaba agrandar el botín para negociar no pudo terminar peor: Pastrana quedó libre porque los hombres de mi padre huyeron cuando llegó la policía y Hoyos fue asesinado de once tiros por 'Pinina'.

Esa misma tarde y por instrucciones de mi padre, 'Popeye' llamó a la cadena de radio Todelar en Medellín y habló a nombre de los Extraditables: "Hemos ajusticiado al procurador, el señor Carlos Mauro Hoyos, por traidor y vendepatria. Escuchen, la guerra continúa".

Al final del trágico día, mi padre había sufrido un traspié que lo llevaría a pensar en nuevas y más violentas formas para pelear contra la extradición; pero al mismo tiempo les había dado nuevos bríos a quienes lo perseguían. Como hijo, me sentía impotente ante el violento proceder de mi padre, que ya no escuchaba consejos ni súplicas. No había manera de persuadirlo a detenerse.

Mientras tanto, los capos del cartel de Cali debieron pensar que mi padre tenía abiertos demasiados frentes de batalla y por eso decidieron atacar su lado más débil: yo.

Tras el ataque al edifico Mónaco un mes atrás, mi padre había ordenado destruir los intereses económicos de sus ahora nuevos enemigos, pero era claro que no estaban dispuestos a permitirlo. Esa es tal vez la única explicación de un episodio que ocurrió el 21 de febrero de 1988 cuando me aprestaba a competir en una competencia de velocidad en moto en las calles del fallido proyecto urbanístico Bello Niquía, al norte de Medellín.

Estaba prácticamente listo para salir y con el casco puesto, cuando de repente llegaron diez camionetas repletas de hombres armados y se atravesaron en plena pista. De uno de los vehículos bajó mi padre, que se acercó a saludar y revolvió mi pelo con su mano delante de cientos de espectadores.

—Hijo, no se preocupe que unas personas querían secuestrarlo. Lo harían durante la competencia haciendo que cayera al piso para llevárselo pues era el único momento en que andaría solo y sin escoltas. Acá le dejo a 'Pinina' y varios muchachos para que lo cuiden. Corra tranquilo —me dio un beso en la mejilla, me tocó de nuevo la cabeza con la mano y dijo que me deseaba mucha suerte en la carrera, que le hiciera suave y me amarrara bien el casco.

Semanas después, un alto oficial del Ejército habría de sumarse a la larga lista de enemigos de mi padre. El general Jaime Ruiz Barrera, quien se estrenó en el cargo de comandante de la Cuarta Brigada con una operación sin precedentes en Medellín para capturar a mi padre. Ocurrió poco después de las cinco de la madrugada del martes 22 de marzo de 1988, cuando dos mil soldados, tres helicópteros artillados y varios tanques de guerra ocuparon la finca El Bizcocho, conocida en la familia como 'los viejitos'.

Mi padre y diez de sus hombres dormían allí en ese momento, pero una pareja de campesinos que hacía las veces de vigilantes avisaron por radio sobre la presencia de militares. Lo mismo hicieron dos guardias ocultos en la parte de arriba de la avenida Las Palmas, que vieron el descenso de soldados por la montaña.

Mi padre logró escapar con 'Otto', Albeiro Areiza, 'el Campeón' y otros siete escoltas, pero pasó dos grandes sustos en el trayecto hacia otra caleta. El primero fue cuando avanzaban por la montaña y de repente salió un soldado de un matorral, apuntó con su fusil, lo puso en el pecho de mi padre y dijo que levantaran las manos y se quedaran quietos.

Mi padre reaccionó tranquilo y se paró al frente del grupo para hablar con el militar:

—Tranquilo, hermano, tranquilo que nos vamos a entregar todos. Vea que acá hay uno, hay dos, hay tres conmigo —explicó, al tiempo que tres de sus hombres se hicieron adelante para cubrir su fuga con 'Otto' y 'el Campeón'.

El soldado desconfió e hizo varios disparos que estuvieron muy cerca de impactar a mi papá. Alguna vez me contó que en ese momento sintió la muerte porque los proyectiles estuvieron tan cerca que levantaron tierra y le cayó en la cara.

Cuatrocientos metros más abajo, cuando el grupo llegaba a la vía Las Palmas, apareció otro soldado que intentó interceptarlos pero mi padre le apuntó con su pistola y gritó:

—F-2, somos F-2, (policía secreta); déjeme trabajar, hombre, que llevo unos detenidos. Quítese de mi camino.

El desprevenido soldado hizo caso, como si recibiera órdenes de un general, y se apartó del camino. Acto seguido mi padre, 'Otto', 'el Campeón' y dos hombres más caminaron en fila montaña abajo. Ese preciso instante fue captado por un fotógrafo del diario *El Colombiano* que había llegado al lugar alertado por el despliegue militar. La imagen muestra a mi padre adelante y sus hombres atrás, armados.

Mi padre había logrado escabullirse, pero el general Ruiz Barrera tenía planes para su familia. Los militares allanaron esa misma mañana el edificio Torres del Castillo, en la transversal inferior con la Loma de los Balsos, donde detuvieron a mi madre. Una de mis tías sintió temor por ella y dijo que la llevaran también a la Cuarta Brigada, donde permanecieron incomunicadas durante un día. En forma casi simultánea y sin importar que yo tenía escasos once años, los soldados se dirigieron al colegio San José de la Salle, donde estudiaba, para conducirme a la guarnición militar. No obstante, cuando los militares llegaban, uno de los vigilantes alertó a mi escolta y corrimos hacia la rectoría. El rector me ocultó debajo de su escritorio y desde allí escuché el ruido de las botas cuando los soldados entraron preguntando por mí.

Carlos, mi abuelo materno de setenta y seis años, también fue abordado por las tropas cuando manejaba su automóvil Volvo por una calle de Medellín. Le decomisaron el vehículo y lo condujeron a una base militar en Envigado.

Recuerdo que 'Popeye', el cuentachistes del grupo, le sacó cuento al hecho de que a mi abuelo le hubieran incautado el automóvil.

—Gracias a Dios le quitaron el carro a don Carlos porque se acabaron los 'tacos' (trancones) en Medellín.

Tras la fallida operación militar, mi padre dio la orden de asesinar al general Ruiz. 'Pinina' y siete de sus hombres alquilaron un apartamento cerca de la Cuarta Brigada, desde donde observaban sus movimientos; luego armaron un potente carro bomba para detonarlo al paso de la caravana de escoltas que acompañaba al alto oficial. Ese sería uno de los primeros atentados con un vehículo repleto de explosivos, pero no fue posible hacer que estallara porque el control remoto falló en al menos cinco ocasiones. Al general Ruiz lo siguieron por todo Medellín con el carro bomba listo a estallar, pero el oficial era muy astuto en sus desplazamientos.

La retaliación alcanzó entonces a una de las secretarias del general, que manejaba información sensible. Luego de varios días de seguimiento, 'Pinina' le contó a mi padre que ella salía en la tarde y siempre tomaba un taxi en la puerta de entrada de la brigada. Entonces decidieron poner en turno a esa hora varios vehículos de servicio público de mi padre, hasta que finalmente abordó uno.

Semanas después el Ejército ofreció la primera recompensa por mi padre y le pidió a la ciudadanía enviar información sobre él a un apartado postal. En respuesta, se le ocurrió inundar de información a los militares para hacer imposible su búsqueda.

Entonces envió a uno de sus hombres al barrio La Paz y les pagó a varias familias para que escribieran cartas dando diferentes pistas sobre su supuesta localización. Cada mensaje debía contar una historia distinta, letra y papel diferente, y originada en un lugar lejano. Las cartas, por ejemplo, incluían detalles como que Pablo tenía barba y se ocultaba en una casa donde se veían hombres armados; o que en una casa con las cortinas cerradas se veían hombres extraños con armas largas. Y para hacer creíbles a los remitentes, mi papá pagaba para que las cartas fueran enviadas desde los lugares donde se originaban. La idea de mi padre era que cuando el Ejército recibiera información cierta ya no supiera a cuál hacerle caso. La estrategia debió dar resultado porque por varios meses mi padre estuvo oculto sin apremio alguno.

Así habría de llegar 1989, un año que resultaría muy convulsionado para el país y para todos nosotros. Durante esos doce meses mi padre intensificó la guerra contra el Estado en su afán de lograr que la extradición dejara de ser una herramienta con la que EE.UU. y Colombia enfrentaban el poder del narcotráfico.

Enterado de que la justicia había obtenido numerosas pruebas que lo vinculaban a la autoría intelectual de la muerte del director del diario *El Espectador*, Guillermo Cano, me enteré después que mi padre había ordenado el asesinato en Bogotá del abogado, representante de la familia Cano en la investigación. Dos sicarios lo acribillaron dentro de su vehículo en la mañana del 29 de marzo de 1989.

Según me contó 'el Chopo' en julio, el mes pasado, por instrucciones de mi padre —previa consulta con 'el Mexicano'—, el paramilitar Carlos Castaño atentó con un carro bomba contra el director del DAS, general Miguel Maza Márquez, en el norte de Bogotá. Sin embargo, el oficial resultó ileso porque los hombres de Castaño activaron a destiempo el control remoto del carro bomba y la onda explosiva golpeó una de las camionetas de su escolta.

En relación con ese episodio, 'el Chopo' me dijo alguna vez que Castaño era el indicado para asesinar al oficial porque tenía informantes dentro de la entidad. Además, él era un reconocido informante del DAS y por varios meses contribuyó con información clave que terminó en varios golpes a la delincuencia. Esa capacidad le dio acceso a Maza, con quien se reunió varias veces. En otras palabras, Castaño hacía las veces de agente doble que le permitía acceder a información privilegiada de ambos bandos.

Según supe tiempo después, mi padre y 'el Mexicano' tenían motivos para atacar a Maza. Mi papá, porque conocía en detalle que el jefe del DAS sostenía una sospechosa relación con los hermanos Miguel y Gilberto Rodríguez, sus enemigos del cartel de Cali. Y 'el Mexicano' porque Maza había denunciado la existencia del fenómeno paramilitar que Rodríguez Gacha promovía desde el Magdalena Medio.

Pese al fracaso de la operación contra Maza, mi padre le ordenó a Castaño mantener activo su grupo para intentar un nuevo ataque. La nueva oportunidad vendría semanas después, cuando Maza estuvo delicado de salud y requirió atención de una enfermera. Hombres de mi padre le ofrecieron mucho dinero para envenenarlo, pero por alguna razón el plan no se concretó.

A mediados de junio, mi padre estaba escondido en la caleta Marionetas en la hacienda Nápoles cuando el noticiero de las siete de la noche dijo que en la convención del Nuevo Liberalismo reunida ese día en Cartagena, Luis Carlos Galán había decidido regresar al Partido Liberal con la condición de que se realizara una consulta interna para escoger el candidato que disputaría la Presidencia de la República en las elecciones de mayo de 1990. En el mismo acto, Galán volvió a hablar de la extradición y sostuvo que era la única herramienta eficaz para combatir al narcotráfico.

Aunque no subió el tono de su voz, quienes estaban con mi padre en ese momento escucharon una frase que sonó a sentencia:

—Mientras yo viva usted nunca será presidente, un muerto no puede ser presidente.

Inmediatamente, contactó al 'Mexicano' y quedaron en encontrarse pocos días después en una finca de él en el Magdalena Medio.

Así ocurrió y tras una larga charla en la que evaluaron las consecuencias jurídicas y políticas del crimen, acordaron que mi padre estaría al frente del atentado para asesinar a Galán cuando fuera a Medellín a hacer proselitismo político. Entonces mi papá le dio la orden a Ricardo Prisco Lopera de ir a Armenia, comprar un vehículo y hacer el traspaso a nombre de Hélmer 'Pacho' Herrera, el capo de Cali, para que las autoridades lo responsabilizaran del atentado cuando este se produjera.

Mientras Prisco organizaba el plan, a comienzos de julio habría de ocurrir una fatal equivocación porque sicarios de mi padre detonaron un carro bomba al paso de la caravana del gobernador de

Antioquia, Antonio Roldán Betancur, creyendo que se trataba del coronel Valdemar Franklin Quintero, comandante de la Policía de Antioquia.

Cuando supo que la víctima del carro bomba era Roldán y no el coronel, mi padre se enfureció. Escuché después que alias 'Mame' era el responsable de activar el control remoto una vez 'Paskín' le avisara que el objetivo estaba cerca del carro bomba. No obstante, 'Paskín' confundió el vehículo —un Mercedes Benz azul— y la escolta de Roldán con el esquema de seguridad de Franklin Quintero y dio por radio la señal que terminó con la violenta explosión que mató al gobernador y a cinco personas más.

La ola de terror ordenada por mi padre para amedrantar a los jueces se incrementó en los meses siguientes, cuando sus hombres asesinaron en Medellín a una jueza de Orden Público y a una magistrada del Tribunal Superior de Medellín. En Bogotá también fue asesinado un magistrado del Tribunal Superior de Bogotá. La lista de compatriotas que cayeron en esta triste guerra se hacía interminable porque mi papá había dejado de medir las consecuencias de sus actos.

El primero de agosto, mi padre supo por las noticias que Luis Carlos Galán iría la Universidad de Medellín a dictar una conferencia. Consideró que era el momento propicio para atacarlo y les dio la orden a Prisco y a sus hombres de organizar el atentado, que sería ejecutado con dos cohetes *rocket* lanzados hacia el lugar donde estaría el candidato.

En la mañana del tres de agosto todo estaba listo y Prisco ordenó estacionar la camioneta comprada en Armenia —una Mazda Station Wagon— en un lote semiabandonado a dos cuadras de la Universidad. Desde allí serían lanzados los cohetes, pero el plan falló porque desde el segundo piso de su casa una señora observó movimientos sospechosos y alertó a la Policía, que envió varios uniformados a verificar la información. Descubiertos, los hombres encargados del atentado dejaron abandonado el carro y los proyectiles y huyeron.

Mi padre llamó al 'Mexicano' y luego de contarle lo sucedido en Medellín acordaron reunirse de nuevo. Tiempo después de sucedidos todos estos hechos, me enteré que en esa conversación convinieron que el nuevo intento sería en Bogotá, pero bajo la responsabilidad del 'Mexicano'. Entonces salió a relucir el nombre de Carlos Castaño, quien mantenía activo el plan para atentar contra el general Maza Márquez.

Encargado del complot, Castaño acudió a sus contactos dentro del DAS y empezó a obtener información detallada del esquema de seguridad de Galán, así como su agenda privada.

Tiempo después escuché que a mediados de agosto Castaño se comunicó con mi padre y le dijo que todo estaba listo, pero le pidió ayuda porque no había logrado encontrar en Bogotá una ametralladora mini-Atlanta, que por su versatilidad y tamaño era el arma que requería para facilitar la tarea de los sicarios. Dos días después y por encargo de mi padre, 'Pinina' consiguió la ametralladora y se la entregó a un hombre que envió Castaño.

A través de sus informantes en el DAS, Castaño supo con dos días de anticipación que Galán realizaría una concentración política en la plaza principal del municipio de Soacha, al sur de Bogotá, en la noche del viernes 18 de agosto de 1989. Enterados de los detalles generales, mi padre y 'el Mexicano' dieron vía libre a la ejecución del magnicidio, que según Castaño sería infalible porque se proponía infiltrar a varios de sus hombres en el esquema de seguridad de Galán una vez arribara al lugar de la manifestación.

Mi padre sabía que el asesinato de Galán tendría graves consecuencias porque el Estado se iría encima de la mafia, especialmente contra él y 'el Mexicano', reconocidos como sus principales enemigos. Por esa razón les ordenó a sus hombres reforzar las medidas de seguridad en torno a la caleta conocida como La Rojita, una casa pintada de rojo en la vía entre Medellín y el municipio de La Ceja, en el oriente antioqueño, donde se escondía por aquellos días. Nosotros continuábamos viviendo en Altos, pero nos mudamos al Cero Cero, un *pent-house* en el edificio Ceiba de Castilla en Medellín.

Como de costumbre, mi padre durmió hasta cerca del mediodía de ese viernes 18 de agosto. Cuando despertó le contaron que muy temprano, antes de las siete de la mañana, un comando de seis hombres encabezados por Jhon Jairo Posada, alias 'Titi', había acribillado al coronel Valdemar Franklin Quintero cuando su vehículo se detuvo en un semáforo entre los barrios Calazans y La Floresta, en Medellín.

El crimen ocurrió al estilo de la mafia siciliana: los sicarios se situaron frente al vehículo del coronel y dispararon sin cesar hasta que vaciaron los proveedores de sus fusiles. Según le contaron a mi padre, el oficial recibió cerca de ciento cincuenta impactos. Por aquellos días mi padre hacía referencia constante a Salvatore 'Toto' Riina, uno de los más famosos miembros de la mafia siciliana, de quien adoptó sus métodos terroristas con carros bomba y se enfrentó al Estado italiano a través de asesinatos selectivos.

Tras el homicidio del coronel de la Policía, esa tarde el presidente Barco anunció nuevas y más drásticas medidas para enfrentar el terrorismo del cartel de Medellín, pero el ambiente de convulsión en el país habría de aumentar esa misma noche cuando se conoció que Luis Carlos Galán había muerto luego de resultar gravemente herido en la plaza de Soacha. El plan de Carlos Castaño había dado resultado.

Tiempo después oí que en la madrugada del sábado 19, Fidel y Carlos Castaño llegaron a la caleta La Rojita a hablar con mi padre. Nosotros no estábamos ahí en ese momento, pero luego me contaron que hablaron de la efectividad de los hombres que participaron en el atentado y previeron la oleada de allanamientos y la persecución que se vendría contra ellos. Luego, mi padre les dijo a los Castaño que él asumiría el costo de la operación, calculado en doscientos cincuenta millones de pesos, que les entregaría en efectivo la semana siguiente.

Pero Fidel no aceptó:

—Pablo, tranquilo, que no nos debés nada; yo pongo esa plata como cuota para la guerra[1].

En la idea de no permanecer demasiado tiempo en el mismo lugar porque los operativos en su contra iban en aumento, mi padre se fue de la caleta La Roja hacia la finca El Oro, a pocos kilómetros del puerto de Cocorná, en el Magdalena Medio.

Allí se encontraba el 23 de noviembre con mi tío Mario Henao y Jorge Luis Ochoa cuando les avisaron a las seis de la mañana que varios helicópteros y hombres del Cuerpo Élite de la Policía acababan de salir hacia ese sitio desde la Base de Palanquero.

Como siempre, mi padre pensó que el operativo no debía estar dirigido contra él y permaneció impasible. Pero estaba equivocado porque minutos después apareció un helicóptero artillado que los puso a correr. El aparato no pudo aterrizar porque mi padre había hecho poner decenas de palos largos, amarrados entre sí por cables de acero.

---

[1] Al cierre de este libro, el cuestionado político tolimense Alberto Santofimio paga todavía una larga condena por su presunta participación intelectual en el crimen de Galán. Fue hallado responsable dizque porque le aconsejó a mi padre que lo matara. Como ya he dicho en otros apartes de este libro, no pretendo condenar, absolver, ni confrontar con nadie. Por lo que oí, mi padre no se dejaba tramar por nadie y menos seguiría consejos de quien tiempo atrás era su enemigo porque se había aliado al cartel de Cali. Galán había cosechado gran cantidad de enemigos entre los políticos, en sus filas y entre los narcotraficantes, porque los hombres íntegros como él, que no se congraciaban con la corrupción ni con el crimen organizado, resultaban a todas luces incómodos para sus intereses. Señalar a un único hombre como responsable de su muerte plantea serias dudas sobre la administración de justicia que merece Colombia, que debe ser ejemplo de verdad y reparación, y no de lo contrario. Mi padre tomaba sus decisiones sin preguntarle a nadie. Recuerdo que sus mejores amigos acuñaron una frase que pintaba de cuerpo entero a mi padre: "Pablo era un hombre muy democrático porque en su democracia solo se hacía lo que él decía".

En medio del desorden por la improvisada fuga, los uniformados empezaron a disparar desde el aire y mataron a mi tío Mario, que no había alcanzado a buscar refugio.

Mi padre y Jorge Luis lograron huir, pero esa operación en su contra habría de determinar la muerte de su mejor amigo, el único al que le hacía caso y hasta le tenía temor: mi tío Mario. "Seré el hermano de tus hermanos", dice uno de los apartes de una carta póstuma que le escribió a su amigo del alma.

En medio de la feroz cacería de todos los organismos de seguridad del Estado, una noche mi padre recibió en otra caleta a uno de sus abogados, que le pidió cesar la oleada terrorista. Pero mi padre tenía otra opinión:

—Abogado, Estados Unidos arrodilló a Japón en la Segunda Guerra Mundial a punta de bombas. Yo voy a arrodillar a este país a punta de bombas.

Y lo hizo.

A las seis y media de la mañana del sábado dos de septiembre, don Germán —un hombre de sesenta años, integrante del combo de 'Pinina'— hizo detonar un furgón cargado con más de cien kilos de dinamita en una estación de gasolina situada en diagonal a la entrada principal del diario *El Espectador* en Bogotá. Pocas horas después hombres enviados por mi padre destruyeron la casa de veraneo de la familia Cano en las islas del Rosario.

Días después, 'Pinina' contó estos detalles del atentado a *El Espectador* cuando lo vimos por unos momentos en una caleta.

En las siguientes semanas, mi padre habría de sembrar el caos: sus hombres —cada vez más diestros en la detonación de carros bomba y artefactos explosivos— causaron graves destrozos en una decena de sedes políticas en Bogotá, en el hotel Hilton de Cartagena y en la sede del diario *Vanguardia Liberal* de Bucaramanga, entre otros.

Convencido de que el Gobierno estaría dispuesto a explorar una salida negociada como la que intentó en 1984 tras el asesinato del ministro Rodrigo Lara, mi padre le pidió al abogado Guido Parra[2] promover un encuentro con su padrino de bautizo, el ex ministro Joaquín Vallejo Arbeláez, para enviarle un mensaje al Gobierno.

Mientras estallaban bombas en buena parte del país, la estrategia avanzó y mi padre, Vallejo y Parra se reunieron en la clandestinidad y estructuraron una especie de propuesta de paz de los Extraditables, que se entregarían a cambio de amplios beneficios judiciales, como la no extradición. Casi inmediatamente Vallejo se reunió en Bogotá con el secretario general de la Presidencia, Germán Montoya Vélez y lo puso al tanto de la iniciativa de mi padre.

No obstante y como ocurrió cinco años atrás, esos contactos se filtraron de nuevo —esta vez por el diario *La Prensa*, propiedad de la familia Pastrana— y el Gobierno no tuvo otra opción que decir públicamente que recibió el planteamiento de la mafia pero lo rechazó de tajo.

Rota de nuevo la posibilidad de negociar y con el Gobierno Barco con el sol a las espaldas, 'Chopo' me contó que mi padre y 'el Mexicano' decidieron atentar contra el candidato presidencial más opcionado: César Gaviria.

Era previsible que el candidato liberal mantuviera las banderas del líder asesinado respecto de la extradición y por eso buscaron de nuevo a Carlos Castaño, quien se dio a la tarea de organizar el complot, pero muy rápido se dio cuenta de que Gaviria estaba muy bien resguardado y atacarlo con los métodos conocidos sería bastante difícil.

Así, Castaño decidió que la única manera de eliminar a Gaviria era derribando el avión donde viajara. Según contó después 'Chopo',

---

[2] En la feroz persecución a mi padre, el 16 de abril de 1993 los Pepes lo asesinaron a él y a su hijo.

mi padre y 'el Mexicano' dieron vía libre a la operación y 'Arete' —según reconoció en la Fiscalía cuando se sometió a la justicia tiempo después— se encargó de armar una bomba con potente explosivo dentro de un maletín. A la vez, Castaño obtuvo la colaboración de un humilde joven, con graves problemas de salud, prácticamente desahuciado, para llevar la bomba y activarla cuando el avión hubiese decolado. A cambio le ofreció una jugosa suma de dinero para su familia. En el entorno de la mafia antioqueña ese muchacho era conocido como un 'suizo', una abreviatura mal hecha de la palabra 'suicida'.

'Chopo' continuó contando que Castaño engañó al 'suizo' y de paso a 'Arete' y cambió la bomba, que ya no explotaría a control remoto sino cuando el avión alcanzara los diez mil pies de altura.

Ante la imposibilidad de conocer la agenda de Gaviria en la campaña y con su cuerpo de seguridad, Castaño se las arregló para averiguar en la aeronáutica civil que el candidato tenía cupo ese lunes 27 de noviembre en el vuelo 1803 de Avianca, que salía a las siete y trece de la mañana de Bogotá a Cali[3].

Pero la información que había obtenido Castaño resultó equivocada y el avión explotó cuando sobrevolaba el municipio de Soacha, el mismo donde fue asesinado Galán. Pero Gaviria no iba a bordo.

La brutal capacidad de desestabilización de mi padre parecía no tener límites y el Estado lucía incapaz de neutralizar al ejército de sicarios desplegado por todos lados. Aun así, por más poder que él ostentó, era claro que las repercusiones de sus actos alcanzarían muy pronto a quienes lo rodeábamos.

---

[3]   Este acto de horror de mi padre jamás lo olvidé y con el paso de los años tuve la oportunidad de conocer a muchos familiares de esas víctimas, a quienes les pedí perdón públicamente —en nombre de mi padre— en ocasión de la presentación del documental "Pecados de mi padre".

Ese poder criminal quedó en evidencia una vez más el seis de diciembre, cuando Carlos Castaño lanzó un bus repleto de dinamita contra la sede del DAS en el sector de Paloquemao, centro de Bogotá, con la intención de asesinar al general Maza.

De nuevo, tiempo después el 'Chopo' contó que mi padre le había dicho a Castaño que quería que el edificio del DAS fuese arrancado de sus bases y por ello ordenó reforzar la suspensión del bus para que soportara el peso de once toneladas de dinamita, que según él derribarían la edificación. Los hombres de Castaño empezaron a distribuir la enorme cantidad de explosivos a lo largo de la carrocería y a ras de los vidrios, para no despertar sospechas. No obstante mi papá comentó mucho después que por la manera como acomodaron la dinamita solo cupieron siete toneladas y debieron dejar cuatro en la bodega. El bus explotó muy cerca de la entrada principal del edificio y dejó un centenar de víctimas e incalculables daños materiales, pero una vez más el general Maza salió con vida.

Esa noche, mi padre vio los noticieros de televisión y las fuentes oficiales aseguraban que el bus iba cargado con cerca de setecientos kilos de explosivos. Al escuchar la noticia, reaccionó y dijo a los presentes: "Estos maricas no saben nada, siempre dan el diez por ciento del total de la dinamita que les pongo".

La dura confrontación entre el Estado y la mafia habría de dar un giro radical el viernes 15 de diciembre de 1989, cuando mi padre supo por las noticias que 'el Mexicano' había sido abatido en una operación de la Policía en el puerto de Coveñas, sobre el mar Caribe.

Mi padre lamentó la muerte del 'Mexicano', con el que siempre sostuvo una relación muy cercana. Nunca discutieron. Lo consideraba un guerrero presente en las buenas y en las malas. Casi siempre se saludaban con un cálido "hola compadre", porque mi papá fue padrino de bautizo de uno de los hijos del 'Mexicano'. A mi padre siempre le llamó la atención que pese a su aspecto campechano Gonzalo Rodríguez asumía comportamientos muy particulares, como mandar a desinfectar los baños con alcohol cada vez que iba a entrar, arreglarse las uñas varias veces a la semana y traer el papel higiénico desde Italia.

Mi padre nos contó alguna vez que 'el Mexicano' le había expresado algunos temores por su vida. Estaba escondido en El Peñol, en la caleta conocida como La Isla y le hizo saber a mi padre que le habían contado que la Policía y el cartel de Cali lo tenían en la mira porque alguien de su organización lo estaba delatando.

Su desconfianza era tanta que de un momento a otro salió de la isla a través de una trocha hasta una finca ubicada en el municipio de Barbosa, Antioquia, pero dos semanas después se fue corriendo de ahí porque de nuevo tuvo la certeza de que le pisaban los talones.

Mi padre le propuso que se fuera a la caleta donde él estaba, pero 'el Mexicano' dijo que prefería moverse hacia la costa.

—Hombre, Andrés —así le decía mi papá 'al Mexicano'—, véngase conmigo que la costa es muy peligrosa; allá no hay selva y los gringos lo jalan a uno de cualquier parte… con el mar al lado es peor.

Muerto 'el Mexicano' y sin opciones a la vista para negociar con el Gobierno, de nuevo mi padre echó mano de la violencia y el chantaje para mantener latente su desafío al Estado.

Cinco días después de la operación contra Rodríguez Gacha y cuando el país todavía celebraba el golpe al cartel de Medellín, las noticias revelaron que los hombres de mi padre secuestraron en Bogotá a Álvaro Diego Montoya, hijo del secretario de la Presidencia, Germán Montoya; y en Medellín plagiaron a Patricia Echavarría de Velásquez y a su hija Dina, hija y nieta, respectivamente, del industrial Elkin Echavarría, consuegro del presidente Barco.

Los plagios derivaron muy pronto en un acercamiento con el Gobierno y una nueva opción para que mi padre se entregara a la justicia. La familia Montoya buscó los buenos oficios de los industriales J. Mario Aristizábal y Santiago Londoño, quienes a su vez contactaron al abogado Guido Parra para que intentara convencer a mi padre de liberar a los secuestrados.

Las señales que recibió mi padre desde el alto gobierno a través de Aristizábal y Londoño, en el sentido de que era posible obtener un tratamiento jurídico especial, lo llevaron a mediados de enero de 1990 a dejar en libertad a las tres personas que tenía en su poder y a expedir un comunicado a nombre de los Extraditables en el que reconocía el triunfo de las instituciones y anunciaba una tregua unilateral. Y en una prueba de buena voluntad —justo cuando el presidente de Estados Unidos, George Bush, se encontraba en Cartagena en visita oficial— entregó un complejo coquero en Urabá, un vehículo escolar con una tonelada de dinamita y un helicóptero.

Los acercamientos secretos entre mi padre y los emisarios del Gobierno llegaron incluso a la elaboración de un documento que planteaba las condiciones de su entrega, sumada al hecho imperceptible de que el Gobierno empezó a demorar el trámite de algunas extradiciones. Incluso, por aquellos días el presidente Barco llegó a decir que "si los narcotraficantes se rinden y se entregan, se podría pensar en un acuerdo". Muchas veces le pedí a mi padre que encontrara una solución pacífica a sus problemas y lo conminé a terminar la violencia y dedicarse a su familia.

Sin embargo, el asesinato el 22 de marzo de 1990 del dirigente de izquierda Bernardo Jaramillo Ossa, candidato presidencial de la Unión Patriótica, y la inmediata renuncia del ministro de Gobierno, Carlos Lemos Simmonds —que lo había señalado de pertenecer a las Farc— habrían de dar al traste nuevamente a la posibilidad de una salida negociada con mi padre y marcaría el inicio de una oleada terrorista sin antecedentes en el país.

Casi inmediatamente después del crimen de Jaramillo, las autoridades señalaron a mi padre como responsable, pero él divulgó una carta en la que rechazó la acusación y por el contrario dijo que sentía aprecio por el político porque se había opuesto a la extradición y además era partidario de negociar con la mafia. Al final del mensaje, mi padre recordó una entrevista de Jaramillo en la revista *Cromos* en la que dijo que "ahora todo se lo achacan al señor Pablo Escobar. Él va a ser el chivo expiatorio de todas las bellaquerías que se han hecho en el país durante estos años. Aquí hay altas personalidades del Estado que están comprometidas con los grupos paramilitares y tienen que responderle al país por los crímenes que han cometido". Mi padre solía decir, cuando recordaba esta muerte, que Jaramillo Ossa le había solicitado que intercediera ante los Castaño para que no lo mataran.

—Fidel y 'Carlitos' fueron, pero como son mis amigos no puedo salir a aclarar nada[4].

Lo cierto es que la renuncia del ministro Lemos dejó al descubierto que tras el secuestro de Álvaro Diego Montoya en diciembre anterior el gobierno Barco abrió la puerta de una negociación con mi padre que el país desconocía. Entonces, los funcionarios que habían intervenido en ese proceso —entre ellos Germán Montoya— salieron a decir públicamente que la extradición nunca estuvo en juego y que la única opción posible era la rendición incondicional de los narcotraficantes.

Respecto de Lemos recuerdo una frase de mi padre:

—Vea ahora con las que me sale ese Lemos. Me daña todo y ahora que lo echaron y que no tiene poder, manda a decir que está a mis órdenes, que en lo que me pueda colaborar.

---

[4]   Fidel y Carlos Castaño también fueron autores del asesinato de Carlos Pizarro Leongómez, candidato presidencial de la Alianza Democrática M-19-, ocurrido el 26 de abril de 1990, cuando viajaba en un avión de Avianca de Bogotá a Barranquilla. El magnicidio también fue atribuido a mi padre, pero él me dijo que era amigo de Pizarro, que le caía bien y que no tenía un solo motivo para atacarlo. De nuevo me explicó que no le quedaba bien desmentir las acusaciones porque se desataría una guerra con los Castaño.

La fallida negociación, sumada al engaño que percibió mi padre, lo llevó el 30 de marzo de 1990 a anunciar a través de los Extraditables la reanudación de la guerra contra el Estado.

En las siguientes semanas su aparato criminal habría de desatar una nueva y terrible oleada terrorista. Oí que algunos de sus hombres comentaron que habían detonado bombas en los barrios Quirigua y Niza en Bogotá, en el centro de Cali y en el hotel Intercontinental de Medellín; al mismo tiempo que ordenó atacar frontalmente a la Fuerza Élite de la Policía, un grupo especial creado para perseguirlo. Resultado: dos carros bomba estallaron al paso de camiones que transportaban esos comandos.

De otro lado, mi padre había recopilado información precisa sobre los atropellos que cometían las autoridades en la ciudad con tal de localizarlo; por aquellos días eran frecuentes las masacres en las esquinas de los barrios populares de Medellín, ejecutadas por pistoleros que buscaban diezmar su ejército privado. Incluso un noticiero publicó que una patrulla militar frustró una masacre y detuvo varios agentes de la Dijin[5].

En represalia, él se propuso combatir a fondo a la Policía de Medellín con dos métodos muy violentos:

El primero, según me contó 'Pinina' después de sucedidos los hechos, con ataques dinamiteros selectivos a través de la figura del 'suizo' o suicida, es decir, personas a las que inicialmente ponían a traficar con pequeñas cantidades de coca y les pagaban cumplidamente para que se tomaran confianza; luego, las engañaban y las mandaban con un 'encargo', pero esta vez ya no llevaban coca sino dinamita, empacada de la misma forma que los paquetes de polvo blanco. Así, cuando pasaban por retenes o estaciones policiales,

---

[5]   En 1998 el Estado colombiano reconoció su responsabilidad ante la CIDH de la OEA por la masacre de Villatina -una zona deprimida de las laderas orientales de Medellín- ejecutada por hombres armados que luego fueron identificados como de la Policía. En el lugar murieron siete jóvenes de entre quince y veintidós años.

personas ubicadas estratégicamente accionaban la carga a control remoto. Mi padre comentaba a sus hombres que los controles remotos comprados por sugerencia del terrorista español contratado para instruir a sus hombres no funcionaban bien y por eso ordenó comprar controles remotos de aviones de aeromodelismo.

El segundo, mediante el plan 'pistola' contra los policías de la ciudad. Para hacerlo, mi padre ordenó sacar decenas de armas que había almacenado en caletas en diferentes lugares de la ciudad y se las entregó a los combos de las comunas para que se defendieran y al mismo tiempo asesinaran a cuanto policía vieran en las calles. Los sicarios recibían una recompensa dependiendo del rango del uniformado muerto. Más de trescientos policías fueron asesinados en corto tiempo en toda la ciudad. Después de que pasó esa horrible época, se comentaba que bastaba que el sicario llegara a cobrar a una de sus oficinas con el recorte del periódico donde hubiera aparecido publicada la noticia.

—Solo nos van a llamar a negociar si creamos un caos bien verraco y así será —le dijo por aquellos días al abogado Aristizábal, quien fue a consultarle algunos asuntos jurídicos.

Con semejante ambiente de guerra en Medellín, con escuadrones de hombres armados de uno y otro bando circulando por la ciudad, que prácticamente vivía una guerra civil, a comienzos de junio de 1990 mi padre decidió sacarme del país con la excusa de ver a la Selección Colombia en el mundial de fútbol de Italia.

Me envió con mi pariente Alfredo Astado y con 'Pita' y 'Juan' como guardaespaldas. Mi papá estaba temeroso de que sus enemigos me localizaran allá y por eso contrató un hombre al que le envió mis fotos y huellas digitales y me sacó documentos nuevos y se ufanó porque estaba seguro de que pasarían los controles migratorios o policiales en cualquier parte del mundo.

Así fue porque el 9 de junio asistimos al partido inaugural entre Italia y Austria en el Estadio Olímpico de Roma y en los días siguientes acompañé a la selección Colombia en sus partidos con Yugoslavia y Alemania. A todos los escenarios entré con la cara pintada de amarillo, azul y rojo, me cubrí la cabeza con una bandera y usé gafas oscuras que me hicieron irreconocible.

No obstante, nuestra permanencia en Europa habría de ser muy complicada porque no podía despegarme de los diarios y revistas, que llegaban con ocho días de atraso, para enterarme de alguna manera de lo que sucedía en Colombia y con mi padre.

Así fue como supe que el 14 de junio mi papá sufrió un duro golpe porque la Policía dio muerte a 'Pinina', el verdadero jefe militar de su organización[6].

Como los hoteles italianos no daban abasto viajamos en tren a Laussane, Suiza, y nos hospedamos en el hotel De La Paix; yo evité salir a hacer turismo y preferí jugar cartas con 'Pita' y 'Juan', pero el largo encierro de los huéspedes extranjeros debió parecerle sospechoso al conserje del hotel, que alertó a las autoridades locales.

Al mediodía salimos a tomar aire y a comer en un restaurante Chino cuando llegaron diez policías que nos requisaron y nos sacaron esposados. Afuera había más policías y no menos de diez patrullas con las sirenas encendidas y la manzana acordonada con cintas amarillas que impedían el paso de los transeúntes.

Nos separaron a todos y me llevaron a una casa de la policía secreta donde había un calabozo de puertas rojas y vidrio blindado; allí me hicieron desnudar, me requisaron por segunda vez. Cinco horas después un hombre y una mujer me sacaron en un vehículo y me llevaron a otra casa secreta donde me interrogaron durante dos horas.

---

[6] La Policía anunció con bombos y platillos la noticia de su muerte, ocurrida según el parte oficial porque 'Pinina' se enfrentó al Cuerpo Élite. No obstante, mi padre recibió en forma anónima un paquete con varias fotografías tomadas desde un edificio cercano en las que se ve a 'Pinina' con una pierna fracturada después de saltar por una ventana de su apartamento. En la secuencia de imágenes 'Pinina' es llevado hacia un vehículo Mazda gris por hombres armados, vestidos de civil.

Dijeron que no entendían por qué un joven de apenas trece años llevaba puesto un reloj Cartier de diez mil dólares y les respondí que mi padre era ganadero en Colombia y que con la venta de unas cuantas reses, pues tenía más de tres mil quinientas, me había regalado el reloj.

Finalmente no encontraron motivo para detenerme y no tardé en encontrarme con Alfredo y mis guardaespaldas, que también habían recobrado la libertad. Los policías preguntaron a qué lugar podían llevarnos porque estaban avergonzados y respondimos que al mismo restaurante Chino de donde nos habían sacado.

La convulsión que vivía Medellín en aquella época por cuenta de la guerra declarada entre mi padre, las autoridades y el cartel de Cali, habría de desencadenar una aterradora masacre justo el día en que la selección Colombia fue eliminada del mundial por Camerún.

Ocurrió en la noche del sábado 23 de junio de 1990, cuando un comando armado irrumpió en la discoteca Oporto, en una casa finca en El Poblado, conocida como el lugar de diversión de los ricos de Medellín. Cerca de veinte hombres vestidos de negro, con cachuchas de cuero y armados con ametralladoras, llegaron en dos camionetas negras con vidrios polarizados, intimidaron a los asistentes y los hicieron bajar en fila hacia el parqueadero del lugar. Luego dispararon en forma indiscriminada y asesinaron a diecinueve jóvenes de entre veinte y veinticuatro años y dejaron heridos a medio centenar.

Nuevamente, las autoridades se apresuraron a señalar a mi padre como responsable, con el argumento de que él odiaba a los ricos de Medellín. Pero tiempo después, encerrados en una caleta, hablé con él sobre esa masacre en específico y me dijo que no la había ordenado.

—Grégory, si hubiera sido así, te lo diría; ¿cuántas cosas he hecho ya como para no reconocer una más? Muy cerca de ahí estaba instalado un retén de la Élite y los sicarios pasaron sin problema. Yo creo que esa matanza la hicieron ellos mismos porque a ese lugar iban con mucha frecuencia varios escoltas de 'Otto', y solo cayó uno de los míos ahí… el resto era gente sana.

Pese a las comodidades del viaje yo estaba muy intranquilo por saber la verdad de la situación de mi padre y su futuro inmediato y por eso le envié varias cartas. Él respondió con un extenso mensaje que escribió el 30 de junio y que yo recibí una semana después, justo cuando mi madre y Manuela estaban a punto de llegar a Europa a reunirse con nosotros porque la idea de mi padre era que estudiáramos idiomas.

Querido hijo:

Te envío un abrazo muy grande y un saludo muy especial.

Te extraño y te quiero mucho pero al mismo tiempo me siento tranquilo porque sé que disfrutas de tu seguridad y de tu libertad. Te cuento que yo tomé la determinación de enviar a tu madre y a tu hermanita contigo porque en la carta que me escribiste me dijiste que querías que nadie te faltara cuando regresaras y tú sabes la situación aquí se tornaba un poco difícil.

Claro que no vayas a olvidar nunca lo que siempre te he dicho: hay que creer en el destino de los seres humanos porque él está marcado para bien o para mal.

En estos días estuve leyendo en la prensa la carta que al presidente Carlos Menem de la Argentina le envió su hijo reclamándole porque había expulsado del palacio presidencial a su familia y diciéndole que le faltaba hombría y que el poder lo había mareado.

Quedé asombrado y perplejo y varias veces volví a leer tu carta anterior para poderme sentir orgulloso y tranquilo. Lo único que yo deseo es que estés tranquilo y que te sientas bien. Que comprendas que a veces las familias se deben separar un poco porque suceden cosas en la vida.

Yo quiero que todo lo tomes con mucha serenidad y que te imagines que estamos separados, no porque se hubiera presentado esta situación desagradable, sino porque vamos a pensar que aunque somos una familia muy unida, yo como padre he hecho un gran esfuerzo para permitirte que vayas a estudiar un tiempo para que el futuro sea más bonito y más claro.

Vamos a suponer que he tenido que sacrificarme de muchas cosas. Vamos a suponer que hemos tenido que vender nuestra casa para poder permitir que ustedes se queden estudiando en esas tierras por unos cuantos meses. Qué triste sería para todos nosotros que hubiera sucedido lo que pasó con el presidente de la Argentina.

¿Cuál sacrificio puede ser más duro para mí que la ausencia de ustedes?

Si tú le muestra serenidad a tu madre y a tu hermanita, ellas estarán tranquilas y si tú ríes, ellas y yo también reiremos. Disfruta de todo porque cuando yo tenía 13 años como tú, no tenía nada pero nadie fue más feliz que yo.

No vayas a desaprovechar esta oportunidad para que aprendas los idiomas, para que aprendas las técnicas y para que conozcas las culturas.

Ojo con esto: recuerda que no estás en tu tierra y por lo tanto no debes hacer nada que no sea legal. No vayas a permitir que nadie te dé malos consejos. Sólo tú harás lo que te diga tu conciencia.

No vayas a probar nada que no sea correcto. Recuerda que además de ser tu padre he querido ser siempre tu mejor amigo.

Los valientes no son los que se toman un trago de licor delante de sus amigos. Los valientes son los que no se lo toman.

Perdóname toda esta filosofía y esta carta tan larga pero es que quiero dedicarte ahora que es sábado un poco de tiempo como si hubieras venido a visitarme. De mí te cuento que estoy muy bien. Mucho trabajo, mucha organización, pero todo muy bien.

Estamos creciendo. Esto será grande. Tu madre te debe haber contado y además muy contento porque ya los torturadores están siendo relevados. Los más importantes de ellos ya se quedaron sin el uniforme y eso es muy positivo.

Quiero que me envíes más fotos y que me cuentes a qué te dedicas y qué haces.

No pierdas ni un minuto, disfruta de tu vida y camina o practica algún deporte.

Si te dedicas a practicar algún deporte, podrás encontrar el lugar donde se oculta la felicidad. Te seguiré escribiendo y estaré sale muy pendiente.

Te quiero mucho mucho mucho junio 30 de 1990.

Una vez terminó el mundial, viajamos a Frankfurt, Alemania, donde nos encontramos con mi madre, Manuela y otros parientes. Después de conocer varias ciudades regresamos a Laussane y mi madre y yo nos matriculamos en una academia para estudiar inglés hasta finales de año.

Habíamos asistido a las primeras clases cuando recibimos una nueva carta de mi padre, firmada el 17 de julio, en la que por primera vez en mucho tiempo reflejó un panorama optimista sobre su situación personal y la del país.

"He decidido cambiar de estrategia y la guerra se parará en el nuevo Gobierno. Ya que el presidente electo ha dicho que la extradición no es un compromiso y que todo depende de la situación de orden público y la situación de orden público será buena entonces. La Asamblea Nacional Constituyente será elegida muy pronto porque ya el pueblo lo decidió y estoy absolutamente seguro que el primer artículo que redactará será el que prohíbe la extradición de colombianos. Y la mejor noticia de todas es que cuando se cumpla el relevo ya decretado se acabará el problema de seguridad de ustedes y podrán regresar".

No obstante los buenos augurios contenidos en el mensaje de mi padre, el 12 de agosto de 1990, escasos cinco días después de la posesión de César Gaviria como presidente, la Policía dio muerte en Medellín a Gustavo Gaviria, su primo, su compañero de andanzas desde niños, el hombre leal.

Según contó la viuda, seis agentes del Bloque de Búsqueda allanaron la casa de Gustavo con la intención de llevárselo, pero él se aferró a los barrotes de la puerta y como no pudieron sacarlo le dispararon. También dijo que Gustavo estaba desarmado y alcanzó a pedir ayuda en un servicio de emergencias en Medellín porque lo iban a matar.

En la lejana Suiza escuchamos en los primeros días de septiembre que mi padre había acudido nuevamente a su recurrente método de secuestrar personas importantes, esta vez para arrinconar al naciente Gobierno de Gaviria. Nos contaron que un comando encabezado por 'Comanche' secuestró bajo engaño a los periodistas Diana Turbay, hija del ex presidente Julio César Turbay y directora de la revista *Hoy x Hoy*; Azucena Liévano, Juan Vitta y Hero Buss y los camarógrafos del noticiero *Criptón,* Richard Becerra y Orlando Acevedo.

La orden incluyó secuestrar al entonces director del diario *El Colombiano*, Juan Gómez Martínez, pero sus hombres fallaron porque se atrincheró con un revólver en una esquina de la casa y no pudieron sacarlo de allí.

Diana Turbay y su grupo fueron recluidos en una finca en el municipio de Copacabana y desde el instante en que ella supo que estaba en manos de mi padre mantuvieron comunicación por carta. Comanche fue el contacto entre los dos y según me dijo un día mi padre, varias veces le prometió a Diana que bajo cualquier circunstancia respetaría su vida.

La estrategia de chantaje a la crema y nata del establecimiento funcionó porque el cinco de septiembre el presidente Gaviria anunció un cambio radical en la lucha contra los narcotraficantes y expidió el Decreto 2047, que ofreció rebaja de penas a quienes se sometieran a la justicia y no extradición a cambio de la confesión de delitos. Mi papá examinó el decreto y les dijo a sus tres abogados, entre ellos Santiago y Roberto Uribe, que hablaran con el Gobierno porque el contenido no lo beneficiaba y lo mejor era modificarlo.

Para fortalecer su capacidad intimidatoria, dos semanas después, el 19 de septiembre, los hombres de mi padre secuestraron a Marina Montoya y a Francisco Santos Calderón, jefe de redacción del diario *El Tiempo*.

Con un botín de secuestrados suficiente para negociar, mi padre ordenó atacar a fondo al cartel de Cali, que recientemente había fallado en varios ataques contra él, e incluso en dos intentos de secuestro contra mí. Esa fue una de las razones por las cuales mi padre nos sacó del país.

Así, el martes 25 de septiembre, veinte sicarios dirigidos por 'Tyson' y 'el Chopo' tomaron por asalto la finca Villa de Legua, entre los municipios de Candelaria y Puerto Tejada, al sur del Valle del Cauca, porque sabían que esa noche los capos iban a jugar un partido de fútbol.

En medio de una intensa balacera, los sicarios de mi padre asesinaron a diecinueve personas, entre ellas catorce jugadores, pero Hélmer 'Pacho' Herrera —dueño de la propiedad— y otros jefes del cartel lograron escapar por entre los cañaduzales aledaños. A su regreso a Medellín, 'Chopo' le entregó a la agenda personal de Herrera, que dejó abandonada en el lugar. Mi papá la revisó y rio a carcajadas porque las anotaciones demostraban que su principal enemigo era muy tacaño: apuntaba los bajísimos sueldos que les pagaba a sus empleados y hasta los gastos más pequeños.

Lo cierto es que casi tres años después de iniciada la guerra entre los carteles, los hombres de mi padre habían destruido medio centenar de sucursales de drogas La Rebaja en Medellín, Pereira, Manizales, Cali y otras poblaciones menores.

Y en respuesta a un ataque desde un helicóptero cuando se encontraba en la hacienda Nápoles, que falló porque la aeronave de los Rodríguez cayó a tierra, mi padre contó que envió a 'Otto' a Estados Unidos a aprender a pilotear helicópteros Bell Ranger con la idea de lanzarles una bomba. El curso costó doscientos setenta y dos mil dólares y fue dictado al lado del puerto de Miami por un ex guerrillero nicaragüense.

Igualmente, mi padre contrató tres hombres para examinar las miles de llamadas telefónicas que entraban y salían entre Medellín, Cali y el Valle del Cauca. Los enormes listados eran suministrados por funcionarios de la empresa de teléfonos local. Así, los empleados de mi padre, con regla, lupa y resaltador en mano, hacían el cruce entre las llamadas que entraban con una lista que contenía los números de los capos de Cali. Si alguno coincidía, se lo entregaban a mi padre, que enviaba a sus hombres a hacer allanamientos y detenciones. Lo mismo sucedía con los carros que circulaban en Medellín con placas de Cali o el suroccidente del país.

Un nuevo mensaje que recibimos de mi papá a finales de noviembre nos recordó que la guerra en Colombia estaba lejos de terminar. El 14 de noviembre escribió una carta en la que dejó por sentadas sus reservas sobre la posibilidad de encontrar una salida jurídica para él.

"Cuando ustedes se fueron, me ilusioné mucho porque los señores importantes me mandaron a llamar y me prometieron el cielo y la tierra. A mi delegado lo atendía directamente el señor importante y le dedicaba dos o tres horas. La señora importante me escribía, pero después quisieron salir con chichiguas y yo no podía aceptar eso después de ver lo que hicieron con mi socio (Gustavo Gaviria). Yo creo que lo que le pasó a mi socio nos perjudicó mucho porque con eso ellos creyeron que yo estaba acabado. Ahora están muy asustados y sé que todo saldrá bien".

Mientras tanto, la guerra con los capos de Cali habría de forzar nuestro regreso de Europa en la primera semana de diciembre de 1990 porque descubrimos que dos hombres nos seguían a todas partes, incluso una vez que fuimos a varios supermercados buscando plátanos. De inmediato le informé a mi padre, que nos ordenó regresar cuanto antes a Colombia.

En medio de una gran incertidumbre llegamos a la caleta donde estaba refugiado mi padre, un amplio apartamento en el séptimo piso de un edificio situado en la avenida oriental de Medellín, en diagonal a la clínica Soma.

Mi padre estaba acompañado por 'el Gordo' y su esposa, 'Popeye' y 'la India', una picante morena que 'Chopo' consiguió para que le ayudara con las vueltas y algo más. La estancia en ese lugar se haría muy tediosa porque el apartamento era desapacible, aburrido, no había nada que hacer y tampoco podíamos asomarnos a las ventanas porque los vidrios estaban tapados con las cortinas. No había televisión por cable y jugábamos juegos de mesa o leíamos libros. Habíamos pasado del encierro en Suiza a un encierro peor.

Durante esos días, mi padre nos contó detalles de la manera como estaba logrando que el Gobierno cediera a sus pretensiones de obtener beneficios judiciales, incluida la no extradición. Claro, sabía que tenía en sus manos un poderoso mecanismo de presión como el secuestro: Diana Turbay, Francisco Santos, Marina Montoya, los periodistas y camarógrafos del noticiero *Criptón*, así como Beatriz Villamizar y Maruja Pachón de Villamizar —cuñada de Luis Carlos Galán—, secuestradas en noviembre anterior por un comando encabezado por 'Enchufe'.

Por aquellos días de diciembre mi padre ya había obtenido el compromiso del Gobierno de modificar el Decreto 2047 expedido tres meses atrás porque a él y a sus abogados les parecía que la extradición debía ser suspendida con la simple presentación del implicado ante un juez. Según nos dijo, semanas atrás habían sugerido un texto, que envió al Ministerio de Justicia a través de sus abogados.

Las recomendaciones llegaron a la Casa de Nariño porque el presidente Gaviria se refirió al tema justamente en una visita a Medellín en esa primera semana de diciembre de 1990: "Nosotros sí estamos dispuestos a modificar ese decreto —el 2047—, porque estamos interesados en la pacificación del país. Estamos interesados en que esos colombianos que han cometido delitos se sometan a nuestra justicia. Y por esa razón, en el curso de esta semana, vamos a hacer toda la claridad que sea necesaria sobre ese decreto y eventualmente a incorporar algunas modificaciones".

En los siguientes días, mi padre permanecía largo tiempo viendo los noticieros de televisión del mediodía, de las siete y de las nueve y media de la noche y nos exasperaba verlo cambiar de canal para ver qué decían en uno u otro informativo. Empezamos a quejarnos y entonces me hizo caso de comprar un televisor, cuya pantalla se partía en dos. Así pudo ver en forma simultánea los dos canales y poner el sonido del noticiero que le interesaba.

Aun cuando el asunto de los decretos de sometimiento copaba el interés de mi padre, nos dimos cuenta de que él, como siempre, tenía un plan B para resolver sus líos con la justicia. Lo supimos porque en la noche del domingo nueve de diciembre de 1990 estuvo muy pendiente del resultado de la elección de los setenta constituyentes que modificarían la Constitución Nacional vigente desde 1886.

Cuando la Registraduría Nacional dio a conocer la composición final de la Asamblea Nacional Constituyente que empezaría sesiones en febrero de 1991, notamos en él una sonrisa socarrona.

—Eso de los decretos no me da confianza. Así como anuncian que los cambian como yo les digo, mañana vuelven y los cambian de nuevo cuando yo esté detenido. Pero si el cambio está en la Constitución, ahí sí no me pueden joder.

Acto seguido, mi padre nos contó que en octubre anterior —cuando estábamos en Europa—, en desarrollo de la campaña de elección de los constituyentes, recibió un mensaje de los capos del cartel de Cali donde le pedían unirse para impulsar candidatos que les garantizaran eliminar la extradición en la nueva Constitución.

—Les mandé decir que hicieran lo que tuvieran que hacer, que yo haría lo mío; que sobornaran al que tuvieran que sobornar —dijo a manera de resumen y concluyó diciendo que él ya tenía amarrada una buena cantidad de votos cuando la Constituyente abordara el tema de la extradición.

Entre tanto, el 15 de diciembre, mi padre se levantó como siempre al mediodía y observó en los diarios que en el Gobierno había un nuevo decreto, el 3030. Los periódicos publicaron el texto completo y ello le facilitó la lectura. Después de su desayuno-almuerzo —como siempre, plátano maduro frito en cuadritos y revueltos con huevo, arroz y carne— se quedó en el comedor y se dedicó a leer con detenimiento el contenido del nuevo decreto, con el que el Gobierno pretendía que él se sometiera a la justicia.

—A ver si me concedieron lo que pedí —dijo y luego se sumió en un profundo silencio que habría de durar cinco horas, al cabo de las cuales había subrayado casi todo el texto con un esfero y llenado varias hojas en las que apuntó sus comentarios.

Pasadas las cinco de la tarde, cansado, nos dijo que estaba en desacuerdo con numerosos aspectos del decreto y que iba a enviar sus sugerencias para que el Gobierno expidiera otro.

En medio de nuestra expectativa, esa misma noche mi padre se sentó a escribir una larga carta que envió a sus abogados con destino a la Casa de Nariño. También contenía instrucciones de lo que sus asesores debían decir en privado a los medios de comunicación, pero de parte de los Extraditables.

Tal como él lo pidió, los medios de comunicación informaron que los Extraditables le habían hecho saber al Gobierno que el 3030 parecía un decreto de guerra y se mostraban en desacuerdo con la mayor parte del articulado. Mi padre, a través de sus abogados insistía en la eliminación de la confesión porque el nuevo decreto la ponía como requisito indispensable para acceder a los beneficios judiciales. A mi padre ese artículo le pareció inaceptable.

Tres días después, mi padre se llevó la sorpresa de que Fabio Ochoa, el menor de los hermanos Ochoa, se había sometido a la justicia y ya estaba recluido en la cárcel de alta seguridad de Itagüí. Tres semanas más tarde lo harían Jorge Luis y Juan David Ochoa. Mi padre no entendió muy bien las razones que tuvieron sus amigos para aceptar las condiciones de los decretos de rebaja de penas, y aunque le pareció una decisión apresurada, decidió esperar.

Comenzaba 1991 y regresamos al deprimente encierro de la caleta en la avenida Oriental de Medellín porque habíamos pasado el fin de año con mi tío Roberto. Mi padre consideró más seguro que estuviéramos con él.

Y tal como preveíamos, mi padre estaba dispuesto a jugársela a fondo porque sabía que ese año sería decisivo en nuestras vidas.

Nos causó mucha impresión cuando 'Chopo' nos contó —después de ocurrido— que mi padre había decidido asesinar a Marina Montoya para presionar al Gobierno, que no había respondido al memorando de modificaciones del Decreto 3030 de diciembre anterior.

El rompimiento de la promesa pública del gobierno —por petición de las familias— de que no intentaría la liberación de los secuestrados por la fuerza, habría de crear una crisis de grandes dimensiones a finales de enero de 1991. En un fallido intento de rescate en una finca del municipio de Copacabana, Diana Turbay murió alcanzada por varias balas cuando corría con el camarógrafo Richard Becerra.

Aun cuando el Gobierno y la Policía aseguraron que los secuestradores les dispararon en el momento del arribo de la policía, mi padre siempre me dijo que había sido muy claro en decirles a sus hombres que preservaran las vidas de los rehenes, tal como se lo había prometido a la periodista Turbay.

Un par de semanas después, cuando la espuma del escándalo había bajado y mi padre seguía enviando mensajes públicos en los que se mostraba dispuesto a someterse a la justicia, recibió una razón en la que le contaron que un grupo grande de agentes de la Dijin —organismo secreto de la Policía— estaba estacionado dentro de un camión debajo del puente de la Avenida San Juan, a cincuenta metros de la plaza de toros La Macarena.

Tiempo después escuché una conversación de Giovanni en la que comentaba que mi padre lo envió en un automóvil Renault 9 blanco que ya estaba acondicionado con ciento cincuenta kilos de dinamita. El vehículo estalló y murieron dieciocho personas: tres suboficiales, seis agentes de la Dijin y nueve civiles.

Mi padre estaba seguro de que los integrantes de la Dijin pertenecían a una organización secreta proveniente de Bogotá conocida como Los Rojos, que realizaba asesinatos selectivos en Medellín.

Pese a las razones de mi padre, mi madre y yo consideramos que él había llegado demasiado lejos en su afán de arrinconar al Estado. Por eso, después de los hechos de la plaza de La Macarena, que además de los muertos dejó decenas de personas heridas, le pedí detenerse:

—¿Qué es lo que te anda pasando, hijo?

—Que estoy cansado de tanta violencia, papá. Muy cansado y muy triste por la muerte de personas inocentes. Ahí en esa corrida generalmente van nuestros familiares y amigos y con esas bombas explotando de manera indiscriminada cualquiera podría caer, hasta la abuela Hermilda. Esa no es la manera de resolver tus problemas, esa es la forma de agrandar los problemas de todos.

Recuerdo que estábamos solos en el comedor; mi madre me abrazó mientras le decía:

—Míster, por Dios, ¿qué es lo que estás haciendo? Escucha las súplicas de tu hijo y de todos nosotros por favor para estas tragedias.

—Vea, mi amor. Y vea, hijo. Ahí habrán caído unos pocos inocentes, pero acabé con muchos de los autores de asesinatos selectivos en la ciudad. Guerra es guerra y en ella se muere al que le toca. El destino de los hombres está marcado para bien o para mal.

Mi padre pareció entender nuestras razones y en las semanas siguientes habría de concentrarse en mantener contacto con el Gobierno a través de sus abogados y en estar al tanto de las deliberaciones en Bogotá de la Asamblea Constituyente, que debía terminar sesiones a comienzos de julio siguiente y promulgar la nueva Constitución. Él sabía que el punto relacionado con la extradición estaría sobre la mesa de discusión en los primeros días de junio y hacia allá enfiló sus baterías, a lograr su abolición por mandato constitucional. Parecía sencillo hacerlo: con el voto de los asambleístas que él y los demás carteles de la droga ayudaron a elegir en diciembre anterior. El rumor que corrió por aquella época fue que el cartel de Cali invirtió quince millones de dólares y mi padre cinco para eliminar la extradición de la nueva Constitución.

Unos días después, el 16, fui a un lugar conocido como El Vivero, al lado de Montecasino, la mansión de Fidel Castaño, a celebrar el cumpleaños de la menor de mis tías maternas. Era la primera vez que veía tanta gente reunida socialmente desde mi regreso de Suiza en diciembre del año anterior.

La homenajeada y yo nos criamos prácticamente como hermanos. Ella había invitado a algunas de sus amigas del bachillerato, entre quienes estaba Andrea, una hermosa joven de diecisiete años a la que no me animé a invitar a bailar, pero le pedí a mi tía que me la presentara. Desde ese instante nos quedamos charlando sin parar.

El destino quiso que durante esas mini-vacaciones en mi familia hubiera una seguidilla de primeras comuniones, cumpleaños y eventos a los que mi tía invitaba a su amiga Andrea y yo no paraba de coquetearle.

Al cabo de mes y medio de llamadas, flores y cartas con poemas, me fundí con ella en un beso en la avenida Las Palmas, en una caleta desde la que se divisaba Medellín. Desde ese instante estoy unido a ella en una intensa y hermosa relación que ya cumple veintitrés años.

Días después del comienzo de la relación con Andrea habría de aparecer el sacerdote Rafael García Herreros, un hombre más allá del bien y del mal, presentador por años del programa *El Minuto de Dios*, que se transmite todos los días a las siete de la noche. En las siguientes semanas habría de jugar un papel decisivo en la entrega de mi padre a la justicia.

A don Fabio Ochoa Restrepo se le ocurrió que un viejo conocido suyo, el padre García Herreros, podría influir de alguna manera en mi padre para que no continuara sus actos violentos, dejara en libertad a los secuestrados y se sometiera a la justicia con plenas garantías de seguridad y sin que lo extraditaran.

Don Fabio le hizo llegar su iniciativa a mi padre, que la aceptó de inmediato. Luego buscó al sacerdote, que no solo se comprometió a hacer lo necesario sino que una de esas noches le envió un primer mensaje a mi padre a través de *El Minuto de Dios*: "Me han dicho que quieres entregarte, me han dicho que quieres hablar conmigo. Oh mar de Coveñas, a las cinco de la tarde, cuando el sol esté cayendo, ¿qué debo hacer?".

A partir de ese momento mi padre y el sacerdote se cruzaron cartas en las que estuvieron dispuestos a reunirse y por semanas enteras *El Minuto de Dios* se convirtió en el puente de comunicación entre ellos. "Quiero servirte de garante para que te respeten todos tus derechos y los de tu familia y amigos. Quiero que me ayudes para saber qué pasos debo dar", le dijo el religioso a mi padre en uno de sus mensajes.

Además, la frase "Oh, mar de Coveñas" se hizo famosa pero en realidad era una especie de santo y seña entre mi padre y el sacerdote. Omar era la identidad secreta del 'Médico', un hombre que por aquellos días se escondía con mi padre e iba a recoger al sacerdote a la finca de don Fabio Ochoa para llevarlo donde mi padre.

Mientras el país seguía de cerca a García Herreros, nos enteramos por el noticiero de que mi padre había vuelto a demostrar que no olvidaría a quienes en algún momento tomaron decisiones contra él. El ex ministro de Justicia Enrique Low Murtra, quien fue asesinado cuando salía de dictar clase en la Universidad de la Salle en Bogotá.

A mi padre le pareció oportuno que Manuela y yo viajáramos a Estados Unidos a resguardarnos de cualquier ataque, pues si bien él se sentía confiado de su poder, temía que nos utilizaran como elementos de presión en un momento tan decisivo para su entrega a la justicia.

Mientras nosotros iniciábamos un nuevo viaje que nos llevaría a conocer buena parte de Estados Unidos, mi padre y el sacerdote García Herreros acordaron por fin encontrarse el 18 de mayo en algún lugar de Medellín.

Según me contó mi padre tiempo después, el religioso estaba demasiado asustado para ir a su encuentro y puso varias trabas para cancelar el viaje, entre ellas se le habían perdido los anteojos y no veía nada. Para resolver el impase inmediatamente lo llevaron al oftalmólogo. Cada excusa que ponía era resuelta en cuestión de minutos.

Aun así, 'el Médico' recogió al religioso en la finca donde estaba con don Fabio Ochoa; un vendaval que azotó la zona facilitó su traslado pues espantó a los policías que debían custodiar varios retenes instalados a lo largo del camino.

Finalmente, mi papá y el padre García Herreros se reunieron en la un apartamento de la ciudad después de que lo cambiaron varias veces de carro para evitar seguimientos.

Lo que sucedió tras ese encuentro fue vertiginoso: el 20 de mayo mi padre dejó en libertad a Maruja Pachón y a Francisco Santos, los últimos dos secuestrados en su poder. Y dos días más tarde el Gobierno expidió el Decreto 1303, que prácticamente recogió todas sus exigencias jurídicas. También autorizaron que se recluyera en la cárcel que él mismo construyó.

Mientras mi padre tenía todo controlado y era claro que se había salido con la suya, el 18 de junio de 1991 llegamos a Miami, Florida, luego de pasar varios días en Las Vegas, Los Ángeles y San Francisco. Una vez instalados en un hotel en Miami les pedimos a nuestros escoltas que llamáramos a mi padre desde una cabina telefónica. Él estaba oculto en una caleta cerca de Medellín y no fue difícil localizarlo a través de una frecuencia UHF.

Después de contarle por largo rato los lugares que habíamos visitado en los últimos días, mi padre me contó que al día siguiente, 19 de junio, se entregaría a la justicia porque ya sabía que la extradición sería eliminada de la nueva Constitución.

—Papi, no lo hagas, si te entregas te van a matar —le dije sin recordar que no hacía mucho tiempo habíamos insistido en que se sometiera a la justicia.

—Tranquilo, Grégory, que todo está cuadrado y ya no me pueden extraditar porque la Constitución no lo permite.

Luego de despedirnos le pasé al teléfono a Manuela, que entonces tenía siete años y hablaron un buen rato. Antes de colgar mi padre le explicó que no se asustara si lo veía en las noticias y en la cárcel, pues era el lugar donde había elegido estar. Cuando se despidieron y colgamos el teléfono, Manuela me preguntó:

—Hermanito, ¿entonces ahora sí mi papá me va a poder llevar al colegio?

▲ La bomba contra el edificio Mónaco donde nosotros vivíamos habría de desatar la guerra entre los carteles de Cali y Medellín en 1998. Manuela, mi madre y yo nos salvamos providencialmente.

▲ Esta es la habitación donde mi madre y yo dormíamos en la madrugada del 13 de enero de 1988 cuando estalló un carro bomba. Vivimos momentos dramáticos porque el techo se nos vino encima.

▲ Tras la muerte de la periodista Diana Turbay, su madre, Nydia Quintero, dio algunas declaraciones en las que mencionó a mi hermana Manuela. Mi papá escribió una dura carta de respuesta pero al final se arrepintió de enviarla.

7 DE JULIO DE 1.991

QUERIDO HIJO:

TE ENVÍO UN SALUDO MUY ESPECIAL Y CARIÑOSO.

TE CUENTO QUE YO ESTOY MUY BIEN Y MUY TRANQUILO.

TODAS LAS COSAS ESTÁN MARCHANDO DE ACUERDO A LO QUE SE HABÍA PENSADO.

NO TE IMAGINAS LA CANTIDAD DE MENSAJES DE RESPALDO QUE ME HAN LLEGADO. SON CENTENARES Y DE TODAS PARTES DEL MUNDO.

▲ Esta fue la primera carta que mi padre me escribió desde La Catedral. Estaba contento porque había recibido muchos mensajes.

CUANDO USTEDES SE FUERON, YO ME ILUSIONÉ MUCHO PORQUE LOS SEÑORES IMPORTANTES ME MANDARON LLAMAR Y ME PROMETIERON EL CIELO Y LA TIERRA.

A MI DELEGADO LO ATENDÍA DIRECTAMENTE EL SEÑOR IMPORTANTE Y LE DEDICABA DOS O TRES HORAS.

LA SEÑORA IMPORTANTE ME ESCRIBÍA.

PERO DESPUÉS QUISIERON SALIR CON CHICHIGUAS Y YO NO PODÍA ACEPTAR ESO DESPUÉS DE VER LO Q' HICIERON CON MI SOCIO.

▲ Esta carta la recibí cuando estábamos en Italia en 1990 y mi padre en negociaciones para entregarse a la justicia. El tono del mensaje no era bueno.

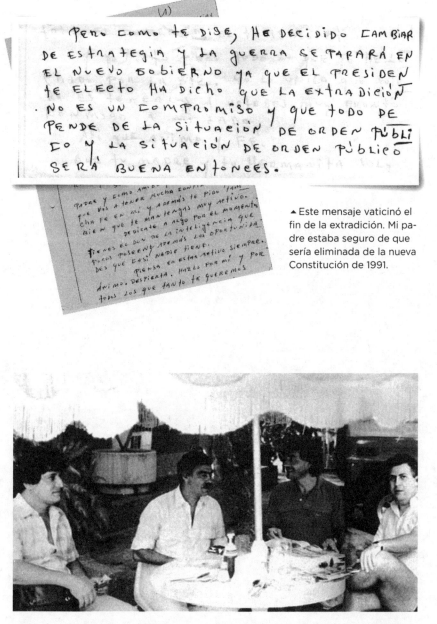

PERO COMO TE DISE, HE DECIDIDO CAMBIAR DE ESTRATEGIA Y LA GUERRA SE PARARÁ EN EL NUEVO GOBIERNO YA QUE EL PRESIDEN TE ELECTO HA DICHO QUE LA EXTRADICIÓN . NO ES UN COMPROMISO Y QUE TODO DE PENDE DE LA SITUACIÓN DE ORDEN PÚBLI CO Y LA SITUACIÓN DE ORDEN PÚBLICO SERÁ BUENA ENTONCES.

▲ Este mensaje vaticinó el fin de la extradición. Mi padre estaba seguro de que sería eliminada de la nueva Constitución de 1991.

▲ Esta foto fue tomada en Nápoles pocos días antes de la extradición de Carlos Lehder. El periodista Germán Castro llegó a hablar con mi padre.

CAPÍTULO 14

CUENTOS DESDE LA CATEDRAL

—Hijo, no te preocupes que estoy muy bien, estoy divinamente. Necesito que me hagas el favor de comprar veinticinco o treinta chaquetas gruesas y las mandas con alguien en un vuelo directo porque las necesitamos urgente. Quiero decirte que acá todo está cuadrado y los que me cuidan son los mismos que me han cuidado siempre, así que fresco.

El tono tranquilo en la voz de mi padre, tres días después de haber ingresado a la cárcel de La Catedral en junio de 1991, terminó de convencerme de que su sometimiento a la justicia sería bueno para él, para nosotros y para el país.

Quedamos en comunicarnos de nuevo cuando yo tuviera las chaquetas, aunque no parecía una tarea fácil porque era verano en Estados Unidos.

En esa tercera semana de junio acabábamos de llegar a Nueva York y nuestro largo paseo familiar que ya cumplía cuarenta y cinco días. Por tercera vez, mi novia había pedido permiso para alargar su permanencia conmigo y ello le generó problemas con su familia y en el colegio, donde cursaba último año de bachillerato. Así que prometí que le conseguiría vuelo directo a Medellín, eso sí después de que pasáramos unos días juntos en la Gran Manzana.

Cuando arribamos a la ciudad, los hombres de mi padre habían reservado habitaciones en el St. Regis, uno de los mejores hoteles neoyorquinos y joya arquitectónica de 1904; pero no estaba tan seguro de pasar la noche allí y por eso pedí que me mostraran el lugar. No le vi el lujo o la alcurnia por ningún lado. Por el contrario, me pareció viejo y feo. Así que les pedí a los dos conductores que me sacaran de ese lugar, que me deprimía por viejo. Debo haber sido de los pocos clientes en la historia del St. Regis que llegó a mirarlo de arriba abajo y salió de ahí quince minutos después con todas sus maletas. Claro, se negaron a reembolsar el dinero que habíamos pagado por cinco habitaciones.

—Quiero un lugar moderno, muchachos, algún hotel en un rascacielos donde podamos ver gran parte de la ciudad. Prefiero un Holiday Inn a este vejestorio.

Así llegamos más tarde al Hyatt, justo lo que yo quería. Un lugar moderno y una habitación en un piso tan alto que para llegar era necesario cambiar de ascensor. La vista era impresionante. El verano era fuerte y muy rápido me di cuenta de que esa ciudad no me gustaba para nada; sentía que hasta al sol le costaba llegar a la tierra ante las enormes sombras que proyectaban los edificios, que parecían trepar unos sobre otros.

Caminar y caminar sin rumbo fijo contribuyó a que el viaje se tornara tedioso y aburrido, pero me animé cuando justo a la salida del hotel descubrí una enorme tienda de artículos de electrónica. Entré con mi tío Fernando y comencé a comprar regalos en forma desaforada para llevarles a mis parientes y amigos en Medellín: treinta Discman Sony del último modelo, resistentes al agua; además, cinco cámaras fotográficas y cinco filmadoras.

Esa noche, mi tío fue a mi habitación y me comentó que los dueños del almacén de artículos electrónicos le pidieron bajar temprano porque querían enseñarnos en privado algunos artículos que nos podían interesar. La curiosidad pudo más y a las nueve de la mañana llegamos al lugar; apenas nos vieron, los vendedores bajaron las persianas para evitar el ingreso de clientes. El día anterior debieron percibir que teníamos dinero de sobra y por eso nos mostraron todos sus 'juguetes'.

Nos llevaron a una esquina del almacén y pusieron sobre el mostrador un maletín de cuero negro. En su interior se veían pequeñas cajas que contenían micrófonos de varios tipos y formas; también había lapiceros, calculadoras, llaveros y corbatas, todos con micrófonos diminutos; también, una cámara muy pequeña para fotografiar documentos, dotada con un rollo especial.

Estaba fascinado y me sentía como en el laboratorio de James Bond, donde le presentaban los últimos avances tecnológicos inventados para él por el señor Q.

Pensé que todos esos artefactos serían el regalo ideal para mi padre ahora que estaba en la cárcel; a él no era fácil sorprenderlo con algún obsequio y tampoco le gustaban las joyas ni los relojes vistosos y no usaba anillos o cadenas.

Así que pedí cuatro micrófonos de Frecuencia Modulada cuya batería duraba un mes con uso continuo; una docena de lapiceros y de llaveros, con micrófono; dos calculadoras y la cámara con micro rollo.

Luego pregunté si tenían algo mejor de lo que me habían mostrado y dijeron que regresáramos al día siguiente, que verían qué otros artículos tenían en la bodega.

A la mañana siguiente me mostraron nuevos micrófonos con alcance de doscientos metros y grabador automático activado por voz. Agregué cuatro de esos al pedido. Por último, me mostraron un maletín con un receptor para todos los micrófonos con alcance de mil quinientos metros. Agregué uno de esos y le dije al escolta que pagara la cuenta.

La sorpresa para mi padre estaba lista y fue justo en ese momento cuando llamó a pedirme las chaquetas que necesitaba para el frío de La Catedral. Comprar ropa de invierno en verano resultó todo un reto que nos llevó a unas zonas que no aparecen en los mapas, pero al final encontramos lo que buscábamos. Andrea y Claudia ayudaron a elegir los modelos. Llenamos cuatro maletas con los abrigos y los enviamos con uno de los escoltas en un vuelo directo Nueva York-Medellín.

Dos días después recibí otra llamada de mi padre en la que me dio las gracias por las chaquetas, pero dijo que necesitaba más y mucho más gruesas porque el frío era tremendo, casi insoportable.

Así que regresamos al almacén de la primera vez y mirando y mirando encontré el famoso gorro negro, peludo y estilo ruso con el que tiempo después mi padre saldría fotografiado dentro de la cárcel. Esta vez compré lo mejor que había para el frío, incluidos guantes y abrigos para alta montaña. De nuevo, otro conductor regresó a Colombia con cinco maletas repletas.

Una vez recibió el encargo, mi papá llamó y me dijo que le había gustado mucho el gorro ruso, que no se lo quitaba porque le hacía dar calor.

Recuerdo que viajé a Estados Unidos estando Colombia en guerra, pero a mi regreso me encontré con un país en paz, por lo menos en cuanto a la confrontación del Estado y Pablo Escobar. Era una extraña sensación.

'Nariz', 'Salchichón' y diez escoltas más subieron por nosotros al aeropuerto y cuando llegamos a la ciudad noté que cambiaron de ruta y ya no iríamos al '00', un apartamento en el edificio Ceiba de Castilla, sino al edificio Terrazas de Saint Mitchel, en la Loma de Los Balsos.

Todo había cambiado. Al parecer ya no había que ocultarse de nada ni de nadie. No me pasaron gorra ni gafas para disimular mis facciones. Entramos al recién terminado edificio donde mi madre y mi hermana me esperaban con una cálida bienvenida mientras Nariz y Salchichón acomodaban las maletas. Nuestro nuevo hogar tenía una vista increíble sobre la ciudad y era amplio y confortable.

Le pregunté a mi madre sobre mi papá e imaginé que como yo había llegado un miércoles, la visita al penal sería —como en todas las cárceles del país— los sábados y domingos, y por unas cuantas horas. Pero mi madre dijo que si quería podía pasar la noche allá con mi padre o el fin de semana entero.

—Allá no hay régimen de visitas, mi amor, tu papá tiene todo organizado y nos suben en un camión y nos podemos quedar los días que queramos. Es igual que una finca —dijo mi mamá y me quedé sorprendido por lo bien acomodado que se veía mi padre en su nueva vida.

'Limón' me recogió temprano y llegamos al sector conocido como El Salado, en la parte baja y semiurbana de Envigado.

Yo conocía bien el camino porque cerca de la cárcel y antes de que existiera, solía ir de paseo a correr por entre los pantanos de esas montañas; hacíamos sancocho y nos bañábamos en un chorro de agua helada de una cascada de veinte metros de altura. Por aquellos días también conocí los terrenos que compró mi padre y en los que construyó tres caletas para ocultarse. Al primer escondite se llegaba por carretera, al segundo en mula o en moto y a tercero solo en mula o a pie porque era imposible llegar de otra manera; uno demoraba no menos de dos horas cabalgando hasta llegar a una cabaña de tres habitaciones entre pantano, abismos y piedras húmedas y repletas de musgo.

A mitad de camino, 'Limón' desvió hacia una pequeña finca al costado de la sinuosa y embarrada carretera y se detuvo frente a un letrero que decía Estadero: un enorme parqueadero lleno de carros lujosos y una pequeña e improvisada cantina con billares, una máquina para poner discos que no pedía monedas y numerosas sillas y mesas entre dos grandes refrigeradores repletos de cerveza y gaseosa. Nunca había estado allí, pero esa parte de abajo de La Catedral también era propiedad de mi padre.

En otras palabras, llegué a la fachada montada por mi padre para que los visitantes dejaran sus carros y esperaran la bajada del camión. Nadie que no fuera visitante exclusivo de la cárcel podía entrar y tampoco nadie sabía llegar al Estadero, que no tenía teléfono pero sí un citófono cuyo cable viajaba enterrado a lo largo de la montaña hasta la cárcel. Sin haber subido todavía a visitarlo, descubrí que mi padre había instalado un teléfono a prueba de interceptaciones que sería muy útil en los siguientes meses.

Al estadero llegaban los bandidos que no necesitaban entrar a la cárcel para recibir órdenes directas de mi papá, pues él se las daba a través del citófono con toda tranquilidad y sin clave alguna porque consideraba infalible el sistema. El aparato servía además para coordinar los turnos en el camión porque el cupo era limitado.

Se trataba de un vehículo japonés azul oscuro con carpa negra de doble fondo en el que se acomodaban entre diez y quince personas más o menos apretadas.

La parada de Limón en el Estadero fue corta porque casi de inmediato escuché que yo entraría en un carro particular porque era el hijo de Pablo y no necesitaba ocultarme. Era cerca del mediodía cuando subí en un viejo campero Toyota Land-Cruiser con carrocería roja y cabina blanca.

Mi padre vestía ruana blanca y reía con picardía cuando se acercaba a saludarme, como diciendo "mira todo lo que he logrado aquí". Desde siempre me saludé de abrazo y beso en la mejilla con él y esa vez no fue la excepción.

Mi abuela Hermilda ya estaba allí, pues vivía muy pendiente de Roberto, su hijo mayor, que madrugaba un poco más que mi papá.

No tardé mucho en ver más caras conocidas de las que habría imaginado porque detrás de los uniformes de guardias penitenciarios estaban los muchachos que frecuenté toda la vida porque siempre estaban al lado de mi padre, cuidándolo.

Así que me sentí como entrando a una gran obra de teatro, donde los guardias y los presos representaban un papel.

Algunos de los muchachos que se entregaron con mi padre el 19 de junio no tenían nada que ver con él y no pertenecían a sus grupos de sicarios. Fueron simples 'colados'. Como John Jairo Betancur, 'Icopor'; Juan Urquijo, un vago del barrio Aranjuez; Alfonso León Puerta, 'Angelito', que estaba sin trabajo en Cúcuta y le dijo a 'Mugre' que lo trajera a La Catedral; José Fernando Ospina; 'Gordo Lambas', quien entraba por tercera vez a una cárcel para hacerle un favor a 'Mugre'; Carlos Díaz, 'la Garra', era matarife del matadero de La Estrella, y Jorge Eduardo, 'Tato' Avendaño, quien vivía en el barrio La Paz.

Tan poco importantes eran que el día que debían entregarse esperaron la llegada de los agentes del CTI de la Fiscalía por más de cinco horas en el centro comercial Oviedo. Tuvieron que llamar varias veces a pedir que los recogieran porque no tenían dinero para el transporte.

Además, a cinco guardianes enviados desde Bogotá, mi papá ya les había dicho que les pagaría un sueldo mensual a cambio de su silencio.

—Aquí no se oye nada ni se ve nada; cuidado con los comentarios, con hacer maldades— me contó mi padre que les dijo y los envió a una zona apartada de la cárcel donde no tuviera mayor contacto con ellos.

Ingenuamente yo había llegado a creer que mi papá dejaría de delinquir y que pasaría algunos años en la cárcel y luego regresaría a la casa, para siempre. Estaba equivocado porque con el paso de los días se hizo más que evidente que en La Catedral mi padre habría de reorganizar su aparato militar, reacomodar las rutas del narcotráfico y mantener el secuestro y la extorsión como fuentes seguras de ingreso. Y todo esto en las narices del Estado, que pareció respirar tranquilo cuando tuvo por fin confinado a su enemigo número uno.

Después de tomar un tinto, fui con mi papá a hacer un *tour* por la cárcel. A la entrada había tres mesas de billar, una de ping-pong y muchos juegos de mesa tirados en el piso. Al fondo estaba el comedor y detrás la cocina, que tenía una abertura para pasar las bandejas de comida. Pero casi nunca usaron el comedor porque el frío era extremo; resolvieron el problema contratando tres chefs a los que llamaban por citófono a ordenar la alimentación.

Llegamos a la enfermería y me sorprendí al encontrar allí a Eugenio, el médico de la hacienda Nápoles, quien dijo que estaba a la orden para lo que yo necesitara; a pedido de mi papá explicó los síntomas y cómo debía usar el antídoto que guardaban celosamente en caso de envenenamiento por cianuro.

De tiempo atrás mi papá había tomado precauciones porque temía que sus enemigos del cartel de Cali envenenaran sus alimentos. Por eso, al llegar a La Catedral llevó dos empleadas para que se encargaran exclusivamente de su comida, que preparaban en una cocina diferente a la de los demás.

Bajamos quince escalones y llegamos a un enorme y alargado balcón semicubierto que no era otra cosa que un mirador que daba acceso a todas las celdas-*suite*. Desde allí se podía ver toda la ciudad porque había telescopios de varios tamaños, entre ellos uno gordo de color naranja que me llamó la atención.

—Con ese aparato hemos logrado apuntar hasta las placas de los carros que pasan por el Pueblito Paisa… ¿cómo te parece? Mira y verás lo lejos que se puede ver.

Quedé impresionado porque en efecto aquello de las placas era cierto; el telescopio permitía ver con precisión a muchos kilómetros de distancia.

A la derecha del mirador estaba la celda de mi padre, helada como el resto del penal. No valió que hubieran instalado madera en el piso y las paredes. El frío era demasiado y por eso entendí para qué querían las chaquetas de alta montaña. La celda de mi padre tenía un salón de veinticinco metros cuadrados a la entrada; luego de pasar una puerta se llegaba a la habitación, que tenía un gran baño de otros veinticinco metros cuadrados. No había mayores lujos en ese entonces, pues no llevaban mucho tiempo instalados allí. Mi papá dijo que le dejaría su celda a 'Otto' porque ya mi madre había empezado la construcción de una nueva, ubicada en la esquina de la prisión, más grande y con mejor vista.

No llevé ropa ese día para quedarme a dormir porque realmente no creí que eso fuera posible en una prisión y porque la idea me daba un poco de miedo pues sentía que algo grave podría pasar si me descubrían allí. Pero mi padre insistió en que me quedara para que les mostrara a él y a todos los muchachos los regalos que había traído.

Después de que varios guardias entraron las diez maletas que llevaba, nos reunimos en el salón de entrada a la celda de mi padre. Además de nosotros dos, todos sus muchachos se sentaron en círculo en sillas plásticas blancas.

Saqué los abrigos uno a uno y empezaron a pasarlos e hicieron bromas como si estuvieran en un desfile; entre tanto, mi padre hizo llamar a algunos guardianes que no tenían suficiente protección contra el frío y les regaló algunas chaquetas que yo traía.

Los lapiceros le parecieron muy útiles a mi padre y guardó cuatro para sus abogados; dijo que no estaría mal que los usaran cuando se reunieran con los políticos en Bogotá.

—Para que no se les olvide la plata y los favores que les he hecho.

En Nueva York había comprado un par de regalos más personales para mi padre, pues durante muchos fines de semana en mi niñez veíamos juntos películas de James Bond y Charles Chaplin. Le traje la colección completa en VHS del famoso espía inglés y se puso muy contento; también le di un reproductor portátil de VHS que leía películas europeas del sistema Pal y las normales NTSC estadounidenses.

—Grégory, ¿no viste alguna película de John Dillinger? Sabes que su historia me apasiona. —Mi padre se refería al famoso ladrón de bancos que por años puso en jaque a las autoridades estadounidenses.

—No, papá, no vi ninguna.

Esa noche fuimos a ver el avance de la obra de la nueva celda de mi papá diseñado por mi madre. Entramos con linternas porque aún estaba en obra negra y cuando me explicaba dónde iría cada cosa noté que no estaba muy convencido de que ese lugar cumpliera sus deseos. Los muchachos no ahorraron críticas ante una pequeña pared que habían levantado ese mismo día.

—Esta pared acá no me sirve —dijo mi papá y con dos patadas tumbó un tercio de los ladrillos; los guardaespaldas ayudaron con el resto.

Recuerdo que alguien le había regalado a mi papá un colchón lleno de agua que podía climatizarse. Al principio parecían divertidos los movimientos ondulantes, pero después era como pasar la noche en un velero en altamar; cada movimiento —de mi padre o mío— hacía olas internas que me mareaban. Una incomodidad total. Me desperté con dolor de columna y un frío indescriptible.

Mi madre subió a la Catedral al día siguiente a subirme ropa y llevar a Manuela para que mi padre la pudiera ver. Pasaríamos el fin de semana todos juntos. Me di cuenta por el tamaño del equipaje y eso no estaba en mis planes, pues extrañaba mucho a Andrea después de nuestro idílico viaje por Estados Unidos. Habían pasado casi tres semanas sin verla y me la pasaba pegado al teléfono móvil hablando con ella.

Insistí en querer bajar a Medellín a visitarla y eso no le gustó mucho a mi papá.

Entonces mis padres me llamaron a hablar a solas.

—Hijo, usted sabe que yo por plata no le pongo problema a nadie, pero hágale suave con los gastos del viaje, hermano, que se gastó un billete grande en muy poco tiempo y usted tiene que saber que no estamos en el mejor momento, pues 'Kiko' Moncada es el que me está prestando desde hace mucho tiempo para la guerra. Yo sé que me recupero porque lo único que sé hacer bien en la vida es billete, pero es momento de ser mesurados. Así que pilas pues y que no se vuelva a repetir —dijo mi papá mientras me despelucaba con su mano derecha.

No quise discutir mucho porque tenían toda la razón; pero sí dije en mi defensa que yo solo no había gastado tanto dinero sino que éramos quince personas hospedadas en los mejores hoteles, comiendo en los mejores restaurantes y viajando siempre en primera clase.

Ese fin de semana en familia tuvo sus altibajos. Cuando mi madre vio la pared de la nueva celda hecha escombros, puso el grito en el cielo y comenzó a reclamarle a mi papá por lo sucedido; le dijo que era una falta de respeto, que él no sabía cómo iba a quedar todo cuando estuviera terminado.

—Pues como usted y sus muchachos saben tanto de diseño, resuélvalo con ellos porque conmigo no cuenta más. Soluciónelo usted mismo.

Cada vez que podía hablaba largamente por teléfono con Andrea, hasta que mi papá no aguantó más y me llamó aparte a cuestionarme porque me veía enamorado.

—¿Y qué es lo que le está pasando pues, Grégory, con esa muchacha que lo tiene tan enamorado? Usted está muy chiquito para estar en esas; le falta mucho por vivir y muchas mujeres por conocer. No se me vaya a enamorar así de la primera que conoció, que el mundo está lleno de mujeres hermosas. Debe salir con otras chicas a divertirse porque está muy joven para estar tan enamorado y pendiente de una sola.

—Pero, papá, yo no necesito otras mujeres, estoy muy bien con Andrea y no me hacen falta otras para experimentar nada. No es mi primera novia, vos sabés que yo he tenido otras y algunas amigas. Pero nunca me había sentido tan bien con alguien. Así que no necesito salir a buscar afuera lo que ya encuentro en ella.

—Eso no está bien, hijo. No es normal que estés todo el día pegado al teléfono pensando en una sola persona. Ella no lo es todo ni debe ser todo para ti. Así que vea a ver qué va a hacer para ponerse a conocer otras peladas o yo se las presento si quiere.

La charla aconteció dentro de su habitación, cuando Manuela ya estaba dormida. Mi madre entró a ver qué ocurría porque era evidente que habíamos discutido y preguntó qué pasaba. No quise decir nada; estaba al borde de las lágrimas de la rabia por la idea que se le había metido en la cabeza a mi papá de que tenía que ser infiel.

—Pregúntele a él.

Lo cierto es que mi papá estaba mal informado sobre Andrea por los miedos que sembraron en él algunos familiares. Le hicieron creer que ella estaba conmigo solo por dinero y que la diferencia de edad entre ella y yo era un agravante.

Pero todos estaban equivocados, incluido mi papá.

El fin de semana siguiente volvimos a pasar allí dos días. Estaba en la celda de 'Mugre' cuando de repente escuchamos por uno de los receptores de micrófono los gritos de Dora, la esposa de Roberto, mi tío, trenzada en una fuerte discusión con escándalo incluido porque había encontrado en la ducha ropa interior femenina.

'Mugre' no podía de la risa y se tiró al suelo a revolcarse porque él fue quien plantó los interiores en la ducha y puso el micrófono para grabar el montaje marital. Mi papá estaba enterado de la pesada broma y llegó la celda de 'Mugre' a escuchar lo que sucedía.

—Eh avemaría, 'Mugrecito', qué problema tan verraco el que le armaste a Roberto, que te va a matar cuando se entere. Pero fresco que yo ayudo a cuadrar esa vuelta con Dora y con él —le dijo papá muerto de la risa.

El escándalo estaba a punto de costarle la separación a Roberto, por lo que mi padre y 'Mugre' revelaron el lugar donde estaba el micrófono plantado y reconocieron ser autores de la maldad. Hubo risas y miradas feas, pero lo cierto es que así se bromeaba en La Catedral, donde todos los juegos eran muy pesados.

Con tanto tiempo libre, mi padre se divertía planeando bromas y 'Mugre' siempre le seguía el juego. Un día acordaron prepararle una al gordo 'Lambas'.

Cuando todo estuvo listo, mi papá se reunió con varios de sus hombres y le pidió el favor a 'Lambas' traerle un 'periquito' (una bebida caliente que tiene más leche que café). 'Lambas' fue a la cocina y lo trajo, y como la reunión no era importante, mi papá le dijo que se quedara a charlar con ellos.

Después de beberse el 'periquito', mi padre se hizo el mareado y comenzó a botar espuma por la boca, y dijo:

—¿Gordo, qué le pusiste al café? Amárrenlo que este me envenenó, llamen a Eugenio y traigan el antídoto del cianuro… urgente que me voy a morir.

'Mugre' cogió la ametralladora de mi padre y encañonó al 'Gordo' mientras otros dos cómplices se lanzaron sobre él para amarrarlo.

—Me mataste, me mataste, gordo. Si me muero este se viene conmigo, muchachos. ¿Oyeron?

—Envenenaste al patrón, gonorrea torcido, ¿qué le hiciste, gordo? ¡Confesá! —le decían los muchachos en medio de la algarabía mientras mi padre seguía babeando.

—Le juro por Dios, patrón, que yo no le puse nada a su 'periquito'; por lo que más quiera no me hagan nada que yo no soy ningún torcido, cómo se le ocurre patrón. Vi cuando le prepararon su cafecito en la cocina y no le pusieron nada raro; pregúntele a las muchachas, pero por favor no me vayan a matar.

'El Gordo' lloró los diez minutos que duró el *show* que le armó mi padre, que luego se puso de pie, se limpió la baba y le mostró el papel del Alka-Seltzer que se había metido en la boca. Una vez le quitaron las cuerdas que lo amarraban, 'el Gordo' abrazó a mi papá y le dijo que de verdad había pensado que los dos morirían esa noche.

En La Catedral estaba en construcción una cancha de fútbol, que como todas las obras del lugar eran financiadas por mi padre. Allí invirtió una fortuna, pues el sistema de drenaje debía garantizar la absorción del agua y evitar que el terreno de juego se llenara de charcos. Tampoco podía faltar la iluminación, tan potente que se veía a lo lejos desde buena parte de la ciudad.

Una vez estuvo listo el escenario deportivo, mi padre organizó intensos partidos con invitados especiales que llegaban desde Medellín. El arquero René Higuita, los jugadores Luis Alfonso, el 'Bendito' Fajardo, Leonel Álvarez, Víctor Hugo Aristizábal, Faustino Aspilla y el director técnico Francisco Maturana subieron algunas veces a jugar partidos de fútbol.

En uno de esos encuentros me llamó la atención la agresividad de Leonel contra mi papá; le entraba más duro que a cualquiera, pero él no decía nada. Sin duda era un jugador muy valiente, hasta que 'Mugre' lo llamó a un lado de la cancha y le dijo:

—Cáigale más suave al patrón, pues ese *man* no dice nada, pero ya lo está mirando feo.

No está de más decir que los partidos de fútbol en La Catedral solo terminaban cuando hubiese ganado el equipo en el que jugaba mi papá. Los encuentros podían durar hasta tres horas y con tal de ganar, mi papá no tenía problema alguno en pasar a su equipo a los mejores jugadores contrarios. Y aunque había árbitro, vestido de riguroso negro, la duración del partido dependía de que el equipo de mi papá fuera adelante en el marcador.

Siempre se ha especulado que mi padre fue dueño de equipos de fútbol colombiano como Medellín, Atlético Nacional, Envigado, e incluso de algunos jugadores. Nada de lo anterior es cierto. El fútbol siempre fue una de sus pasiones, pero nunca le interesó meterse de dirigente o empresario.

Entre tanto, los lujos y comodidades avanzaban a toda marcha. Nosotros estábamos acostumbrados a vivir rodeados de obras, que empezaban todos los días y La Catedral no sería la excepción.

La insistencia de mi padre convenció a mi mamá de terminar la nueva celda. En la entrada quedó la sala, con un sofá italiano de mimbre y dos cómodos sillones que hacían juego; luego, un comedor para seis personas y la cocina completa con horno y nevera, integrada con una barra de madera, donde según mi papá todos los días lo visitaba un pajarito amarillo para que le diera comida.

Me pareció puro cuento, pero delante de mí y de muchos testigos, el pajarito llegó ese día a visitarlo. No podía creer la relación que entre mi papá y la pequeña ave, pues era evidente que le tenía total confianza. El pajarito caminaba tranquilo por la barra y mi padre le daba pedacitos de pan o banano. El pájaro se dejaba acariciar de él y casi se hacía el desmayado cuando se recostaba en su brazo para que le hiciera caricias. Luego se le trepaba al hombro y ahí se quedaba un rato mientras mi papá seguía charlando como si nada. No me extrañó su buena relación con las aves, pues nunca dejó de darles los mejores cuidados en Nápoles y cuando supo que serían confiscadas le ordenó a Pastor —su cuidador— que dejara las puertas abiertas de las jaulas para que todas volaran en libertad. En cada caleta a la que íbamos, mi padre siempre salía al balcón, al patio o donde fuera, a dejar comida a la vista para los pájaros.

En la 'celda' mi madre puso un par de óleos y una pequeña escultura de un artista local que pintaba y esculpía escenas de los barrios populares de Medellín. También estaban enmarcados los afiches de "Se busca" con los que las autoridades habían perseguido al cartel de Medellín; en otra pared de veía la famosa foto de mi padre con Gustavo Gaviria, su socio, vestidos como mafiosos italianos. Al lado de su escritorio puso una foto poco conocida de Ernesto el 'Che' Guevara.

A la habitación de mi padre se ingresaba por una puerta de madera tamaño estándar; a la izquierda, hacia la esquina, estaba la cama con base de cemento y en el espaldar la Virgen de las Mercedes, la conocida patrona de los reclusos. Había una sola mesa de noche y sobre ella una preciosa lámpara Tiffany de colores.

La cama tenía un escalón de veinte centímetros que le permitía ver la ciudad desde su almohada. Al lado, una biblioteca de madera con un televisor Sony de veintinueve pulgadas y la colección de películas de James Bond que habíamos comenzado de nuevo a ver juntos.

Al lado de la ventana estaba su escritorio y oficina de trabajo, con otro sofá, una piel de cebra decorando el piso alfombrado y una chimenea para mitigar el frío. Después estaba el baño con tina y baño de vapor, un armario con su ropa y una caleta, que no podía faltar, donde ocultaba dinero y armas.

En poco tiempo también fue construido un bar con un inmenso hidromasaje para veinte personas, situado debajo de las celdas y con la misma vista a Medellín. 'Mugre' obtuvo la autorización de mi padre para decorarlo y lo llenó de cuadros pintados sobre espejos con las grandes marcas comerciales de bebidas y tabacos; también instaló un enorme equipo de sonido. Pero el intenso frío hizo que el lugar permaneciera siempre vacío. Solo un par de veces llenaron el hidromasaje, tan grande que tardaba un día entero en llenarse y calentarse.

En un corto viaje que hice a Estados Unidos compré varios carritos a control remoto que me había encargado 'Mugre' para jugar en la cárcel. Él ya tenía varios helicópteros a control remoto y aviones que elevaba en la cancha de fútbol. El y yo éramos fanáticos de las motos y la tecnología, por lo que en la cárcel compartíamos esas aficiones. A punta de pico y pala le ayudé a construir una pista con varios saltos y curvas pronunciadas para los carritos. Ahí pasábamos horas enteras jugando con los niños que llegaban a visitar la cárcel.

Al lado de la pista construyeron un estanque de tres metros de diámetro en el que empezamos a criar truchas. Un día mi papá se puso furioso con Juan Urquijo porque pescó unas veinte truchas de una sola vez. Mi papá mandó a 'Mugre' a poner un letrero que este redactó con la siguiente advertencia: "El que saque más de una trucha, multa: un balazo en la cabeza".

Finalmente, llegó el momento de comparecer en interrogatorio ante un fiscal sin rostro, que le preguntaría a mi padre sobre el verdadero origen de su fortuna y sus delitos como narcotraficante. Para preservar la identidad de los funcionarios de la Fiscalía fue acondicionada una casa alejada del penal, pero dentro de su perímetro.

Mi padre asistió a la diligencia acompañado de uno de sus abogados, con quien había planeado negar todas las acusaciones y obligar al Estado a demostrar su culpabilidad. También acordaron que mi padre hablaría del menos grave de sus delitos de narcotráfico y con ello daría por cumplido el compromiso legal de la confesión para obtener beneficios. Mi papá se preguntaba: "¿A son de qué voy a facilitarles que me condenen?".

—Diga su nombre completo, fecha de nacimiento y número de cédula para la diligencia —preguntó el fiscal sin rostro.

—Mi nombre es Pablo Emilio Escobar Gaviria, nacido el primero de diciembre de 1949, mi cédula es 8.345.766, de profesión ganadero.

—Si su profesión es la ganadería, hágame el favor y me dice ¿cuál es el precio aproximado del ganado en pie en la feria de esta semana?

—Solicito que se aplace la diligencia para otro momento, siento un dolor de cabeza muy grande como para continuar —dijo mi papá, al tiempo que se puso de pie y se fue sin decir más.

De regreso a la celda comentó el episodio con sus hombres y rieron a carcajadas porque la diligencia de confesión había sido una burla a la justicia.

En diciembre de 1991 hubo varias fiestas en La Catedral y en la noche de Navidad evitaron los fuegos artificiales para no llamar la atención. Aun así, repartieron champaña Cristal en grandes cantidades y hubo buenos regalos, como el de mi tío Roberto, que me dio un reloj Cartier; mi madre y Manuela me dijeron que debía encontrar el mío en algún lugar de La Catedral porque era una sorpresa.

Busqué en varios sitios sin mucha ansiedad, hasta que entré a la habitación de mis papás y encontré oculta tras las cortinas una motocicleta Honda CR-125 último modelo, perfecta para practicar motocrós, uno de mis deportes preferidos. No podía creer que habían subido mi regalo hasta la cárcel.

Meses más tarde fui a la cárcel con el recorte de un periódico que daba cuenta de mi triunfo como campeón de una carrera de motos en categoría libre. Mi papá se puso muy contento de mi logro con la moto que me había regalado.

Poco después, la Liga de Motociclismo de Antioquia organizó una competencia de carros conocida como cuarto de milla en la que los vehículos corren en línea recta y a alta velocidad hasta la línea de meta. Comencé a prepararme para competir con varios carros prestados, entre ellos un BMW M3, un Toyota Celica, un Porsche 911 y un Ford Mustang 1991 convertible. En los días previos al evento fui a inscribir los vehículos y encontré decenas de curiosos que se acercaban a ver los carros y a hacer preguntas sobre la carrera.

En medio de la aglomeración de gente observé a dos hombres que claramente no estaban interesados en la carrera sino en mí y en los escoltas que me rodeaban. Para evitar problemas decidí salir de allí y dejé dos guardaespaldas para que investigaran un poco más.

Cuando salía conduciendo el veloz Toyota Celica vi algo que me pareció más raro aún: una ambulancia estacionada frente a la puerta principal de la sede de la Liga de Motociclismo. Resulta que esa fue la misma ambulancia de la que había escapado días atrás cuando me dirigía a mis clases particulares de bachillerato. Esa vez me pareció raro ver una ambulancia a las siete de la mañana en una zona relativamente despoblada y por simple precaución la evadí haciendo un brusco giro en U.

Mi papá sabía que yo iba a competir, y cuando eso pasaba ordenaba poner seguridad extra a mi lado pues estaría expuesto en lugares públicos, donde los riesgos eran mayores.

A raíz de ese episodio, recuerdo que mi padre decía con mucha frecuencia que estaba cansado de evitar que me secuestraran los capos del cartel de Cali. Estaba seguro de que si yo caía en las manos de sus enemigos le cobrarían mucho dinero por el rescate y luego me matarían. También repetía que él sí respetaba el viejo pacto según el cual no se debía atacar a las familias de los mafiosos, pese a que conocía todos los movimientos de cada hijo, hija, papá, mamá, tío, primo y amigos de todos los capos, a los que no les haría daño, salvo que me tocaran a mí o a Manuela.

Con mi esquema de seguridad reforzado, continué la preparación de la carrera, pero de un momento a otro él me pidió que subiera urgente a La Catedral.

Urgente era un término que no se podía utilizar en la cotidianidad. Así que sin hacer una sola pregunta llegué a La Catedral, donde esperaba mi papá con un montón de casetes sobre su escritorio y documentos con el membrete de la Policía. Sin entender lo que pasaba, saludó a la carrera y me dijo que lo esperara un momento.

—Le tengo malas y buenas noticias hermanito —dijo mirándome a los ojos y dando a entender que lamentaba lo que me diría a continuación.

—La mala es que lo iban a secuestrar en esa carrera de carros… la buena es que me enteré a tiempo y que tengo ubicado al grupo que cree que se lo va a llevar.

Me puse pálido. Acababa de venirse abajo el castillo de naipes que habíamos construido desde cuando llegamos a La Catedral.

—Necesito que se quede en la cárcel. Mande por ropa porque no puede bajar a Medellín hasta que solucione esto personalmente.

Ya les tengo las grabaciones a estos manes, que se creen más vivos que yo; están los datos completicos de la operación. Lo complicado es que esta vez se juntaron fuerzas combinadas para secuestrarlo; algunos militares están involucrados en la primera fase de la operación y policías en la segunda.

—Uy, papá, ¿pero cómo te diste cuenta de todo esto?; ¿no voy a poder correr? Ah, qué pereza, papá, que las cosas estén así; pensé que viviríamos más tranquilos, pero vea, sigo metido en la mitad del sándwich. ¿Qué vas a hacer? ¿Ante quién lo vas a denunciar?

—Ante nadie, hijo. Esos maricas me responden directamente por lo que le pase a usted. Y por eso lo necesitaba acá, para no darles oportunidad. Espere un minutito que me están confirmando los últimos datos de esa gente, para que vea los nombres y se los aprenda, por si algún día lo paran por ahí y le quieren hacer daño.

Fui a comer algo y llamé a mi mamá a decirle que me enviara ropa para un par de días, pero al fondo escuché la voz de mi papá cuando dijo que pidiera ropa por lo menos para diez días. Eso me puso peor. Mi mamá no entendía nada y yo simplemente le dije que se tranquilizara, que todos estábamos bien y que mi papá le explicaría cuando subiera a La Catedral.

Regresé a la habitación de mi papá y observé que manejaba con mucho recelo toda la información que había recibido en torno a mi secuestro. A su lado solo estaban 'Otto' y 'Mugre'. 'Popeye' se asomó a la puerta y ofreció su colaboración, pero mi papá le dijo que no, que muchas gracias, que estaban en un temita delicado.

—¿Sabe qué hermano? Más bien colabóreme y tráiganos un 'periquito' a todos.

—Sí, patrón, ya les digo a las muchachas que los preparen.
—'Popeye' dio media vuelta y se fue refunfuñando.

—'Otto', pásame el móvil, por favor. Hijo, venga siéntese en la cama al lado mío. Esté tranquilo que voy a hablar con sus secuestradores y a advertirles lo que les puede pasar si siguen con la idea.

Acto seguido empezó a marcar uno a uno los números telefónicos de los involucrados —capitanes, tenientes, sargentos y hasta un cabo— y les dio la misma cantaleta.

—Le habla Pablo Emilio Escobar Gaviria, mi cédula es 8'345.766 y quiero que sepás que ya estoy enterado de tus planes de secuestrar a mi hijo Juan Pablo en la carrera de carros del cuarto de milla en Medellín, con la ayuda del Ejército, que hará un operativo de prevención para desarmar sus escoltas y luego llevárselo del pelo. Pero quiero que sepas que sé dónde vive tu mamá, y toda tu familia, y si le pasa algo a mi hijo vos y toda tu familia me responden por él. Así que mejor vaya retirándose del departamento de Antioquia porque ya di la orden de que si lo ven por ahí ya sabe qué le pasa. Se les dañó la 'vuelta' porque se metieron con mi familia y ahí sí no respondo ¿me entiende? Tiene veinticuatro horas para abandonar la ciudad, si no lo declaro objetivo militar y usted sabe que yo lo cazo. Agradezca que lo deje con vida. ¿O creés que porque sos policía o porque me entregué yo te tengo miedo o qué?

Con este nuevo intento, era la quinta vez que intentaban secuestrarme y finalmente, no pude asistir a la carrera de carros y me quedé casi veinte días en La Catedral, hasta que mi padre verificó que los involucrados habían sido trasladados de sus puestos.

Por esos días se realizó en La Catedral el matrimonio de 'Tato' Avendaño y su novia Ivonne; durante quince días estuvieron allí y pasaron la luna de miel estrenando la cama giratoria en forma de corazón que él mandó a hacer para la ocasión. Toda una celebración a la que asistieron decenas de personas como si el evento hubiera sido en un reconocido hotel.

Fidel Castaño aprovechó la amistad con mi padre para encaletarse en La Catedral. Llegó a pasar hasta dos y tres semanas continuas

PABLO ESCOBAR, MI PADRE

escondido allí. Fidel dormía en un cuarto al lado de mi papá, se bañaba en su baño, comía en su mesa, era un amigo más. Hasta el día en que mi padre comenzó a sospechar porque lo descubrieron haciendo inteligencia dentro de la cárcel. En ese momento empezó el distanciamiento de mi padre con los hermanos Castaño que habría de terminar en una guerra a muerte entre ellos.

Entre tanto, 'Comanche', uno de los líderes de la banda de los 'priscos', también tenía su suite allí para ocultarse cada vez que las cosas se 'calentaban' en la ciudad.

Una vez fui a pasar el fin de semana con mi padre y decidí que me quedaría hasta mitad de semana porque la cárcel era cómoda, tenía buena vista y atendían tan bien que nadie se quería ir de ahí.

En esa oportunidad subió 'Kiko' Moncada, quien me saludó muy amable como siempre pues nos habíamos encontrado tres o cuatro veces. La primera fue en una casa finca al lado de Yerbabuena, en el sector de El Poblado, donde nos contó que en alguna ocasión tuvo dificultades para comprar un automóvil Ferrari porque en el concesionario no se lo vendían a cualquiera. Lo adquirió a través de un testaferro. La segunda vez que vi a Moncada fue en una torre de oficinas, al lado del edificio Mónaco, cuando mi papá ya le había declarado la guerra al Estado. Allí le dijo a mi papá:

—Hombre, Pablo, yo estoy comprometido con la lucha y vamos a darles duro a todos esos hijueputas. Usted ya sabe, ya se lo dije y se lo vuelvo a decir acá, para que no vaya a pensar que es puro cuento. Tengo listos cien millones de dólares para que los use para la guerra. Cuente con ese dinero, que yo ya tengo a mi familia muy organizada con unas cuenticas y tal, usted me entiende, así que eso me sobra y haga de cuenta que eso es suyo, hermano. Me los paga cuando quiera y cuando pueda, y sin intereses. Ese es mi aporte. Dígale a su gente que pase a cobrar por mi oficina del centro que ahí vamos anotando y vamos entregando la plata en el momento que la necesite. O dígame dónde se la hago llegar toda ahorita mismo.

—No fresco, hermano, yo lo sé y se lo agradezco, y apenas se me acabe la mía yo lo molesto por esa porque la guerra está costando mucha plata. En cualquier momento lo estoy molestando y muchas gracias por tu apoyo *ome* 'Kiko'.

También lo vi aquella vez en la caleta la Isla, en El Peñol, cuando él, Lehder, Fidel Castaño y mi padre leían el libro *El Hombre que hizo llover coca*, escrito por Max Mermelstein, quien trabajó para mi papá y otros integrantes del cartel de Medellín.

Muy pocas veces mi papá mencionó a Moncada delante de mí, pero cada vez que lo hizo se refería a él con mucho cariño pues se notaba que se caían bien, no solo por cuestiones de dinero. Siempre habló de su seriedad, de su velocidad para 'coronar' y de lo buenos amigos que eran.

Ahora en La Catedral, mi papá le contó a Moncada detalles de cómo avanzaba la guerra contra el cartel de Cali porque esa última etapa de la confrontación había sido financiada con la plata de 'Kiko'.

Horas más tarde yo estaba recostado en la cama de mi papá viendo una película cuando entraron y se sentaron a hablar en el escritorio dentro de la habitación. Por prudencia me levanté para dejarlos solos, pero mi papá me dijo que siguiera viendo tranquilo la película. Pero la curiosidad pudo más y obviamente presté atención a lo que decían, sobre todo cuando mi padre preguntó:

—Entonces qué, 'Kiko', contame a ver cuánto es lo que te estoy debiendo.

—Dame un segundito, Pablo, ya llamo al 'secre' que está acá afuerita.

Un hombre desconocido entró, saludó y dejó un maletín ejecutivo del que 'Kiko' sacó una hoja grande impresa en papel de computadora, pero mi papá no se la recibió.

—No hombre, 'Kiko', qué me vas a mostrar las cuentas; fresco hermano, dígame el total de lo que le debo y listo, para que cuadremos cuentas.

—Pablo, hasta la fecha me estás debiendo veintitrés y medio millones de dólares y quiero que sepás que no te los estoy cobrando; vos sabés que estoy aquí porque me pediste las cuentas, pero ahí están listos los otros setenta y seis millones para cuando los necesités.

—Muchas gracias por todo, 'Kiko', hermano. Pero espero que no sea necesario molestarte porque si nos va bien en la vuelta de México aprovecho y te pago de una vez todo lo que te estoy debiendo.

—Ah, pues me alegra hermano. 'Bacano'. Yo creo que esa vueltica la coronamos rápido y ahí entonces arreglamos bien las cuentas. Eso es lo bueno del 'perico', que da para todo, ¿sí o no? —dijo riéndose.

Yo miraba de reojo y me hacía el que veía la película, pero era difícil no prestar atención a una conversación como esas.

—Listo, hermano, así quedamos. Vea, no lo quiero echar, si se quiere quedar no hay problema, acá hay lo que necesite, pero el último camión baja a las ocho de la noche y falta un cuarto ya, por si te tenés que ir. Como vos querás.

—Ah bueno, Pablo, entonces mejor bajo y aprovecho porque me está esperando una 'chimbita'; nos estamos hablando.

Mi papá dijo que lo acompañaba hasta el camión y salieron de la habitación. Seguí viendo la película de James Bond.

En los días siguientes pasó una cosa a todas luces increíble: El director de la cárcel les ordenó a los guardianes practicar tiro en un polígono improvisado contra la montaña. Pero no solo los guardianes participaron del entrenamiento. También se sumaron los soldados y sus superiores y por supuesto mi padre y sus hombres.

Obviamente, las mejores y más modernas armas estaban en poder del combo de mi padre, con relucientes fusiles Colt AR-15 con mira láser, ametralladoras Heckler y pistolas Pietro Beretta y Sig Sauer. En contraste, los soldados hicieron polígono con sus oxidados y pesados, pero muy potentes fusiles G-3 y los guardianes usaron sus viejos revólveres calibre 38.

El *show* armamentístico de mi padre fue notable, pero ni los funcionarios de prisiones ni los militares dijeron nada porque todo parecía muy normal.

Muchas reinas de belleza subieron a La Catedral mientras mi padre estuvo allí. Sucedió al tiempo en que él fue suavizando su dura posición por mi noviazgo con Andrea y hasta llegó a invitarla a subir para conocerla, pero ella hábilmente se refugió en sus estudios universitarios de publicidad, donde podía expresar su talento para el arte. Pero ella nunca subió.

Mi papá, viejo zorro, se las arreglaba para mandar por mí justo en el mismo momento en que muchas de esas reinas iban de visita. Con tan mala suerte que en las dos ocasiones en que Andrea me acompañó hasta el Estadero se encontró con más de diez reinas entaconadas y perfumadas.

El camión azul con doble fondo salió rumbo a La Catedral repleto de hermosas mujeres y yo en medio de ellas. No olvido el curioso episodio que según me contaron ocurrió cuando el vehículo llegó al segundo retén del Ejército, previo al ingreso a la cárcel. En el primero simplemente levantaban una vara para que pasara el vehículo, pero en el segundo describían el tipo de automotor, la placa, los datos del chofer y el contenido, que obviamente era inventado. La carpa de camión tenía unos pequeños agujeros por donde se podía ver desde adentro hacia fuera, pero no a la inversa.

El oficial de turno detuvo el vehículo más tiempo de lo normal y comenzó a caminar alrededor de él. El militar había dejado entrar muchas veces el camión sin mirar ni preguntar, pero la curiosidad parecía que le iba a ganar ese día. Luego miró hacia la carpa y gritó:

—¡Me hacen el favor y por lo menos para la próxima se echan menos perfume, carajo!

Las reinas y yo soltamos una sonora carcajada. Los soldados y todos los presentes tampoco pudieron contenerse.

Arriba esperaban los presos, perfumados, bien vestidos, con regalos y flores con los que esperaban conquistar a las beldades, cuya permanencia era efímera pero muy bien paga.

A escasos diez metros de su habitación, mi padre ordenó construir una casa de muñecas para Manuela. La pintaron de blanco y rosado y en ella jugaban varias de las hijas pequeñas de los presos, entre ellas las de 'Mugre'.

En alguna ocasión mi hermana se quejó porque la casita de muñecas era suya, pero la usaban todas las niñas. Para complacerla, mi papá hizo poner malla a su alrededor, un letrero que decía "Propiedad Privada" y un candado del que únicamente Manuela tenía llave. Solo le faltó electrificarla.

Las hijas de 'Mugre' también protestaron y eso generó una divertida rivalidad entre padres; en voz alta y para asegurarse de que mi hermana y mi papá escucharan, 'Mugre' prometió construir para sus hijas una casa más grande y más linda.

'Mugre' cumplió su palabra y construyó una cabaña en miniatura en medio de un árbol; a tal punto logró despertar la envidia de mi hermana que ella hizo quitar el candado de la suya para poder compartir la nueva casa de muñecas con todas las niñas.

Recuerdo que con su reconocida habilidad para la carpintería, 'Mugre' había construido un enorme palomar pues sabía de la pasión de mi papá por las aves. Me pareció raro tener cerca de doscientos de esos animalitos en ese sitio tan frío, pero luego descubrí que la idea era criar palomas mensajeras.

En poco tiempo ya había varias palomas educadas que Juan Carlos, un amigo de 'Mugre', llevaba a lugares distantes y las soltaba. Increíblemente las palomas llegaban sanas y salvas a La Catedral.

—¿Cómo te parece, hijo, lo de las palomas mensajeras? Los gringos pasando por encima de nosotros con sus platillos voladores y nuestras palomas volando al lado ¿Quién las coge? Ni el más teso, pues.

Un día, mandó a Juan Carlos con las palomas hasta 'el trece', como identificábamos en clave al apartamento de Torres de Saint Mitchel. Le pidió a Manuela escribir una pequeña carta de amor dedicada a él para que las palomas la llevaran a La Catedral y pudieran leerla juntos cuando ella fuera a visitarlo.

La corta permanencia de mi padre en La Catedral sirvió para fortalecer los lazos con nosotros sus hijos. A Manuela, por ejemplo, le regaló un *beeper* para que le enviara mensajes todo el día. Él, por supuesto, también tenía un *beeper* para recibir exclusivamente los mensajes de ella y lo llevaba todo el tiempo en el bolsillo del pantalón.

En La Catedral, mi padre no volvió a andar armado porque un guardián siempre estaba a su lado y dispuesto a pasarle la ametralladora o el teléfono móvil.

En medio de ese ambiente de distensión, mi papá se vio obligado a tomar medidas de emergencia porque los medios de comunicación revelaron la existencia de un plan del cartel de Cali que consistía en lanzar bombas sobre La Catedral desde un avión.

Varios días después subí a la cárcel, que parecía deshabitada; no había nadie por ningún lado en el pabellón principal y solo se veía un par de guardianes con cara de susto. "¿Dónde está todo el mundo?", me pregunté, al tiempo que un guardián hizo señas para que lo siguiera por un camino de tierra que llegaba hasta la cancha de fútbol; una vez ahí señaló hacia el bosque, donde se asomaban unas cabañas de madera ocultas entre la maleza.

En ese momento supe que mi padre y todos sus hombres se mudaron a refugios que construyeron pegados a la única malla que rodeaba al penal. No obstante, mi padre eligió el peor lugar de todos para su cabaña porque no la encontré hasta que salió de un matorral y me indicó el camino. Lo saludé, le pregunté qué pasaba y me dijo que decidió que todos salieran del pabellón principal de la cárcel porque era seguro que sobre esa parte lanzarían las bombas.

—La orden que tiene todo el mundo es que el que vuele por encima de esta cárcel le damos bala. Este espacio aéreo está prohibido y voy a ver cómo hago instalar armas antiaéreas. Grégory, elegí esta zanja en la montaña porque no me ven desde arriba ni por el verraco; ni usted me pudo encontrar, así que estoy tranquilo, pero con un frío dos veces peor porque por debajo pasa un pequeño nacimiento de agua helada y el sol no llega hasta acá.

—Y entonces, ¿acá vas a pagar tu condena? En este frío tan verraco?

—Esto es temporal; le dije a tu mamá que le pida al arquitecto unos diseños antibomba que llegan mañana. Hágame el favor y no vaya a bajar donde estábamos antes porque es un peligro.

Los diseños eran futuristas y me gustaron. Cada ambiente tenía forma de huevo y le pondrían encima una enorme cantidad de acero y concreto y lo taparían con tierra para que no se viera desde el aire o lo rastrearan los satélites. Pero la idea del arquitecto no prosperó porque mi papá creía que las cabañas de madera eran más que discretas… y baratas. Días después se trasladó a una casita mejor ubicada y menos fría, pero igual de escondida.

Algo muy común allí arriba en esa montaña eran las apuestas al billar *pool* o a las cartas. En un mano a mano que duraba cinco minutos apostaban mil quinientos dólares, en la época que ellos llamaban de vacas flacas, y unos quince mil dólares o más en los momentos de abundancia. Mi papá jugaba durante horas con 'Arete', 'Otto', 'Comanche' y 'Mugre', y eso que era considerado un apostador moderado. Muchos otros apostaban hasta un millón de dólares a los dados. 'Popeye' nunca jugó a nada, porque decía que no iba a botar en apuestas la platica que ganaba. También comentaba a los 'muchachos' que era preferible comprar lingotes de oro para camuflarlos en paredes porque no se desintegraban como los dólares con la humedad.

Tiempo después, algunos medios de comunicación empezaron a publicar noticias sin confirmar en el sentido de que 'Kiko' Moncada y Fernando Galeano habrían sido asesinados dentro de La Catedral.

La confusión era total y de manera inesperada mi padre prohibió el ingreso de cualquier persona, incluida su familia. Evidentemente algo pasaba arriba y por eso lo llamé a preguntarle por qué no podía subir, pero no me dio razones claras, salvo que muy pronto las cosas volverían a la normalidad.

Me llamó la atención que nadie quería hablar del tema y preferí esperar porque en el entorno de mi padre no caía bien que hiciera muchas preguntas. Sin embargo, las dudas empezaron a despejarse cuando los medios de comunicación informaron que los presos de La Catedral no habían permitido el ingreso de una comisión de investigadores del CTI de la Fiscalía que pretendían inspeccionar la cárcel para confirmar o desvirtuar los rumores sobre la desaparición de los dos socios de mi padre.

Cuando finalmente se hicieron públicas las acusaciones contra él porque posiblemente les habría dado muerte a sus socios del cartel, recordé la excelente relación que él sostenía con 'Kiko' Moncada. Es que hacía pocos días, antes de la noticia de la posible muerte de 'Kiko', mis padres y yo caminábamos por la cárcel y noté una sonrisa pícara en mi papá, la misma que ponía cuando alguna 'vuelta' había salido bien. Hasta que no aguantó más y nos contó:

—Estoy muy contento, mi amor. Les tengo muy buenas noticias, hijo. Acabo de pagarle a 'Kiko' la totalidad de la deuda que tenía pendiente con él que ha sido tan querido conmigo y que ha colaborado tanto para la causa. Me gané una platica con él en México y la mejor noticia es que mi parte son treinta y dos millones de dólares… menos los veinticuatro que le debía, me queda un saldo a favor de ocho millones.

Después de recordar esos episodios sobre la cercanía de mi padre y 'Kiko', todo sonaba muy raro y no podía creer que fuera cierto lo que decían los periodistas. Había que esperar.

Un par de días después mi papá autorizó nuevamente el ingreso. Llegué tarde al estadero y noté que demasiada gente quería subir a la vez a La Catedral. Aunque me dieron prioridad para subir, tuve que esperar un buen rato y mientras lo hacía 'Chopo' y 'Tití' se acercaron a saludarme:

—¿Qué más pues, hombre, Juancho, qué has hecho? ¿Todo bien? —indagó Chopo.

—Ah, todo bien hombre, 'Chapulín', ¿y vos y la negra qué? —contesté.

—Todo bien. Y qué te pareció lo del golpe de Estado? —preguntó con risa nerviosa.

En ese momento me llamaron a subir al camión y solo le alcancé a hacer señas de que no había entendido a qué se refería. La frase de 'Chopo' me quedó sonando y no tardé mucho tiempo en deducir que el golpe de Estado estaba relacionado con lo que decían las noticias sobre Moncada y Galeano y de alguna manera lo tomé como una confirmación de que la orden de matarlos sí podría provenir de mi padre.

Con la pregunta del 'Chopo' dando vueltas en mi cabeza pensé que no podía ser posible que mi padre fuera tan mal amigo. Me había enseñado la importancia de la lealtad y era claro que buena parte de sus problemas tenían origen en su afán de ayudarles a sus amigos a resolver sus problemas.

De Fernando Galeano no tengo nada que decir, pues jamás lo conocí. Vine a escuchar su nombre y a saber de su existencia dentro del cartel una vez se destapó el escándalo de su muerte.

Apenas tuve la oportunidad de hablar con mi papá le comenté que estaba preocupado, que no sabía lo que estaba pasando.

—Papá, ¿qué es lo que está pasando? Estoy preocupado. La gente y las noticias dicen que 'Kiko' está muerto. ¿Eso es cierto? ¿Qué le pasó si vos y él eran tan buenos amigos?

—Hijo, venga le cuento para que no le echen cuentos: resulta que me dijeron que a 'Kiko' y a Galeano los alzó el cartel de Cali y los soltaron vivos con el compromiso de que no me ayudaran a financiar la guerra contra ellos, que me cortaran todo apoyo económico y que dieran información mía. Yo no creí que eso fuera cierto porque usted sabe que 'Kiko' era mi gran amigo; hasta que escuché grabaciones en las que uno del cartel de Cali le reclamaba porque seguía soltándome plata.

—¿Pero qué te hizo finalmente 'Kiko'? —me animé a preguntar ya que advertí la disposición de mi papá a hablar del asunto.

—Pues que yo, todo contento, lo llamaba y lo hacía subir para mostrarle los avances en inteligencia contra el cartel de Cali y le conté de un par de operativos que les tenía ya listos a Gilberto Rodríguez y a 'Pacho' Herrera, pero de un momento a otro se me cayó toda la vuelta y llegaron la policía y bandidos de Cali acribillando a mis hombres. Así que la primera vez que pasó pensé que pudo ser cualquier cosa, pero a la segunda y la tercera me puse a investigar y descubrí al hombre pasándoles esa información. Seguramente lo hizo por miedo porque 'Kiko' nunca fue de combos ni de gente rara. Pero bueno, todos saben lo que le pasa al que me hace una de esas. Él era muy querido y gran amigo e hice todo lo posible para no tomar esa decisión, pero en vez de venir a contarme lo que le había sucedido se alió con los otros. Igual le pasó a Galeano, que le mandé a pedir plata y me dijo que andaba súper pobre, que ya no podía seguir colaborando y días después apareció el 'Tití' y me contó que le descubrió una caleta como con veintitrés millones de dólares. Así que no me pida más detalles, que eso es todo. 'Kiko' y Galeano se me torcieron con los de Cali.

Quedé en silencio y mi papá fue a reunirse con la gente que lo esperaba, pero se devolvió y me dijo:

—Pilas con Fidel Castaño si se lo encuentra por ahí porque descubrí que ese es otro torcido que anda trabajando con Cali y está aprovechando para decir que dizque ando matando a mis amigos para quitarles la plata. Ojo, si se lo encuentra por ahí cuídese mucho de él y de 'Carlitos', su hermano.

Con respecto a los hermanos Castaño, después habría de saber que mi padre intentó hacer con ellos lo mismo que con Moncada y Galeano. Los invitó a subir a La Catedral al mismo tiempo, pero Fidel, desconfiado, fue solo mientras Carlos se quedó abajo. Ya nunca más habrían de hablar y los Castaño se alinearían en el bando que finalmente acabaría con mi padre.

En la tarde del martes 21 de julio de 1992, mis escoltas, algunos amigos, mi primo Nicolás —hijo de mi tío Roberto— y yo, terminamos de jugar un partido de fútbol en un lugar conocido como el 20, por la loma del Chocho, parte alta del municipio de Envigado.

Nicolás me invitó a hacer un asado en su apartamento, en el *pent-house* de un edificio a cuatro cuadras del centro comercial Oviedo. Nos acompañó un amigo que estuvo en el partido de fútbol.

Hacia las seis de la tarde entró una llamada al teléfono móvil de Nicolás. Era Roberto, que se escuchaba notablemente alterado.

—Quédate pendiente porque algo raro está ocurriendo en los alrededores de la Catedral.

Luego pasó mi padre:

—Grégory, hay más soldados que los de costumbre y movimiento de camiones militares. También están sobrevolando helicópteros. Algo puede pasar, algo, pero no sabemos qué.

—Papá, ¿qué hago mientras tanto?

—Llame a Giovanni y dígale que se vaya donde usted está, por si necesito hablar con él.

La inesperada llamada nos dejó más que preocupados. Más a Nicolás, que sintió que su padre se estaba despidiendo. A mi padre lo percibí hasta cierto punto relajado, pero eso no significaba demasiado porque nos tenía acostumbrados a su pasmosa tranquilidad aun en los peores momentos.

Una hora después entró una nueva llamada de Roberto y yo la contesté:

—Juan Pablo, busque a mis hijos que quiero saludarlos; creo que vinieron a matarnos, quiero despedirme de ellos.

—Tío, páseme a mi papá; ¿qué hay que hacer?, ¿hablar con alguna autoridad?

Mi padre pasó al teléfono y me dijo que le pasara a Giovanni, que acababa de llegar.

—Giovanni, mande gente al Olaya y a Rionegro a ver si hay aviones gringos en esos dos aeropuertos. Tenga todo preparado. Si hay un avión raro espere mi orden para destruirlo.

Las primeras sombras de la noche empezaron a caer sobre la ciudad y nosotros seguíamos con la incertidumbre de no saber qué estaba ocurriendo. Pero minutos después llamó Roberto y a partir de ese momento mantendríamos comunicación permanente con él.

A través de diálogos cortos con Nicolás, Roberto contó que el Ejército había llegado a la portería de la cárcel, pero los guardianes —en realidad escoltas de mi padre— no los dejaron entrar y les apuntaron con sus armas, porque estaban violando territorio soberano de la Dirección Nacional de Prisiones y los acuerdos con el Gobierno según los cuales los militares solo podían estar en la zona externa.

Minutos después relató que la situación se estaba poniendo muy complicada y que temían un choque armado con los soldados porque mi papá había ordenado sacar todo el armamento y atrincherarse en lugares estratégicos del penal.

En ese momento Giovanni ya había averiguado que ningún avión extranjero aterrizó ese día en los aeropuertos cercanos y así se lo hizo saber a mi padre. También le dijo que varios de sus hombres estaban alerta y comunicados por teléfonos móviles.

En medio de semejante incertidumbre me jugué una carta y le dije a Giovanni que me acompañara donde el gobernador de Antioquia, Juan Gómez Martínez, una autoridad civil que podía saber algo de lo que pasaba en La Catedral.

El escolta asintió y nos fuimos hacia El Poblado, donde vivía el político. En el trayecto, Giovanni contó algo que yo desconocía: que mi padre ordenó secuestrar a Gómez Martínez cuando era director del periódico *El Colombiano*, pero este se atrincheró en su casa con un pequeño revólver 38 y logró desterrar a los veinte hombres con fusiles enviados a llevárselo.

Con semejante revelación me llené de pesimismo, pero a Giovanni se le ocurrió que podríamos acceder al gobernador si él presentaba un carné de periodista de una emisora de Medellín. La idea funcionó porque llegamos al conjunto residencial donde vivía el funcionario y los policías apostados en la recepción nos dejaron pasar de inmediato.

Después de timbrar varias veces, Gómez Martínez abrió la puerta; se veía medio dormido, despelucado y en bata. Giovanni tomó la palabra:

—Señor gobernador, soy periodista y venimos a su casa porque algo está pasando en La Catedral. Hay movimientos raros y por eso estoy aquí con Juan Pablo, el hijo de Pablo Escobar.

—Sí, gobernador, arriba están muy preocupados y usted sabe quiénes están allá. El compromiso del Gobierno es no trasladar a los presos.

Gómez Martínez no ocultó su sorpresa y cierto desagrado por mi presencia en su casa, pero dijo que lo esperáramos un momento para averiguar qué ocurría. Cerró la puerta y puso doble cerrojo.

Diez minutos después abrió de nuevo y nos dijo que había llamado a la Casa de Nariño en Bogotá, a la Cuarta Brigada en Medellín y a varios generales y no le habían dado ninguna información. Aclaró que un general amigo le dijo que el operativo tenía como objetivo trasladar a mi padre a una base militar.

Regresamos al apartamento de Nicolás y nos encontramos con varias noticias, todas muy preocupantes. En efecto, el Ejército tenía rodeada la cárcel y el viceministro de Justicia, Eduardo Mendoza y el director de prisiones, coronel Hernando Navas Rubio, habían llegado desde Bogotá a decirle a mi padre que el Gobierno había decidido trasladarlo a otra cárcel.

Luego de conocer la decisión, mi padre discutió con el viceministro y le dijo que de ninguna manera la aceptaría. El conflicto había llegado al extremo de que Mendoza y Navas fueron amarrados con cuerdas y 'Angelito', 'Otto' y 'Mugre' los encañonaron. En otras palabras, los funcionarios estaban secuestrados dentro de La Catedral y el Ejército amenazaba con ocuparla a sangre y fuego. Mi padre dijo que Mendoza y Navas eran una especie de seguro de vida.

En ese momento llegó Dora, la esposa de mi tío Roberto y logró comunicarse con él por el teléfono móvil. Hablaron durante unos minutos, lloraron desconsoladamente y se despidieron.

Una de las personas que estuvo presente en ese momento, contó tiempo después que el nerviosismo entre guardianes y presos era más que evidente. Entonces mi padre les dijo:

—Muchachos, no se pongan nerviosos todavía. Preocúpense si ven que me amarro los tenis.

Los hombres que lo acompañaban esa noche entendieron que mi padre estaba listo para escapar de La Catedral porque apoyó el pie izquierdo sobre un muro y se amarró el zapato. Luego hizo lo mismo con el derecho.

La confirmación de que mi padre no se quedaría en La Catedral habría de llegar minutos después, cuando llamó de nuevo.

—Grégory, vea, ¿se acuerda de la casita de Álvaro?

—Claro, papá.

—¿Está seguro de que no ha llevado a nadie allá?

—Papá, sí he llevado a algunas personas, pero estoy seguro de que es un sitio tranquilo para llegar.

—Téngala lista.

Minutos después de colgar, desde la sala del apartamento de Nicolás observamos que de un momento a otro La Catedral quedó a oscuras. Por instrucciones de mi padre, que en ese momento ya había llegado con los demás prófugos a la cerca perimetral de la cárcel, un guardián oprimió el botón que controlaba la totalidad del sistema de iluminación del penal.

Una vez todo quedó en tinieblas, abrieron un boquete en un tramo de la pared de ladrillo que soportaba la malla y salieron por ahí. La realidad es que mi papá siempre tuvo presente que ese momento podría ocurrir y por eso en la etapa de construcción de la cárcel previó esa vía de escape. Por esa razón bastó darle dos patadas a la pared de ladrillo porque originalmente fue construida con una mezcla débil de cemento.

Por un buen rato nos quedamos sin saber qué había sucedido con los prófugos y por eso decidí esperarlo con Nicolás en la casita de Álvaro. Pero nunca llegó.

A esa hora, él ya se estaba bañando en una piscina en la finca de alias 'Memo Trino', en el sector de El Salado, a donde fue con los nueve hombres que lo acompañaron en la fuga. Desde allí escuchaban las explosiones y el agite de los militares que habían ingresado a la cárcel a buscarlo.

Tardarían más de doce horas en confirmar que él había escapado.

▲ Durante el año en que mi padre estuvo recluido en La Catedral, nosotros pasábamos casi todos los fines de semana con él.

▲ El padre Rafael García Herreros jugó un papel determinante en el proceso de sometimiento de mi padre a la justicia.

▲ ◀ Nuestra vida familiar se restableció totalmente durante el tiempo en que mi padre estuvo en La Catedral.

CAPÍTULO 15

PREOCÚPENSE CUANDO ME AMARRE LOS TENIS

El timbre de la puerta sonó más duro que de costumbre y mi madre, Manuela y yo, saltamos como resortes de las sillas del comedor. Alguien había llegado y en forma inusual los vigilantes no avisaron por el citófono.

Corrí hacia la puerta blindada y a prueba de bombas y verifiqué que los seguros estuvieran bien puestos.

—¿Quién es? —dije cambiando el tono de la voz.

—Soy yooo —contestaron del otro lado con una voz fingida como de mujer que me pareció conocida.

En efecto, era 'Popeye', quien había llegado por nosotros para llevarnos a la caleta donde se escondía mi padre, de quien no sabíamos nada desde el martes anterior, 21 de julio de 1992, cuando se fugó de la cárcel La Catedral.

Preparamos el equipaje para varios días y como siempre, no faltaron numerosos platos de comida casera y postres que mi madre preparaba en cuestión de minutos cuando estaba ante una situación similar.

—Es para llevarle al papá —respondió cuando le aclaré que estábamos de afán y que esa gran cantidad de comida no cabría en el pequeño Renault-4 que había llevado 'Popeye'. Pero no hubo caso.

Así que salimos con mi madre en el asiento de adelante y Manuela y yo atrás, apretujados en medio de maletines y refractarias que amenazaban con romperse por el movimiento del carro.

Regresábamos una vez más a la clandestinidad y ninguno de nosotros sabía en ese momento que iniciábamos un viaje sin retorno.

Aunque esta vez era diferente. Al escapar de La Catedral, mi padre había dilapidado la mejor opción para recomponer su vida, de paso las nuestras y dejar de hacer daño.

Mientras nos dirigíamos a la casita de Álvaro, la caleta donde yo esperé en vano a mi padre después de la fuga, le pregunté a 'Popeye' por qué habían demorado cuatro días en aparecer y me respondió que mi papá decidió esperar hasta que mi tío Roberto consiguió una caleta dónde esconderse.

Luego de dar las vueltas y vueltas de rigor para descartar que nos estuvieran siguiendo, llegamos a nuestro nuevo refugio. Apenas nos vio, mi padre corrió a abrazar a Manuela, luego me saludó jovialmente con beso en la mejilla y se fundió en un largo abrazo con mi madre, que no había podido contener las lágrimas.

Como siempre, 'Popeye' acudió a un chiste para distensionar el momento.

—Patrona, tranquila que 'don Peligrosito' —así le decía de vez en cuando a mi padre —le promete que no la va hacer llorar más de ahora en adelante.

Mientras comía, mi padre contó detalles del escape y como buen machista agregó que estaba molesto porque el Ejército había propagado versiones que recogieron los medios de comunicación, en el sentido de que él se fugó vestido de mujer. También nos dijo que se proponía hacer que el Gobierno conociera sus intenciones y pensaba hacerlo a través del director de RCN Radio, Juan Gossaín. Luego le pidió a 'Popeye' que llamara a la cadena radial y dijera que Pablo Escobar quería hablar con el conocido periodista.

Al cabo de varios minutos, hacia las once de la noche, mi padre ya estaba en comunicación con Gossaín, quien precisó que por casualidad justo en ese momento se encontraba reunido con sus colegas María Isabel Rueda, directora del noticiero de televisión QAP, y Enrique Santos Calderón, codirector del diario *El Tiempo*.

Apoyado en los codos sobre la mesa de billar *pool*, mi padre saludó y dijo que su propósito era refutar información falsa divulgada por el Ejército en torno a su fuga de La Catedral. En concreto se refirió a la versión, que calificó de inadmisible, de la Cuarta Brigada sobre su vestimenta de mujer el día de la fuga.

Tras escuchar sus reclamos, la charla con Gossaín derivó en una especie de sesión de preguntas en la que intervinieron los otros dos periodistas, interesados en saber si estaba dispuesto a intentar una nueva negociación con el Gobierno y la Fiscalía para reentregarse. Respondió que sí, pero con varias condiciones, como la garantía de que no sería trasladado, que lo recluyeran en cualquier cárcel en Antioquia y que el Gobierno marginara totalmente a la Policía de ese proceso.

Los periodistas le preguntaron si estaba de acuerdo en que le transmitieran sus inquietudes al Gobierno y mi padre dijo que sí. Desde ese momento y hasta pasadas las cuatro de la madrugada se comunicaron varias veces, pero no hubo humo blanco, como tampoco lo habría en los meses siguientes.

Mi padre y yo pasamos varias noches en vela y nos íbamos a dormir pasadas las seis de la mañana; él seguía fiel a su regla de toda la vida en el sentido de que era muy raro que la policía hiciera allanamientos después de esa hora.

Una de esas noches, mientras divisábamos Medellín desde la casita de Álvaro, mi papá hablaba con 'Popeye' sobre la dura etapa que vendría si les tocaba estar 'encaletados' por mucho tiempo. Lo habían hecho tiempo atrás, pero ahora sería diferente.

Los planes y estrategias de mi padre para permanecer escondidos incluían por supuesto a 'Popeye', pero esa noche noté que estaba incómodo y sus gestos dejaban entrever que no le gustaba mucho la idea de repetir el encierro.

No me equivoqué, porque de un momento a otro 'Popeye' se puso colorado y explotó:

—Patrón, a mí me da mucha pena con usted pero yo no aguanto otro 'canazo' (encierro). Usted sabe que yo me enloquezco aquí adentro. Yo no lo voy a acompañar en esta —dijo en forma atropellada al tiempo que mantenía la mirada hacia abajo, esquivando el silencio y la mirada penetrante de su patrón.

—Jejejé... ahora no me vaya a matar pues, Patrón... jeje — prosiguió 'Popeye' con la voz temblorosa, pálido y con los pies inquietos, como queriendo huir cuanto antes.

—No. Tranquilo, hermano, entiendo que este encierro es muy verraco. A usted ya le tocó esa una vez. A mí porque no me queda opción, tengo que hacerlo. Pero lo único que necesito es que tenga paciencia unos diítas hasta que me organice bien y consiga un muchacho que me acompañe, cambie de caletas, de carros. Y ahí sí se puede ir después tranquilo.

—Ah listo, Patrón, cuente con eso. Muchas gracias. Quiero irme del país un tiempito 'enchapado' (con falsa identidad) a esperar que baje la marea un poquito y vuelvo y quedo a sus órdenes, Patrón. Pa' las que sea.

Mi padre no dijo más y se fue a hablar a solas con mi madre. Interrumpió a propósito la conversación. Minutos después fui a la habitación de ellos.

—Oíste, papá, ¿qué fue eso con lo que te salió 'Popeye'? ¿No te parece muy mal que te deje, así porque sí?

—Tranquilo, mijo, que no pasa nada. A él hay que tratarlo bien para que se vaya tranquilito. Si no lo matan por ahí en la calle, termina entregándose antes de lo que canta un gallo.

Mientras nosotros continuamos escondidos en la casita de Álvaro, mi padre encontró en 'el Angelito' el remplazo para 'Popeye'.

Mientras tanto, en las calles de Medellín el recién creado Bloque de Búsqueda para localizar a mi padre realizó miles de allanamientos.

La persecución incluyó por supuesto a los hombres de mi padre, que empezaron a correr de caleta en caleta. Con el paso de los días muchos de ellos se dieron cuenta de que el único lugar seguro era la cárcel.

Así, tal como mi padre había vaticinado, la desbandada empezó y 'Popeye' y 'Otto' se sometieron nuevamente a la justicia. Mi tío Roberto también lo hizo, pero antes le contó a mi padre que estuvo de acuerdo.

La cacería se hizo aún más intensa y entre octubre y noviembre mi papá habría de perder a otros dos de sus sicarios y guardaespaldas: 'Tyson' y 'Palomo'. Los medios de comunicación especularon que mi padre se había quedado solo, pero estaban equivocados porque aún disponía de decenas de sicarios dispuestos a lo que fuera por un buen pago. Y habría de demostrarlo días después.

En esa caleta celebramos el cumpleaños cuarenta y tres de mi padre. Cena, torta y una larga charla acompañaron la discreta velada, en la que no estuvimos tranquilos como en otras épocas. Atrás habían quedado los enormes despliegues de seguridad, las caravanas de carros, las decenas de hombres armados hasta los dientes y la familia entera reunida.

Aunque la caleta era segura, nos vimos en la necesidad de hacer turnos para vigilar los alrededores. Cada cuatro horas, Álvaro —el cuidandero—, 'Angelito', mi padre y yo hacíamos relevos.

El tres de diciembre explotó un carro bomba en inmediaciones del estadio Atanasio Girardot y mató varios policías que pasaban por allí a bordo de una patrulla. Era claro que mi padre había decidido arreciar su guerra contra el Estado, convencido de que, como hizo antes de someterse a la justicia, obtendría los beneficios carcelarios que había exigido varias veces.

Otra decena de carros detonaron en las siguientes semanas en Medellín y el plan pistola contra agentes secretos de la Policía habría de dejar cerca de sesenta muertos en dos meses.

En medio de un ambiente tenso y de pesimismo llegó el siete de diciembre, el llamado 'día de las velitas', una fecha que desde hacía años celebraba toda la familia. En la noche nos reunimos en el patio trasero de la casa y llevamos las únicas cinco velitas que logramos juntar; Angelito prefirió encerrarse en su habitación, pese a que mi madre lo invitó; Álvaro se quedó cuidando en los alrededores.

Luego nos reunimos alrededor de una estatua pequeña de una virgen, muy cerca de las cuerdas de tender la ropa. Mi madre comenzó a orar en voz alta y mi padre y yo la seguíamos con la cabeza agachada, al tiempo que Manuela daba vueltas jugando por el patio. Más tarde prendimos las cinco velitas, una para la virgen y las otras cuatro para cada uno de nosotros.

En ese momento percibí un raro silencio en mi papá, una especie de mezcla de incertidumbre y fe. Aunque no era un mutismo inusual en él porque siempre fue muy difícil estar cerca de sus creencias religiosas. Recuerdo que una sola vez le pregunté si creía en Dios.

—Dios es algo muy íntimo de cada persona —respondió sin titubeos.

En alguna ocasión, mi abuela Hermilda me contó que desde pequeño Pablo se metía debajo de las cobijas a rezar, pues no le gustaba que lo vieran. Ahí entendí qué hacía cuando me acercaba a quitarle la cobija para despertarlo, pero él ya estaba con los ojos abiertos y las manos cruzadas sobre su pecho. Rezaba.

El aislamiento de la familia y los rumores cada vez más preocupantes de que mis parientes maternos serían atacados, forzaron a mi padre a proponer que nos separáramos por algún tiempo. Aceptamos a regañadientes y mi madre, Manuela y yo nos dirigimos al edificio Altos, mientras mi padre se fue a una caleta cuya ubicación no quiso que conociéramos.

—Dígales a sus hermanas y hermanos que cambien de casa o se vayan del país porque esto se va a poner cada vez más peligroso para ellos —instruyó mi papá antes de despedirse de mi madre.

Una vez más, mi padre no estaba equivocado. Y habríamos de comprobarlo en la noche del 18 de diciembre, cuando celebrábamos la novena de aguinaldos en la zona social de Altos. Era la despedida de año de la familia Henao y mi madre los había invitado a rezar y a una cena a la que los asistentes llegaron elegantemente vestidos.

De repente, uno de los escoltas advirtió que la 'Élite' —como le decíamos a los policías del Bloque de Búsqueda— había llegado. Quise escapar y me dirigí hacia la parte de atrás, al caminito que conducía al edificio vecino, pero me encontré de frente con varios policías que me encañonaron con sus fusiles.

La novena de aguinaldos fue suspendida. A hombres, mujeres y niños —unos treinta— nos separaron en grupos. Luego de una detallada requisa nos pidieron los documentos y preferí identificarme.

—Mi nombre es Juan Pablo Escobar Henao, tengo quince años y mi papá es Pablo Escobar. Mis documentos los tengo arriba en mi cuarto porque yo resido en este edificio.

El agente que escuchó mis palabras llamó de inmediato a su comandante, un coronel de la Policía, y le contó quién era yo.

El oficial me sacó a un lado, llamó a dos de sus hombres y les dijo:
—Si se mueve o parpadea, dispárenle.

Luego llamó por radioteléfono a la escuela Carlos Holguín —centro de operaciones del Bloque de Búsqueda— y dijo en voz alta que me tenían capturado y que me llevaría para interrogarme.

Por fortuna, a la celebración habían asistido la esposa y uno de los hijos del ex gobernador de Antioquia, Álvaro Villegas Moreno, quienes vivían en el mismo edificio.

Él fue enterado de lo que sucedía y no dudó en bajar en pijama y pantuflas a hablar con el coronel para verificar que el allanamiento cumpliera las normas legales. En ese momento habían pasado dos horas y los más de cien asistentes a la novena de aguinaldos seguían de pie, con la mirada vigilante de los de la Élite.

La presencia del político ahí abajo alentó a los padres y adultos, que se quejaron del trato hacia sus hijos y exigieron que al menos los dejaran comer. Los policías accedieron.

Con los hombres no hubo concesiones y no les importó que yo tuviera quince años.

—Mañana van a aparecer tus amiguitos con los que estuviste de paseo hace unos días —me dijo el oficial pero no entendí a qué se refería.

—Acompáñeme. Sígame —me dijo a los gritos.

—¿A dónde me lleva, Coronel?

—No pregunte que nada le voy a informar. Limítese a seguirme o me lo llevo a la fuerza. Vamos, andando.

Acto seguido los dos policías que me tenían encañonado hundieron los cañones de sus fusiles en mi vientre, en señal de que me moviera. Jamás olvidaré la mirada de angustia de mi madre y de mis parientes porque cualquier cosa podría pasarme.

Subimos al pasillo principal del edificio y el coronel, que iba adelante, me pidió detenerme ahí. En ese momento llegaron al menos treinta hombres encapuchados y apuntaron hacia mí con sus fusiles. Creí que me iban a fusilar.

—¡Dos pasos al frente! Gire a la derecha, ahora a la izquierda, ahora de espaldas, diga su nombre y apellido en voz alta... más fuerte! —ordenaba uno de los encapuchados con voz ronca y baja estatura[7].

Luego me hicieron a un lado y el encapuchado ronco repitió el interrogatorio con cada uno de los hombres que había asistido a la celebración. Solo dos mujeres fueron sometidas al mismo procedimiento: mi madre y Manuela.

---

[7] A finales de 1994, Carlos Castaño le reveló a mi madre que él fue uno de los encapuchados que esa noche llegaron a Altos. Según él, los otros encapuchados eran su hermano Fidel Castaño e integrantes de los Pepes.

Minutos después el coronel dio algunas órdenes para trasladarme a la escuela Carlos Holguín. Le pregunté la razón por la cual me llevaban detenido si no habían encontrado nada ilícito, pero simplemente respondió que en la sede del Bloque de Búsqueda harían un festín con "el hijo de Pablo".

A las tres de la mañana me llevaban hacia un vehículo de la Élite cuando apareció un delegado de la Procuraduría que desautorizó la captura de un menor de edad y pidió que me quitaran las esposas.

El arribo del funcionario fue providencial porque después de una discusión a gritos con el comandante del operativo, la Élite se fue del edificio. Eran las siete de la mañana del 19 de diciembre. Se habían ido los policías, pero mi madre, Manuela y yo quedamos aterrorizados. Nosotros éramos el objetivo principal de los enemigos de mi padre.

Tres días después, el 21, un guardaespalda de mi padre llegó a Altos a preguntar cómo estábamos y nos contó algo increíble: que mi papá había realizado personalmente varias acciones militares con el doble propósito de demostrar que no estaba derrotado y de infundirles ánimo a los hombres que todavía formaban parte de su aparato militar.

Según su relato, mi padre se puso al frente de cincuenta hombres e instaló dos retenes en la vía Las Palmas con el objeto de atraer al Bloque de Búsqueda y explotar sus camiones con vehículos repletos de dinamita apostados a los dos costados de la carretera. Mi padre y sus sicarios usaron brazaletes del DAS y detuvieron decenas de carros que bajaban del aeropuerto José María Córdova; luego de revisar los documentos dejaban pasar a los viajeros.

En ese momento también supimos que mi padre fue quien encabezó un grupo armado que en la madrugada del 20 de diciembre dinamitó una vivienda que el capitán Fernando Posada Hoyos, jefe de inteligencia de la Policía en Medellín, utilizaba como fachada para desarrollar operaciones contra él.

La caravana de vehículos rodeó la vivienda —continuó el relato de su escolta— en el barrio Las Acacias y uno de los hombres de mi papá puso una potente carga de dinamita frente a la alcoba donde dormía el oficial; una vez explotó lo buscaron entre los escombros y lo remataron[8].

El 23 de diciembre mi padre envió por nosotros para pasar la Navidad y Año Nuevo. Llegamos a una finca de Belén y nos hospedamos en la que parecía ser la casa del mayordomo. Mi papá mandó traer pólvora, elevamos globos con Manuela y mi madre hizo natilla y buñuelos en una improvisada fogata. Allí pasamos el 24 y 31 de diciembre acompañados por una familia y 'el Angelito'.

Pasábamos horas en el corredor de la casa campesina construida sobre un barranco; de pronto me llamó la atención que debajo de nosotros había tierra removida y le pregunté a mi padre qué había allí. No pudo ocultar su risa maliciosa, pero esquivó la respuesta. Después lo escuché pidiéndole a 'Angelito' que trasladara los explosivos a otro lugar más seguro.

El comienzo de 1993, el último año de vida de mi padre habría de ser azaroso e intenso. Y muy violento. Después de pasar al Año Nuevo con él, viajamos a una hermosa finca que mi madre me había regalado en el municipio de San Jerónimo, distante dos horas hacia el occidente de Medellín. Mi madre la había remodelado y nos dolió decirle a mi padre que no podía ir porque el lugar no era seguro.

---

[8]   Poco después de la muerte del capitán Posada, los enemigos de mi padre intentaron incriminarme en ese hecho. Un supuesto testigo dijo en la Fiscalía que esa noche me vio en una taberna en Envigado con mi padre, pero el homicidio ocurrió lejos de ahí. Fui a un juzgado de menores a dar mi versión y pedí que se citara a declarar a una docena de vecinos y empleados del edificio Altos, que toda esa noche me vieron ahí. Además, pocas horas antes el Bloque de Búsqueda había realizado en el edificio un allanamiento que duró más de diez horas. El supuesto testigo envió una carta al Juzgado en la que dijo que había sido torturado para señalarme. Por esos días los Pepes habían intensificado la persecución, buscando formas de impedir que la familia permaneciera en colombia y mi padre nos había prohibido salir del edificio.

Desde allí observamos a través de los noticieros que mi padre puso a andar una estrategia que ya alguna vez nos había comentado: obtener tratamiento de delincuente político, una idea que le rondaba en la cabeza de cuando en cuando tras su intensa relación con el M-19. Así, expidió un comunicado dirigido al fiscal De Greiff en el que anunció la creación del grupo armado Antioquia Rebelde y denunció atropellos, asesinatos y torturas del Bloque de Búsqueda. Y agregó que ante las detenciones y allanamientos a las oficinas de sus abogados "no queda otra alternativa diferente a la de descartar la lucha jurídica y emprender y asumir una lucha armada y organizada".

Al tiempo que la propuesta era objeto de debate en los medios de comunicación, poco después del mediodía llegaron de improviso mi tía Luz Marina y Martha Ligia, una vieja amiga de la familia y esposa de un conocido narco de la ciudad.

Inconsolable, Luzma contó que hacia el mediodía estaba conversando con su amiga en su almacén El Vivero cuando llegó Carlos Castaño armado hasta los dientes y rodeado de una veintena de hombres en varias camionetas. La intención del paramilitar era secuestrarla, pero se detuvo sorprendido cuando observó la presencia de Martha Ligia y no tuvo otra opción que saludarla y cambiar de rumbo.

Según mi tía, en medio del pánico por lo que acababa de ocurrir observaron una columna de humo que salía de un lugar no lejos de ahí. Era su casa en el barrio El Diamante, pero ella no lo supo en ese instante porque salieron despavoridas hacia San Jerónimo, donde estábamos nosotros.

Esa tarde, mi tía y sus dos pequeños hijos, se quedaron sin vivienda y sin trabajo porque además de dejar abandonado El Vivero, su casa fue consumida por las llamas.

Antes de prenderle fuego a la vivienda, los hombres de Castaño bajaron del techo una de las obras de arte más preciadas de mi madre: la pintura *Rock and Roll* del genio español Salvador Dalí. El óleo no era grande, pero su valor sí. Esa es la misma obra que Castaño ofreció devolverle a mi mamá después de la muerte de mi padre, cuando buscábamos la paz con los carteles del narcotráfico.

En las paredes y en las ruinas de la casa de mi tía Luz Marina quedaron las huellas de numerosas obras de arte que no se salvaron del incendio: una invaluable pintura de Claudio Bravo y esculturas de los maestros Igor Mitoraj, Botero, Édgar Negret fueron consumidas por el fuego.

—Ni mis calzones pude sacar, mijo —resumió su tragedia cuando intenté tranquilizarla sin éxito.

—Cuídense mucho porque ese hombre es capaz de todo —sentenció Marta Ligia refiriéndose a Carlos Castaño, al despedirse para regresar a Medellín.

Ese día, por primera vez, los enemigos de mi padre se metieron con su familia. El futuro se veía más que sombrío.

Pero su aparato militar también había sido golpeado al producirse las muertes de Juan Carlos Ospina, 'Enchufe' y Víctor Granada, 'el Zarco'.

La guerra arreciaba y en respuesta mi padre ordenó detonar carros bomba en tres diferentes sectores de Bogotá. Los atroces atentados habrían de desencadenar la activación pública de un grupo que habría de ser letal para mi padre: los Pepes.

Y se inauguraron con dos ataques que claramente tenían la intención de notificarle que su familia sería desde ese momento su objetivo. El 31 de enero dinamitaron la casa campestre de mi abuela Hermilda en el municipio de El Peñol y activaron carros bomba en las entradas de los edificios Abedules y Altos, donde habitaba buena parte de las familias Escobar Gaviria y Escobar Henao.

Los atentados nos pusieron a correr de nuevo y a mi padre a buscar un nuevo refugio para nosotros. Y lo encontró rápido porque 'Angelito' nos llevó a un apartamento sobre la avenida La Playa, a un par de cuadras de la céntrica avenida Oriental de Medellín. Mi padre estaba allí y sin mayores preámbulos habló por primera vez de la necesidad de salir del país y escapar de la ola de violencia que se acercaba a pasos agigantados.

Mi padre planteó la posibilidad de que yo viajara a Estados Unidos, acompañado por Manuela, Marta, esposa de mi tío Fernando y sus dos hijas. Ah, y Copito y Algodona, la pareja de perritos *french poodle* de Manuela, que se negó a dejarlos. Luego dijo que si quería podría viajar con mi novia, pero aclaró que debíamos hablar primero con ella y con su familia.

—Mañana a la noche vas por Andrea para conocerla y hablamos acá con ella. Muchas pilas que no lo sigan —me dijo mi papá.

Acompañado por 'Angelito' salí raudo para la casa de Andrea, sin avisarle; por primera vez llegué allí con un solo escolta y un automóvil Mazda que ella no conocía. No le pareció anormal que le dijera que mi padre quería hablar con ella y de regreso a la caleta le pedí que mantuviera cerrados los ojos durante todo el trayecto.

—Chica, ¿usted qué le hizo a mi familia? —saludó mi padre a Andrea, que no pudo ocultar el susto.

—Es que ninguno de mis dos hijos se quiere ir para Estados Unidos si tú no viajas con ellos —agregó para distensionar el momento.

—Lo único que quisiera es continuar estudiando, pues recién he comenzado mis estudios en publicidad —respondió mi novia.

Como no había lugar al debate y a la demora, esa misma noche acompañé a mi madre a hablar con Trinidad, la mamá de Andrea, y al cabo de veinte minutos de charla mi suegra no puso objeción para el viaje.

Solo le pronunció en privado una frase premonitoria para despedirla:

—Mija, ya te vas a ir a sufrir.

En la tarde del 18 de febrero teníamos todo listo para el viaje a Miami, cuyo itinerario estaba programado para las diez de la mañana del día siguiente. Mi padre propuso que saliéramos con cinco horas de anticipación, pero surgieron dos preguntas: Si llegábamos muy temprano, ¿dónde ocultarse sin que nos vieran? ¿Cómo llegar al aeropuerto sin ser detectados?

Para resolver la primera duda decidimos enviar inmediatamente el automóvil Mazda que nadie conocía y dejarlo estacionado en el parqueadero del aeropuerto. Ahí permanecería hasta el momento del chequeo del vuelo. Con el envío anticipado de ese carro resolvimos otro problema: el equipaje. Llamamos a un contacto de mi papá en el aeropuerto, que se comprometió a recibirlo y a guardarlo mientras llegábamos.

Responder la segunda inquietud no fue fácil porque existía el riesgo cierto de que los Pepes nos siguieran y algo pasara en la carretera, así estuviéramos escoltados.

Entonces nos decidimos por una alternativa que funcionó: Andrea y yo tomamos un taxi en la calle, fuimos a la parte posterior del hotel Nutibara, en el centro de la ciudad, y subimos a una buseta que en una hora hace el trayecto hasta el aeropuerto por la autopista Medellín-Bogotá. Manuela, sus dos primas y Marta salieron más tarde con dos escoltas.

Así lo hicimos y no subieron muchos pasajeros, pero el viaje fue muy accidentado porque el conductor aceleraba a fondo y no parecía importarle su vida ni las de los indefensos que iban atrás; me dio rabia no poder protestar ni decirle nada para no llamar la atención. Detrás de la buseta, a prudente distancia, nos seguían 'Nariz' y 'el Japonés'.

Como preveíamos, llegamos con bastante anticipación y nos fuimos directo al vehículo estacionado desde el día anterior.

Como precaución adicional, le entregué al 'Japonés' un listado con los nombres y teléfonos directos de la Procuraduría Regional, de los medios de comunicación locales y nacionales y los números privados de varios periodistas de renombre. El escolta empezaría a llamar en caso de que las cosas se salieran de control. Quedamos en que él me miraría todo el tiempo, atento a cualquier señal. Ese era nuestro plan B.

Después de cerrar los ojos un rato sin poder dormir, y con miedo a quedarnos dormidos, pasaron cerca de tres horas. Hasta que llegó el momento de entrar al aeropuerto. Nos aclaramos los ojos, nos estiramos y bajamos del carro. Al instante me sentí inseguro.

—Esto está caído, ¡Esto está caído! —le repetí a Andrea, que me miraba sin entender lo que yo decía, pues para ella —que no había crecido rodeada de miedo— esa era una mañana más en el aeropuerto de Rionegro.

No estaba inventando. Vi movimientos extraños, gente que evidentemente no esperaba a ningún familiar, ni vestida para la ocasión. Parqueada en un sitio prohibido y frente a dos policías aeroportuarios descubrí una camioneta Chevrolet Luv blanca de doble cabina que mi padre mencionó alguna vez como vinculada a los Pepes.

—Amor, entremos de una que no me gusta la gente que veo. Si logramos pasar inmigración estamos en una zona más segura, así que apúrese —le dije a Andrea.

Casi pasando por encima de la gente que hacía cola y que empezó a protestar, entramos al primer puesto de control. El funcionario del DAS revisó el pasaporte página por página, examinó detalladamente mi firma y la huella digital, miró y miró varias veces la visa de turista a EE.UU. y el permiso de salida del país firmado y autenticado días atrás por mi padre, que tenía su firma registrada en una notaría.

El funcionario migratorio me miraba con un gesto de inocultable desprecio. Quería encontrar un motivo para no dejarme pasar pero no lo halló. Así que apretó los dientes y estampó los sellos en ambos pasaportes.

Afuera del muelle internacional, en el pasillo público del aeropuerto y tras el vidrio con un tenue tinte oscuro, vi hombres vestidos de civil encapuchados y armados con fusiles y ametralladoras, que patrullaban el pasillo en grupos de a seis, como si se tratara de las mismísimas fuerzas de seguridad. Pude contar más de veinte encapuchados por todo el lugar. Los viajeros, los empleados de las aerolíneas, de las cafeterías y hasta los del aseo se miraban desconcertados. Nadie sabía quiénes eran ni a qué habían llegado. No tenían identificación oficial y ninguna autoridad se les acercaba siquiera. Había un silencio sepulcral en el aeropuerto.

Con todos los papeles en regla pasamos el detector de metales, los rayos x, los perros, los policías, todo. En la cola venían mi hermana y sus primas con su mamá. Las demoraron, pero todas pasaron y me dio mucha tranquilidad.

Pero casi al instante llegaron varios hombres del Cuerpo Élite de la Policía y detrás de ellos otros jóvenes que traían todas nuestras maletas y se dispusieron a abrirlas al mismo tiempo.

—No, no, no, un minutico, un minutico. Me hacen el favor y esperan porque no van a abrir así las maletas de mi familia. Con mucho gusto les permito que las revisen, pero de una en una y ante mis ojos. Respondo personalmente por el contenido de cada una, pero apúrense que nos deja el avión —dije, alarmado.

En ese momento ya había una multitud de viajeros observando. Pero en forma deliberada tardaron una eternidad en requisar las maletas que ya habían sido revisadas varias veces. Se notaba la intención de demorarnos para que perdiéramos el vuelo.

Entendí que podían ocurrir cosas muy graves y por eso empecé a fingir una leve picazón en una oreja, mientras buscaba al 'Japonés' entre la multitud agolpada tras el vidrio; quería hacerle la seña acordada para activar el plan B. Enseguida lo vi y cambié levemente el movimiento de los dedos e imité la forma de un teléfono. Captó el mensaje y se retiró.

Un policía me vio haciendo el gesto y de inmediato empezó a buscar entre la multitud, tratando de identificar a ese alguien con el que yo me había comunicado por una seña. Gracias a Dios no tuvo éxito y me preguntó furioso:

—¿Usted a quien mierda le estaba hablando?

—A nadie, simplemente me picaba la oreja —le mentí sin mucho éxito.

Luego discutí a gritos con los policías, les dije que era el colmo lo que nos estaban haciendo, que debíamos subir al avión y les mostré mi pasaporte con el sello de salida y la visa vigente. Pero el oficial al mando se limitó a decir que estaban haciendo tareas de control. Pero lo lograron, nos dejó el avión y no había otros más tarde. En ese momento me vi solo, por completo, a cargo de la seguridad y la vida de tres jovencitas y una mujer adulta.

Minutos después llegó el jefe de Policía del aeropuerto.

—Bueno, bueno, necesito que me desocupen ligerito el lugar, que ustedes ya perdieron su vuelo; así que necesito que se vayan de aquí de una vez.

—Qué pena me da con usted, señor, pero de acá no nos vamos a mover. Ustedes nos hicieron perder el vuelo a propósito y afuera están listos los Pepes para secuestrarnos. Usted los puede ver bien desde acá, ¿cierto? (se los señalé con el dedo). ¿Usted quiere que salga para que nos maten a todos? Me da mucha pena, señor, pero lo hago responsable por nuestra seguridad y nuestras vidas y deberá responderle a mi padre por lo que nos suceda de ahora en adelante.

El desconcierto era total. Hasta que de repente llegaron varios periodistas; fue un alivio ver las luces de las cámaras de televisión y los *flashes* atravesando aquel vidrio apenas oscuro. El arribo de los reporteros espantó a los encapuchados, que desaparecieron del pasillo principal. Pero eso no significaba que se habían ido.

En medio de la zozobra se me apareció la Virgen: un señor de unos cincuenta años al que nunca había visto; trabajaba para una aerolínea local y se llamaba Dionisio:

—Señor, sé que está en problemas. En lo que humildemente le pueda ayudar, cuente conmigo.

Pensé un momento y en voz baja se me ocurrió pedirle que me ayudara a conseguir una oficina ahí adentro, con teléfono y un directorio de páginas amarillas.

—Listo, cuente con eso, déjeme busco las llaves y cuando yo le haga la señal al fondo del pasillo, dígale a la policía que va al baño del fondo. Total, ellos saben que de acá usted no se va a mover.

Y así fue. El buen hombre cumplió y de un momento a otro yo estaba ahí, sin saber qué hacer. Habíamos planeado cuidadosamente cómo ingresar al aeropuerto, pero nunca cómo escapar de él.

Lo primero que hice fue buscar el nombre Aeroes, una aerolínea de mi padre, pero no lo encontré. Tenía la esperanza de hallar ahí algún nombre o un número para pedir ayuda. "Que manden un helicóptero de mi papá, no importa si queda grabado en cámara y después se lo decomisan… es la vida lo que estamos salvando", pensé.

A punto de tirar la toalla, vi por una pequeña ventana que en ese instante aterrizaba un helicóptero de la empresa Helicol.

—¿Para quién es ese helicóptero, del que está bajando la piloto? Lo necesito —le dije a Dionisio.

—No, señor, es para unos ejecutivos que están esperando hace rato y ya tienen plan de vuelo, así que imposible.

De inmediato tomé las páginas amarillas, marqué el teléfono de Helicol y le pedí a Dionisio que solicitara a su nombre el servicio de un helicóptero. Quedaron en enviar el aparato apenas hubiera uno disponible.

El arribo del aparato era inminente y nos dirigimos hacia la puerta de salida de la plataforma donde estaban los helipuertos, pero los guardias lo impidieron. El asunto podría enredarse nuevamente, pero en ese momento llegó el delegado de la Procuraduría, a quien el 'Japonés' había llamado. Entonces no tuvieron opción y nos dejaron salir.

El tiempo de espera del helicóptero se hizo eterno. Ya en la plataforma, debimos abandonar el equipaje porque pesaba demasiado. Mientras organizábamos la forma de subir a la aeronave llegó un coronel, que claramente era del Bloque de Búsqueda.

—Estamos buscando a ese hijueputa de su papá para matarlo.

—Que tenga suerte, coronel.

—La próxima no se nos van a escapar así. Y donde lo vuelva a ver a usted o a su papito los voy a matar —replicó el oficial, que cerró el puño de la ira y le noté la intención de darme un golpe. Pero se abstuvo cuando miró a su alrededor y vio varios camarógrafos detrás de las rejas de seguridad de la plataforma.

El oficial se fue y Manuela, Nubia, Andrea, Catalina, Marcela, Marta y yo subimos al helicóptero, rumbo al aeropuerto Olaya Herrera de Medellín. Con Copito y Algodona, claro. Allí nos esperaba un funcionario de la Procuraduría, a quien le pagué el valor del servicio del taxi porque no tenía dinero. Instantes después llegó un periodista del canal regional Teleantioquia.

A todos les dije que me esperaran y entré a una oficina a pensar qué hacer pues el reloj corría y era previsible que los Pepes vinieran a buscarnos. Hasta que se me ocurrió un plan.

—Vea, hermanos, la cosa es la siguiente. Nos iban a matar en el aeropuerto y me les acabo de escapar con mi familia. Les prometo que les doy una entrevista, pero necesito su ayuda.

—Cuéntenos qué necesita —respondieron.

—Vamos ya a un lugar y ustedes nos siguen en su carro, pero no pueden parar de filmar todo el tiempo por si nos pasa algo.

Aceptaron y nos dirigimos a toda prisa hacia el edificio Altos. Parecía una locura lo que me proponía hacer porque ese edificio acababa de ser objeto de un atentado y los Pepes sabían que ahí éramos presa fácil. Pero sabía lo que hacía. Tenía que llevarlos a un territorio que conocía a la perfección.

Una vez en el primer sótano del edificio, le di setecientos dólares de propina al taxista por haber 'volado' desde el aeropuerto. Antes de poner en marcha el plan, hablé con el reportero y concedí la primera entrevista de mi vida: hablé de lo sucedido, si mi padre se entregaría o no; en fin, contesté lo que pude y salí corriendo hacia las escaleras que conducen a la piscina del edificio. Por uno de sus linderos pasaba un pequeño arroyo y desde siempre dejamos allí un paso habilitado para escapar hacia el jardín del edificio vecino donde teníamos un apartamento y manteníamos todo el tiempo un vehículo con las llaves puestas y el tanque lleno en el parqueadero.

Mi hermana y sus primas ya habían cruzado y me esperaban al lado de un campero Mitsubishi. Esa fue nuestra ruta de escape. Según me contaron poco después, cinco camionetas repletas de hombres encapuchados se tomaron el edificio y lo pusieron patas para arriba buscándonos. Ya en ese momento estábamos en el Cero Cero, el edificio Ceiba del Castillo, donde nos pusimos ropa limpia para correr de nuevo porque sabíamos que los Pepes ya lo tenían ubicado.

Bajamos al sótano y cambiamos nuevamente de carro, esta vez un Renault-4 y nos dirigimos al apartamento de la avenida La Playa, el mismo desde donde habíamos salido para el aeropuerto esa madrugada. Allí encontramos a mi madre, que lloraba inconsolable por los reportes de la radio que daban cuenta de nuestro fallido viaje a Estados Unidos.

Tras un largo abrazo dije que ese apartamento no parecía seguro porque Copito y Algodona habían salido por televisión y era cuestión de minutos que los vecinos avisaran a la policía que ahí vivía la familia de Pablo. Apenas terminé de hablar sonó el timbre de la puerta. Era 'Angelito':

—Buenas, el patrón me mandó por ustedes; tenemos que movernos porque esta caleta no es segura. Juancho, el patrón mandó decir que saquemos la plata de la caleta porque este apartamento está caído.

—Listo, venga ayúdeme con eso, consigamos un destornillador de estrella para abrir el mueble de la plata —respondí señalando un escaparate donde estaba oculta.

Por largos minutos forcejeamos con el mueble sin poder abrirlo. Los tornillos estaban pegados.

—'Ramón' —así también le decíamos a 'Angelito'—, no queda otra que abrir esto a golpes.

—¿No le preocupa el ruido que vamos a hacer?

—Más me preocupa abandonar esta plata y perder tiempo sacándola a las buenas; cuando los vecinos se quejen nosotros debemos estar de salida y no nos van a ver nunca más.

Después de patear y patear el mueble sin éxito pero con mucho ruido, de la cocina trajimos un enorme martillo y con él logramos penetrar la madera. El ruido era tremendo. Sentíamos que con cada golpe la policía entraría en cualquier momento.

Finalmente, metimos en un maletín el dinero y emprendimos la huida. Esa misma tarde, el apartamento de La Playa fue allanado. Nos pisaban los talones.

Cerramos los ojos durante el trayecto y 'Angelito' dio varias vueltas antes de llegar a otra caleta cercana, una casa que estimo quedaba en las inmediaciones del teatro Pablo Tobón Uribe de la ciudad.

Una vez que se cerró la puerta del garaje y pudimos abrir los ojos, vimos a mi papá.

Manuela bajó y le dio besos en la mejilla, mi madre los rodeó con un abrazo. Yo bajé con 'Angelito' y Andrea para ayudar con el escaso equipaje que llevábamos.

—Hola, papá, no pensé que te volvería a ver tan pronto. Qué bueno haber llegado, no te imaginas de la que nos salvamos. Fue como un milagro —le comenté mientras lo abrazaba y nos dábamos un beso en la mejilla.

—Tranquilo, hijo, lo importante es que están todos bien y acá conmigo. Algo estuve viendo por televisión y escuchando por radio. Estuviste muy bien con la jugada del helicóptero, ahí los botaste a todos —sonrió mientras me tocaba el hombro varias veces.

Pasamos la noche en la habitación que nos dieron a Andrea y a mí que escasamente tenía una cama sencilla. No había más colchones. Así aprendimos a dormir los dos, en una cama para una sola persona. Y así dormimos pegados desde entonces. Yo rezaba mucho antes de dormir, me llenaba de paz y tranquilidad para conciliar el sueño. Mis miedos los dejaba en manos de Dios.

Pasadas las seis de la tarde del sábado 20 de febrero de 1993 prendimos el televisor en una pequeña sala de la casa. Veíamos por cable la cadena Univisión cuando informaron que nuestras visas habían sido canceladas por el embajador de Estados Unidos Morris Busby.

—Tranquilos que el mundo es muy grande; están Europa y Asia… Australia sería un buen lugar para ustedes. Déjenme y verán que yo consigo esas visas. O se van enchapados y yo les llego después allá, me monto en algún barco y les caigo ahí —soñaba mi padre en voz alta para levantar el ánimo de su familia.

Hizo un corto silencio y planteó otra opción:

—O queda otra alternativa… que nos escondamos juntos, que se queden conmigo, nos metemos a la selva un tiempo. Y ahora con el apoyo de los 'elenos' —el grupo guerrillero ELN— voy a recuperar mucho poder.

La conversación quedó en suspenso. Mi madre permaneció en su habitación, llorando en la cama. Ella estaba dispuesta a acompañar a mi padre, pero sin exponer más la vida de sus hijos. La selva como opción no parecía viable.

Durante toda esa semana mi madre, Andrea y yo usamos la ropa de mi padre pues no teníamos nada a la mano.

—¡Pilas!, que no los vayan a confundir conmigo por ahí —se burlaba mi papá al vernos con sus prendas.

Así, vestidos con ropa que no era la nuestra, el 24 de febrero celebramos mi cumpleaños dieciséis. No hubo fotos ni videos, solo un postre casero. En nada podía compararse a la fiesta de mis quince años en Altos, con más de ciento veinte invitados, tres orquestas, bufet, todos de esmoquin, isla artificial en la piscina y muchos otros derroches.

Un día después, el noticiero de las siete de la noche sería portador de otra muy mala noticia para mi padre: ese día y sin consulta alguna, Giovanni Lopera, 'la Modelo', se entregó en la Fiscalía Regional de Antioquia. Mi papá quedó mudo porque acababa de perder ni más ni menos que al sucesor de 'Pinina'.

En las siguientes horas los Pepes habrían de golpear muy duramente a quienes de tiempo atrás habían estado cerca de mi padre en los aspectos jurídico y político: el 27 de febrero destruyeron la hacienda Corona, propiedad de Diego Londoño White; el primero de marzo asesinaron a su hermano, Luis Guillermo; el dos de marzo asesinaron a Hernán Darío Henao, 'HH', administrador de la hacienda Nápoles, a quien las autoridades y los medios de comunicación relacionaron con la familia de mi madre. La verdad es que no tuvieron parentesco alguno; y el cuatro de marzo asesinaron al abogado de mi padre Raúl Zapata Vergara.

Por las noticias también supimos de la muerte del 'Chopo' y ahí entendimos que le habían dado el puntillazo final a mi padre. Ocurrió en su apartamento en el edificio del Banco Comercial Antioqueño, en pleno centro de Medellín, donde 'Chopo' y mi padre se habían reunido en ese sitio unos días atrás.

Cuando dieron la noticia, mi padre ya sabía cómo había muerto 'Chopo'.

—A 'Chopo' lo entregó 'Juan Caca'; la policía lo cogió y lo torturó, y el hombre les entregó las llaves del apartamento. Por eso cogieron tan fácil al 'Chopo', porque estaba dormido tranquilo pensando que 'Juan Caca' no iba a cantar donde estaba él. Sin duda un error que le costó la vida —contó mi papá mientras el noticiero presentaba las imágenes del apartamento de uno de los pocos bandidos fieles a él, de los pocos que lo llamaba por su nombre, que no lo dejó solo y no se entregó a la justicia. 'Chopo' era un hombre bravo, que disfrutaba desafiar a la ley.

—Papá, ¿qué vas a hacer si ya no te queda nadie por fuera que te proteja? ¿Qué va a pasar de ahora en adelante? Te quedaste prácticamente solo, sin nadie afuera —pregunté angustiado.

—Vamos a ver, hijo —contestó, pensativo.

—Papá, no tienes quién te cuide. Creo que lo mejor es que nos dividamos los hombres por un lado y las mujeres por otro, en una caleta diferente por la seguridad de ellas. Si llegan por ti en cualquier momento y están ellas, imagínate la masacre. Hay que protegerlas para que no les vaya a pasar nada. Yo me quedo contigo, no importa lo que pase —le dije temblando de miedo y me miró en silencio.

—Creo que es lo mejor por el momento, mientras vemos qué pasa más adelante. 'Angelito' sirve más en este momento por fuera, peleando, pero no puede hacer las dos cosas al tiempo —respondió en señal de aceptación.

Por primera vez, mi padre decía sí a una sugerencia mía. Aceptar que me necesitaba a su lado para protegernos no me dejó dudas de que íbamos en caída libre. No quedaba nadie a quién acudir. Que 'Angelito' se convirtiera en enlace de mi padre con el mundo exterior significaba un riesgo enorme porque debía salir por largo tiempo y no tendría control sobre él.

Así, 'Angelito' se preparó para salir a una reunión y mi padre le dio tres horas de plazo para regresar; toda una eternidad para el momento que vivíamos. Era un gran riesgo permanecer en la casa esperándolo, y era también un riesgo ir a otra caleta a desgastarla sin una razón válida. 'Angelito' acababa de salir cuando mi padre preguntó:

—Grégory, ¿cuánto se demora bañándose? Imagino que tardará una hora y no puedo esperarlo tanto tiempo; vayamos a dar una vuelta en el carro mientras 'Angelito' regresa. Venga sin bañarse y me acompaña. ¿O me voy solo?

—Papá, te prometo que en diez minutos salgo bañado y vestido y nos vamos de una para donde quieras. Pero déjame bañar para estar fresco.

—Hágale pues, muévase.

Estuve listo quince minutos después y subimos al Renault 4 parqueado en el garaje. Mi papá iba vestido con una camiseta polo y *jean*. Su barba era abundante y se puso una gorra oscura.

Tal como me dijo, cerré los ojos y atrás quedó toda la familia, sola. Por dentro cargaba la angustia de imaginar qué pasaría si detenían a 'Angelito' y lo obligaban a entregar la guarida de mi padre. Jamás estuve de acuerdo con su violencia, pero nunca consideré ni medité siquiera la posibilidad de dejar solo a mi padre.

—Papá, ¿pero sí te parece que nos vamos de acá y dejemos a las mujeres solas? —le pregunté lleno de incertidumbres.

—Tenemos que hacer tiempo fuera de la casa, por seguridad; no se preocupe que vamos a dar un paseo por la ciudad mientras esperamos. Es mejor estar en constante movimiento. Yo le aviso cuándo puede abrir los ojos.

¿Paseo? ¿Cómo podía mi padre salir como si nada a las calles de una ciudad repleta de policías y de retenes siendo el hombre más buscado del mundo? Era la opción que ofrecía menos riesgos.

Hasta que llegó el momento de abrir los ojos y lo primero que vi fue la estación de buses del sector de La Milagrosa, el lugar de paso cuando iba a clase al colegio San José de la Salle.

Mi papá manejó tranquilo, respetó los semáforos y las señales de tránsito para parecer uno más del montón. Salir con él por las comunas del sector nororiental de Medellín era apostar la vida en un juego de ruleta. Así permanecimos por cerca de dos horas y media hasta que me pidió cerrar los ojos.

Para que me mantuviera tranquilo relataba lo que veía en la calle: que estaba pasando cerca de la caleta, que no veía movimientos raros, que todo parecía estar bien. Luego dijo que daríamos otra vuelta por el barrio y entraríamos a la casa. Eso hicimos. 'Angelito' ya había llegado y respiré profundo.

Doralba, la señora que cuidaba la casa, sabía coser muy bien a máquina y ella misma confeccionaba su ropa. Mi padre se estaba quedando sin sus *jeans* preferidos, de tela delgada, marca New Man y por eso Doralba le propuso hacer *jeans* parecidos para que tuviera de reserva. Le encantó la idea.

—Ah, muy buena su ayuda con los *jeans*. Y venga le pregunto una cosa: ¿usted estaría en capacidad de hacerme varios uniformes de Policía? —preguntó, seguramente pensando en un próximo plan.

Un par de días después mi padre nos avisó que debido a que los operativos se estaban concentrando en la zona céntrica de la ciudad, era mejor salir de allí. Dijo que nos esperaría en un nuevo lugar. A partir de ese momento y a lo largo de varios meses, habríamos de cambiar de caletas con mucha frecuencia.

'Angelito' lo llevó y regresó por nosotros dos días después. Nos llevó a dos casitas ubicadas en Belén Aguas Frías, que mi padre ya había bautizado como 'Aburrilandia'. Así, muy aburridos, pasó la Semana Santa sin que pudiésemos realizar alguna actividad por el riesgo de que nos descubrieran allí.

Nuestra situación era más que difícil y mi padre habría de complicarla aún más el 15 de abril, cuando vimos en el noticiero que él había decidido realizar más ataques con carros bomba para forzar al Gobierno a cumplir sus exigencias.

Ese día explotó un carro bomba en la calle 93 con carrera 15 de Bogotá, que causó varias muertes y graves destrozos. Pero lejos de arrodillar al Estado, con ese atentado mi padre logró que los Pepes arreciaran su ofensiva contra él y todo lo que lo rodeara.

Las dramáticas imágenes de las víctimas, así como la destrucción de una amplia zona comercial de la ciudad, me llevó una noche a decirle a mi padre que estaba en desacuerdo con su violencia indiscriminada y en la injusta muerte de personas inocentes.

—No se te olvide que las primeras víctimas del llamado narcoterrorismo en Colombia fueron tu mamá, tu hermanita y tú con el atentado al edificio Mónaco. Yo no me inventé eso. Lo usaron contra mi familia y mi respuesta es utilizar la misma arma que quisieron emplear para destruir lo que más quiero que son ustedes.

—Pues a mí no me gusta la violencia, papá; eso empeora las cosas, nos aleja más cada vez de encontrar una salida. ¿Cómo estar de acuerdo con atentados en los que uno ve que caen niños inocentes? No creo que la violencia sea la única salida. Debes buscar otra.

—¿Y es que acaso crees que tu hermanita y tú no eran niños inocentes cuando les pusieron la bomba? ¿Cómo quieres que pelee la guerra contra un Estado que es tan o más terrorista que yo? ¿Cómo hago para combatir a una Policía y a un Gobierno corrupto aliado con los Pepes? No ves, pues, que al único narco que atacan es a mí? Por lo menos elegí ser un bandido y eso es lo que soy. No como ellos que de día usan el uniforme y de noche se ponen las capuchas.

—Papá, las guerras contra las instituciones no las gana nadie. Perdemos todos.

Poco después, mi padre consideró que ya era hora de salir de Aburrilandia y nos pasamos cerca de ahí, a una casa finca más grande y cómoda en el sector de Belén, con una vista imponente sobre la ciudad. Era la última de las fincas de esa zona y allí finalizaba la carretera pública. La casa tenía amplios corredores donde mi padre pasaba horas y horas divisando la ciudad.

En la parte de atrás había algunos establos y una pequeña marranera en desuso. Desde un costado de la finca se veía toda la carretera. El cuidandero, apodado 'el Mono', era quien se relacionaba con los vecinos.

También se encargó de alimentar cuatro vacas que mi padre hizo comprar para dar la apariencia de normalidad. Esos animalitos fueron toda una entretención para nosotros. Mi padre llevaba leche recién ordeñada para que tomáramos aún caliente. Eran instantes en los que se nos olvidaba que nuestro futuro era incierto y que estábamos en graves dificultades.

Aun así, intentábamos distraernos en cualquier cosa. Un día emprendimos la tarea de reparar una casita campesina deteriorada que mi padre bautizó como el Hueco; para llegar allá había que caminar quince minutos desde la casa principal porque no había carretera.

'El Angelito' se propuso arreglar las goteras del techo, que eran muchas. Yo empecé a pintar la casa y muy rápido obtuve la ayuda de Manuela y de mi padre. Así pasaron varios días en los que agradecíamos que hubiera en qué matar el tiempo.

Faltaba resolver la falta de luz, que tenía tan poca potencia que para poder encender un pequeño televisor debíamos apagar todas las luces. Un día estábamos viendo el noticiero y se apagó el televisor porque Andrea fue al baño.

—Apague la luz, que estamos viendo el noticiero —gritamos mi papá y yo al unísono.

—Perdón, perdón, me olvidé. Amor, tráeme una linterna, por favor —respondió.

Una vez se perdió Copito, el pequeño perrito blanco. Gritamos su nombre por todos lados, pero nada. No pasó mucho tiempo cuando vimos que el animalito estaba al frente, en la comuna, socializando con los demás canes. Saltaba entre matorrales y obviamente regresó cuando le dio la gana. Desde el frente mi hermanita lo veía y rogaba que no se lo robaran porque nosotros no podíamos ir a rescatarlo.

De la misma manera en que mi padre tenía su correo, mi madre también tenía el suyo para comunicarse con su familia y con algunas pocas amigas. El de mi padre lo recogía 'Angelito' y el de mi madre, Andrea; y generalmente bajaban a la ciudad juntos, se separaban y se encontraban para regresar a una hora fija. Ni un minuto más, ni uno menos. La orden era estricta: solo habría un minuto de tolerancia pues se corría el riesgo de que alguna de las partes pudiera ser secuestrada y revelara la cadena de correos hasta llegar a mi padre.

El 25 de mayo de 1993 mi hermana cumplió nueve años. Esa mañana, Manuela, Andrea y 'el Mono' fueron a montar a caballo por los alrededores, pero se acercaron un par de hombres que vestían uniformes como de empleados municipales y le preguntaron a Andrea si ella era 'la mona Ochoa', en relación a la esposa de Fabio Ochoa Vásquez. Ella respondió que no y regresaron de inmediato a la casa a contarle a mi papá.

—Empaquen lo básico que nos vamos. Se cancela el cumpleaños de la niña. Ensillemos todas las bestias y montemos el equipaje ahí. Nos vamos por el monte hasta Aburrilandia, que está detrás de esa montaña. Conozco el camino de herradura —dijo mi padre, pendiente de que Manuela no escuchara.

—Hija, tengo un paseo de sorpresa para el día de tu cumpleaños. Lo haremos a caballo y caminaremos una parte para ver las flores del bosque. Yo sé que te va a gustar —improvisó mi padre, que de un momento a otro convirtió una fuga en un paseo.

'El Mono' y 'Angelito' cargaron un caballo blanco, le colgaron un bulto de víveres, algo de dinero efectivo en un maletín grande con tres pistolas y tres fusiles AK-47 con munición extra.

Pero mi madre quería llevar la torta. Se negaba a abandonarla.

—No, míster, cómo vamos a dejar la torta, después de todas las vueltas que dieron para traerla —insistió mi madre hasta que el pastel fue acomodado en una de las bestias.

Media hora después de preparar la intempestiva mudanza comenzamos a caminar cuesta arriba y perdimos el rastro de mi padre, que le dijo al 'Mono' que nos esperaba más adelante con Manuela, copito y algodona. Seguimos caminando por un camino de herradura, que se tornó más resbaloso aún con la llovizna que minutos después se convirtió en aguacero.

Mi madre iba a un metro de distancia del caballo, detrás la seguía yo y luego Andrea, cuando de repente sentimos el fuerte roce de las herraduras contra las piedras del terreno. El caballo blanco perdió el control, se paró en sus patas traseras y el peso del bulto y el maletín con las armas lo haló hacia atrás con más fuerza y vimos cómo se nos venía encima.

Andrea comenzó a correr cuesta abajo y yo hice lo mismo junto a mi madre, que empujaba y gritaba detrás. El camino tenía una pequeña saliente por donde pasaba un lindero con alambre de púa. Como pudo, Andrea se acomodó sobre el filo de la saliente donde apenas cabía. En el apuro pensé para mis adentros "donde cabe uno caben dos" y me acomodé como pude con ella, guardando equilibrio para no tocar el alambre. Mi madre habrá pensado que "donde caben dos caben tres" y si no se nos tira encima el caballo la hiere gravemente.

La situación volvió a su aparente normalidad. Caminamos el día entero y unos diez minutos antes de llegar vimos a mi papá que jugaba con Manuela como si nada.

—¿Cuánto nos falta, papá?— pregunté, exhausto.

—Ya llegamos, ya pasamos lo peor, que era la subida. Asómese y verá que es esa casita que se ve ahí abajo. Ahí donde está ese techo y unas vaquitas.

Llegamos a quitarnos la ropa porque estábamos al borde de la hipotermia y nos dimos una ducha de agua más helada aún. Pero ya vestidos volvimos a la normalidad. Mi mamá se organizó primero y luego ayudó a preparar algo de comer, mientras nosotros luchábamos para encender el fogón de leña.

Llegó la hora de dormir y subimos a la casita prefabricada sin terminar. Pero 'el Mono' había dejado una luz encendida y el lugar estaba lleno de todo tipo de escarabajos. No había forma de que salieran de la casa. Cuando nos fuimos a dormir, Andrea y yo no pudimos debido al intenso frío. No lográbamos calentarnos a pesar de las dobles prendas que llevábamos puestas. Los perritos dormían con nosotros y temblaban sin parar. Tuvimos que usar el secador de pelo de Andrea para calentar la cama porque seguíamos temblando de frío.

Ante el evidente deterioro de nuestra situación diaria, mi padre nos dijo uno de esos días que seguía trabajando en su vieja idea de unirse a la lucha guerrillera con el ELN.

—Yo ya tengo contacto directo con ellos. Me van a dar un frente para comandarlo. Voy a comprarlo por un millón de dólares. En la selva no me coge nadie. Ahí me les encaleto un tiempo, me dedico a recuperar mi negocio, me fortalezco y empiezo a tirar para adelante con el proyecto de Antioquia Rebelde porque yo no le veo otra salida a esto. Ya el Gobierno dijo que no va a negociar conmigo, que me quieren muerto.

Quedé mudo. No sabía qué decir frente al imposible que planteaba mi padre. Mi padre había demostrado que podía sortear cualquier riesgo, pero nuestras realidades ya no eran las mismas.

El tedio y la incomodidad en esa caleta hicieron que un día mi padre nos dijera que regresábamos al Hueco. Felices, dejamos Aburrilandia. Era el tres de junio de 1993. Esa noche me correspondió hacer el turno de vigilancia y me puse a escuchar noticias en la radio. En esas estaba cuando anunciaron la muerte de mi tío Carlos Arturo Henao.

Me puse muy triste y salí corriendo a avisarle a mi padre, a quien encontré abrazado a mi madre, que lloraba desconsolada frente al televisor donde también estaban pasando la noticia.

Por el simple hecho de golpear a mi padre, los Pepes asesinaron a un hermano de mi madre que nunca quiso participar en ningún hecho violento y que estaba dedicado a la venta de trapeadoras en Cartagena. Pero cometió el error de viajar a Medellín a visitar a su esposa y a sus hijos en un momento en que los Pepes controlaban el aeropuerto de Rionegro.

Esa noche, mi madre perdió a su segundo hermano. A Mario y a Carlos se los llevó la violencia y a Fernando se lo empezaba a llevar el cigarrillo, el abuso con las drogas y el desamor.

El aislamiento de mi padre con el mundo exterior era total y tal vez por eso durante semanas no percibimos la presencia de la 'ley'. Pero mi padre era enemigo de permanecer demasiado tiempo en un solo sitio y decidió moverse.

En los siguientes meses habríamos de cambiar de caleta con bastante frecuencia. Del hueco salimos para una cabaña en la quebrada La Cristalina, un hermoso lugar por el Magdalena Medio antioqueño; de ahí salimos para un apartamento cerca de la Cuarta Brigada en Medellín y de ahí al complejo de edificios Suramericana, cerca de la plaza de toros de La Macarena.

Ahora que me puse en la tarea de recordar con precisión lo que vivimos en aquella época, es difícil saber con exactitud el tiempo que permanecimos encerrados en cada caleta. Ese fue un año en el que no contamos los días, no importaba si era domingo, lunes o viernes; no había diferencia, solo pensábamos en nuestra seguridad. Lo que sí sabíamos era que la mejor manera de desplazarnos de un lugar a otro era bajo la lluvia.

—A los policías no les gusta mojarse. Por eso si llueve es el momento ideal para moverse. Con lluvia no hay retenes —afirmaba mi papá.

Nosotros teníamos una interpretación de la lluvia diferente. Era un manto de protección para circular por la ciudad. Lloviendo viajábamos más tranquilos. Así que muchas veces la lluvia nos indicaba que había llegado el momento de partir.

Así, bajo un torrencial aguacero llegamos al complejo de edificios Suramericana y entramos por el sótano a un apartamento en el piso diez, de tres habitaciones y una de servicio, donde se acomodó 'Angelito'. La vista de la ciudad era linda y nos esperaba una pareja joven con un recién nacido.

Los caleteros —contó mi padre— eran una pareja humilde de profesionales que se quedaron sin trabajo, estaban recién casados, con un bebé en brazos, sin casa propia y un futuro incierto.

—Les prometí que les regalaría este apartamento y el carrito cuando no los necesitara. Es más, ya son de ellos, están a su nombre. Eso los tiene muy contentos aunque saben que el encierro es duro, pero igual les he dado buena platica.

El mejor sitio de ese apartamento era un pequeño balcón desde donde se veían la ciudad y el paso de los convoyes del Bloque de Búsqueda o del Ejército. Allí pasábamos largas horas.

Una de esas noches a mi padre se le dio por prender un bareto de marihuana; era la primera vez que lo veía consumir. Mi madre hizo un gesto de desaprobación y se encerró en la habitación donde Manuela dormía profunda. Andrea observó la escena desde la sala y permaneció en silencio mientras buscaba distraerse con algunas revistas.

Estaba en la mitad de mi papá y de 'Angelito' —que también consumía— en una situación que no era nueva porque él nunca me mintió sobre su vicio; así que no lo juzgué mal por ello.

Alguna vez me confesó que cuando yo lo veía caminar lejos de la casa en la hacienda Nápoles era porque se iba a fumar marihuana. En esa ocasión me dio una clase magistral sobre los peligros del consumo de drogas, sus diferencias, efectos y nivel de adicción. Me dijo que si algún día quería probar alguna, que no lo hiciera con amigos sino con él.

En la mayoría de las caletas Andrea hacía las veces de profesora de Manuela porque mi madre se las arreglaba para que desde el colegio le mandaran tareas. Tenía una rutina diaria para educarse, en la ciudad o en la selva. Era un pasatiempo para ella y para la propia Andrea. La aburrición en los encierros prolongados llega más pronto si uno no inventa en qué ocupar su mente y su cuerpo. Mi madre también le dictaba clases a mi hermana y se dividía con Andrea la pequeña escuela de una sola alumna. Yo también recibía tareas a través de fotocopias de los cuadernos de los alumnos más aplicados, para no interrumpir mi último año de bachillerato. Eso hice durante meses a regañadientes, debido a lo difícil que era concentrarse.

Para rematar el ambiente de desazón que vivíamos por aquellos días el reconocido y respetado astrólogo Mauricio Puerta, publicó en la revista *Semana* la predicción de que ese mismo año mi padre moriría. "Posiblemente en esta transición Escobar tenga su cita con la muerte", sentenció.

—Trata de ubicarlo a ver quién es ese, a ver qué te dice a vos, Tata —pidió mi padre y nos sorprendió porque siempre había sido escéptico a esas cosas del futuro.

Mi madre hizo algunas gestiones y logró ubicar a Puerta, a quien le envió los nombres y fechas y horas del nacimiento de todos. Él hizo llegar algunos casetes con sus predicciones, pero no fue sino hasta después de la muerte de mi padre que lo conoceríamos personalmente en Bogotá. Sus vaticinios nos sorprendieron por acertados. Para empezar, aseguraba que viviríamos por muchos años en una ciudad al lado de uno de los ríos más grandes del mundo. No especificó cuál. Tiempo después habríamos de residir en Buenos Aires, una ciudad bañada por las aguas del gran Río de la Plata. Debo decir que, respecto de nosotros, Mauricio no ha fallado hasta hoy.

Pero como siempre, llegó la hora de moverse nuevamente. Esperamos la noche y con los ojos cerrados llegamos a una vieja casa dentro de la ciudad. Era la vivienda del 'Monito', en referencia a un niño rubio de unos siete años que vivía allí con sus padres, los llamados 'caleteros'.

La casa tenía un pequeño patio al lado del comedor y la sala por donde al menos uno podía mirar al cielo a través de las rejas que impedían el ingreso de extraños. Allí celebramos el día del padre. Cada uno escribió una carta, como hacíamos con todos en cualquier fecha especial.

Días después mi papá permitió que mi madre, mi hermana y Andrea fueran a pasar unos días donde la profesora Alba Lía Londoño, para que Manuela cambiara un encierro por otro, viera a otras personas, aprendiera algo de arte, y lograra mejorar su ánimo. Preferí quedarme acompañando a mi papá.

En la semana en que nos quedamos solos empezaron a escasear los víveres y ya era tiempo de que la pareja de caleteros saliera a comprar comida. Hacia las cinco de la tarde se asomaron por la ventana, pero se dieron cuenta de que la policía estaba montando un retén en plena vía pública, justo en frente de la casa donde nos encontrábamos.

—Vamos a tener que suspender la salida, hermano. Hasta que esa gente se vaya. No queda otra que quedarnos quietecitos. No vayan a prender ninguna luz, ni el televisor, ni la radio ni nada. Y el monito que no haga ruido y si quiere jugar que lo haga por allá atrás en la cocina. No hagan ruido hasta que yo les avise que lo pueden hacer. Pilas, que esto no es para mí, pero no quiero que por pura casualidad estos me vayan a encontrar aquí —explicó al papá del monito después de confirmar a través de una hendija de la ventana de madera que en efecto los policías avanzaban en el montaje del puesto de control.

La situación era tensa. Mi padre dijo que lo mejor era dar la impresión de que la casa estaba deshabitada para que la policía ni se acercara.

Pasó largo tiempo mirando por el ojo mágico de la puerta principal y de vez en cuando me llamaba para que me asomara con cuidado a observar los movimientos de un policía que se había parado a escasos diez centímetros de distancia. Su silueta se veía perfecta, con el fusil entre las manos, el cañón apuntando al cielo y el sombrero verde con una de sus alas dobladas.

Los días pasaban y el retén seguía allí, inamovible. Solo podíamos ver que los agentes eran reemplazados por nuevos. Pero no se iban de ahí. La comida se había acabado y llegó un momento en que lo último que quedaba para comer era una vieja y verde sopa de mondongo, ya descompuesta, que pusieron a hervir de nuevo con más agua y un cubo de caldo de gallina. No había nada más para comer.

Durante varios días sentí todo tipo de miedos; pasaba por estados de optimismo, de aceptación, de negación, de desespero, de terror de solo imaginar la balacera que se formaría si los policías entraban a la fuerza y mi padre los enfrentaba a bala.

—¿Papá, y qué pasa si esos manes se quedan un mes ahí? Cómo vamos a hacer para salir de esta casa si la suponen vacía?

—Tranquilo, hijo. Ellos se van de ahí en cualquier momento; relájese que eso le sirve hasta para bajar de peso —contestó sonriendo, como si estuviéramos de *camping*.

Esos días fueron de profundos silencios, obligados por la discreción absoluta, para que no nos detectaran ahí adentro. Así que hasta las conversaciones se hacían escasas. Menos mal, pensé que mi madre, Manuela y Andrea no estaban porque si no el drama hubiera sido peor.

Encima de una mesa había algo más de dos millones de dólares en efectivo, pero estábamos maniatados. No se podía gastar un solo dólar porque ninguno de quienes estaba ahí tenía libertad para salir de la casa. Podríamos comprar el supermercado completo si queríamos. La sensación de impotencia era enorme. Al lado de mi padre experimenté una extraña forma de "pobreza" extrema.

Finalmente, ocho días después y cuando ya las fuerzas nos abandonaban, la policía levantó el retén, se fue y todo regresó a la normalidad.

Ese mismo día la nevera estuvo llena otra vez. Luego regresaron las tres mujeres y no quisimos comentar la horrible experiencia de los días anteriores.

El peregrinaje de caleta en caleta no habría de detenerse. Ahora llegamos a la casa azul. Aunque los Pepes hostigaban cada vez más a los abogados de mi padre, uno de ellos, Roberto Uribe, se las arreglaba para recibir los mensajes que lograba enviar con 'Angelito'.

El contenido de las cartas había variado notoriamente en los últimos meses y ya en ese momento —finales de julio de 1992— mi padre había puesto sobre la mesa la posibilidad de que nosotros saliéramos del país, pero él desconfiaba de la seriedad de la Fiscalía.

—Tranquila, 'Ula', que Roberto Uribe está ayudando con la salida del país de ustedes. Esa es una de las condiciones para entregarme. El fiscal De Greiff se comprometió a conseguirles refugio en un país y luego yo me entrego.

Por esos días mi papá le decía 'Ula' a mi madre para burlarse porque le había tocado cocinar, limpiar y planchar, como lo hacía Eulalia, una antigua empleada de servicio doméstico, un lujo del que carecíamos desde que arreció la guerra.

Manuela y yo empezamos a notar que nuestros padres pasaban largo tiempo hablando sobre nuestro futuro. Luego comentaban sus charlas y sus conclusiones, que derivaron muy rápidamente hacia la necesidad de separarnos por el bien de todos. Ellos estaban de acuerdo en que Manuela y yo no deberíamos interrumpir más nuestros estudios.

—Yo sé que fuera del país no les pasa nada. Ya prometieron que les van a conseguir un país. Mientras tanto yo me escondo en el monte con los 'elenos' y no me vuelven a ver por un tiempo mientras preparo mi entrega. Ahora, a ustedes tampoco les pasaría nada si están conmigo en la selva; esa opción también está ahí, pero ustedes tienen que educarse y allí eso no es posible. Ustedes son nuestra prioridad y por ello he decidido, aunque su mamá no confíe, que lo mejor es que la Fiscalía los proteja en Altos. Ya autoricé que el CTI se instale en el apartamento 401 y organice su arribo; pero no tiene que ser mañana, aquí pasaremos juntos el cumpleaños de su mamá y ya falta poquito.

La noticia de nuestra eventual separación cayó como un baldado de agua fría. Pensé en mi futuro, pero también en mi padre. Y los dos eran prioridad. Me encontré frente a una gran encrucijada porque estaba seguro de que su segunda entrega a la justicia traería paz. Confiaba que él no desaprovecharía esta nueva oportunidad. Unirse al ELN era un salto al vacío. Pero la verdad es que el único acto de lealtad con él era aconsejarle que se entregara, sin más condiciones.

Esos días fueron grises y silenciosos. Los ánimos estaban bajos y en el aire se percibía una angustia muy intensa. Ese tres de septiembre de 1993 mi madre cumplió treinta y tres años. Celebramos por cumplir con el ritual, pero no porque hubiese ánimo de pasar un buen rato. Por primera vez un día como ese pasó sin pena ni gloria y la comida supo a incertidumbre.

Dos días después, el cinco de septiembre, tuvimos un motivo para olvidar nuestras amarguras. La selección de fútbol de Colombia venció de visitante 0-5 a la Argentina, en la recta final de su clasificación para el mundial Estados Unidos 1994. Ese día gritamos cada gol en la pequeña sala de televisión de la casa. Fue un instante de felicidad que duró los noventa minutos del partido. No olvido ese día no solo por la goleada sino porque hacía años no veía esa cara de felicidad en el rostro de mi padre.

Pero como no hay plazo que no se cumpla, llegó el día de partir, el día en que vi llorar a mi padre. Esa fue la primera y única vez que se dejó ver así. Yo también quise llorar pero pude contenerme para alentarlo cuando giró su rostro hacia abajo con los ojos encharcados. Era el 18 de septiembre de 1993.

Profundamente conmovido por esa escena, ahora era yo quien debía alentarlo a seguir, pensando que todo saldría bien. Era consciente de las dificultades, pero nunca dudé que mi padre encontraría el camino para entregarse de nuevo a la justicia. La vida nos puso a elegir entre una muerte segura en algún lugar de la selva de Colombia o apostar por el exilio y la rendición definitiva de mi padre.

Mi padre le dio un abrazo eterno a Manuela y otro a mi madre. A Andrea, la última de la que debía despedirse, no pudo decirle nada. Sus lágrimas no lo dejaban hablar. Inusualmente, yo seguía invadido de optimismo.

—Bueno, lamentablemente tenemos que irnos —dije con la voz entrecortada y acto seguido le di el último abrazo y beso en la mejilla.

Mi padre recobró el habla y dijo que seguía confiado en que los agentes de la Fiscalía fueran 'buena gente' y que cumplirían su palabra de perseguir a los Pepes. Sus palabras me tranquilizaron pues era la primera vez que él confiaba en un organismo estatal.

En el que no confiaba era en su hermano Roberto.

—Juancho y Tata, cuídeme mucho a la niña porque si me llega a pasar algo y Roberto queda con plata, puede ser que les colabore; pero si no, cuídeme a la niña que él es capaz de secuestrármela. Cuénteles esta información que tengo de los Pepes. Llévese estas direcciones para que se las dé a ellos. Dicen que no han atacado a los Pepes porque no tienen buena información. Ahora la van a tener. Bueno, hágale pues, que yo los sigo unas cuadras para ver que lleguen bien, y no se le olvide avisarme por radio que llegó bien.

Salimos de la casa azul y yo manejé un Chevrolet Sprint verde hasta Altos. Todo el tiempo miré por el retrovisor y vi que mi padre venía detrás de nosotros en otro vehículo, acompañado por 'Angelito'.

Me sentí seguro por nosotros, pero me pareció demasiado riesgo que en semejante momento nos acompañara casi hasta la puerta del edificio donde viviríamos. Eran cerca de las once de la noche cuando giré a la izquierda para llegar a la portería del edificio y en ese momento mi papá tocó la bocina dos veces.

Una vez en el edificio, subimos al tercer piso donde estarían los agentes del CTI, pues mi papá nos había dicho que llegarían en grupos pequeños, para que no se supiera que nos estaban cuidando. Se suponía que todo sería manejado con mucha discreción, por seguridad.

Toqué varias veces la puerta y nadie abría. Toqué el timbre y tampoco. Empezaba a parecer raro cuando escuché una voz:

—¿Quién es? Identifíquese.

—Soy Juan Pablo Escobar Henao, hijo de Pablo Escobar. Estamos acá por órdenes de él para someternos a la protección de la Fiscalía General. Ábrame, por favor, que estoy con mi familia.

—¿Viene armado?

—¿Armado? ¿Para qué, hombre, por Dios?

Abrieron despacio y con sigilo. Eran dos agentes armados que nos miraban de arriba abajo con caras de que iban a enfrentar a las más peligrosas fieras. Al fondo del pasillo dentro del apartamento, varios hombres estaban tras las paredes apuntándonos con fusiles R-15 y ametralladoras MP-5.

—Tranquilos, muchachos, que somos nosotros. Perdonen que los haya despertado. Duerman, que mañana hablamos. Nosotros vamos a subir a nuestro apartamento 401 a dormir ahí.

—No, espere, que por lo menos dos personas deben estar con ustedes, por su seguridad —dijo 'Alfa', uno de los agentes que parecía dirigir el grupo.

—Pues venga subamos y vemos cómo está la cosa arriba porque en ese apartamento no hay muchos muebles —respondí.

En efecto el inmueble estaba prácticamente vacío. Ahí conocí a los agentes 'A1' e 'Imperio'. El lugar estaba terminado casi en su totalidad, pero apenas había tres colchones, nada en la cocina y mucho menos algo de comer o tomar. Había que esperar al día siguiente a resolver esas falencias. Era tarde. Las luces del edificio estaban apagadas.

Al día siguiente, mi madre ya había hablado con una vecina, que nos prestó parte de su vajilla, algunas ollas y hasta la muchacha del servicio, que llegó al minuto con una bandeja llena de comida.

Dos días después llegó Juan Carlos Herrera Puerta, 'Nariz', mi amigo de la infancia que con el tiempo terminó convertido en mi escolta personal. Le había pedido que me acompañara porque tenía la corazonada de que debíamos tener protección extra. Tenía una escopeta de ocho tiros con salvoconducto vigente y por ello los agentes del CTI no podrían oponerse a su presencia, que les resultó muy sospechosa porque los únicos autorizados para tener contacto directo conmigo eran 'A1', 'Alfa', 'Imperio' y 'Pantera'.

Lentamente empezamos a convivir, pero de un momento a otro 'A1' me notificó que 'Nariz' debía irse del edificio porque no estaba autorizado a permanecer a nuestro lado.

—Mire, 'A1'. Hasta donde entiendo ustedes nos están cuidando porque así lo acordó mi padre con el fiscal y el Gobierno como parte del proceso de su reentrega. No tengo por qué pedirle permiso a usted para ver a quién invito y a quién no a mi propia casa. Si mal no entiendo, estoy en calidad de protegido, no de detenido. ¿O me equivoco?

'Nariz' no se fue. Logré imponerlo como nuestro guardaespaldas. Con la intervención de 'Imperio' la relación con 'A1' mejoró en los siguientes días y hasta empezamos a jugar partiditos de fútbol en el sótano del edificio.

Sin embargo, la distensión que vivíamos en Altos fue rota de manera intempestiva por un ataque de los Pepes.

Ocurrió pasadas las cinco de la tarde, cuando escuchamos unas explosiones que parecían juegos pirotécnicos. Me asomé con cuidado a una ventana y en la intersección de la transversal inferior con la Loma del Campestre se habían detenido cuatro vehículos particulares llenos de hombres armados y de civil. Descendieron y el que parecía ser un divertimento de jóvenes con pólvora se convirtió en una intensa balacera contra la fachada del edificio.

Nos escondimos en el clóset de la habitación principal y 'Nariz', oculto detrás de una matera, dijo que no valía la pena repeler el ataque porque su arma no era de largo alcance. Minutos después llegaron 'A1' y 'Alfa' con sus armas desenfundadas y muy nerviosos.

—Oiga, 'A1', ¿por qué no le salen a esa gente y los atrapan?, mire que están en la esquina disparando a diestra y siniestra — pedí desesperado.

—¿No ve que no puedo? Mi misión es protegerlos a ustedes, no salir a detener gente —quiso justificarse.

—¿Entonces para qué tienen en este edificio a más de veinte agentes cuidándonos si cuando nos atacan no hacen nada? — insistí y en ese momento desaparecieron los cuatro vehículos.

El inesperado ataque incrementó la dificultad de Manuela para conciliar el sueño y Andrea perdió el apetito a tal punto que pocos días después sufrió un desmayo que nos obligó a llevarla a una clínica acompañada por 'Nariz' y quince hombres del CTI. El médico que la atendió le dijo que tenía que comer porque su estado era preocupante.

Altos comenzó a convertirse en un fortín. Con decenas de bultos de tierra la Fiscalía armó tres trincheras, una sobre el techo de la portería donde permanecía un hombre las veinticuatro horas del día; otras en las otras dos esquinas sobre la avenida.

Al mismo tiempo, llegaron más hombres desde Bogotá. El número de agentes del CTI ascendió a cuarenta, armados con fusiles, pistolas y ametralladoras. Los patrullajes dentro del edificio se hicieron permanentes y una enorme y bullosa sirena fue instalada en la azotea del edificio.

La sirena fue estrenada muy pronto porque se escuchó un tiroteo y todo el mundo corrió a sus puestos. Nosotros nos apresuramos a ocultarnos en el último rincón del *vestier* de la habitación principal y 'Nariz' cerró la puerta para evitar que alguien ingresara. Los minutos se hicieron eternos. Mi madre, mi hermana y Andrea rezaban mientras yo charlaba con 'Nariz' a través de las puertas del baño y del clóset.

Cuando todo se calmó, un agente del CTI al que le decían 'Carrobomba' informó que tres hombres bajaron de dos carros y empezaron a disparar y uno de ellos lanzó una granada de fusil que impactó en la fachada del quinto piso del edificio.

Pantera llegó unas horas después y dijo que traía noticias de Bogotá:

—El doctor De Greiff les manda a decir que está buscando un país para ustedes, que no es que él esté demorando el tema sino que es un asunto delicado que hay que tratar con discreción. Que por eso los tiempos son lentos. Que confíen en que él quiere que su papá se entregue.

Con la intención de informarle a mi padre todo lo que sucedía, empecé a usar una filmadora pequeña en la que registré todos estos eventos. Pasé horas en el balcón grabando los vehículos que consideraba sospechosos. Era como un diario en video de cada ataque, de cada anomalía.

Uno de esos días nos llevamos un gran susto. 'Imperio' se acercó a contarme que en ese momento el Bloque de Búsqueda adelantaba una enorme operación contra mi padre en el sector de Belén Aguas Frías y que prácticamente lo tenían ubicado. La intención real del agente del CTI era medir mi reacción porque mi padre había sido localizado por la triangulación de una charla entre él y yo por radioteléfono.

Sobre ese episodio, días después, recibimos una carta de mi papá en la que relató espeluznantes detalles su milagroso escape. Dijo que cuando vio venir los camiones de la Policía sabía que lo habían rastreado por culpa de la radio. Agregó que tenía mucha ventaja sobre ellos porque la montaña era muy empinada. Cuando vio la 'ley' —continuó— salió corriendo por unos precipicios terribles donde perdió el radio y la linterna. Dijo que se asustó mucho pensando que sería su fin porque el frío y la lluvia empezaron a debilitarlo. Dijo que finalmente salió a una comuna de Belén, donde la gente lo miraba porque estaba muy embarrado, aunque nadie lo reconoció porque tenía larga la barba. Luego tomó un taxi y se fue para la casa de una prima.

El contacto con mi padre se perdió de nuevo, hasta que el seis de octubre de 1993 'Imperio' entró corriendo al apartamento y me dijo:

—Oí que dieron de baja a un *man* al que le decían el Angelito. ¿Vos lo conocés? ¿Quién era? Me cuentan que él y su hermano murieron enfrentados con la Policía acá en Medellín.

—No conozco mucho de él. No era nadie de importancia, lo vi por ahí en La Catedral pero no era nadie —respondí reteniendo las lágrimas pues sabía que la noticia significaba que estaban a metros de cazar a mi padre.

Así pasamos el 31 de octubre, disimulando nuestras penas con el maquillaje de una experta que mi madre contrató para que pintaran a Manuela y le ayudara con su disfraz. Esa noche en el edificio hubo una pequeña reunión de Halloween a la que asistieron varios vecinos. Nada especial como todas las anteriores. Nariz se lamentaba no poder estar viendo a su pequeño hijo disfrazado por estar cuidándome a mí.

Los agentes de la Fiscalía no se explicaban cómo era posible que aunque requisaban a quienes salían y entraban al edificio yo mantenía contacto epistolar con mi padre. No entendían la manera como le hacía saber a mi padre los mensajes que el fiscal De Greiff le enviaba a través de mí. Y lo peor es que ninguno de nosotros nos movíamos del apartamento.

Lo que no sabían en ese momento era que varias personas, que pasaban por sus narices, nos ayudaban de manera desinteresada. Como Alicia Vásquez, una de las administradoras del edificio, que se solidarizó con nuestra situación y ofreció ayudar en lo que necesitáramos porque no podíamos salir ni al parqueadero de visitantes. La bienintencionada Alicia terminó por recibir en su casa la correspondencia de algunos familiares y luego la entraba al edificio porque a ella no la requisaban.

Otro correo eficiente era Nubia Jiménez, la niñera de Manuela, quien se veía con Alba Lía Londoño, nuestra profesora, y recibía las cartas que le entregaba 'Angelito', enviadas por mi padre.

La incógnita de cómo me comunicaba con mi padre fue rápidamente develada. 'Nariz' quería ver a Camilo, su pequeño hijo y me pidió permiso para salir. Le pedí que saliera del edificio a través de la cañada en uno de los costados de la piscina, por la misma ruta que utilizamos para escapar de los Pepes el día del fallido viaje a Estados Unidos.

—No, Juancho, cómo me vas a hacer mojar los zapaticos cruzando esa quebrada. Mirá que los del CTI me van a arrimar, ya les pedí el favor y me dijeron que sí. Fresco, que yo cojo un taxi por ahí y no los llevo hasta mi casa.

'Nariz' hizo caso omiso a mis súplicas y pidió que me quedara tranquilo porque 'Alfa', 'A1' e 'Imperio' lo acercarían a la avenida de El Poblado en el mismo Chevrolet Sprint en el que habíamos llegado al edificio días atrás.

Pero mis temores se hicieron realidad. 'Nariz' tenía permiso para estar con su familia el fin de semana y regresar el domingo siete de noviembre a última hora de la tarde. Pero nunca llegó y su cuerpo nunca fue hallado. Lo desaparecieron los Pepes.

Dos días después, el martes nueve de noviembre, hombres fuertemente armados y encapuchados llegaron a la urbanización Los Almendros y después de derribar la puerta sacaron del pelo a Alba Lía Londoño, nuestra profesora. Tampoco nunca supimos de ella.

Una vez escuché lo sucedido subí rápidamente por las escaleras. Necesitaba hacer una llamada urgente para salvarle la vida a Nubia Jiménez, la niñera. Ella y Alba Lía eran eslabones del correo familiar y por ello era inminente su secuestro.

Entré a un apartamento vacío y marqué a toda velocidad. El teléfono sonó varias veces hasta que por fin contestó el hijo de Nubia y me dijo que su mamá acababa de salir hacia la portería de su urbanización, donde la esperaba un taxi.

—Hermano, corra por favor, no la deje subir a ese taxi que la van a matar. ¡Corra ya, ya, ya! —le dije a los gritos y el muchacho tiró el teléfono y salió corriendo.

Yo temblaba y rezaba con el teléfono al oído rogando que tuviera las fuerzas necesarias para alcanzar a su madre y salvarla de una muerte segura. Esperé impaciente y escuché los pasos del niño, que tomó el teléfono, agitado, y me dijo que no había alcanzado a detenerla. Había salido a cumplir una falsa cita con la profesora que a esa hora ya había desaparecido.

Una nueva fase de la cacería contra mi padre había comenzado. Los Pepes sabían que cogiendo uno a uno los eslabones del correo llegarían a él. Y como todo valía, ninguna vida importaba. Tal como a mi padre tampoco le importó la vida de muchas personas. Estábamos pagando en carne propia por sus actos.

Pensé qué otras personas podría entregar Nubia si los Pepes la torturaban y le propuse a Andrea hacer un recuento de nombres; aunque la mayor parte de las personas que nos rodeaba habían escapado, encontramos que solo una permanecía en su residencia habitual: 'Tribilín', un escolta de mi padre.

Dedujimos que muy seguramente 'Tribi' sería la próxima víctima, pues era fácil de ubicar en Envigado. No sabíamos dónde vivía, pero alguien en Altos suministró la dirección y enviamos a una señora del servicio doméstico a advertirle que algo podía pasar. Pero regresó cuarenta minutos después y entró llorando:

—Cuando estaba llegando a la urbanización donde vive él entraban varios carros con encapuchados armados —dijo desconsolada y suplicó que hiciera algo para salvarle la vida.

Pero no hubo nada que hacer. A 'Tribilín' se lo llevaron herido los Pepes cuando intentó defenderse a bala.

Desde esa noche no solté el arma que 'Nariz' había dejado en nuestro apartamento. Sabía que quedaban muy pocos en la larga lista de pendientes de los Pepes. Prácticamente todas las personas relacionadas con mi padre estaban muertas y las que no, que eran muy poquitas, habían huido o escampaban en una cárcel.

Los únicos que le quedábamos a mi padre con vida éramos nosotros, su familia. Así que mi madre, mi hermana y los dos hijos de la profesora que habían llegado esa tarde dormían en colchones dentro del *vestier*. Andrea, solidaria y valerosa, permanecía a mi lado.

Esas fueron las noches más angustiosas de mi vida. Cerraba un ojo para que descansara el otro. Esa situación extrema y el corte de comunicación con mi padre complicaban más nuestra salida del país, que parecía estancada. Así quedó claro con el mensaje que 'Pantera' trajo de la directora Nacional de Fiscalías, Ana Montes, mano derecha del fiscal De Greiff, que había llegado a Medellín: que mi padre se entregara primero y luego nos conseguirían un país a dónde ir.

Atrás había quedado el interés de facilitar nuestra salida del país. Ahora se trataba de un chantaje. Literalmente estábamos durmiendo con el enemigo.

Ese ambiente adverso y la inminencia de la muerte de alguno de nosotros precipitaron nuestra decisión de viajar a Alemania sin consultarle a nadie y por eso ordenamos la compra de los pasajes. Pero tenían todo controlado y muy rápido conocieron nuestro destino: Frankfurt.

Ana Montes había llegado a Medellín y no traía las manos vacías. La fría funcionaria dijo que la Fiscalía había abierto dos acusaciones en mi contra: por la presunta violación de varias jóvenes en el sector de El Poblado y por el transporte de elementos ilegales. Era claro que intentarían evitar nuevamente que saliéramos del país.

—Mire, doctora —dije, sin dejar de mirarla a los ojos—, su acusación de violar jovencitas es increíble. Jamás haría tal cosa, y debo reconocer ante usted —y me disculpa— que más fácil me violan ellas que a la inversa. No quiero exagerar pero muchas veces tengo que quitármelas de encima, porque a toda costa quieren estar con el hijo de Pablo. Así que no necesito violar a nadie, se lo garantizo.

—Bueno, pues en realidad es una información que tenemos sin confirmar, pero algunas chicas han hablado y dijeron que uno de los violadores se hacía pasar por familiar de Pablo Escobar y era de pelo rubio, así que presumimos que hablan de usted. Le creo, pero ¿y qué me dice de la caja con armas que usted entró al edificio? —indagó, segura de que ahora sí me atraparía.

—¿Armas? ¿Quién vio armas? ¿En una cajita pequeña? Le propongo lo siguiente, doctora: si quiere me quedo acá y vaya con los hombres que quiera y revise íntegro este apartamento. Y si quiere, desbarate el edificio para encontrar la caja que tanto le preocupa. No necesita orden de allanamiento, le doy permiso.

—Está bien, le creo, le creo. Espero que no me esté diciendo mentiras. Me voy a Bogotá a seguir trabajando. No es necesario requisar el edificio. Pero hágale saber a su papá que se entregue y les damos un país a ustedes; ah, y coméntele que no se demore mucho en la decisión porque sino les vamos a retirar la protección en los próximos días y seguirán con la protección que el Estado colombiano les brinda a todos sus ciudadanos.

—Cómo se les ocurre, doctora, que van a hacer eso, por Dios? ¿Cómo van ustedes a dejar a mis hijos y a mí desprotegidos? No hay derecho. Estamos acá porque ustedes así lo quisieron, porque nos prometieron sacarnos del país y darnos refugio a cambio de que mi marido se entregue. ¡Y ahora nos amenazan con que nos van a quitar la protección! —dijo mi madre.

Finalmente, en la mañana de ese soleado día de finales de noviembre salimos para Bogotá para hacer conexión en un vuelo directo a Frankfurt.

Pero tal como preveíamos, Alemania no permitió nuestro ingreso, pese a que teníamos todos los papeles en regla. Nos forzaron a regresar a Colombia porque el Gobierno y la Fiscalía así lo solicitaron.

De regreso a Colombia nuevamente, el 29 de noviembre, los funcionarios de la Fiscalía que nos recibieron en el aeropuerto nos informaron que el único lugar donde podían garantizar nuestra seguridad era en Residencias Tequendama, un exclusivo apartahotel en el centro de Bogotá. Ahí permanecimos las siguientes horas porque no teníamos información sobre el paradero de mi padre. Solo esperábamos que él se comunicara en cualquier momento.

El dos de diciembre, mi padre se levantó un poco más temprano que de costumbre. Estaba pendiente de su pequeño radio donde escuchaba noticias sobre nosotros.

Esa mañana nos levantamos a las siete, pese al cansancio físico acumulado por el extenuante viaje de ida y vuelta a Europa en escasas cuarenta y ocho horas. Recibí numerosas llamadas con solicitudes de entrevistas de medios locales y de los más prestigiosos de Europa, Asia y Estados Unidos. A todos les respondí diciendo que no daríamos declaraciones. El día anterior dije unas breves palabras en una emisora de radio, con el único propósito de hacerle saber a mi papá, con mi propia voz, que estábamos bien, y le envié un breve saludo de cumpleaños.

Después de ordenar el almuerzo a la habitación, sobre la una y media de la tarde nos avisaron por teléfono que cuatro generales del Ejército subirían a hablar con toda la familia. No había forma de rechazar la conversación, que se dio en términos distantes pero cordiales. Luego de algunas frases de cajón nos informaron que cien soldados habían reforzado la seguridad en el edificio y que hicieron una excepción y ordenaron desocupar el piso veintinueve.

En medio de la charla sonó el teléfono y contesté como de costumbre. Era el recepcionista.

—Señor, buenas tardes, tengo al señor Pablo Escobar en la línea y desea hablar con usted.

—Hola, 'abuelita', ¿cómo estás? No te preocupes que estamos bien, estamos bien —le dije a mi padre, que debió entender que estaba con alguien al lado, y colgó a regañadientes porque quería seguir hablando.

Continuamos la charla con los generales y pensé que mi padre no volvería a llamar, pero cinco minutos después el teléfono sonó de nuevo.

—'Abuelita' por favor no nos llame más que estamos bien —insistí, pero él dijo que no le colgara y me pidió hablar con mi madre, que salió corriendo hacia la habitación de al lado.

Despedí a los militares y fui a advertirle a mi mamá que no se demorara en el teléfono porque era seguro que lo estuvieran rastreando. Ella asintió y se despidió de mi padre:

—Míster, de todas maneras cuídese mucho; usted sabe que todos lo necesitamos —dijo en medio de sollozos.

—Esté tranquilita, mi amor, que yo no tengo otro incentivo en la vida sino luchar por ustedes. Yo estoy metido en una cueva, estoy muy, muy seguro; ya salimos de la parte difícil.

En una nueva llamada le comenté que el día anterior había hablado con el periodista Jorge Lesmes de la revista *Semana* y quedamos en que enviaría un sobre membreteado con varias preguntas sobre lo que estaba sucediendo con nosotros. Agregué que el cuestionario me daba confianza porque podríamos meditar las respuestas y porque los demás reporteros, sin excepción, querían las entrevistas para ya, en directo.

—Dígale que sí y cuando las tenga me dice qué preguntas eran.

Sorprendentemente, ya en ese momento mi padre había decidido dejar de lado sus viejas prevenciones respecto de la duración de las llamadas. La brevedad en las comunicaciones, su principal seguro en casi veinte años de carrera delincuencial, parecía no tener importancia. Es como si no le interesara saber que con toda seguridad el Bloque de Búsqueda y los Pepes estarían rastreando el lugar desde donde nos llamaba, como ocurrió días atrás en Aguas Frías, cuando escapó de milagro.

—Papá, no llames más que te van a matar —le dije muy preocupado cuando ya iba por la tercera llamada. Pero no hizo caso.

El cuestionario de Lesmes llegó pasadas las dos de la tarde; cuando mi padre llamó de nuevo le conté y me pidió que leyera las preguntas mientras 'Limón' las apuntaba en un cuaderno. Tenía puesto el altavoz. Leí las primeras cinco, interrumpió y dijo que llamaría dentro de veinte minutos.

Volvió a comunicarse en el tiempo acordado y empecé a apuntar las respuestas. Hubiera querido tener letra de médico para escribir más rápido.

—Ahorita lo llamo —dijo mi padre cuando íbamos por la mitad de las respuestas.

Me distraje un momento ojeando una revista cuando entró una llamada. Pensé que era él.

—Juan Pablo, le habla Gloria Congote. La Policía me acaba de confirmar que su papá fue dado de baja en el centro comercial Obelisco de Medellín.

Quedé mudo, aturdido, no podía ser posible porque hacía escasos siete minutos había hablado con él.

—¿En el centro comercial Obelisco de Medellín? ¿Y qué estaba haciendo mi papá por ahí? Me parece muy raro.

—Está confirmado.

En ese momento le hice señas a Andrea para que prendiera la radio. En efecto, las cadenas radiales ya especulaban sobre la posibilidad de que mi padre hubiera muerto en una operación de la Policía.

Cuando ya estaba totalmente confirmada la noticia, la periodista seguía al teléfono, pendiente de una declaración. La obtuvo y fue muy desafortunada:

—Nosotros no queremos hablar en estos momentos. Pero eso sí, al que lo mató, yo solo voy a matar a esos hijueputas, yo solo los mato a esos malparidos.

Colgué el teléfono y lloré desconsolado. Todos lloramos. Mentalmente me aislé y empecé a visulizar los pasos que habría de dar para cumplir mi amenaza. El deseo de venganza era inmenso.

Pero llegó un momento de reflexión que habría de ser providencial porque frente a mí aparecieron dos caminos: convertirme en una versión más letal de mi padre o dejar de lado para siempre el mal ejemplo de él. En ese instante me vinieron a la mente los muchos momentos de depresión y de aburrimiento que vivimos con mi padre cuando nos ocultábamos en las caletas. Entonces pensé que no podía tomar el camino que muchas veces le critiqué.

Tomé la decisión de retractarme de lo que acababa de decir y sin pensarlo dos veces llamé al periodista Yamid Amat, director del noticiero de televisión CM&. Lo pasaron casi de inmediato y le conté lo que había sucedido con Gloria Congote. Le pedí que me diera la oportunidad de rectractarme de esas declaraciones y aceptó: "Quiero personalmente dejar muy en claro que no vengaré, no vengaré la muerte de mi padre porque ahora lo único que me preocupa es el futuro de mi sufrida familia. Voy a luchar por sacarla adelante y por educarnos, por ser personas de bien y si puedo hacer algo para que reine la paz, por los siglos de los siglos en este país, lo haré".

Lo que ocurrió de ahí en adelante es historia. Mi padre murió el dos de diciembre de 1993 a las tres de la tarde y muchos aspectos de su vida, pero también de su muerte, siguen siendo objeto de examen y debate.

A lo largo de estos veintiún años han surgido muchas versiones sobre la verdadera autoría de los disparos que le causaron la muerte. Al respecto existen numerosas versiones, la última de las cuales se conoció en septiembre de 2014, cuando daba las últimas puntadas a este libro.

En su texto *Así matamos al patrón*, el extraditado ex jefe paramilitar Diego Murillo Bejarano, alias 'don Berna', aseguró que su hermano Rodolfo, alias 'Semilla', hizo el disparo de fusil que mató a mi padre.

¿Quién lo mató? Poco importa. Lo que sí importa, y quiero resaltar, es el hecho de que el examen forense practicado a las seis de la tarde de ese jueves por los especialistas de Medicina Legal, John Jairo Duque Alzate y Javier Martínez Medina, señala que recibió tres disparos, uno de los cuales fue el que determinó su deceso.

Un primer proyectil provino de un fusil de calibre indeterminado, disparado por una persona que estaba en la calle cubriendo la salida posterior de la casa donde se ocultaba mi padre. Cuando salió por el tejado e intentó devolverse porque vio que el sitio estaba rodeado, recibió el proyectil que entró por la parte de atrás del hombro y fue a alojarse entre los dientes treinta y cinco y treinta y seis, según el dictamen forense.

El documento menciona un segundo disparo que impactó el muslo izquierdo y produjo un orificio de tres centímetros de diámetro. No obstante, en las fotografías tomadas momentos después no se advierten rastros de sangre en su pantalón. Y una vez tendieron su cuerpo desnudo sobre una lámina de acero para practicar la necropsia, tampoco se ven heridas en la pierna izquierda.

No hay duda de que cuando recibió el impacto del fusil en el hombro, mi padre cayó al techo de teja y quedó herido. Ya no podía huir. Por eso quiero referirme al tercer disparo, el que lo mató instantáneamente, situado en "la parte superior de la concha del pabellón auricular derecho, de forma irregular a nivel preauricular inferior izquierdo de bordes evertidos". El proyectil, cuyo calibre no refiere el informe, entró por el lado derecho y salió por el izquierdo.

Desde luego que no pretendo abrir una nueva polémica, pero tengo la plena certeza de que ese disparo lo hizo mi padre de la manera y en el lugar donde siempre me dijo que se pegaría un tiro para que no lo capturaran vivo: en el oído derecho.

En varias ocasiones a lo largo de la implacable persecución me dijo que el día que se encontrara con sus enemigos dispararía catorce de los quince tiros de su pistola Sig Sauer y dejaría el último para él. En la fotografía donde aparece el cuerpo de mi padre sobre el tejado se observa que la pistola Glock está dentro de la cartuchera y su Sig Sauer está muy cerca y se ve claramente que había sido accionada.

Recuerdo uno de los momentos en que mencionó la posibilidad de quitarse la vida. Ocurrió cuando hablaba por radioteléfono con uno de sus hombres durante un allanamiento. La frase nunca se me olvidó. Tampoco supe que había sido grabada por el Bloque de Búsqueda y la escuché de nuevo mucho después de su muerte:

"A mi nunca en la gran puta vida me van a coger vivo".

MEDELLÍN MARZO 29/87.

MI AMOR?

HOY ESTAMOS CUMPLIEN-
DO ONCE AÑOS UNIDOS POR EL A-
MOR. TE DIGO LA VERDAD: ME
SIENTO FELIZ A TU LADO.

NO ME SEPARARÉ NUNCA
DE TI.

TE QUIERO MUCHÍSIMO.

Pablo Escobar

▲ ▼ Escribir cartas aun en las peores circunstancias contribuyó al fortaleci-
miento de nuestra relación familiar.

TU PRESENCIA AQUÍ CONMIGO ES EL ME-
JOR REGALO QUE PUEDO RECIBIR ÉSTE 24 DE DICIEMBRE.
SÉ QUE ERES EL MEJOR DE LOS HIJOS Y
ESO ME BRINDARÁ LA FUERZA SUFICIENTE PARA SA-
LIR AIROSO EN TODAS ÉSTAS LUCHAS DIFÍCILES.
LA VIDA NOS QUIERE PONER A PRUEBA
MUCHAS VECES PERO ESO NOS HARA FUERTES, UNIDOS
E INVENCIBLES.
TE QUIERO CON TODO MI AMOR Y
CON TODO MI CARIÑO.
TU PADRE
DIC 24 / 1992

> Yo acepto todos los cargos pero necesito saber cuales son y necesito q' la fiscalia acepte negociar conmigo todos los cargos.
> Necesito q' se me garantice no ser trasladado de alli por ningún motivo.
> En cuanto a la proteccion de mi familia, eso es indispensable.

▲ Tras la fuga de La Catedral, mi padre sostuvo nuevos contactos con el gobierno para un nuevo sometimiento a la justicia. Pero nunca se concretarían.

EPÍLOGO

DOS DÉCADAS DE EXILIO

Salir del país era cuestión de vida o muerte. Así de radical. Manuela, mi mamá y yo habíamos sido rechazados en buena parte de las representaciones diplomáticas en Bogotá: Costa Rica, Alemania, Israel, Australia, Argentina, Brasil, Canadá, Venezuela, El Salvador, Italia, Perú, Ecuador, Chile, Francia, Inglaterra y Estados Unidos.

La Iglesia católica también nos cerró las puertas. Nos reunimos con el nuncio apostólico Paolo Romeo y con monseñor Darío Castrillón, para rogarles su mediación y tener algún lugar en el planeta dónde poder vivir.

Recurrimos al Comité Internacional de la Cruz Roja, a la ONU, nos reunimos con el entonces defensor del Pueblo, Jaime Córdova y con el Procurador Carlos Gustavo Arrieta; si bien nos recibieron con cordialidad no obtuvimos de ellos ninguna ayuda. Llamamos a Rigoberta Menchú, recién galardonada con el Nobel de Paz, pero respondió que ese no era su problema.

Desesperada y sin más alternativas, mi mamá llamó al ex presidente Julio César Turbay, quien le dijo: "Acuérdese de Dianita. Usted sabe, señora, que su marido hizo todas las que hizo y mató a mi hija. Yo no les puedo ayudar". Le dijimos que no era correcto que nos responsabilizara de ese hecho. Éramos la familia de Pablo Escobar pero no secuestradores ni asesinos.

Agotadas las opciones para salir del país, a nuestro abogado Francisco Fernández se le ocurrió hacer uso de una vieja ley que permitía corregir errores en los nombres o cambiarlos a través de escritura pública en cualquier notaría.

Le pedimos una cita al Fiscal De Greiff, para plantearle la idea. De entrada no le vio objeción legal pero se negó a apoyarnos. Lo único que pedíamos era que el trámite se hiciera a través de la Oficina de Protección a Víctimas y Testigos para garantizar que las nuevas identidades quedaran en secreto. La reunión se fue poniendo tensa.

El abogado intervino:

—Mire, señor fiscal, esta situación se está volviendo insostenible. Ustedes no pueden proteger toda la vida a la familia y ellos con dos menores de edad y dos mujeres no pueden permanecer encerrados en un apartamento hasta que se mueran. Cada cinco minutos les dicen que les van a quitar la protección, así que si usted no los ayuda a tener una nueva vida y una nueva identidad, entonces no les quedará opción que salir a la prensa y contar todo lo que saben y lo que han visto en esta Fiscalía. Y usted y yo sabemos perfectamente que esto no le conviene al país ni a usted. Así que si persiste en dejarlos a ellos en un limbo, les voy a aconsejar que salgan a hablar todo lo que saben. Usted verá qué puede hacer por ellos, usted es el fiscal General de la Nación y no me va a decir a mí que no los puede ayudar. Si ayudó a que los echen de todos los países, también puede hacer que los reciban.

—No, no, por favor. Mire, doctor, tranquilícese que yo voy a ver cómo puedo ayudarles. Entiéndame que ellos no son considerados víctimas ni testigos y esa oficina de la Fiscalía no podría usarse para llevar a cabo el cambio de identidad. Déjeme a ver qué puedo hacer.

—Acá le dejo la copia de la ley. Todo es legal, solo necesitamos de su discreción y colaboración porque de nada sirve cambiar sus nombres para que al día siguiente aparezcan publicados en la prensa. Esta familia ya pagó un precio muy alto y usted lo sabe bien.

Al final no solo obtuvimos nuevas identidades sino que fue por medio del fiscal de Greiff que en febrero de 1994 conocimos a Isabel, una rubia alta, francesa, de unos sesenta y cinco años, vestida de negro y con una extravagante pava con plumas de avestruz, que dijo tener el título de condesa. La acompañaban dos hombres afrodescendientes de traje y corbata que decían residir en Nueva York y representar a la República de Mozambique.

Traían la noticia que estábamos esperando: en respuesta a una labor humanitaria y tras escuchar nuestros pedidos por los noticieros de televisión, el presidente de Mozambique quería ayudarnos y ofrecernos su país para iniciar una nueva vida. La condesa era la intermediaria y dijo tener una fundación a través de la cual buscaba ayuda para los países más pobres. Dijo que si nosotros estábamos dispuestos a colaborar en esa causa, podía usar sus influencias para que ese país nos recibiera. Estábamos felices.

Lo que no sabíamos era que el supuesto presidente apenas era candidato, Mozambique era un país convulsionado, la nación estaba en medio de una negociación para terminar con una guerra civil que en quince años dejaba cerca de un millón de muertos, la ley corría por cuenta de los cascos azules y la población sufría una de las peores hambrunas.

Solo sabíamos que esa oferta era para nosotros la libertad.

Tan pronto Francisco Fernández tuvo conocimiento se reunió con ellos y de entrada les dijo:

—Bueno, la familia está muy agradecida por la ayuda humanitaria que ustedes le quieren brindar, y yo, como abogado de la familia, quiero saber cuánto les va a costar esa ayuda humanitaria.

Le respondieron con evasivas diciendo que no era necesario hablar de eso tan pronto. Me puse colorado y le pedí a Fernández que no presionara tanto por esa información, para evitar incomodarlos. No podíamos darnos el lujo de ahuyentar la única posibilidad de salir de Colombia.

Durante los meses siguientes nuestro abogado siguió en contacto con ellos y terminaron cobrando una cifra considerable en dólares. Una suma para que nos ayudaran a llegar a un país que no sabíamos siquiera dónde quedaba. Hicimos unos depósitos en cuentas oficiales del Gobierno para formalizar parte del trato, concretamente en cuentas del 'Ministerio de la Nuez'. La idea era terminar de negociar con ellos en su territorio entregándoles una obra de arte y joyas en parte de pago del saldo pendiente.

Luis Camilo Osorio, registrador nacional de entonces, fue el encargado de entregarnos por fin los pasaportes, cédulas y tarjetas de identidad con los nuevos nombres y apellidos. Era ya noviembre de 1994 y de inmediato empezamos a planear la salida del país.

Mi cambio de nombre quedó asentado en la escritura número 4673, Notaría 12, de Medellín, con fecha del 8 de junio de 1994, realizada ante la notaria Marta Inés Alzate de Restrepo. El registro de nacimiento de Juan Pablo Escobar Henao ahora estaba a nombre de Juan Sebastián Marroquín Santos. Además, en la escritura mi madre manifestó, como tutora exclusiva de mi patria potestad, que el cambio de identidad no lo hacía para eludir responsabilidades penales ni civiles, sino para preservar su propia vida y la de sus dos hijos ante las complejas situaciones de público conocimiento por las amenazas de muerte que estaba recibiendo la familia.

La tarjeta militar como reservista costó unos veinte millones de pesos. La Oficina de Protección a Víctimas y Testigos de la Fiscalía la tramitó para evitar que el Ejército conociera mi nueva identidad.

Llegó el 14 de diciembre de 1994, el momento de despedirnos para siempre de mi familia materna, la única que nos brindó apoyo y respaldo de verdad después de la muerte de mi padre. La otra familia, la paterna, ahora respondía a otros intereses.

Los Henao Vallejo vivieron esa última semana con nosotros en Santa Ana. No sabían nuestro destino ni nuestros nombres o apellidos, no volverían a saber de nosotros en una década, ni nosotros de ellos pasara lo que pasara. Eran las 5:45 de la mañana y ya todo estaba listo para partir, las maletas en la camioneta, nosotros bañados y preparados. Nos reunimos por última vez en la sala y tomamos una foto de ese momento, la última foto familiar, casi todos en piyama y con una profunda tristeza. Nos despedimos y la última a la que abracé fue a mi abuela Nora.

—Abuelita, dígame la verdad, ¿nos va a ir bien?

—Sí, mijo, yo sé que esta vez sí les va a ir bien y nada les va a pasar. No presiento peligros para ustedes. Así que vayan en paz y tranquilos, mijito.

Cuando salimos del edificio en el vehículo de Astado y salíamos del barrio, le pedí que detuviera la camioneta y bajé a hablarle a 'Puma', el eficiente funcionario del CTI que nos protegió desde nuestro arribo a Altos.

—Hermano, quiero agradecerle por habernos cuidado durante todo este tiempo tan duro para nosotros. Gracias por su decencia con esta familia, por haber expuesto su vida en tantas ocasiones. Se llegó la hora de que la familia encuentre su propio camino. Así que le voy a pedir el favor de que no nos proteja más porque nos vamos a ir del país. Entenderá que por seguridad no podemos darle ningún detalle. Por favor, no nos vaya a seguir.

—Familia, gracias por su trato humano para todos los escoltas y por hacernos sentir bien al cuidarlos dentro de las posibilidades. Perdonen todo lo malo. Si ustedes me liberan de la responsabilidad que tengo de protegerlos, ya que no están aquí en calidad de detenidos y son libres de ir a donde quieran.

La cordialidad del 'Puma' le costó el puesto. El fiscal De Greiff se enfureció cuando supo que había perdido nuestro rastro; él respondió que no estábamos en calidad de detenidos, pero no hubo caso.

Sentíamos ese viaje como una carrera para huir de nuestro propio pasado que nos perseguía doloroso y severo. Además, íbamos rumbo a la frontera con Ecuador y no habíamos tenido mucho tiempo de practicar con las nuevas identidades y asumirlas como propias. Eran como un traje que nos quedaba muy grande y todavía no se ajustaba.

Para el tercer día de viaje estaba preparado el cruce de la frontera porque teníamos cupo reservado en Lima. Pero debíamos lograr que las autoridades migratorias pusieran los sellos en los pasaportes sin mirar siquiera la identidad o las fotos. Alfredo lo resolvió fácilmente porque le dio dinero a un funcionario del DAS. Por fin salimos del país.

Entre tanto, en Bogotá, Andrea —mi novia— preparaba su salida del país en un vuelo directo a Buenos Aires. A ella no la conocía nadie porque su rostro estaba protegido por el anonimato.

El cambio de identidad empezaba a dar resultado porque salimos de Ecuador, de Perú y llegamos a Argentina sin contratiempos. En Buenos Aires sellaron el pasaporte y nos dieron visa de turista por tres meses. Durante las veinticuatro horas de escala antes de emprender viaje al otro lado del mundo quedé fascinado con la ciudad porque era verano y las calles estaban envueltas en el verde y violeta de los gualandayes.

—No se me emocione, Juanchito, no se me emocione que ustedes van es como para Apartadó. Acá estamos de paso solo por veinticuatro horas y nada más —dijo el abogado Fernández, quien se ofreció a acompañarnos con su esposa.

A la mañana siguiente Buenos Aires me pareció aún más encantadora, pero la ruta ya estaba trazada.

En el aeropuerto de Ezeiza un nuevo contratiempo me hizo pensar que quizá no volvería a ver a mi familia. Uno de los funcionarios de la aduana me detuvo. No entendía por qué un muchacho de dieciséis años tenía los bolsillos llenos de joyas. Me llevaron a un cuarto pequeño y me hicieron vaciar los bolsillos. El oficial argentino dijo que mi situación se iba a complicar, que tendría que llamar al consulado de Colombia para reportar lo que estaba ocurriendo.

—Bueno, fijate a ver si querés evitar todo eso para que podás viajar ahora. O como vos querás. Si no habrá que esperar que manden al cónsul de Colombia y eso complica más las cosas, así que fijate cómo querés hacer.

Yo creía entender sus insinuaciones pero no me atrevía a ofrecerle nada.

—Bueno, pibe, meté trescientos dólares en la revista esa que llevás y hacés que te la olvidás en la mesa, así te dejo seguir. ¿Te parece bien trescientos?

Metí quinientos dólares entre las páginas de la revista y la 'olvidé' en la mesa. Metí las joyas de nuevo en mis bolsillos y salí hacia la sala de abordaje. Todos me esperaban pálidos.

Hasta Johannesburgo, Sudáfrica, el viaje fue de lujo pero hacia Maputo las condiciones de higiene, los olores y la incomodidad advertían lo que nos esperaba.

Aterrizamos en un aeropuerto antiguo, detenido en el tiempo, sin aviones comerciales, únicamente cuatro Hercules de las Naciones Unidas desde donde descargaban bultos de granos y harina con el logo 'UN'. Soldados cascos azules custodiaban los alimentos de ayuda humanitaria.

En la plataforma nos esperaban los mismos hombres que habíamos conocido en Colombia acompañando a la condesa. Nos condujeron al salón presidencial del aeropuerto que no era más que una habitación con décadas de estar cerrada, y sobre la alfombra roja reposaba una gruesa capa de polvo, la misma que cubría el sillón presidencial.

Saliendo del aeropuerto, el carro que enviaron a recogernos chocó contra otro vehículo. Los conductores descendieron, observaron el daño, se saludaron y se despidieron. Le pregunté al chofer por qué no había apuntado los datos del otro vehículo para los trámites del seguro y demás.

—Acá nadie tiene seguro. Los seguros no existen. Nadie tiene dinero para arreglar nada. Así que no hay discusiones por dinero. Simplemente bajamos a ver el daño por curiosidad.

En el trayecto al sitio que habían alquilado para nosotros fui abriendo los ojos. Maputo era una ciudad semidestruida tras años de guerra civil, sin alumbrado público, sin aceras ni locales comerciales y en las fachadas de los edificios se observaban los boquetes de disparos de tanques de guerra y de *rockets*, que las familias tapaban con plásticos transparentes. Mozambique apenas iniciaba tránsito a la democracia y en ese momento era la tercera nación más pobre del mundo. Nada de eso había sido mencionado por la condesa o por los hombres que la acompañaban.

Llegamos al que sería nuestro nuevo hogar en el barrio de los diplomáticos. Era una casa sencilla de cuatro habitaciones y una gran sala-comedor. Pero el hedor de las alcantarillas era insoportable. Las alacenas estaban casi vacías y Marleny, la empleada que nos acompañaba desde Colombia tuvo que salir a comprar lo esencial. Una hora después llegó con las manos vacías y los dólares intactos.

—Señora, aquí la plata no sirve. El supermercado estaba abierto pero no había comida ni agua ni gaseosa ni frutas. Nada.

Era 21 de diciembre de 1994 y en tres días celebraríamos la Navidad en un país infinitamente pobre. Habíamos viajado casi una semana para estar frente a una realidad que nos superaba.

Pero como siempre, mi mamá aplicó su vieja teoría de ver el vaso medio lleno. En la alacena encontró papas y huevos y con eso cenamos. Nos daba aliento diciendo que todo iba a estar bien, que podríamos estudiar, ir a la universidad, desligarnos del peso del apellido. Nos decía que podíamos aprender inglés en Sudáfrica o traer profesores desde allí para que nos enseñaran el idioma. No estaba dispuesta a sentirse derrotada ni a darse por vencida.

En vista de que las maletas no llegaban, fui con Andrea a una pequeña galería a comprar ropa pero solo había locales vacíos, salvo una tienda de suvenires con camisetas de *Maputo*, de mala calidad ¡y a cien dólares cada una!

Nada, nada nos daba indicios de poder construir allí una vida. De hecho, indagando por las universidades nos advirtieron que en cuestión de estudios superiores solo podíamos recibir algunas clases de medicina en la morgue de la capital. No existían aulas, pupitres, bibliotecas, mucho menos un pregrado en publicidad o en diseño industrial, que eran las carreras que Andrea y yo soñábamos.

Transcurrían las horas y me deprimía cada minuto que pasaba. El hotel era una mansión espectacular llena de cascos azules y televisores apagados. No había señal en ningún canal. A esas alturas prefería vivir encerrado en una habitación cualquiera en Bogotá, así significara exponerme a la muerte.

En un momento de desesperación total mi madre entró a la habitación. Yo tenía una correa en la mano:

—Si no nos vamos de aquí me ahorco con esta. Yo prefiero que me maten en Colombia, mamá, pero yo no quiero esto; me estoy muriendo acá.

Mi mamá se asustó mucho al verme tan resuelto. Entonces le pidió al abogado Fernández que averiguara por vuelos de salida de Mozambique. A cualquier sitio.

—El único avión que sale del país se va en dos horas y el próximo en dos semanas.

En segundos empacamos todo, incluso unos bluyines que mi madre había puesto a remojar en la tina. Francisco Fernández estaba furioso.

—¡Señora, si se van están tirando todo un año y medio de esfuerzos! ¡Usted es una irresponsable, una loca, una desubicada por hacerle caso a su hijo que se cree el principito!

—Para usted es muy fácil sacar esas conclusiones, doctor, porque su hija no le está avisando que se le va a suicidar. Es simple decir que nos quedemos cuando usted se va de acá mañana a pasar Navidad en París con toda su familia. Por favor, ayúdenos a escapar de aquí, daremos las vueltas que tengamos que dar por el mundo, hasta encontrar un lugar digno y definitivo para esta familia.

Los delegados del Gobierno se habían desentendido de nosotros hasta comienzos del año siguiente y jamás imaginaron que habiendo llegado con planes de vivir allí diez años, solo aguantaríamos tres días.

Salimos de Maputo con rumbo a Río de Janeiro. Intentamos conocer algo de esa ciudad pero la barrera idiomática y el tránsito caótico nos desalentó de Brasil, así que compramos pasajes para Buenos Aires, porque al fin y al cabo la ciudad nos había encantado. Además, teníamos asegurados tres meses como turistas.

De nuevo Alfredo Astado nos tendió la mano en una situación crítica. Habíamos logrado enviarle un mensaje de emergencia a través de un canal secreto. Íbamos hacia Buenos Aires y era necesario que él estuviera pendiente de todos los detalles para evitar una sorpresa desagradable. Así que sin reparar en las festividades tomó un avión, dejó a su familia y llegó el 24 de diciembre, pocas horas antes que nosotros.

Buenos Aires significó para mí una avalancha de nuevas experiencias. Aprendí a disfrutar del privilegio de no ser nadie. En esa ciudad monté en bus por primera vez. El reto de enfrentar una vida común y corriente me despertó temores e inseguridades. Algo tan simple como acercarme al mostrador de un McDonald's para pedir una hamburguesa me producía terror. Siempre tuve quién me resolviera todo. Entendí lo aislado que estuve del mundo.

Sin embargo, era difícil confiar. Me había especializado sin querer en vivir escondido y por eso llevaba meses usando gafas para pasar desapercibido. Eso molestaba a mi madre y a mi novia. Decían que no había que temer, que estábamos en una ciudad de doce millones de habitantes y que tampoco creyera que era tan conocido como para seguir viviendo mi vida ocultándome tras unos enormes lentes.

Quizá tenían razón. Así que en una ocasión les di gusto y me quité las gafas antes de salir a comprar las boletas para un concierto. Tomé un taxi a una cuadra del edificio donde vivíamos y antes de que el conductor alcanzara a preguntarme hacia dónde me dirigía, dijo: ¿Vos sos el hijo de Pablo Escobar?

—¡No, hombre! ¡Qué tal! Esa gente está todavía por allá en Colombia y no la dejan salir del país, ¿no ve que nadie los quiere recibir?

Y el taxista, que no era ningún bobo, me seguía mirando por el retrovisor hasta que lo miré serio y le dije que me llevara rápido al Alto Palermo. Compré las boletas y regresé al apartamento sintiendo que todo el mundo me perseguía. ¡Qué desahogada la que me metí con mi mamá y Andrea! Les dije que no fueran tan ingenuas y que más estúpido yo que les hacía caso; mejor dicho, les dije hasta misa.

En contraste con las clases que nos ofrecían en la morgue de Maputo, en Buenos Aires había oportunidades de estudio de sobra. A los dos meses de nuestra llegada habíamos hecho varios cursos de computadoras. En marzo me matriculé en el programa de Diseño Industrial en las escuelas técnicas ORT. Andrea comenzó Licenciatura en Publicidad en la Universidad de Belgrano, donde se graduó con honores. Mi caso fue igual, con un promedio de notas de 8.8 sobre 10. Me apasioné y me dediqué íntegramente a mi carrera. Los profesores lo notaron al punto de ofrecerme trabajo como ayudante de dos cátedras: Proyecto Final de Carrera y Diseño Asistido por Computadora.

Manuela estaba en el colegio y mi madre vivía caminando a Buenos Aires, juntando folletos de todo tipo para obtener información de proyectos inmobiliarios, su fuerte.

En Buenos Aires alquilábamos los departamentos y cada dos años cambiábamos de residencia y de teléfonos para evitar seguimientos. De la misma manera elegíamos cuidadosamente con quién relacionarnos por miedo a que alguien nos descubriera.

A comienzos de 1997, nos otorgaron la residencia precaria y para obtener la residencia permanente mi mamá hizo los trámites y se presentó como inversionista con Capital; por esa razón contrató los servicios de un contador. Así llegó a nuestras vidas Juan Carlos Zacarías Lobos.

Nos enfocamos en un proyecto de inversión y cerramos la compra de un lote ubicado al frente de Puerto Madero. Pero a raíz de esa transacción comenzamos a sospechar que tal vez Zacarías no era muy confiable. Teníamos la sensación de que se había quedado con una buena diferencia de dinero a su favor y que había inflado el precio. Pero un día una repentina oferta de la empresa Shell S.A. le salvó la reputación porque ofreció más del doble del valor que nos había costado. La venta nunca se materializó pero nos hizo cometer el error de volver a creer en él.

Durante ese año, 1998, empecé a hacer diseños y representaciones gráficas en 3D, una técnica nueva que desplazaba el lápiz y que incorporé al estudio IQ como valor agregado. Mi sueldo, el primero que recibía en la vida, eran mil dólares mensuales. Esa suma, que años atrás gastaba en dos propinas, ahora representaba un mes de alquiler y el pago de los servicios públicos.

Pero la vida volvería a sorprendernos otra vez. *Discovery Channel* anunció con avisos de prensa, vallas publicitarias, paradores de buses, en el transporte público y por supuesto en la televisión, un programa especial sobre la vida de Pablo Escobar Gaviria. Estábamos aterrados y decidimos salir de Buenos Aires rumbo a Cariló, una localidad de la costa argentina.

Zacarías, que ya se había enterado de nuestra antigua identidad porque nos vio en una edición vieja de la revista *Caras*, aconsejó transferir de inmediato a su nombre las propiedades de Inversora Galestar —una sociedad uruguaya con sucursal en Buenos Aires que habíamos adquirido para dedicarnos a la compra y venta de inmuebles— y prometió devolverlas una vez se calmara la tormenta del documental.

Pero las buenas intenciones le duraron días porque llegó hasta nuestro escondite para exigirnos un aumento de sus honorarios por el 'peligro' que implicaba prestar sus servicios a una familia como la nuestra.

—María Isabel, para quedarme a trabajar con usted, necesito que me pague veinte mil dólares mensuales.

—¿Veinte mil dólares? ¡Por Dios, Zacarías! Yo no tengo de dónde pagarle veinte mil dólares a usted. Ojalá los tuviera para mí. Si usted es capaz de cumplir su promesa de hacerle ganar a esta familia sesenta mil dólares al mes, no tengo problema en darle veinte de ahí. Pero yo no puedo pagar de la nada esa fortuna.

—No, María Isabel, es que yo no los necesito para mí, yo le tengo que pagar a Óscar Lupia y a Carlos Marcelo Gil Novoa para cuidarlos a ustedes.

El reclamo se quedó ahí porque la marea del documental bajó y regresamos a Buenos Aires, donde pasamos Navidad y Año Nuevo sin contratiempos. Vivíamos en un apartamento en Jaramillo 2010 piso 17 N, que Zacarías había rentado para mi madre y Manuela. Andrea y yo estábamos de paso ahí mientras Zacarías nos ayudaba a alquilar un apartamento para iniciar nuestra vida en pareja. Era la primera semana de febrero de 1999 cuando mi mamá comenzó a sospechar. Zacarías no aparecía por ningún lado.

Previendo posibles consecuencias del documental de Discovery, y antes de conocer las intenciones de Zacarías, pusimos en venta la casa en el Club Campos de Golf Las Praderas de Luján que habíamos comprado meses atrás como una oportunidad de inversión.

En pocos días llegó a un interesado, Luis Dobniewski, un abogado respetado en ese país. Pero Zacarías se las arregló para contactarlo y le cobró un adelanto de cien mil dólares. Nunca nos entregó ese dinero.

—Dios mío, este hombre no aparece y tiene toda mi plata. ¿Qué voy a hacer? —decía mi mamá.

Zacarías no respondía el teléfono, no devolvía llamadas, no contestaba los mensajes. Entonces mi madre fue a su oficina y le dijeron que él estaba hospitalizado por un episodio de estrés. Antes de salir, pidió prestado el teléfono fijo de la oficina para hacer una llamada. Marcó al celular de Zacarías y por supuesto atendió.

—Hola, Juan Carlos, ¿no dizque estás en cuidados intensivos y que prácticamente te estás muriendo? ¿Dónde estás, qué es lo que estás haciendo?

—No quiero hablar absolutamente nada con usted. Yo hablo con usted por intermedio del doctor Tomás Lichtmann —respondió Zacarías.

—Yo no tengo ningún problema en hablar por intermedio de quien usted quiera, pero no sea atrevido y descarado. ¿Usted qué es lo que está haciendo? ¡Usted está con mi plata, usted está con mis cosas!

—¡No, usted me engañó! ¡Usted no me dijo quién es realmente!

—¡Yo no lo he engañado! Yo me llamo como me llamo, el tema de mi identidad es algo que tengo que cuidar, así que no mezclemos las cosas. Devuélvame mi plata. ¡Supuestamente yo lo engañé, pero quien se queda con mi plata es usted!

Tras la discusión. Zacarías se comprometió a devolver todo, pero a través de Litchmann. Mi madre lo llamó y este le dijo que no estaba interesado en ayudar y mucho menos sabiendo quiénes éramos.

—Doctor, yo no lo he engañado a usted. A nadie le podía contar sobre mi identidad, pues ese es un tema de vida o muerte para mí y para mis hijos. Por favor, ayúdeme, colabóreme. Zacarías me está robando y usted me lo recomendó a él siendo mi abogado. Por favor, ayúdeme.

Litchmann se hizo el desentendido y Juan Carlos Zacarías se tomó aun más confianza para estafarnos: con los poderes firmados por mi madre transfirió el dominio de un lote y dos apartamentos que habíamos adquirido en remates a muy bajo precio, para remodelarlos y venderlos; y utilizó uno de los documentos que mi madre le había firmado en blanco para justificar una rendición de cuentas que nunca existió.

No obstante, Zacarías nunca imaginó que lo enfrentaríamos con la única arma que teníamos a la mano: la ley. Por eso en octubre de 1999 mi madre lo demandó, lo mismo que a sus cómplices Lupia y Gil.

En respuesta a la querella judicial, Zacarías contrató a Víctor Stinfale uno de los abogados más mediáticos en Argentina en ese entonces, reconocido por ser también el defensor de Carlos Telleldín, el primer acusado en el caso del ataque dinamitero a la AMIA, como se conoce el atentado perpetrado contra la mutual judía en el que murieron ochenta y cinco personas.

En una movida típica y de su estilo, Stinfale le pidió a Telleldín, entonces recluido en la cárcel, que le filtrara a un periodista la noticia de la presencia de la familia de Pablo Escobar en Argentina. Si seguíamos reclamando lo nuestro —como le dijo varias veces el propio Stinfale a mi madre— el plan era hacernos un montaje judicial en contra nuestra o 'cargarnos' con droga para "sacarnos del tablero".

Esas maniobras solo buscaban que huyéramos del país y les dejáramos lo que habíamos ganado honradamente. Lo que no sabían Stinfale y Zacarías era que nos habíamos vuelto expertos en soportar presión y ataques. Sin embargo, lo más difícil estaba por venir.

Un día regresé de dictar clase en ORT más temprano de lo habitual. Cuando estacionaba se atravesó un Renault 19 blanco con cuatro hombres adentro. Dos se acercaron por la ventanilla. Eran civiles. Miré por el retrovisor y me había cerrado una camioneta blanca sin distintivos policiales. No entendía nada.

—¡Bájese!

Agarré el gas paralizante que siempre llevaba a la mano y descendí del auto. Uno de ellos, en evidente estado de alicoramiento, gritó que lo acompañara. Estaba listo y decidido a usar el gas cuando empezaron a caminar hacia la entrada principal del edificio.

Mientras subíamos al apartamento en el piso 17, se presentaron como agentes de la Policía Federal Argentina. Cuando llegamos, tres hombres aguardaban a la entrada del apartamento y otros cinco habían logrado entrar después de que Andrea les exigiera pasar la orden judicial por debajo de la puerta. Les advirtió que había una anciana y dos niñas en el apartamento y que no podían entrar todos ni mucho menos mostrar las armas. Obedecieron.

Me quedé en el comedor custodiado por dos de ellos. Copito, Algodona, Beethoven y Da Vinci estaban histéricos y no paraban de ladrar. Mi abuela Nora, que estaba de visita por esos días, no paraba de llorar. De un momento a otro Andrea se percató de que uno de los agentes se había quedado en una de las habitaciones con Manuela y una amiguita del colegio con la que estaba haciendo las tareas y lo sorprendió interrogándolas.

Mi temor era que nos 'cargaran' con droga. En Argentina era una práctica corrupta muy común. Había sido el caso de Guillermo Cóppola, antiguo mánager de Diego Maradona, a quien la ley detuvo y procesó luego de encontrar en un jarrón de su casa la droga que le sembró la policía. La justicia lo absolvió.

Los intrusos miraban con desgano en los muebles y se notaba que no sabían qué estaban buscando. Andrea prácticamente les indicaba dónde podían ver y dónde no. Cuando estaban revisando uno de los cajones de mi madre con documentos, les dijo que no buscaran ahí que esos eran los papeles del colegio de la niña. De inmediato cerraron el cajón.

En ese momento Copito escuchó los pasos de mi madre y se dirigió a la puerta. Olga, la empleada, también oyó y alcanzó a abrir y hacerle señas para que se devolviera, pero el perro salió desesperado detrás de ella. Cuando iba a alcanzar la puerta lateral del edificio que daba a la calle Crisólogo Larralde, diez hombres de civil y armados le cerraron el paso.

—¡Quieta! ¡Entregue las armas!

—Tranquilos, señores. ¿Cuáles armas? Este es solo un perrito blanco —respondió mi madre.

Ya en el apartamento los agentes no lograron que mi mamá se quedara quieta. Les dijo: "Bien puedan, este departamento es mi casa, revisen todo lo que quieran". Se bañó, se cambió de ropa, alcanzó a guardar unos papeles en un sobre y a esconderlos en el baño, hizo unas llamadas en secreto para alertar a los abogados y a los notarios que conocían en detalle la estafa de Zacarías. La Policía tenía el control del apartamento pero Andrea y mi madre controlaban a la Policía.

A eso de las tres de la mañana llegó Jorge 'el Fino' Palacios, comisario de la Policía Federal, quien anunció que quedábamos detenidos.

Mientras nos conducían a la sede de la brigada antiterrorista de la Policía Federal —durante el inicio del operativo—, el programa Memoria del Canal 9 transmitía en vivo y en directo. El presentador era Samuel 'Chiche' Gelblung, un periodista veterano con un conocido gusto por el escándalo y el sensacionalismo.

Nuestro proceso y así reposa en el expediente judicial, inició con la denuncia del policía Roberto Ontivero, quien aseguró que estaba parado en una esquina cualquiera de Buenos Aires cuando vio a una mujer muy parecida a la viuda de Pablo Escobar, conduciendo una camioneta Chrysler verde, con vidrios polarizados.

Sostuvo que conocía a mi mamá por fotografías que vio en la División de Drogas Peligrosas de la Policía. Pero las imágenes eran de veinte años atrás, lo que hacía imposible un reconocimiento en el fugaz cambio de un semáforo y a través de vidrios polarizados.

Sin embargo, su 'compromiso con la justicia' lo llevó a apuntar las placas e investigarlas.

La camioneta aparecía comprada por Leasing, tenía papeles al día y estaba a nombre de Galestar S.A. El juez no necesitó más evidencias y ordenó nuestra captura.

Los medios de comunicación enloquecieron. Después de la detención y durante los días siguientes encabezamos todos los titulares: "la viuda de Pablo Escobar" había sido detenida en Argentina.

Al día siguiente, una caravana de la Policía Federal nos condujo a mi madre y a mí a los juzgados de Comodoro Py, cerca del Puerto de Buenos Aires. Ahí elaboraron los documentos para dejarnos en manos del Servicio Penitenciario, pero pusieron mi nombre anterior: Juan Pablo Escobar. Cuando me di cuenta les dije que así no me llamaba.

—¿Qué te creés vos? ¡Nosotros sabemos cómo te llamás! ¡Vos no sabés mentir! —decían a los gritos.

Yo sabía que si me identificaba como Juan Pablo ante cualquier autoridad incurriría en falsedad de documento porque había renunciado a mi nombre anterior y a identificarme como Juan Pablo.

—Lo lamento, señores, pero aunque a ustedes les dé malgenio y no les guste, y me griten, yo me llamo así. Eso es lo que dice mi documento y así me llamo. Ese documento es legal. Ahí no hay nada raro. Punto. No hay más discusión.

—¡Que firmés! ¡Que firmés, te lo ordeno!

—Yo firmo, pero ahí mismo aclaro que me llamo Juan Sebastián Marroquín Santos. No voy a firmar como Juan Pablo Escobar, ni al lado de Pablo Escobar.

Al final se resignaron. Nos metieron en calabozos separados y no volví a saber de mi mamá, no tenía idea si habían capturado a Andrea, no sabía qué pasaba afuera, qué pasaba con mi hermanita y con mi abuela. Las celdas eran muy pequeñas, de aproximadamente un metro con cincuenta de profundidad por un metro de ancho, y un banquito de cemento. No había espacio para acostarse, solo cabía parado o sentado. Ahí pasé tres días incomunicado y sin comer, por miedo a que me envenenaran.

Al juez Gabriel Cavallo le correspondió nuestro caso. Era una *vedette* o por lo menos así se comportaba. Se había hecho famoso al declarar la nulidad de las leyes de Obediencia Debida y Punto Final; era ambicioso y en ese momento aspiraba a ocupar una de las vacantes en la Cámara Federal de Apelaciones. Haber decretado la nulidad de esas leyes lo había envuelto en un halo de santidad que en algún momento me llevó a pensar que en nuestro caso pensaría que se trataba de un burdo montaje. Pero no.

Mientras mi madre y yo esperábamos en los calabozos, él ofrecía ruedas de prensa en las que relataba cómo después de un detallado proceso de seguimiento había logrado la captura de la familia del capo.

Lo que no contaba era que mientras allanaba las notarías donde mi madre tenía registradas siete constancias en sobres sellados, había encontrado también las pruebas que nos absolvían. Allí estaban las tentativas de extorsión y las amenazas del contador Zacarías, de su abogado y de sus cómplices. Todas ellas suficientemente documentadas con nuestros relatos y con los audios que grabábamos cada vez que llamaban a amenazarnos. Cada sobre tenía la fecha autenticada y cada notario podría certificar el momento en que habían sido dejadas, las primeras de ellas seis meses antes.

Pero las pruebas no servían de nada. El juez decía que yo había cometido el delito de haber viajado a Uruguay y de haber diseñado un mueble. Sí, yo había ido de paseo a Uruguay con mi documento de identidad y sí, había diseñado un mueble porque eso era lo que había aprendido en la universidad y a eso me dedicaba. Lo preocupante era que cada declaración que dábamos era alterada y redactada a manera de confesión. Por supuesto no las firmábamos.

Los fiscales Eduardo Freiler y Federico Delgado, a quienes les había llegado el proceso, no presentaron nunca una acusación formal. En sus indagaciones con las autoridades colombianas comprendieron que las nuevas identidades eran legítimas y suministradas por los organismos judiciales. Además, concluyeron que Galestar S.A. era una empresa legalmente adquirida. Lo demás, la casa en Praderas y los dos carros, habían sido comprados con trabajo honesto; además, estábamos pagando a cuotas la camioneta Chrysler y un Mazda 121 que yo manejaba.

Aun sin acusación, con nuestras explicaciones, con la evidencia de la legalidad de nuestras identidades, con las pruebas de las amenazas y la extorsión de que éramos objeto, el juez Cavallo continuó el proceso. Le hizo creer a la opinión pública que respaldaba firmemente la declaración a todas luces fantasiosa de un policía al servicio del 'Fino' Palacios; y como los fiscales se negaron a presentar un escrito formal en nuestra contra hizo que los retiraran del proceso.

Al cuarto día nos enviaron a la Unidad de Detención 28. En pleno centro de la ciudad. Me dejaron bañar y acomodarme en un colchón sucio de mierda y orines. Aunque muchas veces había estado encerrado, escondido, en ese calabozo supe lo que se siente cuando a uno le arrebatan la libertad.

Esperábamos una acusación por parte de la Fiscalía pero no llegaba. El juez debía decidir un lugar de reclusión y entonces mi mamá aprovechó para hablar con él y le refirió los riesgos que corríamos si nos mandaba a un centro de detención común.

—Usted, señor juez, es responsable por lo que me pase a mí, a mi hijo y a mi familia. Mientras estemos detenidos usted responde, y responde ante el Gobierno de Colombia.

Así que decidió mandarnos a la Superintendencia de Drogas Peligrosas. Allí podíamos recibir llamadas de Colombia y visitas todas las tardes.

Por esos días también cayó preso Zacarías, pero con tan mala suerte que lo enviaron a la cárcel de Devoto; según contó él mismo en el proceso, cuando llegó los reclusos casi lo linchan; estaban ofendidos porque se había atrevido a robarle a la viuda de Pablo Escobar. La ira contra Zacarías en el penal era generalizada, a tal punto que lo trasladaron al mismo edificio donde estábamos pero un piso más arriba.

A mi madre y a mí nos dejaban estar juntos en los calabozos de uno u otro. Nos permitían compartir muchas horas. Fue un privilegio ser compañero de celda de mi propia madre. Ella, que siempre había sufrido de claustrofobia, inventaba cualquier excusa para que la dejaran salir del calabozo. Por eso le propuso al comisario pintar todas las celdas, los barrotes y las puertas. Después se ofreció para limpiar las oficinas y lavar todos los días los baños con tal de estar activa.

La orden era que nunca apagaran la luz de nuestras celdas y mi mamá aprovechaba para leer de todo. Yo leía la Biblia, y oraba con el salmo 91, que aprendí de memoria durante la guerra en Medellín.

Por cuenta de nuestro comportamiento, los guardias nos trataban cada vez con menos resquemor; podría decirse que habíamos ganado su respeto.

Mientras tanto, el juez Cavallo decidió embargarnos. A mi madre le impuso un embargo de diez millones de dólares, a mi novia Andrea de tres millones, a mí de dos millones; y a Stinfale, que ya hacía parte de la causa, de tres mil quinientos dólares.

Cavallo presionaba a mi madre. Le decía que si le entregaba la clave de un disco encriptado encontrado en el allanamiento, me liberaría a mí. Y que si declaraba en contra del expresidente Carlos Menem, la liberaba a ella. Él siempre le insistía que le colaborara, que ella iba a empezar a ver ciertos beneficios en ese sentido. Lo que buscaba era que dijéramos que nuestra llegada a Argentina había sido negociada con el ex presidente.

Por nuestro caso en muy poco tiempo, habían pasado siete fiscales y ninguno encontraba razones para dejarnos detenidos: Freiler, Delgado, Stornelli, Recchini, Cearras, Panelo y Aguilar.

En uno de sus escritos, este último pidió investigar a Cavallo por prevaricato, abuso de autoridad y privación ilegítima de la libertad: "(…) el juez dispone, en claro abuso de autoridad, detener a María Isabel Santos Caballero (la nueva identidad que Colombia le otorgó a Henao Vallejo para resguardar su seguridad) nada más por ser viuda de Escobar".

Yo amo y valoro profundamente a Andrea. Ella eligió subir a mi avión cuando me estaba quedando sin motores y sin combustible; era el peor momento de la historia de la familia Escobar Henao y se la jugó para estar conmigo.

En la cárcel la pensaba todo el tiempo. Por estar a mi lado abandonó su carrera, su familia, sus amigas, su identidad, su patria; lo dejó todo por mí. Por todo esto, en ese primer verano en prisión decidí que era el momento de proponerle matrimonio. Había llegado la hora de dar un paso adelante. Era algo que quería hacer de tiempo atrás, y siempre estaba buscando 'el momento ideal'. Apenas le dije que quería vivir el resto de mi vida junto a ella, Andrea lloró y me abrazó emocionada. Después del sí, me dijo:

—Mi amor, yo tengo fe en que todo va a estar mejor. Porque ya hemos caído muy bajo, hasta el pantano; así que tengo toda la confianza de que en adelante todo estará mejor. Te amo incondicionalmente.

Mi madre, que estaba en la celda, nos abrazó y dijo que todo estaría bien; que algún día lo que estábamos viviendo sería solo una experiencia.

Pero no queríamos casarnos dentro en una cárcel y acordamos hacerlo una vez quedara resuelta nuestra situación jurídica y en libertad.

El 29 de diciembre de 1999 nos condujeron a mi madre y a mí a una nueva audiencia en Comodoro Py, con chalecos antibalas y esposados. Era el último día hábil antes del comienzo de la feria judicial o vacaciones. De pronto me di cuenta de que los guardianes habían dejado puestas las llaves de las esposas. No supe qué hacer. Ignoraba si era una trampa para ver si me fugaba. Pero decidí que aunque tenía una posibilidad real de huir lo mejor era no hacerlo, no iba a correr toda la vida como mi papá. Entonces llamé a una guardiana.

—Vea, olvidó esto.

La mujer, sorprendida, quitó las llaves y agradeció el gesto. Dijo que le había salvado el puesto.

Una vez terminada la diligencia judicial, nos recluyeron en una celda en el sótano del edificio a la espera de un vehículo que nos regresara a la cárcel.

Al caer la tarde llegaron nuestros abogados Ricardo Solomonoff y Ezequiel Klainer y nos dieron la buena noticia de que el juez Cavallo había decretado mi libertad esa tarde, pero me imponía varias restricciones: no salir de los límites de la capital federal y presentarme dos veces por mes a firmar una constancia de que seguía en la ciudad.

Pero lejos de emocionarme sentí una gran tristeza al pensar que dejaría a mi mamá, sola, en ese lugar. No había nada que hacer y con la orden de libertad en la mano iniciamos el trámite de salida. En esas estaba cuando vi a Zacarías en una celda cercana y me acerqué a él.

—Sebas, Sebas, ¿te dieron la libertad?

—Sí.

—Sos un buen chico, sos una buena persona, todo esto ha sido un gran error, una equivocación; yo no he dicho todo lo que vos creés que yo dije, yo no he mentido. La culpa de todo esto la tiene Stinfale; mirá cómo estoy, detenido también.

—Sabés qué, Juan Carlos, vos seguís creyendo que nosotros somos estúpidos, pero olvidate que me vas a enredar más; la única persona que llevó las cosas a estos extremos y a estas circunstancias fuiste vos.

—No, de verdad te lo digo, Sebi, eso es así. Ahí hay equivocaciones, hay muchas mentiras y el juez prometió cosas que no cumplió.

La charla con Zacarías no quedó en nada y me dirigí a la celda, a rezar con mi mamá y a agradecerle a Dios por mi libertad y porque finalmente se aclararan las cosas.

—Hijo, ten valor. Yo sé que lucharás por sacarme de aquí. No podíamos haber salido los dos. Tengo la certeza de que no dejarás que permanezca un día más aquí.

Entonces lloré mucho. Lloré con ella mientras la abrazaba sin querer despedirme. Los guardias me decían "ya se puede ir" y yo les respondía "déjenme un ratico más, por favor". No puedo explicar la tristeza que sentí por dejar a mi mamá ahí, encerrada en un calabozo, vigilada con cámaras de seguridad, con la luz artificial encendida las veinticuatro horas, sabiendo que era inocente.

Mi madre me acompañó hasta el ascensor y nos dimos otro abrazo muy largo. Las guardianas que estaban ahí lloraban. Le prometí que dedicaría cada día a sacarla de ahí, como fuera.

Luego de mi liberación y por sugerencia de nuestro buen amigo, el cantautor Piero, me reuní con Adolfo Pérez Esquivel, premio Nobel de Paz, y le conté lo que había sucedido en torno a nuestro caso.

—Todo lo que me has contado pareciera ser cierto. Pero yo no puedo aventurarme a intervenir en la causa a través del SERPAJ (Servicio de Paz y Justicia) hasta que una abogada la revise completa y me envíe un informe detallado de posibles violaciones a sus derechos fundamentales y los de su familia. Ella se pondrá en contacto con usted.

Ese proceso fue eterno, pero finalmente recibí una copia de la carta que Pérez Esquivel le dirigió al juez Cavallo.

"El Servicio de Paz y Justicia se dirige a S.S. con la finalidad de poner bajo su conocimiento que hemos recibido en nuestra oficina una manifestación de la Familia Marroquín Santos en relación a la causa que se les sigue en el

Juzgado a su cargo que consideramos tiene un relato veraz sobre potenciales violaciones a los Derechos Humanos.

Conforme el relato de mención, en la actualidad se estaría llevando adelante un Proceso Judicial sobre la base de una imputación grave, Asociación Ilícita y Lavado de Dinero, con fundamentos basados esencialmente en el parentesco familiar con Pablo Escobar Gaviria.

Es nuestra intención ponernos a disposición del Juzgado para aclarar los puntos expresados como violatorios de los Derechos Humanos Inalienables y por lo tanto solo nos anima una política de buenos oficios tendientes a resguardar, la circunstancia no menor de que un extranjero posea los Derechos que le asisten a cualquier ciudadano en Argentina

Adolfo Pérez Esquivel"

Por fin alguien entre millones de argentinos vio más allá de la cortina de humo armada por Cavallo, Stinfale, Palacios y Zacarías.

No obstante, la persecución no se detenía. Un día descubrimos que un policía intentó infiltrarse en la familia y se hizo pasar por un amigo de mi hermana. Manuela, una joven de quince años, seguía pagando el precio más alto por las fallas de nuestro padre. Manuela estudió en la Escuela Jean Piaget hasta el día que me llamó el rector a decirme que algunos docentes se negaban a darle clases debido a su historia familiar.

—Le agradezco la franqueza. Ya me la llevo de esta institución, que no cuida ni respeta a sus alumnos. Poco y nada tienen para enseñarle estos ignorantes a mi hermanita.

Manuela tuvo que soportar una nueva discriminación en otro colegio de Buenos Aires porque al presentador Chiche Gelblung no le importó violar la ley y publicó su foto. Después de eso muchos padres de familia protestaron y algunos alumnos le hicieron toda clase de burlas, maltratos y hasta grafitis.

Por su parte, el juez Cavallo seguía obsesionado en mantener a mi madre en la cárcel. Esa detención plagada de arbitrariedades fue en realidad un secuestro que se prolongó durante un año y ocho meses. Incluso, un día argumentó que solo el hecho de ser colombiana la hacía aún más culpable.

En una ocasión durante su encierro, mi madre casi pierde la vida. Empezó a quejarse de un fuerte dolor en una muela y los abogados solicitaron una autorización para llevarla al odontólogo, pero el juez se negó. Insistieron porque la infección estaba avanzando y el juez la rechazó otra vez. Reiteraron la petición y Cavallo incurrió en un increíble acto de arbitrariedad: le envió un alicate para que ella misma se sacara la muela.

La hinchazón no cedía y ya era viernes. Llevaba más de una semana con la infección hasta que el aviso de que se trataba de una emergencia obligó a Cavallo a emitir el permiso. El diagnóstico: mi madre estuvo a dos o tres horas de sufrir un *shock* séptico, es decir, que la infección le invadiera todo el cuerpo.

Una vez pasó el susto decidí darles la cara a mis profesores y compañeros del Instituto ORT. Quería darles mi versión de los hechos, así que les pedí a todos los docentes una reunión informal durante uno de los descansos. Apenas empecé uno de ellos me interrumpió:

—Pará, pará Sebastián. Vos no nos debés ninguna explicación. Te conocemos desde hace cuatro años que venís todos los días y sos uno de los mejores. Además eras empleado y vecino de Alan, otro de nuestros docentes, y salvo que se pueda lavar dinero a las tres de la mañana en los bancos, que es cuando tendrías algún ratito libre, entonces sí deberías darnos explicaciones. Pero eso ya lo hemos hablado acá con todas las autoridades de ORT y nadie opina diferente a lo que conocimos de vos. Háblanos de otra cosa si querés, pero no necesitamos que nos expliqués nada porque tenemos clara la película que les armaron.

Estaba por terminar el invierno de 2000 y en la ciudad se veían carteles de la Universidad de Palermo invitando a los jóvenes a estudiar. Sentía pasión por la arquitectura porque me habían vuelto a contratar en el estudio de diseño donde trabajaba, con la libertad de trabajar desde mi casa para no descuidar la defensa de mi madre.

Le comenté a mi madre que quería estudiar arquitectura porque la mensualidad no era muy alta y podía elegir unas pocas materias para no descuidar su defensa. Así lo hice y me fue bien al comienzo porque me validaron muchas materias por mis conocimientos de diseño, pero entre el trabajo y la universidad no me quedaba casi tiempo para defender a mi mamá. Entonces decidí dejar la universidad y fui a radicar la renuncia a la facultad, pero en ese momento el abogado Solomonoff llamó a darme la mejor noticia: mi madre saldría en libertad.

Finalmente, el juez no había encontrado más excusas para retenerla. La última fue una acusación sin pruebas por el delito de asociación ilícita. El argumento: mi madre era jefa de una organización criminal internacional porque había contratado a dos abogados colombianos —Francisco Fernández y Francisco Salazar— para atender sus asuntos judiciales en Colombia.

Ese nuevo señalamiento de Cavallo empezó a caer poco a poco, pero cuando nuestros abogados presentaron un alegato de apelación, la camarista federal Riva Aramayo —amiga de Cavallo— no resolvió las cuestiones de fondo y se fue por las ramas.

Era un día clave en el proceso. Sabríamos si mi madre tendría la oportunidad de llegar a juicio detenida o en libertad. Esperábamos la decisión cuando el juez Cavallo salió azotando la puerta y con la cara roja de la ira.

El motivo del disgusto del juez fue porque la Fiscalía consideró que no había pruebas contra mi madre, salvo nuestro parentesco familiar con Pablo Escobar.

Uno de nuestros abogados salió detrás del juez y nos dio la buena nueva de que habían fijado una fianza para que mi madre saliera de la cárcel. No teníamos dinero pero yo estaba dispuesto a conseguirlo prestado. Sin embargo, el abogado Solomonoff dijo que él conseguiría prestado el dinero para la fianza para sacar a mi madre de la cárcel ese mismo día porque Cavallo podría inventar una nueva acusación para retenerla.

—Doctor, le agradezco en el alma que nos resuelva esa parte vital para nosotros y mi madre. Pero le quiero aclarar una cosa: no solo no tengo la plata, sino que no sé realmente cuándo ni cómo se la voy a poder pagar. Usted mejor que nadie sabe que Zacarías nos dejó sin un peso en los bolsillos.

—Nada Sebastián, no te preocupés; olvidate, que tu mamá sale hoy. Cavallo le tiene que dar la libertad como sea. Ya la notificaron y tiene que salir.

En las siguientes dos horas habría de producirse un duro choque entre Cavallo y nuestros abogados por el mecanismo de pago de la fianza. Hasta que finalmente Cecilia Amil, la secretaria del juez, fue al Banco de la República Argentina a contar el dinero de la caución.

Pasadas las diez de la noche y después de que el juez Cavallo firmó a regañadientes la boleta de libertad, fuimos a sacar a mi madre de la cárcel.

Ella quiso volver a la normalidad, pero permaneció sumida en un profundo silencio durante varios meses. Le costaba reintegrarse a la vida y recuperar su capacidad de disfrutar, hasta que pudo regresar a su cotidianidad y continuó educándose en varias instituciones de renombre.

Ya con la tranquilidad de saber que estábamos en casa, el proceso judicial llegaría a la última instancia: la Corte Suprema de Justicia. Allí ordenaron realizar exhaustivos peritajes contables que determinaron que las supuestas maniobras de lavado de dinero de las que nos acusaron nunca existieron.

El cierre de la investigación llegó después de siete largos años de incertidumbre. Fuimos absueltos de la totalidad de los cargos por el Tribunal Oral Federal Número 5.

Los titulares de prensa fueron muy discretos, en contraste con el enorme despliegue que tuvo la noticia de nuestra captura.

Casi a la par del cierre de esa pesadilla, me gradué como arquitecto en la Universidad de Palermo. Lentamente incursioné en la profesión y fundé mi primer estudio: Box[9] Arquitectura Latinoamericana.

Como profesional formé parte del equipo de arquitectos —con el estudio AFRA, LGR y Fernández Prieto— que ganó el concurso para el diseño del mausoleo de Juan Domingo y Eva Perón. A su vez diseñé un edificio de catorce pisos y gané otros concursos dentro del área de Puerto Madero en compañía del entonces presidente de la Sociedad Central de Arquitectos, Daniel Silberfaden, y el reconocido colega Roberto Busnelli.

En diciembre de 2002 honré mi palabra y contraje matrimonio con Andrea. Se nos ocurrió hacer la ceremonia a cielo abierto en un hotel pero surgió el problema de que ese tipo de eventos estaba prohibido por la Iglesia Católica argentina. Como siempre, mi madre intervino y logró lo imposible: el obispo de Buenos Aires, Jorge Mario Bergoglio autorizó la boda. Contra toda posibilidad, mi mamá logró hablar con el ahora Papa Francisco.

Entre tanto, en Colombia diseñé y construí dos grandes casas para clientes privados; la primera —una finca de recreo— fue todo un reto porque debí hacer el trabajo a distancia a través de planos, fotos y videos; la segunda en Medellín, reconocida por la pureza de sus formas y la calidez de su diseño.

No ha sido sencillo encontrar trabajos de ese tipo, pues son pocos los que se atreven a contratar los servicios profesionales de una persona que lleva el estigma de ser el hijo de Pablo.

En medio de mi ocupación como arquitecto, en 2005 recibí una llamada del director de cine argentino Nicolás Entel, quien me

---

[9] Búsqueda Originaria de Expresión.

propuso —como muchos otros— la idea de realizar un documental sobre mi padre. Le dije que me animaría, siempre y cuando no fuéramos a hacer más de lo mismo.

Construimos juntos la idea general de la historia, cuyo rodaje duró cuatro años. Durante ese proceso les escribí una carta a los hijos de Luis Carlos Galán y Rodrigo Lara Bonilla en la que les pedí perdón por el daño que mi padre les había causado. De esa manera se generó un proceso de perdón y reconciliación entre nosotros.

La grata experiencia vivida en el desarrollo del documental se vio interrumpida en los primeros meses de 2009, cuando presenté denuncia penal contra un personaje nefasto que se hacía pasar por mí en Estados Unidos. Este nuevo impase fue un invento de mi tío Roberto en represalia de mis reiteradas negativas a participar en un proyecto con supuestas empresas estadounidenses interesadas en llevar al cine la historia de mi padre.

A mi tío no se le ocurrió otra cosa que clonar a su sobrino con José Pablo Rodríguez, un hombre obeso, de unos treinta años, con ciento cuarenta kilos de peso, estadounidense de origen costarricense y domiciliado en Nueva Jersey.

Por instrucciones de Roberto, el clon se las arregló con engaños para obtener mi correo profesional como arquitecto en Buenos Aires y me escribió un mensaje en el que sin escrúpulo alguno sostuvo que desde 2001 usaba el nombre de Pablo Escobar Jr y que gracias a la suplantación de mi identidad grandes empresas de EE.UU., como Nike y Redbull, lo buscaron para proponerle negocios millonarios. También dijo que raperos como NAS o 50 Cent contribuyeron a hacerlo famoso. Y terminó diciendo que si yo le ayudaba a ser creíble su treta ambos seríamos millonarios.

Indignado, le pedí a mi abogado en Argentina que lo denunciara penalmente e hiciera extensiva la querella a Colombia. En el documento relatamos lo que había sucedido desde el comienzo con ese personaje. En uno de los apartes de mi acusación señalé:

"No tengo dudas que además de José Pablo Rodríguez, tras las amenazas está también mi tío Roberto de Jesús Escobar Gaviria, ya que en el pasado ha intentado dañarme, ignoro por cual razón, buscando la connivencia de todos los colaboradores cercanos a mi padre, para que declararan en mi contra y me inventaran un proceso penal en Colombia que me quitara la libertad".

El farsante se puso furioso porque el 10 de marzo de 2009 respondí su propuesta con un mensaje que titulé "Carta para un Clon", en el que le sugerí que buscara su propio camino, como yo lo estaba haciendo y lo invité a reflexionar sobre la situación tratando de hacerle caer en cuenta de que no necesitaba apropiarse de una historia que no era suya.

Pensé que aceptaría mis argumentos, pero reaccionó violentamente, con amenazas y groserías:

"Se lo voy a decir una sola vez. Traté de acercarme a las buenas, pero no quiso hacer caso. Si usted quiere que sus futuros hijos, o los que quedan aún con vida en su familia puedan llegar a viejos y no reunirse con su papi antes de tiempo, sería mejor que no se metan en mi camino. Créame que podemos acelerar el proceso para que se reúna con ustedes. Hay mucha gente que pagaría buena plata para saber donde vive usted con su familia. Nunca jamás podrás dormir una noche tranquila".

Pese a nuestra oposición, con sorpresa observamos que el clon no se detuvo y por el contrario lo entrevistaban en medios de comunicación de Colombia, Centroamérica y Estados Unidos, donde incluso fue presentado por la famosa Cristina Saralegui en su programa *El show de Cristina*. Además, mi tío Roberto le permitió subir videos a YouTube en los que aparecían los dos como si fueran familiares y lo reconocía como 'el sobrino Pablo'.

De la entrevista con Cristina me enteré una semana antes de salir al aire y luego de protestar logré el derecho a réplica. Imagino la sorpresa de mi tío, que seguramente habría invitado a muchos a ver el *show* televisivo que él había montado. En el programa dejé al clon al descubierto, mostré las denuncias y dejé en claro al aire que se trataba ni más ni menos de un farsante.

Superado el aburridor incidente, finalmente *Pecados de mi Padre* fue estrenado en el Festival de Cine de Mar del Plata en noviembre de 2009; desde entonces lo presentaron en los más importantes festivales del mundo, como Sundance, en EE.UU.; Miami, Holanda, Japón, La Habana, Ecuador, Francia, Polonia, Alemania, México, entre otros. Las Naciones Unidas también lo proyectaron en septiembre de 2010 para celebrar el día Internacional de la Paz. Literalmente, ese documental me reabrió las puertas del mundo al cosechar siete premios y reconocimientos importantes.

Los países donde fue exhibido me concedieron la visa de ingreso, incluido Estados Unidos, que la otorgó por cinco años. Sin embargo, tres días después recibí una llamada de la embajada en la que anunciaron un error en la visa. El error era ser hijo de Pablo Escobar y por eso la cancelaron.

Y lo hicieron a pesar de que John Cohen, jefe de la DEA en Argentina les dijo delante de mí a la cónsul estadounidense y a un representante del Departamento de Estado que "la DEA ha investigado a Sebastián durante años y él no tiene relación alguna con las actividades de su padre ni con la droga y por lo tanto la DEA no se opone a que ingrese a los Estados Unidos porque ya que no representa ningún riesgo para el país". Hace veintidós años que por los actos de mi padre —no los míos— no se me permite la entrada a ese país.

También fundé 'Escobar Henao', una microempresa con un sobre la industria de la moda, donde se venden prendas exclusivas inspiradas en documentos inéditos de mi padre, con mensajes inequívocos de paz y reflexión estampados que invitan a no repetir esa historia. Pero la discriminación no tardó en aparecer y algunos fabricantes se negaron a trabajar con nosotros y un banco cerró nuestras cuentas.

Muchos se apresuraron a criticar la idea y entre ellos lamentablemente estaba el senador Juan Manuel Galán, quien consideró mi derecho al trabajo como "un insulto, una agresión". Y agregó que "no estoy en contra de que se hagan novelas y se escriban libros", pero respecto de mi empresa sostuvo que "no está enviando ningún mensaje más allá de un culto a la personalidad de un criminal y un asesino".

En general muchos piensan que nosotros vivimos de la gran herencia de mi papá, pero hemos subsistido gracias a la ayuda de mi familia materna, a la habilidad de mi madre para hacer negocios relacionados con el arte y la finca raíz, y a nuestro salario. Nadie mejor que nosotros para saber que el dinero ilícito solo trae tragedias y no las queremos repetir en nuestras vidas.

Mi madre y mi familia tenemos el derecho a una vida en paz; nuestros pasos han ido en esa dirección y en esa dirección seguirán. Aprendimos a vivir y a trabajar con dignidad, siempre apegados a la ley y como fruto de nuestra educación y nuestros esfuerzos cotidianos. He pedido perdón por hechos que ocurrieron incluso cuando no había nacido y lo seguiré pidiendo por el resto de la vida. Pero mi familia y yo merecemos la oportunidad de vivir sin el revanchismo social.

La historia de mi padre nos dejó sin amigos, sin hermanos, sin tíos, sin primos, sin la mitad de la familia y sin patria. A cambio nos dejó el destierro y una enorme carga de miedo y persecución.

Llevaba años negándome la posibilidad de ser papá porque me resultaba ilógico y egoísta tener un hijo para heredarle el peso de una historia que debería arrastrar toda su vida. Hoy pienso distinto. Quiero tener la oportunidad de enseñarles a mis hijos el valor del trabajo honesto, del esfuerzo propio, del estudio y del respeto a la vida y a la ley. Quiero criar a mis hijos como personas de bien.

La mejor huella que podré dejarles al terminar mis días será lograr que ellos puedan unos pasos que siempre los conduzca a la paz.

© Iván Entel

▲ Encontrarse con los hijos de Luis Carlos Galán y de Rodrigo Lara fue un momento histórico. Les pedí perdón por el daño que les hizo mi padre y ellos también me consideraron una víctima de la violencia en Colombia.

▲ Para celebrar el día internacional de la paz en 2010, la ONU exhibió el documental ***Los pecados de mi padre***.

▲ 'Escobar Henao'. Es el nombre de una micro empresa que fundé para vender prendas inspiradas en documentos inéditos de mi padre con mensajes inequívocos de paz .

▲ La exhibición de Pecados de mi padre me llevó a visitar una docena de países. El documental obtuvo siete premios.

◀ Estar en la cárcel con mi madre fue doloroso. Pero en algunos momentos como en un cumpleaños de ella, sacamos fuerzas para celebrar.

Agradecimiento

A mi padre, que me mostró el camino que no hay que recorrer.